헬라스 사상의 심층

헬라스 사상의 심층

박종현 지음

서광사

헬라스 사상의 심층
박종현 지음

펴낸이 — 김신혁, 이숙
펴낸곳 — 도서출판 서광사
출판등록일—1977.6.30
출판등록번호—제406-2006-000010호

(10881) 경기도 파주시 회동길 77-12(문발동)
대표전화 · (031)955-4331 팩시밀리 · (031)955-4336
E-mail · phil6161@chol.com
http://www.seokwangsa.co.kr / http://www.seokwangsa.kr

제1판 제1쇄 펴낸날 · 2001년 11월 30일
제1판 제5쇄 펴낸날 · 2019년 7월 30일

ISBN 978-89-306-0617-2   93160

머리말

거의 20년 전인 1982년 초에 1970년부터 1981년까지에 걸쳐 쓴 논문들을 한데 모아서 《희랍 사상의 이해》—곧 개정판으로 나올 이 책의 이름은 《헬라스 사상의 이해》로 고치게 될 것임—라는 이름으로 한 권의 책을 냈다. 이듬해에는 과분하게도 이 책으로 해서 제2회 '열암 학술상'까지 받았지만, 내게 있어서 이 상은 이후로도 계속될 나의 작업에 대한 격려의 성격을 갖는 것이었다. 그 격려에 대한 보답으로 후속 성과를 내느라고 나름대로 정진은 했지만, 여러 갈래로 작업이 분산되다보니, 논문들을 단행본으로 묶어서 내는 것은 이것이 두 번째 것이 되었다. 《희랍 사상의 이해》를 출간한 이후에, '헬라스 사상의 기본적 이해'에서 더 나아가, '헬라스 사상의 심층적 이해'와 관련해서 쓴 글들만을 모아 한 권의 단행본으로 묶은 것이 이 책이다. 그러다 보니 1984년에서 1994년 사이에 쓴 것들이 수록되었다. 한 권의 책으로 엮다 보니, 뜻밖에도 손 댈 곳이 많았다. 어떤 것들은 배 또는 1/3을 늘리고, 어떤 것은 뚝 잘라내고, 어떤 것은 다시 배치하는 식으로 하다 보니, 대부분 그야말로 대대적인 첨삭을 하게 되었다. 반 가까운 내용에 새로 손을 댄 셈이다. 이 일로만 아홉 달을 보냈다. 새로 할 일들을 제쳐둔 채, 뒤치다꺼리 성격을 갖는 일에 매달리느라, 그토록 많은 시일을 보내게 될 줄은 전혀 예상하지 못했다.

그렇지만, 내 나이를 생각해서라도, 어차피 말끔히 정리해 둘 필요는 있는 일이라 여겨 후회까지는 하지 않는다.

이 책은 실은 진작에 내려고 했던 것이다. 그러던 것이 "플라톤의 좋음(善)·적도(適度)·균형"의 문제와 관련된 글을 함께 실었으면 해서, 차일피일 미루다가, 아무래도 이 글은 훗날 단행본으로 따로 구상해 보는 것이 좋겠다는 판단을 하고서야, 이제나마 내게 된 것이다. 그러나 예정하고 있는 이 단행본이 언제 집필될지 또는 내 생애에 과연 햇빛을 보게 될지는 나로서도 미리 다짐해 둘 수는 없는 일이다. 이 시점에 이 나라에서 살고 있는 헬라스 고전학자로서 뭣보다도 우선적으로 마무리지어야 할 것들은 몇 가지나마 헬라스 고전의 역주 작업을 더 해 놓는 것이기 때문이다.

끝으로 이 책의 제목인 《헬라스 사상의 심층》에서 보다시피, 나라 이름을 '그리스'나 '희랍'(希臘)으로 하지 않은 데 대한 해명은 따로 이 머리말에 덧붙여서 해 두었음을 밝힌다.

2001년 가을에
지은이 씀

'그리스' 또는 '희랍'이라 하지 않고, '헬라스'라 하는 까닭

　내게는 해마다 몇 통의 편지가 '그리스'에서 온다. 그때마다 나는 겉봉에 붙여져 있는, 대개는 새로운, 우표들을 유심히 들여다본다. 거기엔 우표의 금액과 발행 연도를 알리는 아라비아 숫자 이외에 '그리스'의 명승 고적이나 기념될 일, 신화와 관련된 것 또는 역사적인 인물의 존재를 알리는 아주 작은 크기의 고유 문자들이 보인다. 그리고는 그보다는 커서 훨씬 알아보기가 쉬운 두 줄의 문자열이 보인다. 그 하나는 이 나라가 민주주의를 표방하는 국가임을 알리는 것인데, 이 또한 약 2800년의 역사를 갖는 고유 문자로 인쇄되어 있다. 그러나 나머지 한 줄만은 고유 문자가 아닌 로마자로 HELLAS로 되어 있다. 여태껏 내가 본 이 나라의 모든 우표에는 예외 없이 로마자로 이 나라 이름이 적혀 있었다. 이는 무엇을 의미하는가? 헬라스인들(Hellēnes)은 그네 나라를 온 세상 사람들이 '헬라스'로 불러주기를 바라고 있다는 걸 알리려는 게 아니고 무엇이겠는가? 그들이 이렇게도 그네 나라가 '헬라스'로 불리길 바라고 있는데, 그리고 그걸 열심히 알리려 하고 있는데, 우리가 무엇 때문에 그리고 무슨 권리로 그들의 그 간절한 뜻을 묵살하면서, 영어권 사람들도 아닌 우리마저 영어 식 발음을 빌려 가면서까지 굳이 '그리스'라 해야 하는지 아무래도 다시 생각해 보아야 할 일일 것 같다. 현대의 '헬라스'는 그렇다치고, '영어'라는 언어가 생기기도 전인 아득한 옛날의 나라까지, 우리가 '헬라스' 아닌 '그리스'로 일컫는다는 것은 더더구나 순리에 맞지 않다.

　기록상으로는 기원 전 5세기의 헤로도토스가 그의 《역사》(I. 92)에서 '헬라스'를 그들의 모든 '폴리스'(polis)를 하나로 아우르는 명칭으로 쓰고 있음을 우리는 확인할 수 있다. 늦게 잡아서, 그때 이후 오늘날까지 그들은 줄곧 그네 나라를 그렇게 불러 온 것이다. 그러니 최소한 고대에 관련되는 한, '헬라스'로 부르는 것이 옳은 일일 것 같다. '헬라스'를 국명으로 쓰기로 한다면, 이의 한자 식 표기인 '희랍'(希臘)이란 표기는 하지 않기로 하는 것이 또한 옳은 일일 것이다. '希臘'이란 한자로 된 국명을 일본인들은 '기리시아'로 읽고, 중국인들은 '실(힐?)라'로 읽는 모양이다. 그러니 문교부에서 정했다는 현대의 '그리스'를 가리키는 명칭은 몰라도, 최소한 고대와 관련되는 한, '헬라스'라는 국명을 쓰는 게 백번 옳은 일일 것 같아, 이제부터라도 나는 그리 하기로 했다.

　내친김에 아무래도 '그리스'와 '헬라스'라는 두 이름의 유래까지 밝혀 두는 게 좋겠다. 원래 '그리스'라는 영어 명칭은 라틴어 Graecia('그라이키아' 또는 이탈리아 식 라틴어 발음으론 '그라이치아')에서 유래한 것이다. 이는 로마인들이 처음 알게 된 헬라스인들이 아드리아 해(Mare Adriaticum) 건너편의 서북부 헬라스에 살고 있던 Graikoi(그라이코이, 단수는 Graikos)라 불리는 부족이어서, 이들이 살던 곳을 '그라이키아'라 한 데서 비롯했다. 그런가 하면, '헬라스'의 유래는 이러하다. 《구약 성서》(창세기)에 나오는 대홍수 이야기의 주인공은 노아이지만, 헬라스인들의 대홍수와 관련되는 주인공들은 데우칼리온(Deukalion)과 피라(Pyrrha)이다. 이 대홍수 이후에 이들이 정착한 테살리아 지역에 그들의 아들 헬렌(Hellēn)이 세운 나라를 처음으로 헬라스라 했다. 이 헬렌의 아들들로 도로스(Dōros), 크수토스(Xouthos), 아이올로스(Aiolos)가 있었는데, 도로스의 후손이 도리스 부족으로, 아이올로스의 후손이 아이올리스 부족으로 되나, 크수토스의 두 아들 아카이오스(Achaios) 및 이온(Iōn)에게서는 이들의 후손 아카이아 부족과 이오니아 부족이 생겨나게 된다. 훗날 이들 모두를 합쳐 '헬렌의 후손들'(Hellēnes)이라 일컫게 되는데, 이 후손들이 살게 된 지역 전체를 헬라스라 부르게 된 것이다. 앞에서 말했듯, 헤로도토스의 《역사》 I. 92를 보면, 헬라스가 그 후손들이 사는 이오니아 지역을 포함한 전 지역을 이미 가리키고 있는 것을 확인할 수 있다.

차 례

제1장 무속적 '신들림' 과 헬라스 철학

1. 첫머리에

한국인들에게 있어서 '신들림' 은 무속 신앙의 한 현상이거나 잔영이다. 옛날의 헬라스인들에게도 그 비슷한 것이 있었다. 우선 무당의 신들림 현상과 관련된 우리말 표현들의 사전적 정의들을 몇 가지만 점검해 보자. '신들리다' 는 "사람에게 초인적인 영적 존재가 씌다"든가 "귀신이 접하거나 지피다"라고 정의하고, '지피다' 는 "사람에게 신이 내려 모든 것을 알아맞히는 신묘한 힘이 생기다"라고 정의하고 있다. 그리고 '접신' 이라는 말은 '신령이 내려 지피는 것' 또는 '신이 사람의 몸에 내리어 신통한 능력이 생기는 일' 이라 규정하고 있다. 헬라스인들이 지구의 배꼽 자리(omphalos)로 여기고서 신탁(manteia)을 구하러 찾아갔던 델피(Delphoi)가 있는 고장을 피토(Pythō)라 한 데서, 이곳의 아폴론 신전에 있는 무녀를 '피티아'(Pythia [hiereia])라 했다. 이 무녀가 신탁의 예언을 하게 되는 것은 신들린(Pytholeptos) 상태에서 하게 되는데, 이런 상태를 일반적으로 헬라스어로는 enthousiasmos(엔투시아스모스) 또는 enthousia(엔투시아)라 한다.[1] 이 낱말은 어원상 '신(theos)이 …에게(… 안에: en) 내려(들어 와) 있는 상태'를 뜻하므로, 우리말의 '신들림'으로 이해해도 무난할 것이다.

무속 신앙은 한국인들의 의식에 있어서 오래도록 그 밑바탕을 이루고 있었으며, 오늘날에도 대단한 영향력을 미치고 있다는 사실을 우리가 부인하지는 못할 것이다. 이 나라에 유입된 모든 종교를 어떤 형태로든 상당 부분은 무속화해 버린 그 용광로 같은 위력은 실로 놀랄 만한 일임에 틀림없다. 우리 민족의 이 무속적 기반에 대한 시원스런 언급을 우리는 정진홍 교수한테서 들을 수 있어서, 여기에 그걸 인용하겠다. "무속은 '거울'로, '숨결'로, '샘'으로, '뿌리'로 읽힌다. 무속이 있어 '우리'는 '우리일 수' 있음의 바탕을 지닌다. 무속은 마침내 '우리'의 문학을 비롯한 예술의 모태이고, 인간 관계와 사회, 교육과 치유의 주형(鑄型)이며, '우리' 종교사의 솥이다. 무(巫)의 몸짓, 소리, 색깔은 그대로 '우리'의 것이고, 그것은 잊혀진 우리의 것, 그래서 회상해야 할 윤리를 강요당해도 좋을 원형이다."[2] 그러나 필자가 여기에서 문제삼으려고 하는 것은 그러한 우리의 무속 신앙 자체가 아니고, 다만 무속 신앙의 한 현상인 '신들림'과 관련된 것일 뿐이다. 그러나 그것도 무당의 신들림을 통한 기복(祈福)이나 재액(災厄)의 물리침과 관련된 단순한 무속 행위와 관련된 측면이 아니라, 그 신들림 현상의 집단적 표출, 이를테면, 종교적인 광신 행태나 정치를 포함한 온갖 광신적인 열광 행태이다. '열광'을 뜻하는 영어

---

1) 《티마이오스》편 71e에 예언의 능력과 신들린 상태에 대한 이런 언급이 보인다. "제정신인(ennous) 어떤 사람도 신들린 진정한 예언의 능력을 갖게 되지는 않거니와, 이는 잠결에 사려 분별의 힘이 맥을 못 추게 되거나, 질병 또는 신들린(신이 내린) 상태(enthousiasmos)로 인해서 제정신을 잃고서나 있을 일이다."

2) 《韓國思想의 深層硏究》, 趙明基 外 33人著(서울: 우석, 1990), 540면.

'enthusiasm'의 어원은 바로 헬라스어 'enthousiasmos'이거니와 이 열광의 지나침을 나타내는 영어 표현으로 'in a frenzy of enthusiasm'이라는 것이 있는데, 이는 '열광한 나머지 제정신이 아닌' 상태에 있는 걸 가리키는 말이다. '제정신이 아닌'(ekphrōn) 상태는 정상적인 '정신'(phrēn) 상태에서 벗어난(ek) 경우를 가리켜 하는 말이다. 신들림의 바로 이런 상태가 걱정거리가 된다고 여겨 지금 이 글을 필자가 쓰고 있는 것이다. 한국인의 심성 밑바닥에 흐르고 있을 것만 같은 무속적 성향의 핵심은 아무래도 '신들림'일 것 같다는 생각을 나로서는 좀처럼 떨쳐버릴 수가 없다. 신들림 현상의 긍정적인 측면이 없는 건 아니다. 신바람이나 신명이 나는 것도 신들림의 순화된 형태일 것이기 때문이다. 우리가 이만큼이나마 경제적인 성취를 볼 수 있었던 것도 그 때문이긴 하다. 그러나 굿판의 열기는 굿이 파하기가 무섭게 식어 버린다. 그렇다고 걸핏하면 굿판을 벌일 수도 없는 일이 아닌가. 더더구나 굿판을 벌이기 위해 정치적 이데올로기나 슬로건을 남발할 수도 없는 일이며, 거국적인 큰일을 함부로 벌일 수도 없는 일이다. 습성화되다시피 한 합리적인 항심(恒心)의 유지가 절실히 요구되는 이유가 바로 여기에 있다.

이 글은 고대의 헬라스인들이 그들 나름의 신들림 현상을 어떤 형태로 그들의 가장 위대한 정신적 유산인 철학으로까지 발전시켜 갔는지를 정신사적 관점에서 개괄적으로나마 고찰해 봄으로써 우리 자신을 위한 반성의 계기를 갖게 하는 데 조금이나마 도움이 될 수도 있지 않을까 하는 생각에서 쓰는 것이다. 그런 걸 일러 타산지석이라고들 하지 않던가. 물론 이는 철학적인 큰 이룸이 없이 한 나라의 정신 문화가 제대로 꽃을 피울 수는 없는 일이라는 걸 전제로 한 것이다.

2. 헬라스에 있어서 구원 종교의 등장과 '신들림'

신화 시대 이래로 헬라스인들의 종교는 기본적으로 올림포스의 열두 신을 중심으로 한 것이지만, 그런 가운데서도 각각의 나라(도시국가: polis)는 저마다 그들 중에서도 특정한 신을 제 나라의 수호신으로 각별히 모시기도 했다. 그래서 주신(主神) 제우스가 '나라를 수호해 주는 제우스'(Zeus poliouchos)로 불리는가 하면, 아테네인들의 경우에는 아테나 여신이 '나라를 수호해 주는 팔라스'(Pallas[3] poliouchos)로 불리기도 했던 것인데, 이 신들은 말하자면 '나라를 수호해 주는 신들'(poliouchoi theoi)인 셈이다. 따라서 헬라스인들의 종교는 그들 씨족과 나라가 받드는 신들을 섬기는 이른바 '국가 종교'(state religion)였던 셈이다.

그러나 헬라스에 있어서 이런 일률적인 폴리스 종교가 새로운 전기를 맞게 되는데, 이는 인간으로서의 각 개인의 구원(救援: sōtēria)에 대한 희망을 갖게 해 주는 종교의 등장으로 해서였다. 그런 최초의 종교는 디오니소스(Dionysos: 일명 Bakchos) 신과 관련되어 나타난다. 이 신의 경배에 대해서는 그 기원이 불명한 채로, 트라케 및 프리기아(트라케의 한 부족이 세움) 지역으로부터 헬라스 본토로 유입된 것으로만 최근에까지는 알려져 왔다. 그러나 펠로폰네소스의 필로스에서 발굴되어, 1952년에 벤트리스(Michael Ventris)에 의해서 해독되기 시작한 '선(線) 문자 B'(Linear B)가 새겨진 서판들에 이 신의 이름이 단독으로 등장하고 있음이 확인됨으로써, 게다가 키클라데스

---

3) 팔라스는 아테나 여신의 별명으로, 아마도 그 처녀성을 나타내는 말인 것으로 추정되기도 하나, 일설로는 '창을 휘두르는 자'라는 뜻을 담은 것으로도 추정한다. H. G. Liddel & R. Scott, *A Greek-English Lexicon*(Oxford, 1968)에서 해당 항목을 참조할 것.

군도의 케오스 섬에서 이 신에 바친 글이 새겨진 성소(聖所: to hieron)가 발견됨으로써, 이 신이 미노아-미케네시대의 크레테와 헬라스 본토에서 어떤 형태로든 경배되고 있었을 것으로 추정되고 있다. 그런데 우리의 우선적인 관심사로 등장하는 이른바 비교(秘敎)로서의 디오니소스 종교가 과거의 이 신에 대한 경배의 부활 형태인지 어떤지는 알 길이 없다. 다만 분명한 것은 이 종교가 기원 전 8세기부터 일기 시작하여, 다음 세기에는 펠로폰네소스 반도에서의 약세를 제외하고는 헬라스 본토에서 전역을 통해 전염병처럼 번져 갔다는 것이다.[4] 따라서 우리의 관심도 이 종교가 어떤 이유로 마치 요원의 불길처럼 그 영향력을 확산시켜 갈 수 있었던가 하는 데에 그 초점이 맞추어질 게 당연하겠다.

헬라스 역사를 통해서 볼 때, 기원 전 8세기로부터 7세기에 이르는 시기는 하나의 큰 변혁기였다. 정치적으로는 귀족 체제에서 참주 체제의 시대로, 정신사적으로는 집단 의식에서 개성의 자각 시대로 이행해 가는 시대적 격변기였다. 개인이 '폴리스'(polis: 나라, 도시 국가)라는 집단을 떠나서는 아무런 존재 이유도 가치도 인정받지 못하던 시대에서 전쟁과 사랑, 인생의 덧없음과 죽음, 그리고 무엇보다도 한 인간으로서의 자신의 인생을 예리한 눈으로 관찰하며 그 의미를 되새겨 보고서는 그걸 서정시(mele)의 형태로 수없이 남겼던 시대[5]로 이행해 가던 시기였다. 그래서 이 시기는 문학사적으로는 서사시(epe) 시대에서 서정시 시대로 옮겨가는 시기로 간주되고 있다.

---

4) L. Versenyi, *Man's Measure*(Albany, 1974), 107면과 N. G. L. Hammond & H. H. Scullard, *The Oxford Classical Dictionary*(Oxford, 1973), 352면 그리고 W. Burkert, *Greek Religion*(Oxford, 1985), 162면 참조.
5) *Loeb Classical Library*의 일부로 D. A. Campbell이 편찬하고 대역(對譯) 형태로 묶어서 낸 것만도 무려 다섯 권이나 된다.

이런 시대적 상황이 빚어낸 하나의 중요한 사회 현상으로서 우리의 관심사와 관련해서 새삼 주목하지 않을 수 없는 것은 특히 종교적으로 뜻을 같이하는 사람들의 모임, 즉 '종교적 결사'(thiasos)이다. 이 모임에 가담한 사람들은, '폴리스'라는 오랜 집단 의식의 틀에서 벗어나, 인간으로서의 자신의 삶에서 제 나름의 가치와 의미를 찾으려던 이들이다. 관점에 따라 그리고 그 모임의 성격에 따라, 그런 '결사'는 '폴리스'의 내부적 와해를 초래할 수도 있는 것이지만, 다른 한편으로는 폴리스 내부에 다양성을 가져다주는 것일 수도 있다. 디오니소스 비교의 신도들이 결성한 모임도 역사적으로는 그런 양면성을 지닌다. 이 양면성은 이후의 이 고찰 과정 자체에서 저절로 드러날 것이기 때문에 여기에서 당장에 언급하는 것은 일단 피하기로 하고, 다음 이야기로 옮겨가기로 하자.

디오니소스 비교의 신도는 우선 무엇보다도 그가 속한 도시 국가라는 틀과 관련되어 여러 측면에서 옥죄는 온갖 굴레에서 벗어나 한없이 자유로워지고 싶은 회구에서 이에 귀의한다. 그 틀은 사회적 신분일 수도 있고, 성의 차별일 수도 있으며, 도덕적·인습적 전통 또는 종교일 수도 있다. 이 모든 것은 올림포스 신들의 위계 질서에 바탕을 둔 전통적 종교, 또는 이들의 대변자 격인 아폴론 신의 이름을 빌려 '아폴론 종교'라고도 부르는 이 전통적 종교 또는 질서와 결부되어 있다. 신과 인간 사이의 넘을 수 없는 간격, 귀족과 하층민 간의 간격, 여성에 대한 차별 등등, 온갖 제약으로 자신을 옥죄는 아폴론적 질서에서 단번에 벗어날 수 있도록 해 주는 신이 디오니소스이다. 온갖 형태로 옥죄이고 있는 자신의 처지 '에서'(ek) '벗어나 있게 됨'(stasis)을 가능케 하는 것이 디오니시스 비교이다. 신도들의 그런 상태의 체험이 곧 '엑스타시스'(ekstasis = stepping-out-of)이다. 그 신도들은 글자 그대로 탈자(脫自)의 상태, 곧 탈자경을 맛보게 된다. 그래서 이 신을 Dionysos Lysios(구원해 주는 또는 해방해 주는 디오니소스)로도 부르게 된 것이다. 그렇다면 이 해방은 어떻게 가능하다는 것인가? 이른바 비교(秘教)에 입문하는 입교(入教: myēsis, teletē)의 절차에 따라 비밀 의식(mystēria)에 접함으로써 그 종교의 성스러운 것에 대한 체험을 하게 되고, 따라서 심경에 어떤 변화를 겪는 신도(mystēs)로 되는 것은 디오니소스 비교의 경우에 있어서도 마찬가지이다. 다만 디오니소스 비교의 경우에는 이 비밀 의식을 특히 '오르기아'(orgia) 또는 '박케이아이'(Bakcheiai)라고도 일컬은 것으로 알려져 있다는 점이 색다른 것 같다.

디오니소스 신도가 됨으로써 궁극적으로 이르고자 하는 경지는 일체의 인간적인 세속적 굴레에서 벗어나 근원적으로 철저하게 자유로워지는 것이다. 이 종교는 그것을 약속한다. 그것은 이 신(theos)이 자신 안에 (en) '들어와 있게'(entheos, enthous) 함으로써 가능하다고 한다. 이것이 이루어진 상태가 이른바 '신들림'(enthousia, enthousiasmos)이다. 디오니소스 신을 자신 속에 들어오게 함으로써 마침내 스스로 신과의 합일(henōsis)을 이루게 된 것이다. 인간들로 하여금 포도 재배를 할 수 있게 해 주었다는 이 신은 인간의 몸 안으로 들어감으로써 이 신이 지핀 사람으로 하여금 미래를 예언할 수 있게도 한단다. '여러 가지 모습'(polymorphos, polyeides)으로 자유자재로 변신(metamorphōsis)하는 디오니소스 신이 그의 신도인 한 인간의 탈을 쓰고 그에게서 나타났으니, 그는 이미 인간의 테두리를 벗어난 신이다. 진실은 신만이고, 그는 그 진실을 담고 있는 가면(prosopeion)일 뿐이다. 가면이 가면으로 드러난 마당에, 이제 그에게는 거리낄 것이라곤 아무 것도 없다. 특히 한 많은 여인들과 평민들이 그들을 옥죄어 온 온갖 질곡에서 벗어나게 되는 환희를 맛보게 된 것이다. 그래서 이 종교에는 여신도들(Bakchai, mainades)이 유난히 많았다.

그러나 이 신들림의 상태는, Versenyi의 말마따나,[6] 신도들의 마음 속에 신과 인간 사이의 간격을 없애 줌과 동시에 인간과 짐승 사이의 간격도 없어지게 했다. 특히 '마이나데스'(mainades)라 일컫기도 하는 여신도들은, 한국의 무당들이 작두 타기를 하듯, 초인적인 힘을 발휘하는가 하면, 그들끼리의 집단적 열광 상태에서 동물들을, 심지어는 자기 아이들까지도 '갈기갈기 찢는 행위'(sparagmos)를 하는가 하면, 더 나아가서는 그렇게 찢어발긴 동물들을 피가 뚝뚝 듣는 상태에서 '날로 먹기'(ōmophagia)를 서슴지 않았다. 그들에게 있어서 이는 일종의 성찬 의식이었으니, 이를 삼킴으로써 그들은 자신들의 몸에 신을 받아들이게 되는 것으로 믿었다. '마이나데스'란 바로 '광란하는 여인들'이란 뜻이다. 그들의 광란적인 열광을 '박케이아'(Bakcheia)라 한 것도 그 때문이었다. 이들에게서 우리는 소름끼치는 집단적 신들림의 한 현상을 보게 된다. 에우리피데스의 《박코스 여신도들》(Bakchai)을 보면, 디오니소스를 신으로 받아들이기를 거부한 테베의 펜테우스 왕이 이 여신도들의 산 속 집결지에 잠입했다가 여신도들한테 붙잡히어 당하는 장면은 실로 끔찍하기 이를 데 없다. 특히 그 어머니인 아가웨는 제 자식의 머리를 몸에서 떼어낸 다음, 자신의 티르소스 지팡이[7]에 꽂은 채 의기 양양해서 왕궁에 돌아간다. 그러나 그 아버지인 카드모스의 거듭된 환기로 마침내 '정신이 들어'(ennous) 자신이 저지른 미친 짓을 확인하게 된 다음엔, 어쩔 줄 몰라하며 비탄에 잠긴다.

앞에서 말했듯, 이제껏 헬라스인들은 올림포스 신들의 위계 질서의 기본 틀을 벗어나지 않는 범위 내에서 한 폴리스가 한 특정한 신을

---

6) 앞의 책, 111~112면 참조.
7) 이 지팡이에 대해서는 곧 이어지는 설명을 참조할 것.

각별히 섬기는 형태의 국가 종교 (state religion)를 가졌을 뿐이었다. 이와는 달리 디오니소스 비교는 그들에게 있어서는 일찍이 볼 수 없던 구원 종교(salvation religion)였다. 그것은 분명히 그들로 하여금 인간인 자기의 구원과 함께 인생의 의미에 대해 깊이 생각해 보게 하는 계기를 가져다주었다. 그러나 디오니소스 신도들은 그런 내면적 성찰과는 처음부터 먼 거리에 있었다. 우선 집부터 뛰쳐나가 산야를 헤매며, 꼭대기에 솔방울을 달고 담쟁이 덩굴과 포도 덩굴을 감은 지팡이(thyrsos)를 휘두르며 노래하고 춤추면서, 먼 곳에서 들려 오는 천둥소리 같은 소리를 낸다는 디오니소스(Dionysos Bromios)를 불러 내기 위해 '이아코스'(Iakchos)를 외쳐대는가 하면, 황홀경에서 나오는 외마디 소리를 질러대면서 앞서 말한 그런 끔찍스런 광란 속에 빠져드는 그들이었다. 그러나 '온 나라가 박코스적인 광기에 씌이는 (exebakcheuthē)' 집단적 광란의 신들림(ekbakcheusis)이 그대로 수용될 수는 없는 일이었다. 이 광란의 비밀 의식(orgia)은 결국 아폴론 신에 의해 유순한 형태를 취하게 된다. 디오니소스 신이 아폴론 신전이 있는 델피의 한쪽에 수용되어, 그에 대한 종교적 의식이 헬라스 민족의 종교적 행사의 일환으로 격년으로 행하여지게 된 것이다. 곧이어 나타난 디티람보스(dithyrambos)의 문학 형태도, 그리고 이에 이어지는 헬라스 비극의 등장도 이 디오니소스 비교가 제시한 구원의 기능을 어쩌면 긍정적으로 수용하기 위한 것이었는지도 모르겠다.[8]

---

8) 앞의 책 123~130면에서 Versenyi가 그런 견해를 적극적으로 밝히고 있다.

3. 새로운 구원 사상의 대두

출생과 더불어 소속된 어떤 부족이나 나라라는 집단과는 상관없이 스스로 자신들의 의사에 의해서 뜻을 같이하는 사람들끼리 모여서 결성한 단체(thiasos)로서 먼저 디오니소스 비교를 이제껏 다루었다. 역시 구원의 문제와 관련하여 다음으로 우리의 관심거리로 등장하는 것은 오르페우스 비교이다. 디오니소스와는 달리 오르페우스(Orpheus)는 신이 아니다. 그는 전설적 인물이지만, 트라케 출신이며 가인(歌人)이자 예언가였던 것으로 알려져 있다. 놀랍게도 인간인 그가 인간 혼(psychē)의 불사(不死: athanasia = immortality)를 말하기 시작했다. 그가 이런 말을 하기 전까지는 헬라스인들은 신들을 '불사의 존재들'(athanatoi = immortals)이라 일컬은 반면에 인간을 가리켜서는 '사멸하는(죽게 마련인) 자들'(thnētoi = mortals), 아니 그보다도 '하루살이들'(ephēmerioi = ephemerals)이라고까지 스스로 비하시켜 불렀다. 신들은 그들만이 따로이 먹고 마신다는 신찬(ambrosia)과 신주(nektar) 덕에 그 혈관에 영액(ichōr)이 흘러 영생한다지만, 그렇지 못한 인간이 영생을 할 수 있다니, 그것은 엄청난 사고의 변혁을 가져다 줄 사건이다.

오르페우스의 종교적 활동이 확산되기 시작한 것은 아티케 지역과 남 이탈리아를 중심으로 하여 기원 전 7세기에서 6세기에 걸쳤던 것으로 알려져 있다. 그러나 그 자신이 전설적 인물인 데다, 그를 추종하는 자들(Orphikoi)도 각양 각색일 뿐만 아니라, 이른바 '성언집'(聖言集: hieroi logoi)도 후대의 것(B.C. 3세기로 추정)이어서 그 정통성의 맥을 짚기에는 어려움이 많다. 따라서 필자로서는 지극히 절제된 언급만을 하기로 하겠다.

플라톤의 《크라틸로스》편(400c)에 이런 말이 있다. "어떤 사람들은 몸(sōma)을 혼의 무덤(sēma)이라 말하는데, 이는 그것이 현재의 몸 안에 묻혀 있다고 해서이다. … 내가 보기엔, 오르페우스를 추종하는 사람들이 그 누구보다도 이런 이름을 붙인 것 같은데, 그건, 혼이 받아야 할 벌을 받는 동안, 몸이 감옥으로 되어 안전하게 이를 가두어 두는 상자로 삼기 위해서라는 생각에서일 것이다. … 그러니까 그건 혼이 보상할 것을 다 보상하게 되기까지는 혼의 감옥인 게야." 정작 혼이 치러야 할 업보의 유래에 대해서는 이설이 많으나, 이들이 금욕적인 생활을 강조했던 것만은 분명한 것 같다. 육식도 삼가는 그들의 금욕적인 생활은 혼을 정화된(katharos) 상태로 간직하려는 생활 태도(diaita)로 해석해도 무난할 것이다. 이런 면을 오르페우스의 다른 말과 연관지어 생각해 보기로 하자.

　1962년에 오늘날의 동북부 헬라스에 위치한 테살로니키 인근의 데르베니(Derveni)에 있는 기원 전 4세기 무렵의 것으로 추정되는 한 고분에서 반쯤 타다 남은 파피루스의 두루마리가 발견되었는데, 여기에는 오르페우스의 주장으로 돌리고 있는 중요한 내용들이 기록되어 있다. 흔히 '데르베니 파피루스'라 일컫는 이 기록에 담긴 내용은 6절 운율(hexametra)로 되어 있기 때문에, 전 5세기 또는 6세기 이전으로까지 그 저술 연대가 소급되고, 그만큼 그 신빙성 또한 커진다.[9] 여기에는 신들의 계보와 관련된 글들이 많이 수록되어 있는 한편에 우주의 창조와 관련된 언급이 나오고 있는데, 우리의 관심을 끄는 것은 바로 이 대목일 것 같다. "많은 이에게는 불명하겠지만, 제대로 이해하고 있는 이들에게는 분명할 것인즉, 오케아노스(Okeanos)는 공기이고 공기는 제우스이다. … 제대로 이해하지 못하는 이들은 오케아노스가 강이라고 생각하는데, 이는 그분(오르페우스)께서 그것

---

9) Kirk, Raven and Schofield, *The Presocratic Philosophers*(2 ed.), Cambridge, 1983, 30~33면 참조.

24

이 넓게 흐른다고 덧붙이셨기 때문이다. … 우리는 굉장한 힘을 지닌
이들을 두고서 힘이 넘쳐 흐른다고 말하는 터이다. … 이런 시구들에
서 그분께서는 사물들은 언제나 있어 왔으며 또한 현재 있는 것은
무엇이나 이전에 있던 것들에서 생성되고 있다는 것을 나타내시고
계시다"(Col. 19, 1~9 & Col. 12, 7~9).[10] 이 구절과 아리스토텔레스의
다음 언급은 밀접한 연관성을 갖는 것으로 보인다. "이른바 오르페우
스의 시에 나오는 주장도 같은 경우이다. 왜냐하면 그건 바람에 실려
온 혼이, 동물들이 숨을 들이쉴 때, 우주에서 그것들 안으로 들어가
게 된다고 하니까."[11]

앞에서 한 오르페우스와 관련된 언급들을 모두 연관지어 보면, 그
것은 대개 이런 주장으로 요약될 수 있겠다. 이 우주에는 공기가 가
득히 퍼져 있고, 이것이 땅에 있는 생물들의 몸 속으로 혼으로서 들
어가 그것들을 생물이게 하고 있다. 그렇게 있던 혼은 때가 되면, 그
것이 왔던 곳으로 되돌아간다. 그리고 제우스는 이 모든 것을 관장한
다. 그러니 사람은 지상에서 사는 동안 근신으로 일관함이 도리이다.
대충 그런 이야기일 것이다. 이렇게 볼 때, 부르케르트의 다음과 같
은 언급은 아주 적절한 것 같다. "한결 나은 운명을 보장해 주는 것
은 도덕적으로 나무랄 데 없는 행위이거나, 아니면 죄에서 자유롭게
해 줄 입교(入敎) 의식을 치렀다는 명백한 사실일 것이다. 혼이 어떤
가벼운 천상의 물질이며 따라서 인간의 혼은 결국엔 하늘로 오를 것
이라는 생각은 우주론과 구원 종교의 중대한 종합을 위한 무대를 설
치했다."[12]

---

10) L. J. Alderink, *Creation and Salvation in Ancient Orphism*(Michigan, 1981), 118~120면.
11) Aristotelēs, *De Anima*, 1.5. 410b.
12) 앞의 책, 300면.

4. 인간의 자기 구원의 문제를 떠맡고 나선 철학

부르케르트의 말대로, 오르페우스의 구원 사상이 '우주론과 구원
종교의 중대한 종합을 위한 무대'를 마련한 셈이라면, 이 무대에서
본격적인 공연을 한 것이 피타고라스 학파인 셈이다. Guthrie는 피타
고라스 학파와 오르페우스를 따른 사람들이 공유한 믿음에 관해서
이런 말을 하고 있다.[13] "그들(피타고라스 학파의 사람들)은 실로 전
체로서의 우주가 하나의 생명체라고 믿었다. … 그들은 주장하기를,
우주는 무한 량의 공기나 숨으로 둘러싸여 있어서, 이것이 전체에 스
며들어가 생명을 준다고 했다. 그것은 개개의 살아있는 생물에 생명
을 주는 것과 똑같은 것이다. … 사람의 숨이나 생명은 무한하고 신
적인 우주의 숨이나 생명과 본질적으로는 같은 것이었다. 우주는 하
나였고, 영원하며 신적이었다. 사람들은 여럿이며, 각기 다르고, 또한
사멸하는 존재였다. 그러나 사람의 본질적인 부분, 즉 그의 혼은 사
멸하지 않는 것이고, 그 불멸성은 다음과 같은 사실, 즉 사람의 혼은
신적인 혼이 잘리어 사멸하는 몸 속에 갇히게 된 것으로서, 그 파편
또는 불꽃이라는 사실 덕택이다. 사람은 이리하여 삶에 있어서의 하
나의 목표, 즉 몸의 더러움을 털어 버리고서, 순수한 정신으로 되어,
자신이 본질적으로 속하는 보편적인 정신과 다시 결합하는 목표를
가졌다. 혼이 자신을 완전히 정화할 수 있게 되기까지, 혼은 하나의
몸에서 다른 몸으로 옮겨감으로써, 계속해서 일련의 윤회를 겪지 않
으면 안 된다. 이는, 정해진 출생의 순환이 완결되지 않는 한, 개성이
유지됨을 의미하는 것이었다. 그러나 궁극적인 목표가 신적인 것과의
재결합에 있어서의 자신의 적멸(寂滅)이라는 것은 의심의 여지가 없

---

13) W. K. C. Guthrie, *The Greek Philosophers*(New York, 1960), 35~36면.

다. 이러한 믿음을 피타고라스 학파는 다른 신비주의적인 종파들과 함께 나누어 갖고 있었는데, 신화적인 오르페우스의 이름으로 가르친 사람들과는 두드러지게 함께 하고 있었다. 그러나 피타고라스의 독창 성이 돋보이는 것은, 정화 그리고 신적인 것과의 결합의 목표가 달성 되도록 해 주는 수단이 무엇인지를 우리가 물을 때에 있어서이다. 피 타고라스는 … 자기 나름의 방식을, 즉 철학자의 방식을 덧보태었 다." 이제 우리는 피타고라스 나름의 '철학자의 방식'(the way of the philosopher)이 무엇인지를 알아보기로 하자.

사모스 섬의 폴리크라테스의 참주 정치를 피해 남 이탈리아의 크 로톤으로 간 피타고라스가 그곳에 처음 세운 것은 종교 단체였다. 그 러나 이 종단(宗團)은 어떤 비교 의식(秘敎儀式: mystēria)을 갖는 그 런 것이 아니었다. 플라톤이 《국가》(600b)에서 말하듯, '피타고라스 적인 생활 방식'(Pythagoreios tropos tou biou)이 강조되었을 뿐이 다. 이 생활 태도와 관련해서 남긴 그의 '가르침들'(akousmata, symbola)은 대개 금기 사항들이거나 교훈 또는 격언들이다. 하지만 우리가 여기에서 문제삼으려는 것은 그의 종단적인 면모가 아니라, 학파적인 면모이다. 오로지 그런 가르침만을 중시한 이른바 '계율 존 중파'(akousmatikoi)(일명 '피타고라스 주의자들': Pythagoristai)가 아니라, '학문파'(mathēmatikoi)(일명 '피타고라스 학파': hoi Pythagoreioi)가 우리의 관심사다. 그렇다고 하더라도, 이는 결코 그 들의 종교적 관심 자체가 퇴색되는 것을 의미하는 것이 아니라, 다만 그들의 종교적 관심이 철학적 이론으로 발전된 것일 따름이다.

그들은 혼의 불멸성과 함께 혼의 윤회(metempsychōsis)를, 따라서 모든 생물의 동족성을 믿었다. 구원받지 못한 혼이 몸을 바꾸어 가며 윤회한다. 혼은 완전한 정화(katharsis)를 이룸으로써만이 윤회에서 자유로워진다. 이 정화는 종교적 계율을 맹목적으로 지키는 것으로 이루어지는 것이 아니라, 궁극적으로는 우주적 질서에 동화되었을 때에야 가능한 일이다. 이 동화(同化: homoiōsis)를 위해서는 우주적 질서에 대한 앎이 먼저 요구된다. 그들이 학파로의 전환을 꾀하게 된 것도 그 때문이리라. 그리하여 이제 학문이 혼의 정화를 위한 최상의 정화 수단으로 간주되게 된 것이다. 그렇지만 학문이 정작 그들에게 무엇을 깨닫게 해 준다는 것인가? 전하는 바에 의하면, 우주를 최초로 코스모스(kosmos)라 일컬은 이는 피타고라스이다. 그건 우주가 아름답고, 그 아름다움의 원인이 질서 때문이라는 생각을 했던 탓으로 보인다. 헬라스어로 kosmos는 '질서'의 뜻과 함께 '장식' 또는 '치장'의 뜻을 갖고 있다. 복수 형태로는 여인들이 몸에 차는 패물을 가리키기도 한다. 영어로 화장품을 뜻하는 cosmetic의 어원이 바로 이 말이다.

그런데 피타고라스의 특이한 점은 이 우주의 아름다움을 빚어내는 질서의 비밀을 다름 아닌 수(arithmos) 및 수적 구조에서 찾았다는 사실이다. 이를 증명해 보이기 위해, 그는 하나의 현으로 한 옥타브의 소리들을 내게 하는 실험을 통해, 이 여덟 음을 내는 현의 길이들 사이에 성립하는 수적인 관계를 밝힌다. 뿐더러 첫음과 여덟째 음, 그리고 이들 양 끝의 중간에 있는 넷째 음과 다섯째 음이 고정음들이고, 그 사이의 것들은 가변음들이다. 이 가변음들이 반음으로 처리되는 양상에 따라 선법(harmonia)이 달라진다. 오늘날 장조와 단조가 이루어지는 이치도 바로 여기에 있을 것 같다. 그리하여 모든 것에 수가 관계하는 이치(또는 비율: logos)를 제대로 알게 됨으로써 우리가 사물들과 우주의 이치를 알게 되고, 또한 이에 따른 삶을 살게 될 때에야, 각자는 우주적 질서를 닮은(kosmios) 사람으로 된다는 생각이다. 필롤라오스를 포함하는 이른바 피타고라스 학파의 사람들이 이에 이어 해 보이는 작업들은 사물들에 대한 수학적 접근이 얼

마나 놀라운 것인지를 잘 보여 주나, 여기에서는 그냥 넘기기로 한다.[14]

피타고라스 학파의 경우만 해도 아직은 종교적 측면이 많이 남아 있다. 그러나 소크라테스에 이르면 양상은 완전히 달라진다. 그는 아테네 시민들을 상대로 저마다 자신의 혼을 보살필 것을 집요하게 권유한다. 이제 그에게 있어서 혼은 막연한 혼이거나 종교적 관심사인 것이 아니다. 혼을 보살펴야만 하는 것은 저마다의 혼이 지니고 있는 최대의 가능성 때문이다. 그는 자신이 재판을 받는 법정에서도, 그리고 그가 독배를 비우는 마지막 순간에 그의 오랜 친구 크리톤이 그의 자식들을 위해 자신이 가장 잘 해 줄 수 있는 일이 무엇인지를 물었을 때도, 그가 한결같이 강조하고 부탁한 것은 각자의 "혼이 최선의 상태가 되도록 마음쓰는 것"이었다.[15] "캐묻지 않는 삶은 사람에게는 살 가치가 없다"[16]고 그가 단호하게 말한 것도 실은 혼이 그렇게 되도록 하기 위한 노력을 게을리 하지 말 것과 그 방도를 말하는 가운데 한 말이다. 그렇다면, 정녕 무엇이 사람을 사람이게 하는가? 그 대답을 그는 먼저 당시의 사람들이 짐승을 사람과 구별하여 '로고스(logos)를 지니지 않은 것들'(ta aloga)이라 한 데서 찾았다. 그러니까 이 말은 로고스를 지닌 존재가 사람이란 것을 간접적으로 나타내고 있는 셈이다. 소크라테스에 있어서 로고스는 우선 무엇보다도 이성을 의미하며, 아울러 이성이 그 수단으로서 이용하는 말, 특히 의미 규정이 된 말을 의미한다. 철학은 이성이 언어를 이용해서 논의도 하고 사고도 하며 추론도 함으로써 가능한 학문이다. 그가 델

---

14) 필롤라오스에 관해서는 제2장 "헬라스인들의 중용 사상" 1항 끝 부분을 참조할 것.

15) 《소크라테스의 변론》편, 29e~30b 및 《파이돈》편, 115b.

16) 《소크라테스의 변론》편, 38a.

피의 아폴론 신전 입구에 새겨져 있던 "너 자신을 알라"는 잠언을
빌려서 사람들에게 말하려 한 것도 실은 사람은 누구나 자신이 '로
고스'의 능력을 지니고 있음을 깨닫고, 이를 적극적으로 활용해야만
한다는 것이었다. 이성을 적극적으로 활용하는 철학을 통해서만이 인
간은 삶의 지표나 원칙을 찾을 수도 있을 것이며, 또한 자신의 구원
도 도모할 수 있을 것이라는 게 그의 확신이었기 때문이다.

5. '신들림'에서 이성 및 지성의 '들림'으로

이성에 대한 소크라테스의 이런 강조를 앞서 다룬 '신들림'의 문
제와 연관짓는다면, 우리는 자못 흥미로운 사태와 맞닥뜨리게 된다.
그것은 보기에 따라서는 신(theos) 대신에 이성을 자신 속에 들어 앉
히는 작업이기 때문이기도 하다. 아니 그렇다기보다 그것은 자신 속
에 이미 가능성으로서 있는 이성적 기능을 찾아내서 제 자리에 앉
히는 작업이라고 하는 것이 더 옳을 것이다. '신들림'과 관련된 이러
한 국면의 완전한 전환은 플라톤에 이르면, 그 극치를 보게 된다. 어
느 면에서 그는 철학을 하는 것 자체를 아예 비교(秘敎)의 입교(入
敎: myēsis)와 비전(秘傳: epopteia)에다 빗대어 말하기도 한다. 이를
테면, 《메논》편(76e)에서는 개념의 정의(定義)를 제대로 할 수 있게
되는 것을 비교에 입문하게 되는 것으로 말하고 있으며, 《향연》편
(209e~210a)이나 《파이드로스》편(250c)에서도 제대로 철학으로 인도
되어 마침내 참된 존재를 바라보게 되는 것을 '입교'나 '비전'에다
빗대어 말하고 있다. 그런가 하면 감각적 지각(aisthēsis)의 영향을 배
제하는 철학적 인식을 위한 인식 주관의 순수화 과정 자체를 정화
(katharsis) 과정으로 빗대어 장황하게 말하고 있는 것도 우리는 《국

가》편이나 《파이돈》편에서 발견하게 된다. 그는 어느 의미에서 종교적인 것을 철학에다 원용 또는 전용하고 있는 셈이다. 그가 그렇게 한 것은 물론 그 시대 나름의 특수한 상황 때문이기도 하다. 플라톤이 철학적 논의를 하던 시기에는 아직 전문적인 철학 용어들을 거의 확보하지 못한 상태에 있었다. 게다가 그의 저술은 대화 형식으로 된 것이다. 비록 그가 42세 무렵에 아카데미아 학원을 세우고, 그곳을 중심으로 학문 활동을 했지만, 전문 용어들을 갖고 철학적 논의를 하기에는 아직은 그 역사가 너무나 짧았다. 그 정도가 어느 정도인지를 단박 짐작할 수 있도록 해 주는 하나의 예를 우리는 《테아이테토스》편(182a)에서 찾아볼 수 있다. 거기를 보면, ‘질’(質) 또는 ‘성질’(quality)을 뜻하는 헬라스어 ‘poiotēs’가 ‘생소한 낱말’(allokoton onoma)일 것이라고 소크라테스가 말하고 있는 장면이 나오는데, 이는 ‘어떤 성질의’ 또는 ‘어떤 종류의’라는 뜻을 갖는 형용사 poios의 추상 명사이다. 이처럼 그는 일상 언어의 틀을 벗어나지 않는 범위 안에서 철학적인 대화편들을 쓰며, 철학적 논의도 할 수밖에 없는 상황에 처하여 있었던 것이다. 오늘날 우리가 구사하듯 전문 용어를 구사할 수 있는 그런 상황과는 너무나 동떨어진 처지에 있었던 셈이다. 무엇보다도 철학적 논의의 장이 마련된 역사도 짧고, 철학적인 논의를 할 수 있는 사람들의 수도 그만큼 적었기 때문이었다.

플라톤이 아카데미아 학원을 세우고서 약 50년이 지난 뒤인 335년(기원 전)경에 역시 아테네에 리케이온(Lykeion) 학원을 세운 아리스토텔레스의 경우만 해도 사정은 판이하게 달라진다. 이를테면, 헬라스어에 ‘관계’(relation)라는 명사형의 낱말이 없는 터라 그는 ‘어떤 것에 대하여’ 또는 ‘어떤 것과의 관계에 있어서’라는 뜻을 지닌 ‘pros ti’(in relation to, in respect of)라는 구(句)를 명사화해서 쓰는가 하면, 헬라스어 telos가 ‘목적’ 이외에도 ‘완성’ 및 ‘끝’의 의미를 갖고 있어서, 이를 분명히 하기 위해서, 역시 하나의 구인 to hou heneka(the 'for the sake of which')를 명사화해서 쓰기도 했다. 그런가 하면 플라톤만 해도 '전체에 걸쳐(걸친)' 또는 '전체적으로'의 뜻으로는 kath' holon을 쓰면서도, 단 한 군데에서[17] '보편적으로'나 '일반적으로'라는 뜻으로 이해하는 것이 옳을 것 같은 kata holou라는 표현을 썼는데, 이 부사구의 형태로 쓰인 표현을 아리스토텔레스는 숫제 하나의 낱말로 합쳐서 katholou로 쓸 뿐만 아니라, 이를 형용사적 용법, 즉 '보편적인'(universal)의 뜻으로도 쓰는가 하면, 이에 정관사 to(복수는 ta)를 그 앞에 놓아 '보편적인 것'(보편자: the universal)이라는 명사 형태로 쓰기도 했다. 그러나 무엇보다도 우리 입이 딱 벌어지게 하는 것은 오늘날 그 어떤 언어로도 도저히 근접한 정도의 번역조차도 불가능할 것 같은 아리스토텔레스 특유의 조어(造語)인 to ti ēn einai(τὸ τί ἦν εἶναι)라는 복합어다. 도대체 어떤 마음에서 이런 조어를 썼을까 하는 의문이 우리가 당혹해 하는 마음일 것 같지만, 그건 그들의 철학적 풍토를 모르는 데서 오는 당혹감일 뿐이다. 그가 이 말을 수도 없이 예사롭게 쓸 수 있었던 것은 이 낱말에는 한 세기에 가까운 아테네인들의 역사가 얽혀 있었기 때문이다. 플라톤의 초기 대화편들은 흔히 '소크라테스적인 대화편들'로 지칭되기도 한다. 이들 대화편의 공통된 특징은 "그것(x)은 무엇인가?"(ti esti) 또는 "도대체 그것(x)이 무엇인지"(hoti pot' esti)를 소크라테스가 묻고, 소크라테스의 대화 상대자는 이에 대한 대답을 반복적으로 시도하는 형태로 진행된다는 것이다. 소크라테스의 이런 물음이 갖는 의의가 무엇인지를 여기서 새삼 묻는다는 것은 우리의

---

17) 《메논》편 77a6에 "사람의 훌륭한 상태(훌륭함, 덕: aretē)에 대해서 그것이 무엇인지를 보편적으로 말함으로써"라는 구절이 보인다. 이와 관련해서는 R. S. Bluck, *Plato's Meno*(Cambridge, 1961), 255면을 참조할 것.

논의를 장황하게 만들 것이므로, 앞의 항에서 언급된 것으로 그치도록 하자.[18] 소크라테스 나름으로 느낀 시대적 절박함 때문에 제기된 이런 물음의 행각이 플라톤을 거쳐 아리스토텔레스에 이르기까지 이어져 온 긴 역사가 아리스토텔레스의 이 조어에는 담겨 있다고 보아야 할 것이다. 소크라테스가 했듯, "그것(x)은 무엇인가?"라는 질문을 했을 때, 그 질문을 받은 사람은 "그것은 …이다"라는 형식으로 대답을 하되, 그 내용은 보편적인 본질적 의미 규정을 담은 것이어야만 할 것이다. 이 물음과 대답의 형식을 하나로 묶은 형태의 것이 to ti ēn einai라는 전문어의 구조다. ti(τί)는 '무엇?'이라는 의문 대명사이고, ēn(ἦν)은 esti(영어 is에 해당)의 비완료형 과거(영어 was에 해당)이다. 그리고 이 경우의 einai는 ' …임'(영어 be 또는 to be에 해당)을 의미하며, 맨 앞의 to(τὸ)는 이 경우에 전체를 한 낱말로 묶는 것을 나타내는 정관사이다. "그것(x)은 무엇인가?"(ti esti)라는 물음이 앞서고, 이에 대해서 '…임'이라는 형식을 갖추어 나중에 대답하는 것이므로, 이 조어는 " '그것(x)은 무엇이냐'가 제기된 문제였는데, '그것(x)은 …이다'라고 한 것"쯤으로 이해할 성질의 것일 것 같다. 굳이 우리말로 간단히 말한다면, '그것(어떤 것)의 무엇임'이라 일단 옮겨 봄직할 것도 같다.[19] 어쨌거나 이는 어떤 것(x)의 보편적

---

18) 이와 관련된 필자의 자세한 언급은 필자의 역주서 《플라톤의 국가(정체)》(서광사)에서 "플라톤의 생애와 철학" 중 2항 초기 대화편들에 드러난 소크라테스의 철학적 행각(17~26면)을 참조할 것.

19) 이를 W. D. Ross는 그의 주석서 *Aristotle's Metaphysics*(Oxford, 1953), Vol. I, 127면에서 'the answer to the question, what was it to be so-and-so'라 옮겨 놓고서, 여기에서 쓰인 비완료형 과거 시제(the imperfect tense) ēn(ἦν)과 관련해서는 다음 세 가지 답변이 가능하다고 말한다. 그 첫째 것은 이른바 philosophical imperfect라는 것으로, '앞서 말한 것'과 연관짓기 위한 것이고, 둘째 것은 지속성을 나타내기 위한 것이며, 셋째 것은 특정한 질료 속에 구체화되기 이전의 형상의 존재를 나타내는 것이라고 하면서, 이 마지막 것에 그 설득

인 의미 규정(horismos)이며, 그것의 '본질'(ousia), 즉 '질료가 빠진 본질'(ousia aneu hylēs)[20]이요 형상(形相: eidos)이다.

철학 용어 사용에 관련되는 한, 플라톤 시대의 사정은 전혀 딴 판이었다는 것은 앞서 인용한 사례를 통해서도 충분히 입증되었다고 할 것이다. 그런 터에 플라톤은 새로운 철학의 영역을 설파하기 시작했다. 그 새로운 철학의 영역은 우리의 감각적 지각(aisthēsis)의 능력을 넘어서는, 더 나아가 이성(logos)의 능력마저 넘어서는 '누스'(nous)라 불리는 인간의 능력이 관계하는 영역이다. '지성'이나 '정신'으로 또는 '지적 직관의 능력'으로 이해할 수 있는 '누스'의 능력과 그것이 관계를 맺는 영역이 있음을 확인함으로써 그는 철학에 새로운 지평을 열어 보여 주게 된 것이다. 플라톤 철학이 최초로 그 본격적인 모습을 드러내기 시작한 대화편이라 할 수 있는 《파이돈》편에서 우리는 이런 언급들을 찾아볼 수 있다. "존재하는 것들(ta onta)에는 두 종류(eidos)가 있어서, 그 하나는 눈으로 볼 수 있는(可視的인: horaton) 것이고, 다른 하나는 눈에 보이지 않는(aides) 것이겠는데, … 이는 우리가 인간들의 본성(physis)에 대응하는 것들로서 하는 말이다."(79a~b) 다시 말해서, 대상들에 대한 앎과 관련되는 우리의 주관이 처하여 있는 조건이 그러하니, 그렇게 구분될 수밖에 달리 도리가 없는 일이라는 생각에서 하는 말이다. "눈에는 불분명하고 보

력이 있는 것으로 말하고 있다. 참고삼아 이 to ti ēn einai를 다른 고전 학자들이 어떻게 자기 나라 말로 옮기고들 있는지 열거해 보겠다. the "what-it-is-to-be-it"(J. Barnes, W. K. C. Guthrie); the "being-what-it-is"(C. Kahn); the "what-it-is-to be"(C. Kirwan); the what-it-was-to-be-that-thing(H. Lawson-Tancred); the 'What-it-is-ness'(C. Kahn); Was es heisst, dies zu sein(M. Frede & G. Patzig); das Was-es-ist-dies-zu-sein(F. F. Schwarz); Wesenswas(H. Bonitz); quiddité(J. Tricot) 등이 영·독·불어로 된 그 번역어들이다.

20) 아리스토텔레스의 《형이상학》제7권 7장(1032b14).

34

이지도 않으나(aides), 지성(nous)에 의해서[라야] 알 수 있는(noē-
ton)"(81b), 이런 것은 혼(psychē)이 감각적 지각의 힘을 빌리지 않
고 자체의 힘으로 '보게 되고'(hora) '이해하게 되는'(noēsēi) 것이
라고 한다. 또한 《국가》편(507b~c)에서도, 한 쪽 것들은 "[눈에] 보이
기는 하되, 지성에 알려지지는(noeisthai) 않는다고 우리가 말하는 반
면에, 다른 쪽 것들(이데아들)은 지성에 알려지기는 하나 [눈에] 보
이지는 않는다고 말한다." 시각에는 시각의 대상들이 상응하는 것들
이고, 청각에는 청각의 대상들이 상응하는 것들이듯, 감각적 지각
(aisthēsis)에는 '감각적 지각에 의해 지각할 수 있는 것들'(ta aisthē-
ta =the sensibles)이 그 대상들인 반면에, 지성(nous) 및 그 인식 작
용(noēsis)에는 '지성에 의해서[라야] 알 수 있는 것들'(ta noēta =the
intelligibles)이 그 고유의 대상들이다. "닮은 것에 닮은 것이"라는 헬
라스인들의 속담이 그의 인식론에 있어서 하나의 기본 원리로 되고
있는 것은 바로 그 때문이다. '지성에 의해서[라야] 알 수 있는 것
들'(ta noēta)이 바로 형상(形相: eidos) 또는 이데아로 불리는 것들
이다. 이렇게 해서 형상 이론 또는 이데아 설(說)로 알려져 오는 그
나름의 존재론과 그 인식론이 개진되거니와, 그가 철학적으로 소크라
테스의 울타리를 벗어나게 되는 것도 이 대목에서다. 따라서 플라톤
의 철학은 소크라테스의 경우처럼 logos(이성)의 틀 안에만 머무를
수가 없고, nous(지성)의 영역으로까지 확대될 수밖에 없다. logos도
nous도 이성(reason)으로 옮기는 사람들이 더러 있지만, 아무래도 이
제까지 말한 것만으로도 구별할 필요가 충분히 있을 것 같거니와, 따
라서 그 역어도 다를 수밖에 없는 일일 것 같다. 물론 nous를 편의상
일단은 '지성'으로 옮기기는 하지만, 이는 더 좋은 역어를 찾게 되기
까지의 임시적인 것일 뿐이다.[21] 이런 연유로 그는 사람들이 미처 깨
닫지도 접하지도 못해 본 새로운 영역의 철학으로 사람들을 인도하

려고 한다. 그러자면 새로운 언어가 적잖이 요구된다. 그러나 그렇다
고 해서 전문 용어를 인위적으로 만들어 쓸 수 있는 상황도 아니다.
그런데 마침 아테네인들이면 으레 치르게 마련인 엘레우시스
(Eleusis) 비교(秘敎)의 체험과 함께 이 비교에서 사용하는 종교 언
어가 있어서, 이를 플라톤이 더러 원용하게 되었던 것이다. 한때는
독립된 나라(polis)였지만, 아테네의 일부로 합병된 뒤로 엘레우시스
는 아테네인들의 종교적 성지로 된다. 우리가 플라톤의 대화편들에서

---

21) nous(누스)(이는 단축형이고, 헬라스어 원형은 noos인데, 플라톤이나 아리스토
텔레스의 경우에는 이 단축형을 쓴다)를 흔히 '이성'으로 번역하는 사람들이 있
는데, 이는 아무래도 재고해야 할 일일 것 같다. 이는 플라톤 철학에 관련되는 한
자칫 용어 사용에 있어서 혼란을 가져다 줄 수 있는 일이기에, 이 기회에 여기에
서 간단하게나마 이와 관련된 약간의 언급을 해 두는 게 좋을 것 같다. 이를테면,
《티마이오스》편 46d에서 물질들은 그 자체로는 "어떤 경우에도 logos나 nous를
지닐 수가 없다"는 구절을 우리가 만나게 되는데, 이 경우에 우리는 둘 다를 '이
성'으로 번역해야 할 것인가? 그럴 수는 없는 일이라면, 둘은 각기 다른 번역어
로 옮길 수밖에 없는 일이 아니겠는가? 플라톤도 아리스토텔레스도 이 둘을 경
우에 따라 가려서 쓰고 있다는 것은 곳곳에서 확인할 수 있는 일이다. 우리가
'이성'을 logos의 역어로 택한 이상, nous는 다른 역어로 옮길 수 밖에 없는 일
이다. '지성'이라거나 '정신', 또는 이보다 더 적합한 역어가 있다면, 그것으로 옮
기는 게 당연한 일일 것이다. 더구나 플라톤의 경우에 nous는 그의 존재론 및
인식론에 있어서 그 고유의 대상(to noēton = the intelligible: 지성에 의해서[라
야] 알 수 있는 것)을 갖는 인식 주관의 능력 또는 힘(dynamis)이고, 이의 인식
작용 또는 인식 기능은 noēsis라 하며, 이는 '지성에 의한 앎(이해)' 또는 '직관'
이나 '사유'로 이해할 성질의 것이라 하겠다. 이런 구별을 하게 되는 것은 지성
의 대상이 감각의 대상, 즉 '감각에 의해 지각할 수 있는 것'(to aisthēton = the
sensible)과도 존재론 및 인식론상으로 엄연히 구별되기도 하지만, 그것이 어디
까지나 logos(이성) 아닌 nous의 대상이기 때문이다. 플라톤의 존재론이 확립되
기 전의 것인 소크라테스의 철학, 곧 플라톤의 초기 사상에서는 nous 없이도,
logos(이성)만으로 논의가 충분히 가능했다. 그러나 소크라테스 철학의 플라톤적
확장은 logos가 지닌 기능의 확장이라 할 nous의 능력을 찾아내는 데서 성립하
게 되는 것이다. 물론 플라톤도 아리스토텔레스도 굳이 nous라는 용어를 동원할
필요성이 없는 경우에는 그냥 logos를 쓰는 것으로 끝난다.

발견하게 되는 숱한 종교 언어는 이 엘레우시스 비교를 위시한 오르페우스 비교 또는 디오니소스 비교 그리고 피타고라스 학파 등과 관련된 것들이다.

이런 종교 언어의 도움까지 받아가며 우리가 인도되는 그의 철학 세계는 궁극적으로는 '지성'(nous)을 통해서 접할 수 있는 것이기에, 소크라테스가 우리 안에 이성(logos)이 제자리를 잡게 하려 했던 것처럼, 플라톤은 우리 안에 그리고 마침내는 나라 안에 지성(nous)이 제자리를 잡도록 하는 데 온 힘을 쏟은 셈이다. 나라 안에도, 시민 저마다의 마음속에도 '지성이 자리잡게'(ennous) 하지 않으면 안 됨을 경고하고 있었다. 그에게는 나라와 시민 개개인의 마음 속에 지성을 제대로 들어 앉힘으로써 지성이 나라와 각자를 지배하게 하는 것이 최대의 꿈이었다고 할 것이다. 플라톤이 말년에 남긴 《법률》편에서 법(nomos)은 '지성(nous)의 배분(dianomē)'(714a)이어야만, 즉 법 하나하나에 지성이 배분되어 있어야만 한다며, 입법자가 목표로 삼아야 하는 것은 '나라가 자유롭고 화목하며 지성을 갖추게(meta nou) 되도록'(701d) 하는 것이라 말하고 있다. 《국가》편에서 철인 치자 사상을 강조하는 것도, '지성 부재(不在)'(aneu nou)의 상황을 개탄하고 있는 것도 그런 생각에서다. 시민 개개인도 저마다 지성을 갖추도록 교육하되, 그렇게까지 될 수 없는 사람들은 '시민적·평민적 덕[22]의 수행을 통해서라도 그렇게 되도록 이끌어야 한다는 것이 그의 생각이다. 시민적 덕 속에는 훌륭함(덕)에 대한 인식이 철인 치자에 의해 뒷받침되어 있기 때문이다. 그러나 아테네 시민들은 나라의 상황이 급박함을 알리는 그의 그러한 절규에 귀기울이지 않았고, 결국 그의 조국은 그가 죽은 지 십 년이 채 안 되어 카이로네이아에서 마케

---

22) 앞에서 언급한 《국가》편 제4권 430b의 주석 22를 참조할 것.

도니아에 무릎을 꿇는 수모를 당하고 만다.

이 글에서 지성 즉 nous와 관련된 플라톤의 생각을 짚어 보는 일은 일단 여기에서 끝내기로 하고, 이제 아리스토텔레스의 주장을 마저 들어보기로 하자. 그에게 있어서도 '누스'가 차지하는 비중의 크기는 플라톤의 경우 못지 않다. 아리스토텔레스에 있어서 nous(지성 또는 정신)는 자연계에 있는 다른 모든 존재와 인간을 근본적으로 구별하게 하는 것이기도 하지만, 그것은 또한 인간과 신이 공유하는 것이기도 하다. 그러나 인간이 신과 다를 수밖에 없는 것은 인간은 질료(hylē)인 몸을 갖는 복합체(to syntheton)인 반면에, 신은 질료는 없이 '누스'의 활동(energeia)만을 하는 존재라는 점이다. 이 '누스'의 활동을 그는 관상(觀想: theōria)이라 하고, 이것이야말로 '가장 즐거우며 최선의 것'(to hēdiston kai ariston)인데, 인간은 이런 처지에 가끔 잠시 동안은 있게 되지만, 신은 이런 삶(zōē)을 늘 누리는 '최선의 영원한 살아 있는 존재'(zōon aidion ariston)라고 말한다.[23]

인간에게 있어서 '누스에 따른 인생'(ho kata ton noun bios)이 인간 이상의 것일 수도 있겠지만, "인간이니, 인간사(人間事: anthrōpina)를 생각하라고, 사멸하는 자이니, 사멸하는 것들을 생각하라고 충고하는 자들을 따라서는 아니 된다." 적어도 인간에게도 신적인 (theion) 무엇인가가 있는 한, 그리고 "이 신적인 것이 정녕 각자에게 있어서 주인 노릇을 하는 것이며 더 나은 것이라면, 이것이야말로 우리 각자인 것으로 여겨질지 모르겠다. 그러니 인간이 자신의 삶을 택하지 않고 인간 이외의 다른 것의 삶을 택한다면, 그것은 이상한 일일 것이다."[24] 따라서 인간에게 있어서 가장 행복한 삶도 이런 '관상적인 활동'(energeia theōrētikē)인 것으로 귀결된다. 행함(prattein)과

---

23) 이상은 주로 《형이상학》 Λ(12)권, 제7장 1072b 14~30에 나오는 내용임.
24) 이상은 《니코마코스 윤리학》 제10권 제7장 1177b26~1178a7의 내용임.

만듦(poiein)을 생자(生者)에게서 떼어낸다면, 남는 것은 관상(觀想)일 뿐이고, 이는 지복(至福)한 신의 활동이기 때문이다. 마침내 "행복(eudaimonia)은 일종의 관상이다"라고 말하는[25] 그에게 있어서 인간의 자기 구원도 종국적으로는 이에서 찾게 되는 셈이다.

아니나다를까, 마침내 그는 이런 활동을 늘 지속적으로 하는 '능동적 지성'(nous poiētikos)만은 '분리 가능한'(chōristos) 것이라고까지 말한다. 우리의 혼에 있어서 이 부분이 분리되면(chōristheis), "이것만은 사멸하지 않으며 영원하다"고까지 그는 말하고 있다. 이런 내용의 지극히 중요한 주장이 담겨 있는 《혼에 관하여》(일명 《영혼론》 [Peri psychē])의 제3권 제5장은 요즘 활자로 16행밖에 되지 않는 메모 형태의 불완전한 것이다. Ross의 말처럼[26] 이 장의 내용이 부분적으로 분실되었을 가능성을 전적으로 배제할 수는 없는 일이지만, 아무래도 이런 내용의 주장에 관한 한, 아리스토텔레스의 입장은 취약할 수밖에 없을 것이다. 그렇지만 그가 인간의 지성 또는 정신이라 할 '누스'(nous)의 활동을 어떤 형태로든 확보하는 데서 가장 인간다운 삶을 찾으려 했다는 사실을 우리는 그가 남긴 글들 곳곳에서 확인하게 된다.

---

25) 이상은 같은 책, 제10권 제8장 1178b20~32의 내용임.

26) Sir David Ross, *Aristotle: De Anima*(Oxford, 1967), 296면 참조.

제2장 헬라스인들의 중용 사상

1. 헬라스인들에 있어서 중용 사상의 기원과 피타고라스 학파

일찍이 헬라스인들의 중용 사상을 담고 있는 격언들 가운데 하나로 "무엇이나 지나치지 말지니라!"(mēden agan)가 있다. 이 말은 아테네의 솔론(Solōn)이 한 것으로, 또는 스파르타의 킬론(Chilōn)이 한 것으로도 전하나,[1] 플라톤의 대화편 《프로타고라스》(343a~b)에서는 이들 두 현자에게만 이를 귀속시키지는 않고 있음을 우리가 발견하게 된다. 이에 의하면, 이들을 포함하는 이른바 헬라스의 일곱 현자가 그들의 지혜의 첫 수확으로 이 말과 함께 "너 자신을 알라"(gnō-thi sauton)는 말을 델피(Delphoi)에 있는 아폴론 신전에 새겨 바치게 되었는데, 그 간결하고도 깊은 뜻 때문에 모두가 되뇌게 되는 촌철(寸鐵) 구실을 하게 되었다는 이야기이다.

그러나 헬라스 신화의 배경에서나 또는 헬라스인들의 생활면에서 보면, 무엇이나 지나치지 말 것을 당부하는 중용의 교훈은, 이처럼 그들의 격언(paroimia) 형태로 간결화되어 나타나기 이전부터, 헬라

---

1) Diels-Kranz, *Die Fragmente der Vorsokratiker*, I, 63면.

스인들의 일상 생활 속에 이미 오래도록 퍼져 있었던 것이기도 하다. 헬라스 신화에 따르면, 인간의 '히브리스'(hybris)에 대해서는 언제나 신 쪽에서 응보(nemesis)가 내리는 것으로 이야기되고 있다. '히브리스'는 분수를 모르며 중용을 지키지 못한 인간의 온갖 무도함과 교만 또는 오만, 상대방에 대한 모욕 그리고 무절제 따위를 두루 가리키는 말이다. 그래서 아테네 시민은 '히브리스 사건의 기소'(graphē hybreōs)를 누구나 할 수 있게 솔론 이후로 법제화까지 했다.

그런가 하면, 옛날에 헬라스인들이 술을 마시는 데 사용한 그릇붙이 가운데 독특한 것으로 '크라테르'(kratēr: 포도주 희석용기)라 불리는 것이 있는데, 이 그릇에도 그들의 중용 사상이 반영되어 있다. 이것은 오늘날 옛 헬라스의 유물들을 보관하고 있는 박물관들에서 아주 흔하게 찾아볼 수 있는 것으로서, 발효된 포도주 원액과 물을 일정 비율(logos)로 배합(krasis)하는 데 쓰인 것이다.[2] 그들은 포도의 액즙을 발효용 술통(pithos) 속에서 여섯 달쯤 발효시킨 다음, 이를 저장용 또는 보관용 그릇(amphoreus)에다 옮겨 보관했다가, 이걸 마시기 직전에 필요한 만큼 앞서 말한 '크라테르'에 따르고선 물과 희석한 걸 국자(kyathos)로 '오이노코에'(oinochoē: 포도주를 따르는 그릇)라 불리는 그릇에 떠서 담은 다음, 이를 술잔(kylix)들에다 따르는 절차를 밟은 것으로 알려져 있다. 따라서 그들에게 있어서는 특별한 종교적 의식이나 의학적 목적을 위한 것이 아닌 한, 그리고

---

2) 가령 알카이오스(Alkaios)의 시에는 물과 포도주의 혼합 비율을 1 : 2로 한 것으로 언급하고 있는데, 이런 비율은 도수가 비교적 높은 것으로 알려져 있다. 오늘날에도 옛날식으로 제조되는 포도주인 레치나(rhetsina)의 도수가 대개 12도 안팎이므로, 그런 비율에 따라 희석된 포도주는 8도 정도일 것이다. 그러나 대개는 2(포도주) : 3(물)의 비율로 희석했다고 한다. D. A. Campbell, *Greek Lyric* I, Loeb Classical Library, 1990, Alcaeus §346 및 L. Whibley, *A Companion to Greek Studies*(Cambridge, 1905) 543면 참조.

간단한 아침 식사에서 딱딱한 빵을 포도주에 찍어 먹는 경우가 아니고서는 원액의 포도주를 그냥 쓴다는 것은 일종의 금기 사항이었던 것 같다. 헤로도토스의 《역사》 제6권 84를 보면, 스파르타의 클레오메네스(Kleomenēs) 왕이 미치게 된 까닭을 스키티아인들과 어울려 지내면서 물타지 않은 포도주를 마신 탓으로 스파르타인들이 돌렸는데, 이런 식으로 포도주를 마시는 사람을 헬라스어로는 '아크라토포테스'(akratopotēs, akratēpotēs)라 한다. 이는 포도주(oinos, methy)를 '물타지 않은 상태로'(akratos) '마시는 자'(potēs)란 뜻의 복합어이다. 그래서 이후로 스파르타인들은 포도주를 '덜 희석된 상태로'(zōroteron) 마시고 싶어할 땐, "스키티아 식으로 하시오"(Episkythison)라고 주문했다고 한다. 그리고 헬라스인들이 아침 식사를 '아크라티스마'(akratisma : 아침 음식) 및 '아크라티스모스'(akratismos : 아침 먹음)라 한 것은 지중해의 건조한 날씨 때문에 빨리 굳어 버리는 '빵 조각들'(psōmoi)을 '희석하지 않은'(akratos) 포도주에 적셔 먹는 걸 뜻하는 말이다.[3] 그러니까 플라톤의 대화편 《향연》(Symposion)[4]에서 볼 수 있는 철학적 논의의 장(소위 오늘날의 '심포지엄')에서 모두가 마신 것도 당연히 물로 희석한 포도주였지, 원액 그대로인 것은 아니었던 게 분명하다.

그 밖에 그들의 중용 사상을 엿볼 수 있게 하는 또 하나의 예로 '좋은 기후'(좋은 기온)를 가리키는 '에우크라시아'(eukrasia)란 말을 들 수 있겠다. 이 낱말은 더위와 추위, 온도와 습도가 '잘(eu) 배합(krasis)을 이룬 상태'를 의미한다. 이 낱말이 나오는 문헌을 비록 우리가 플라톤의 《티마이오스》편(24c) 이전으로 거슬러 올라 갈 수

---

3) Athēnaios, *Deipnosophistai*, I, 11c를 참조할 것.

4) 우리가 '향연'으로 번역하는 헬라스말 symposion은 어원상으로 '함께'(syn) '마심'(posion), 즉 '주연'을 뜻한다.

42

는 없지만, 플라톤이 이 낱말을 처음으로 썼다고는 단언할 수 없게
하는 것은 그것이 지니고 있는 쓰임새 때문이다. 이 대화편에서 이집
트의 고승이 말하듯, 까마득한 옛날부터 그런 기온의 풍토 속에서 살
아 온 헬라스인들이었다. 그런 탓으로, 그들이 살던 고향을 멀리 떠
나 이주(apoikia)를 할 때도, 그들은 그런 기후가 보장되는 풍토를 한
결같이 골라서 갔다. 이러저러한 사정으로 주거(oikia)는 옮기되, 그
런 기온의 날씨를 연중 아홉 달 동안씩이나 제공해 주는 이른바 지
중해성 기후가 확보된 고장으로만 그들은 옮겨갔던 셈이다. 자연이
그들에게 베풀어 준 이 천혜의 기온의 비밀을 그들이 더위와 추위,
온도와 습도의 적절한 배합 비율에서 찾았음을 이 낱말은 입증해 주
고 있다.

그뿐만 아니라, 배합을 의미하는 krasis에는 '혼합' 내지 '배합'
(mixing, blending)의 뜻에서 더하여, '기온'이나 사람의 '기질'(krasis
tēs dianoias) 그리고 '체질'(krasis sōmatos)을 가리키는 말로도 쓰였
는데, 이는 이런 것들이 냉온 및 건습의 배합에 기인한다고 보았기
때문임을 우리는 아리스토텔레스의 문헌에서도 확인할 수 있다.[5]

또한 헬라스인들의 중용 사상을 더 직접적으로 나타내고 있는 것
으로 "적도(適度)가 최선이다"(metron ariston)라는 격언이 있다. 이
격언은 역시 일곱 현인들 중의 한 사람인 린도스(Lindos)의 참주 클
레오불로스(Kleoboulos)가 처음으로 남긴 것으로 전해지고 있다.[6]
피타고라스의 고향인 사모스(Samos) 섬에서 오늘날에도 만들어내는
특산품들 중의 하나인 물잔 모양의 용기는 이 "적도가 최선이다"라
는 교훈을 일깨우도록 고안된 것이다. 이 용기는 물이 적정 수준을
넘으면, 아예 다 쏟아지도록 고안됨으로써, 넘침, 즉 지나침

5) *Physika Problēmata*, xiv.
6) Diels-Kranz, 같은 책, 같은 쪽.

(hyperbolē, to lian)의 어리석음을 사람들에게 새삼 일깨우고 있다.

그런데 하필이면 왜 이 고장 사람들이 이 기념품을 자기네 고장의 특산품으로 다양하게 만들어 팔고 있는 걸까? 아무래도 우리는 이 고장 사람들이 피타고라스의 가르침을 이 격언과 연관시켜 이해하고 있다는 데서 그 해답을 찾는 게 옳을 것 같다. 아닌게아니라 피타고 라스의 상징적 언급들(symbola) 가운데 하나로 "저울을 넘지 말지니라"(zygon mē hyperbainein)는 게 있었는데, 이는 곧 "제 몫 이상을 챙기지 말지니라" 또는 "넘치지 않도록 할지니라"(mē pleonektein)는 뜻이라고 한다.[7] '제 몫 이상의(pleon) 챙김' 또는 '도에 넘침' (pleonexia)은 적도(適度), 즉 권도(權度)를 넘는 짓이요, 탐욕이다. 이 것이야말로 인간 세계에 있어서만이 아니라 자연에 있어서도 질서 파괴의 근원이요, 온갖 아름다운 것과 훌륭한 것을 사라지게 하는 탓 이 되는 것이다. 그래서 '제 몫 이상을 챙기려는 마음'을 다스리고 통제하는 것이 플라톤의 《국가》편의 핵심 과제들 중의 하나로 등장 하기도 하지만, 더 나아가 도를 넘지 않는 알맞은 정도, 즉 '적도'(適度)가 플라톤 철학 전체에 걸쳐서도 핵심적 과제로 다루어지기도 한 다.

또한 피타고라스는 한 옥타브에 있어서 고정된 음들인 넷째 음과 다섯째 음이 그 양쪽 끝의 가장 높은 음과 가장 낮은 음에 대해서 수적으로 어떤 관계에 있는지를 밝히게 된다. 그는 공명(共鳴) 상자 위에 현(絃: chordē) 하나를 치고서 줄받침을 이동시켜 가며 실험을 해 봄으로써, 그 각각이 양쪽 끝의 음들에 대해 조화 평균과 산술 평 균의 관계에 있음을 발견하게 된다. 음악의 다양성은 이들 고정음과 그 사이의 가변음(可變音)들의 관계 설정에 따른 것임도 드러나게 된

---

7) W. D. Ross, *Aristotelis Fragmenta Selecta, Peri tōn Pythagoreiōn* 7(fr. 197: Porph. *V. P.* 42), Oxford, 1955.

다. 그리고 이것들로 구성되는 다양한 선율을 일정한 양식으로 규제하는 법칙을 선법(旋法: harmonia)이라 하는데, 이 '하르모니아'는 그것이 쓰이는 문맥에 따라 협화음, 조화, 조율, 화성 등의 여러 가지 뜻으로도 이해되는 말이다. 그런데 바로 앞에서 말한 평균(mesotēs)이란 말이 곧 '중용'을 의미하는 말이기도 하다는 사실을 우리로서는 유념하고 있어야 할 것이다. 이처럼 음악적인 아름다움이 빚어지는 바탕에는 양 극단의 음과 함께 고정음 구실을 담당하는 두 종류의 평균음이 있을 뿐만 아니라, 이들의 관계 설정이 조화를 이룸으로써 가능한 것임을 피타고라스는 밝히고 있는 셈이다. 이에서 더 나아가, 그는 온 우주(kosmos)가 하르모니아에 따라 조종된다고 말한 것으로 또한 알려져 있다.[8] 우주를 최초로 kosmos라 일컬은 사람도 그였다고 하는데,[9] 그건 우주가 아름다운 질서 체계이며 조화의 극치라고 본 때문이다.

이러한 피타고라스의 사상은 필롤라오스(Philolaos)를 포함하는 이른바 피타고라스 학파 사람들로 이어짐으로써, 훗날의 중용 사상에도 심대한 영향을 미치게 되는데, 이는 특히 플라톤에게 있어서 그러하다. 플라톤의 《파이돈》편 61d를 보면, 플라톤이 필롤라오스의 주장들에 대해 정통하였음을 우리는 짐작할 수 있다. 필롤라오스의 것으로 전하는 토막글들에[10] 의하면, 우주(kosmos)와 그 속에 있는 모든 것은 '한도지어지지(한정되지) 않은 것들' apeira: unlimiteds)과 '한도

---

8) Kirk, Raven & Schofield, *The Presocratic Philosophers*, 제2판(Cambridge, 1983), 233면, § 279 Sextus, *adv. math*. VII, 94~95.

9) *Diogenes Laertius*, VIII. 48. 그리고 kosmos에는 '우주' 및 '질서'의 뜻 이외에도 아름답게 보이도록 하는 치장, 장식, 패물 등의 뜻도 있다. 영어 cosmetic이 명사로서는 화장품을, 그리고 형용사로서는 미용과 관련되어 쓰이는 것도 그 어원이 kosmos에 있기 때문이다.

10) Diels-Kranz, 같은 책, 토막글 1, 2, 6.

짓는 것들' 또는 '한정하는 것들'(perainonta : limiters)로 조화를 이루고 있다(harmochthē, synarmochthē)고 한다. 그러나 이 조화는 피타고라스 이래로 그들 학파에 있어서 만물의 원리(archē)로 간주되어 온 수(arithmos)를 매개로 한 '한도지음'(한정함)에 의해서 가능한 일이라 보겠는데, 그렇게 볼 때만이, 필롤라오스도 그들 학파와 함께 정통성의 맥을 같이 이을 수 있을 것 같다.[11] 이를테면, 필롤라오스의 이 주장을 앞에서 언급한 옥타브의 음정과 연관시킨다면, 우리는 이런 이론 전개를 볼 수 있을 것이다. 음은 처음 상태의 그 자체로는 한정되지 않은 채로 또는 한도지어지지 않은 채로 있는 것이다. 그러나 이것이 일단 하나 또는 여러 옥타브로 한정되고, 또한 하나의 옥타브에 있어서도 일정한 형태의 음도(音度)나 음정으로 한도지어짐으로써 비로소 악음(樂音)이 되며, 이의 조화로운 결합으로 음악이 성립한다고 할 것이다.

그런데 이런 피타고라스 및 필롤라오스의 생각이 극대화되다시피 영향을 미치고 있는 것을 우리는 플라톤에게서 확인할 수 있겠는데, 이는 특히 플라톤 철학의 활력적인 면에 있어서 그러하다고 할 것이다.

2. 플라톤의 중용 사상

헬라스 철학을 통해서 볼 때, 중용 사상의 본격적인 전개는 누구보다도 플라톤에게서 이루어진다. 잘 알려져 있듯, 플라톤 철학에 있어서 인식론적 그리고 존재론적 근거로서 궁극적으로 제시된 것은 '좋

---

11) W. Burkert가 이런 견해를 갖는 것으로 J. E. Raven은 보고 있다. 앞에서 인용된 Kirk, Raven & Schofield의 책 324면 참조.

음(善: to agathon)의 이데아'이고, 이에 대한 앎이야말로 '장차 사적으로나 공적으로나 슬기롭게 행하고자 하는 자'에게 있어서 '가장 큰 배움'(to megiston mathēma)으로 강조되고 있다.[12] 그런데도 그의 철학에 있어서 근원적 원리로 채택되고 있는 이 '좋음의 이데아' (hē tou agathou idea) 또는 '좋음(善) 자체'(auto to agathon)를 《국가》편에서 언급된 내용들에만 유의하여 해석할 경우, 플라톤 철학의 역동적인 측면은 끝내 외면한 채로, 자칫 이데아의 영역 즉 형상계 (形相界)에 한정해서 이를 이해하는 답답함에서 벗어나기 어렵다. 그러나 그의 몇몇 다른 대화편을 유의해 보면, 그것이 자연(physis) 및 인간의 기술(technē)과 실천적 행위(praxis) 등에 걸쳐 두루 근원적 원리(archē)가 되고 있음을 우리는 확인하게 된다. 이를테면, 그는 일찍이 《파이돈》편(97c~99c)에서도 자연 현상들과 인간 행위의 근원적 원인 설명은 '좋으며 적절한 것'(to agathon kai deon)이 근원적 원리로서 이해될 때에야 가능함을 적시해 보이고 있다. 소크라테스가 망명을 하지 않고 감옥의 침상에 걸터앉아 친구들과 담소를 하며 최후를 맞을 준비를 하고 있는 것은 그렇게 하는 것이 '제일 좋다'고 여기기 때문이요, 자연 현상들이 지금처럼 진행을 보이고 있는 것은 그렇게 진행되는 것이 '제일 좋기' 때문이라고 보는 데서 해답의 실마리를 찾아야만 한다고 그는 말한다. 아울러 여기에서 우리가 유의

---

12) 《국가》편. 6권 504d~505a 및 7권 517c. 그런데 영어로 *The Great Learning*으로 번역되는 《대학》의 첫 장에는 "大學之道 … 在止於至善"이라 하여 '至善'을 언급하고 있는데, 《국가》편에서도 '가장 큰(중요한) 배움'으로 '좋음(善)의 이데아'를 말하고 있다. 이는 자못 우리의 흥미를 유발하는 점이기도 하다. 게다가 《대학》이 주로 국가와 관련된 실천적인 문제에 그 초점이 맞추어진 것인 반면에 그 배경이 되는 형이상학적인 철학적 이론은 《중용》에서 접할 수 있듯이, 플라톤의 경우에도 '좋음(善) 자체'의 보완적인 이론적 전개는 주로 《필레보스》편에서 만나게 된다는 점도 우리의 관심을 끈다.

해 두어야 할 것은 '좋음'(to agathon)과 '적절함'(to deon)이 별개
의 것으로서가 아니라 하나의 관사(to) 아래 병렬 복합어 형태로 표
기되어 있다는 점이다.[13] 또한 《티마이오스》편에서도 우주의 생성을
아름다움과 좋은 상태의 실현의 관점에서 보면서, 이것이 질서 부여
와 균형 및 적도 실현을 통해서 이루어지는 것임을 설명해 보이고

---

13) to deon에는 묶는 것, 필요한 것, 당연한 것, 마땅한 것 등의 뜻도 있으나, 적절
   한 것, 적당한 것, 알맞은 것 등의 뜻도 있다. Liddell & Scott, *A Greek-English
   Lexicon*(Oxford, 1968)에서 deō 동사의 중성 현재분사형 명사 to deon을 보면,
   that which is binding, needful, right로 뜻풀이를 하고 있고, deō(B)의 현재분
   사 설명에서 fit, proper 등의 뜻을 추가하고 있다. J. Burnet는 그의 주석서
   Plato's Phaedo(Oxford, 1931), 99면에서 "여기에서 to deon 즉 'the fitting'은
   'the binding'으로 해석된다"고 말하고 있다. 이에 대해 C. J. Rowe도 그의 주석
   서 *Plato: Phaedo*(Cambridge, 1993), 238면에서 같은 의견임을 밝히면서, 이를
   한층 더 분명히 다짐해 두기 위해서 to deon은 '필연적인 것이며 문자 그대로
   묶는 것(즉 하나를 다른 것과 묶는 것)'이라고 하고 있다. 그들 이외에도 D.
   Gallop 등이 'binding'으로 옮기고 있으나, R. S. Bluck(*Plato's Phaedo*,
   London, 1955, 110면)은 이를 'fitting'으로 옮기고 있다. 반면에, Hackforth와
   Archer-Hind는 deon의 이중적 의미를 살리려 하고 있다. 우선 《파이돈》편의 이
   부분의 원문부터 보자. "그들은 좋으며 적절한 것이 [모든 것을] 진실로 함께 묶
   고 통합한다고는 전혀 생각지 않는다." 여기서 '적절한 것'을 굳이 '묶는 것'으
   로 번역해서 '묶는 것이 묶는다'는 식의 동어 반복적인 말을 할 필요도 없지만,
   어떤 것(또는 사람 등)이 끈으로 무엇을 묶지, 끈 자체가 그걸 묶지는 않겠기 때
   문이다. 따라서 《파이돈》편의 이 대목에서는 모든 것의 원리 구실을 하는 '좋으
   며 적절한 것'이 모든 것을 묶고 통합한다고 보는 것이 옳을 것이다. 그뿐더러
   플라톤의 다른 대화편들 속에서도 그것은 '적절함'을 뜻하는 낱말로 자주 등장
   하고 있다. to deon의 소유격인 tou deontos가 비교급의 부사들과 함께 쓰이어
   '알맞은(적절한) 정도 (또는 필요) 이상으로 …하게'의 뜻으로 쓰이고 있는 경우
   들을 수도 없이 만나게 된다. 이를테면 《정치가》편에서만도 무려 일곱 군데에서
   이런 형태로 이 낱말이 쓰이고 있음을 우리는 확인할 수 있다. 이런 경우들은 우
   리말로는 흔히 '정도 이상으로 …하게'라는 표현을 쓰는 것이 오히려 자연스럽
   기까지 하다. 게다가 이것은 훗날의 플라톤 철학에 있어서 아주 중요한 관심거리
   가 되는 적도(適度: to metrion)와도 연관될 수밖에 없는 개념이기도 하다.

있다.

그런데 우리가 여기에서 또한 주목하게 되는 것은 이 좋은 상태(to agathon)의 실현이 적도(to metrion : to metron) 또는 균형(to symmetron) 등과 연관되어 이루어지고 있는 것으로 설명되고 있다는 점이다. 《필레보스》편(64d~e)을 보면, 이런 대목이 있다.

"어쩌면 이를 모르는 사람은 아무도 없을 걸세. … 어떤 혼합이건 어떻게 이루어졌건, 모든 혼합(synkrasis)은 적도와 균형의 본성에 적중하지 못한 것이면, 그 혼합을 이루고 있는 것들(그 혼합의 산물)은 물론이거니와 무엇보다도 그 혼합 자체를 맨 먼저 필연적으로 망가뜨리네. 왜냐하면, 그것은 혼화(混和: krasis)가 아니라, 실로 혼화되지 못한 채 모이기만 한 것으로서, 그런 불행은 이런 결합 상태에 있는 것들에 실제로 그때마다 일어나고 있기 때문일세."

이 구절은 자연에 있어서 생성의 이치가 어떤 것인지에 대한 플라톤의 견해를 극명하게 보여 주는 대목이다. 왜냐하면, 이는 어떤 현상이나 사물이 생성되고 유지되기 위한 조건이 무엇인지를 우리에게 잘 들려주고 있기 때문이다. 이것이 뜻하는 바를 한결 더 분명히 하기 위해 우선 몇 가지 사례를 이와 연관지어 생각해 보는 일부터 하기로 하자.

인간의 정상 체온은 겨드랑 온도로 대개 섭씨 36.9도이고, 혀 밑 온도로는 37.1도라고 한다. 항온 동물인 인간의 신체는 체내에서의 열의 발생과 이의 발산을 통해 이 체온을 일정하게 유지하도록 구조적으로 조직되어 있다고 한다. 그런데 온도는 태양의 핵에 있어서는 섭씨 1600만도라고 하고, 첨단 소재 물질을 만들기 위해서는 섭씨 -200도 이하의 급랭 방법을 예사롭게 쓴다고 한다. 이처럼 영상과 영

하로 확대되는 온도의 영역은 거의 무한대에 가깝도록 양극으로 치
닫는다. 과연 플라톤의 견해대로, 온도 자체는 '한정되지 않은 것' 또
는 '한도지어지지 않은 것' (to apeiron)이다. 우리의 체온은 이 '한도
지어지지 않은 것'인 온도가 일정 온도로 수치상으로 '한도지어진
것' (to peperasmenon)인 동시에, '뜨거움과 참' 즉 '더함과 덜함' (더
와 덜: to mallon te kai hētton)의 적절한 혼화(混和) 현상이다. 이
혼화 현상은 '지나침' (hyperbolē, hyperochē)과 '모자람' (elleipsis,
endeia)의 양극에 대해 적정한 한도(peras)가 주어짐으로써 실현을
본 적도(適度) 현상이다. 이렇게 일정 범위로 적정하게 한도지어진
인간의 체온이지만, 그것이 인체라는 유기적 구조물을 유지토록 해
줄 수 있는 한도의 수치상의 여유 폭은 아주 좁다고 한다. 최고 한계
의 체온이 섭씨 45도를 밑돌고, 그 최저 한계는 24도라고 한다.[14] 따
라서 어떤 사람의 체온이 이 한도에 이르면, 그 몸은 조만간 결딴이
나게 되어 있다. 인체의 구조 자체가 이를 더 이상 견디어낼 수 없고,
인체는 결국엔 물질적 해체를 당하게 마련이다.

　앞서 말했듯, 습도와 온도가 '잘 혼합을 이룬 상태' (eukrasia)로 자
랑스럽게 여겨졌던 헬라스의 기온이 1987년 여름에는 섭씨 40도를
웃돌기를 거의 보름 동안 지속하면서 병원 통계로만 약 1,500명의
목숨을 앗아갔다. 이 고장의 알맞은 습도 탓으로 섭씨 34도 안팎의
기온에서도 오히려 쾌적감마저 느끼게 하는 이곳의 이른바 '좋은 기
후의 좋은 기온' (eukrasia tōn hōrōn)이 불과 6~7도 정도의 차이를
보이게 되니, 그런 엄청난 참사를 빚게 되었는데, 이는 지구의 이상
기온으로 인하여 적도, 즉 좋은 상태의 유지가 어렵게 된 탓 때문이
아니고 무엇이겠는가? 그래서 플라톤은 인체에 있어서 질병이 구조

14) 《동아 원색 세계대백과사전》(1982), 26권 435~436면 참조.

적으로 생기게 되는 탓도 인체를 구성하는 요소들의 '자연스럽지 못한 지나침과 모자람'(hē para physin pleonexia kai endeia)에서 찾고 있다.[15] 더 나아가서, 그는 신체적 질환뿐만 아니라 정신적 질환마저도 구조(systasis)적 관점에서 보아, 그 근본적인 탓을 무엇보다도 몸과 마음 사이의 불균형(ametria), 즉 적도(metron)에 맞지 않는 상호관계에서 찾는다. 그래서 그는, 만약에 어떤 의사가 적도의 문제를 간과한다면, 그 의사는 그런 질병의 진정한 탓(aitia)을 '탓 아닌 것들'(t'anaitia)에서 찾는 셈이 된다고 말하고 있다.

아울러 그는 "실로 모든 좋은(훌륭한) 것(to agathon)은 아름답고(kalon), 아름다운 것(to kalon)은 결코 불균형하지(ametron) 않다"고 말한다.[16] 비슷한 내용의 말을 그가 《필레보스》편(64e~65a)에서도 하고 있는 걸 우리는 발견하게 되는데, 그 내용은 대개 이러하다. 우리가 좋음의 특성을 추적함에 있어서, 그걸 아름다움의 성질에서 찾아야 할 형편이 되었는데, 이는 적도 상태(metriotēs)와 균형(symmetria)이 어느 경우에나 훌륭함(aretē)과 아름다움(kallos)으로 되기 때문이다. 그러니 "만약에 우리가 좋음(to agathon)을 한 가지 보임새(성질: idea)에 있어서 추적할 수 없다면, 세 가지에 의해서, 즉 아름다움, 균형 및 진실에 의해서 포착한 다음, 이들을 하나처럼 간주하여 이를 혼화(symmeixis) 상태에 있는 것들의 원인으로 주장함이 지당하다고 말하며, 또한 좋은 것으로서의 이것으로 말미암아 그 혼화도 그와 같은 것으로 되었다고 말하도록 하세나." 여기에서도 보듯, 적도와 균형이 모든 좋은 것을 탄생시키고 보존되게 해 주는 중요한 조건이요 원인이다. 이는 자연에 있어서도, 기술이나 실천적 행위의 경우에 있어서도 똑같이 타당하다고 플라톤이 보고 있는 데

---

15) 《티마이오스》편, 82a.
16) 《티마이오스》편, 87c~89d.

서 우리는 이와 관련된 플라톤 철학의 일관된 체계성의 일면을 엿볼
수도 있다. 왜냐하면, 우리는 바로 그런 언급을 《정치가》편(283e~
284e)에서도 찾아볼 수 있기 때문이다.

　　"우리는 적도(to metrion)의 본성을 넘치거나 이에 모자라는 일이 실
　제로 언행을 통해서도 일어나는 걸로 보며, 또한 무엇보다도 이를 통해
　서 우리 중에서 어떤 이들은 나쁜(못난) 사람들로 또 어떤 이들은 좋은
　(훌륭한) 사람들로 차이를 보이게 되겠지? … 만약에 어떤 이가 '더 큼'
　의 본성에 대해 '더 작음'과의 관계 이외에 다른 어떤 것과의 관계도
　허용치 않는다면, 그땐 적도와의 관계는 없게 되겠지? … 그러니, 이 주
　장에 의할진대, 우리는 기술들 자체는 물론 이것들의 일체 산물들도 파
　멸시켜버릴 것이니, 특히 지금 찾고 있는 치술(治術: politikē)도 그리고
　거론된 직조술도 우리가 소멸시켜버리게 되겠지? 왜냐하면, 이런 모든
　기술은 어찌 보면 '적도보다 더하고 덜함'을 없는 것으로서가 아니라,
　그 실행과 관련하여 어려운 것으로서 조심스러워하기 때문이며, 기술들
　이 모든 좋은 것과 아름다운 것을 이루어내는 것도 실로 이런 식으로
　적도를 보전함으로써일세. … 이처럼 '더함과 덜함'(더와 덜)은 그것들
　상호간의 관계에 있어서만 아니라 적도 창출(성립: genesis)과의 관계
　에 있어서도 측정될 수 있도록 되어야만 하네. … 우리는 측정술(metrē-
　tikē)을 … 다음과 같이 둘로 쪼개어 나누어 볼 수 있을 게 분명하이. 수
　(數), 길이, 깊이, 너비, 속도를 반대되는 것과의 관계에서 측정하는 일체
　의 기술을 그 한 부분으로 간주하는 한편, 다른 한편으로는 그것들을 적
　도, 알맞음(to prepon), 적기(適期, 時宜: ho kairos), 적절함(to deon)
　그리고 그 밖에도, 양 극단들에서 떨어져 중간(to meson)에 위치하게
　된 다른 모든 것과의 관계에 있어서 측정하는 일체의 기술을 나머지 한
　부분으로 간주함으로써 말일세."

  그런데 플라톤이 기술(technē)적 관점에서 다룬 우주론이라 할 《티마이오스》편에서 제시된 데미우르고스(dēmiourgos)에 의한 우주 창조는 그야말로 '살아있는 아름다운 것'의 창조 자체이지만, 그것은 결코 전적인 무에서 이루어지는 것이 아니라, 최소한 혼돈(chaos)으로서나마 '주어진 것'이 있어서 이루어지는 창조(dēmiourgia)로서 묘사되고 있다. 이것이 플라톤의 창조관의 기본 틀이다. 그것은 자연에 있어서 이루어지는 것이건, 인간의 창조적 기술의 경우이건 또는 창조적 행위의 경우이건, 그 모두에 적용되는 가장 원초적이요 기본적인 틀이다. 먼저 주어진 것이 있고, 이 주어진 것을 선용하는 것이 헬라스적이며 플라톤적인 창조의 기본 요건이다. 그러기에 "주어진 것을 선용할지니라"(to paron eu poiein)는 헬라스인들의 격언이 플라톤에 있어서는 각별한 의미를 갖게도 된다. 더구나 한갓 격언일 뿐인 이 말이, 그의 철학과 결부될 때에, 한결 더 빛을 발하게 되는 것은 그 주어진 것이 구조적으로 과연 어떤 것이며, 또 그것을 어떤 방식으로 선용할 것인지를 그가 그의 그 많은 대화편을 통해 이론적으로 거창하게 구명하게 됨으로 해서다.

  그러니 이 주어진 것과 관련해서 우선 플라톤이 《필레보스》편 (16c~e)에서 하고 있는 다음 언급부터 생각해 보기로 하자. 일찍이 프로메테우스와 같은 이를 통해 일종의 불꽃과 함께 인간들에게 신들한테서 주어진 선물이 있는데, 이에 대해 "우리보다도 더 훌륭하고 신들에 더 가까이 살았던 옛사람들이 이런 전설을 전해 주었다. '…이다'(einai)[17]라고 일상 말하게 되는 것들은 하나(hen)와 여럿 (polla)으로 이루어져 있되, 그것들은 자신들 안에 한도(한정: peras)와 한도지어지지(한정되지) 않은 상태(apeiria)를 본디 함께 지니고

---

17) 예컨대 앞에서 언급한 음성이나 온도의 경우처럼 '음성이다', '온도이다' 또는 '빛깔(色)이다'라고 할 때의 모든 것을 가리켜 하는 말이다.

있다는 전설이네." 물론 여기에서 그가 말하고 있는 '옛사람들'이란
피타고라스 학파의 사람들을 가리키고 있고, '한도'(한정) 및 '한도
지어지지(한정되지) 않은 것'(to apeiron)과 관련된 기본적 발상도,
앞서 언급했듯, 역시 이 학파에서 비롯된 것이지만, 플라톤이 이것들
을 자신의 형상 및 창조 이론과 접목함으로써 자신의 철학에 역동적
이며 신선하기 그지없는 활력을 불어넣고 있음을 우리는 발견하게
된다. 여기에서 인용된 이 구절이 의미하는 것이 무엇인지에 대해서
는 우선 이에 이어지는 언급들을[18] 통해 부연 설명이 어느 정도 이
루어지고 있다고 볼 수 있겠는데, 우리는 이를 대충 정리해 보는 형
태로 고찰해 보기로 하자.

　모든 것과 관련해서, 우리는 거기에 하나의 [유(類)로서의] 이데아
가 있음을 발견하게 될 것이므로, 그때마다 그걸 상정하여 이를 찾아
야만 하며, 이를 일단 포착하게 되었으면, 그 다음으로 둘이든 셋이
든 또는 그 밖의 어떤 수든, 있는 수만큼[의 종(種)]을 또한 찾아서
고찰해 나가야만 한다. 이 과정은 이 수만큼의 각각에 대해서 다시
반복 수행되어야만 하는데, 이런 작업은 처음의 하나가 비단 하나이
며 여럿이고 한정되지 않은 것임을 보게 될 뿐만 아니라, 도대체 그
게 몇 가지인지(hoposa)를 보게 되기까지 수행되어야만 한다. 한정
되지 않은 것 또는 한도지어지지 않은 것(to apeiron)과 하나 사이의
이 중간 수를, 즉 '그 사이의 것들'(ta mesa)을 간파하는 일을 결코
놓쳐서는 아니 된다. 사람들은 자신들에게 이런 훌륭한 선물이 스스
로 고찰하고 배우며 서로 가르칠 것으로서 신들한테서 주어졌음에도
이를 제대로 활용하지 못하고 있는데, 그 까닭은 다름이 아니라, 그
것을 알맞은 정도(to deon) 이상으로 빠르거나 더디게 하나나 여럿

---

18) 특히 《필레보스》편 27e에 이르기까지의 내용이 되겠다.

54

또는 한정되지 않은(한도지어지지 않은) 것으로 만들어버림으로써 그 사이의 것들을 간과하게 되었기 때문이다. 이 언급은 물론 그의 이른바 변증술(dialektikē)에 있어서 '모음'(synagōgē)과 '나눔' (diairesis)의 절차[19]와도 관련되는 것이긴 하나, 이는 결코 형상 이론의 차원에서만 국한시켜서 볼 것이 아니다. '모음'과 '나눔'의 인식론적 절차에 관한 언급에 관련되는 한, 《필레보스》편은 《파이드로스》편, 《소피스테스》편 그리고 《정치가》편에 견줄 것이 못 된다. 그보다는 오히려 이 언급을 그의 창조 이론과 연관시켜 보는 데서 이 대화편에 특유한 몇 가지 큰 의의들 중의 하나를 우리는 찾을 수 있을 것이다. 이에 대한 이해를 분명히 하기 위해서 그가 실제로 들고 있는 예를 통한 설명을 알아보기로 하자.

이를테면 음성(phōnē)의 경우를 보자. 우리가 그걸 "목소리이다" 또는 "음성이다"라고 할 때, 그것은 우리 모두의 그리고 우리 각자의 입을 통해서 나오는 소리를 가리키는데, 이를 우리는 '한 가지'로, 즉 '하나'로 말할 수도 있고 또한 '수에 있어서 한정되지 않았다'라고도 또는 막연히 여럿이라고도 말할 수 있다. 그러나 목소리 또는 음성과 관련해서 그렇게 알고서 그런 식으로 말하는 것으로는 우리가 음악(시가)에 밝은 상태(to mousikon)나 문법(문자)에 밝은 상태(to grammatikon)에 있게 되지는 못한다. 그런 상태의 사람으로 되는 것은 목소리 또는 음성에 '몇 가지'(posa)가 있고 또 그것들이 '어떤 것들'(hopoia)인지를 알 때에야 비로소 가능한 일이다. 고음 및 저음과 관련하여 음도 또는 음정이 수에 있어서 '얼마나'(hoposa) 되며, 또 그것들이 어떤 것들인지를 파악하고, 그 경계와 간격들 그리고 이른바 선법(旋法: harmonia)들, 그리고 또 리듬과 박자를 제대로 파악

19) '모음'과 '나눔' 등에 관해서는 제5장 3항을 참조할 것. 그리고 이 경우에 이데아는 유(類) 및 종(種)의 성격을 갖는다.

하게 되었을 때에야, 비로소 음악에 밝은 이로 될 수 있을 것이다. 문법에 밝은 이로 되는 이치도 마찬가지일 것이다. 음성을 단순히 하나인 것이라거나 대뜸 한정되지 않은 것이라고 단정해버리고 말면, '하나'와 '한정되지 않은 것' 사이에 있는 '중간 것들'(ta mesa)을 놓치게 된다. 음성에는 하나 이상의 모음들과 이들에는 속하지 않는 반모음들이 있고, 또한 자음들과 묵음들이 있음을 알고, 그것들이 각각 몇 가지이며 어떤 것들인지를 알며, 그리고 이들 모두를 음성의 요소 즉 문자(stoicheion)들로 볼 뿐만 아니라 이것들의 전체적인 결합 방식을 아는 이가 바로 문법(문자)에 밝은 사람일 것이다. 그리고 문법 체계가 언어 계통에 따라 달라지는 것은 그런 것들과 관련되어 있을 수 있는 수치상의 차이에 대한 다른 접근법과 이해에 따라서일 것이다. 그 결과로 오늘날 인류는 숱한 언어들을 갖고, 또 각각의 언어는 수만 가지 낱말을 만들어 쓰고 있게도 된 것이다. 이는 음악의 경우에도 마찬가지로 확인되고 있는 이치이다. 성악이건 기악이건 간에, 각각의 음역과 더불어 온갖 소리의 다양한 배치가 그렇게도 다채롭고 셀 수도 없이 많은 음악을 산출하고 있다. 이런 엄청난 창조적 성과는 소리를 간단히 한 가지로나 무한정한 것으로 치부해버리거나 또는 막연히 여럿으로 치부해버림으로써는 결코 이루어질 수 없는 일이다.

이처럼 소리가 어떤 음악으로나 어떤 언어로 또는 어떤 사물의 실제 소리로 구체화되기 이전의 상태에서는, 즉 소리 그 자체로서는 높낮이나 더디고 빠름에 있어서 아직 한도(peras)가 주어지지 않았으며 발음 형태 또한 규정되어 있지 않다. 이런 상태에 있는 것을 플라톤은 '한도지어지지(한정되지) 않은 것'(to apeiron)이라 보았다. 앞서 언급했던 온도의 경우에도, 그것이 어떤 생물의 체온이나 어떤 지역의 기온 따위로 한도지어지기(한정되기) 전에 그 자체로서는 한도지어지지(한정되지) 않은 것이기는 마찬가지이다. 우리가 한 가지로 일컫는 온도 그 자체는 뜨겁거나 차가움에 있어서 '한도지어지지(한정되지) 않은 것'이다. 이런 한도지어지지(한정되지) 않은 것들은 '더 뜨거움과 더 차가움', '더 높음과 더 낮음', '더 격렬함과 더 조용함', '더 건조함과 더 습함', '더 빠름과 더 더딤' 등등의 상태에 있어서 양극단으로 한도지어지지(한정되지) 않은 채로 뻗어 있다. 그래서 이들 모두를 드러내는 '한도지어지지 않은 것들'의 징표(sē-meion)는 '더와 덜' 또는 '더함과 덜함'(to mallon te kai hētton)으로 대표된다. 이들 '더와 덜'의 상태에 있는 것들에 '일정 한도'(to poson)가 주어짐으로써, 즉 수(arithmos)를 매개로 적정한 한도가 주어짐으로써 균형과 조화 그리고 적도(適度) 등의 실현도 가능하게 된다. 계절을 포함한 온갖 조화롭고 아름다운 자연 현상들도, 신체적 건강과 아름다움, 그리고 온갖 정신적 아름다움도 이런 방식을 거쳐서 이루어지는 것인즉, 그 이치는 마찬가지이다.

따라서, 플라톤의 관점에서 볼진대, 그 안에서 온갖 적도와 균형 그리고 알맞음 등의 현상들이 저절로 실현되어 있거나 실현되고 있는 곳이 자연의 세계이다.[20] 그런 세계, 그런 환경 속에서 살고 있고 또 살아갈 수밖에 없는 인간이 따라야 할 삶이나 활동의 방식이 무엇을 본받아야만 하는지는 이로 미루어 절로 분명해진다. 앞서 말했듯, 참된 의미의 기술도 적도 창출에 있어서 성립한다. 실천적 기술로서의 통치술이 그 기준으로 삼아야 할 것도, 인간의 온갖 실천적 행위가 그 기준으로 삼아야 할 것도, 다 같이 적도이다. 적도가 인간의 실천적인 문제들과 연관될 때, 우리는 그것을 특히 중용(mesotēs, to meson)이라 일컬을 뿐이다. 플라톤이 《법률》편에서 자유와 우애

---

20) 이에는 물론 오늘날처럼 인간의 무모한 자연 파괴 행위가 자행되지 않은 상황이 전제되어 있다고 할 것이다.

그리고 지혜와 지성이 확보된 나라의 수립을 목표로 하는 입법가가 법 제정에 있어서 언제나 유념해야만 하는 기준으로 제시한 것도 적도에 맞는 것들, 즉 중용이다. 이처럼 플라톤에 있어서 중용의 문제는, 그의 적도 사상(適度思想)에 입각해서 우리의 눈길을 자연에서 인간의 행위 영역으로 돌릴 때, 자연스레 부딪치게 되는 그런 것이다. 이를테면, 이는 《법률》편의 다음과 같은 구절(691c)에 있어서 아주 잘 드러난다. "만약에 어떤 사람이 적도를 무시하고서 한결 작은 것들에 능력에 부치게 큰 것을 준다면, 즉 배에 돛을, 몸에 영양분을 그리고 인물에 관직을 줌에 있어서 그렇게 한다면, 아마도 모든 것이 뒤집힐 것이다." 돛의 크기를 배의 크기에 맞추지 못하는 것이 조선술(造船術)일 수 없고, 신체 상태나 신체적 활동을 고려하지 않은 영양 섭취가 건강 유지의 방법일 수 없을 것이며, 그릇이 그렇지 못한 인물에 감당 못할 큰 관직을 맡기는 것이 통치술일 수 없겠고, 그런 인물이 그런 관직을 스스로 맡는 것이 바른 처신일 수도 없을 것이다.

이쯤에서 우리는 플라톤이 '좋음(善)의 이데아'를 근원적 원리로 내세우게 된 까닭도 기본적으로는 이해할 수 있게 된 것 같다. 자연에 있어서도, 인간의 기술적인 제작 행위나 실천적인 행위에 있어서도 적도나 균형의 실현을 통한 '좋은 상태'의 실현이 이루어지고 있는 한, 그 모든 현상이 이루어지는 방식에 있어서 원리가 되는 것도 또한 이를 제대로 이해하기 위해 우리가 자연스럽게 받아들임직한 원리도 '좋음(善) 자체'일 것이라는 것은 결코 강변일 수 없는 주장일 것 같다. 플라톤에 있어서 철학적 인식(epistēmē) 또는 지혜(sophia)가 헤아림 또는 분별을 수반하는 실천적 지혜(phronēsis)와 구별되지 않은 채로 쓰이고 있는 것도 역시 같은 맥락에서 이해될 일이다. 따라서 플라톤에 관련되는 한, '프로네시스'(phronēsis)는 경우에 따라 그냥 '지혜'로 이해해도 되는 말이겠는데, 문맥에 따라서는 '사려 분별'로 옮겨 봄직한 말이다.

이와는 달리 아리스토텔레스에게 있어서는 실천적 지혜와 중용은 어디까지나 행위(praxis)의 문제와 관련된 것일 뿐이어서, 그의 경우에 'phronēsis'는 로스(W. D. Ross) 이래로 'practical wisdom'(실천적 지혜)으로 대개 번역되고 있다. 아닌게아니라 아리스토텔레스는 그의 《니코마코스 윤리학》(VI. 10. 1143a8~10)에서 통찰력(synesis)과 같은 것은 판단적인 것(kritikē)일 뿐인 데 비해, phronēsis는 행함(prattein)을 목적으로 하는 지시적인 것(epitaktikē)이라 단언하고 있다. 이처럼 '실천적 지혜'의 기능적 성격과 그 관여 대상이 확연히 구별되기에, 그에게 있어서는 epistēmē 및 sophia도 각기 그 기능적 성격과 그 대상들을 달리 하게 된다.[21)]

3. 아리스토텔레스의 중용 사상

아리스토텔레스에 있어서 중용의 문제가 다루어지는 것은 그가 인간으로서 누릴 수 있는 가장 행복한 삶이 어떤 것인지를 밝히기 위해 행복(eudaimonia)의 문제를 다루는 가운데 부딪치는 한 곁가지로

---

21) 이와 관련해서는 《니코마코스 윤리학》 VI권 및 《분석론 후서(後書)》 I. 33, II. 19를 참조할 것. 아리스토텔레스는 가장 높은 단계의 고귀한 원리들에 대한 직관적인 이해(nous)와 이 원리들에서 추론되는 논증적이며 필연적인 지식(epistēmē)을 합해서 sophia라 하는데, 로스는 이를 '실천적 지혜'와 대비시켜 '철학적 지혜'(philosophical wisdom)로 옮기고 있다. 그리고 phronēsis의 경우에는 선택의 여지가 있는 실천적인 문제와 관련되는 것이어서 그 원리가 달라질 수 있는 데 반해, sophia의 경우에는 그 원리가 달라질 수 없다는 점에서 엄격히 구분된다.

서이다. 여기에서 곁가지라 함은 양적인 면에서가 아니라, 본질적인 것과 그렇지 않은 것의 구별을 전제로 하는 말이다. 학문(epistēmē)의 영역별 분류가 본격화된 것이 어찌 보면 그에게서 비롯되었다고도 할 수 있겠는데, 플라톤의 경우와는 달리, 중용의 문제가 윤리학의 과제로서 따로 다루어지는 것도 그런 분류 작업의 소산인 셈이다. "모든 인간은 본성적으로(physei) 앎(eidenai)에 이르고자 한다"고[22] 말하는 그이기에, 인간의 삶의 방식과 학문이 연관되는 것은 당연하겠다. 그는 《니코마코스 윤리학》(I. 5)에서 사람들이 택하는 행복한 삶에는 대체로 세 유형이 있다고 하면서, 향락적인 삶(ho apolaustikos bios)과 정치적인 삶(ho politikos bios) 그리고 관상적(觀想的)인 삶(ho theōrētikos bios)을 들고 있다. 그러나 이들 중에서 어느 유형의 삶이 진실로 부족함이 없는 완전한 행복을 누리게 해 주는 것인가는 사람의 구실(ergon), 즉 사람을 사람답게 해 주는 가장 참된 기능(ergon)에 대한 고찰을 거침으로써 밝혀지게 된다. 사람으로서의 '훌륭한 상태'(훌륭함: aretē), 즉 덕(德)은 이 사람 구실을 하는 활동(energeia)이나 이를 하게끔 된 상태를 가리키는 말이다. 단도직입적으로 말해서, 사람을 사람답게 해 주는 기능은 그에게 있어서도, 소크라테스가 강조했듯, 이성(logos)이고, 더 나아가, 플라톤의 경우와 똑같이, 지성 또는 정신(nous)이다.[23] 그가 관상(觀想: theōria)을 인간에 있어서 최선의 활동으로 보고, 가장 행복한 삶을 이에서 찾는 것도 지성을 인간에 있어서 최선의 기능으로 보기 때문이다. 따라서 사람으로서의 훌륭한 상태(훌륭함), 즉 덕도 바로 이성과 지성의 기능 및 그 활동에서 실현을 볼 수 있는 것이다. 그러나

---

22) 《형이상학》, 제1권 980a1.

23) nous가 앎(gnōsis)의 일종으로 언급될 때엔, 그것은 근원적 원리들(archai)에 대한 직관의 기능을 가리킨다.

60

아리스토텔레스의 경우에 중용은 인간에 있어서 비이성적인 것과 이성의 상호 관계 설정을 위한 준거(準據)로서 제시된 것이요, 이에 일치하는 '훌륭한 상태'(훌륭함)는 '도덕적(인격적) 훌륭함(덕)'으로 불린다.[24]

그의 주장에 따르면[25] 인간의 혼(psychē) 또는 마음에는 '비이성적인 면'(to alogon)과 '이성을 지닌 면'(to logon echon)이 있는데, 이들 각각은 다시 각기 이중적인 것이라 볼 수 있다고 한다. 비이성적인 것의 한 쪽은 식물들에서도 찾아볼 수 있는 식물적 기능의 측면(to phytikon)으로서 이성에 전혀 관여할 수 없는 것이고, "다른 한쪽은 욕망을 갖는 측면(to epithymētikon)이며 대체로 말해서 욕구적인 측면(to orektikon)으로서, 이것은 이성의 말을 듣고 이성의 다스림에 승복하는 한, 어느 면에서 이성에 관여하고 있는 것이다." 이렇게 볼 때, '이성을 지닌 면'도 이중성을 지니게 된다. 다시 말해서, 그 자체로는 비이성적이면서도 이성을 따르게 되는 그런 쪽이 그 하나이고, 나머지 하나는 그 본뜻에 있어서 이성을 지니고 있는 쪽이다. 사람으로서의 '훌륭함'(aretē), 즉 덕도 이런 이중성을 띤 '이성을 지닌 면'에 따라 크게 두 부류로 나뉜다. 뒤엣것의 경우엔 대체로 오랜 기간과 체험을 요하는 가르침을 통해서 생기고 증대되는 것으로서, '철학적 지혜'(sophia)나 통찰력(synesis) 그리고 실천적 지혜(phronēsis)처럼, '지적 훌륭함(덕)'(hē dianoētikē aretē)이라 일컫는 것이다. 반면에 앞엣것의 경우에는, 절제(sōphrosynē)나 너그러움

---

24) 우리가 여기에서 헬라스인들의 중용을 언급하면서 분명히 해 둘 것은 《중용》(中庸)에서 말하는 '중'(中) 또는 '중용'은 아리스토텔레스의 경우처럼 인간의 실천적 행위에만 국한되는 것이 아니라는 점이다. 따라서 형이상학적인 성격을 갖는 《중용》의 그것은 아리스토텔레스적인 것이기라기보다는, 앞에서 개관했듯, 플라톤적인 것이라고 하는 것이 옳을 것이다.
25) 《니코마코스 윤리학》, I. 13~II. 1.

(eleutheriotēs)처럼, 습관(ethos)의 결과로 생기는 것으로서, '도덕적 훌륭함(덕)'(hē ēthikē aretē) 또는 '인격(성격)적 훌륭함'이라 불리는 것이다. 그런데 여기에서 '도덕적' 또는 '인격(성격)적'이라 옮긴 ēthikē는 ethos라는 말의 형용사형이고, 이 명사는 개인에 대해서는 '형성된 인격' 또는 '습득된 성격'을, 사회적으로는 '관습'이나 '습속'을 뜻하는 말이다. 이 말이 '습관'을 뜻하는 ethos라는 낱말과 뜻에 있어서나 어원에 있어서 친족 관계에 있는 것임은 이로써도 분명해진다.

그런데 이 인격적 또는 도덕적 훌륭함이 습관을 통해서 형성된다는 그의 언급은 지극히 헬라스적인 것으로서 퍽 흥미로운 것이다. 플라톤도 절제나 올바름 등이 습관과 단련(meletē)을 통해서 생기는 것으로 말하고 있기는 마찬가지이다.[26] 우리의 성격 또는 인격이 버릇들이기에 따라 형성(plattein)될 수 있다고 두 사람 다가 보고 있다.[27] 이런 점에서 볼 때, 그들은 똑같이 "주어진 것을 선용할지니라"는 헬라스인들의 격언으로 드러난 기본 사상의 틀 속에서 철학을 하고 있음을 우리는 새삼 확인하고 있는 셈이다. 더구나, 다음과 같은 구절을 우리가 아리스토텔레스 자신의 저술에서 직접 접할 수 있음에랴! "참으로 훌륭하고 슬기로운 이는 모든 운명을 의젓하게 견디어내며, 주어진 상황(ta hyparchonta)을 언제나 최대한 선용한다. 마치 훌륭한 지휘관이 현재의 군대를 가장 전술적으로 이용하며, 제화공이 주어진 가죽으로 최선의 신을 만들어내듯."[28] 따라서 그의 이런

---

26) 《파이돈》편, 82a~b. 다만 이런 훌륭함(덕)들을 그는 '평민적 그리고 시민적 훌륭함'(hē dēmotikē kai politikē aretē)으로 표현하고 있는 점이 다를 뿐이다. 《국가》편, 500d에서도 '일체의 평민적 훌륭함'이라는 표현이 쓰이고 있는 것을 볼 수 있다.

27) 《국가》편, 같은 곳. 그리고 《니코마코스 윤리학》, II. 1. 1103b3~4.

28) 《니코마코스 윤리학》, I. 10. 1101a.

생각으로 해서 또한 분명해지는 것은 "그 어떤 인격적 또는 윤리적
훌륭함도 천성으로 생기지는 않는다"는 점이다. 그러나 그 어떤 자연
적인 것도 거꾸로 길들일 수는 없다. 돌은 아무리 위로 던져도 아래
로 떨어지게 마련이어서 결코 거꾸로 길들일 수는 없으며, 불을 아래
로 향하도록 길들일 수도 없다. 따라서 "사람으로서의 훌륭함(덕)들
이 우리에게 생기는 것은 천성에 의해서도 아니며 천성에 어긋나게
도 아니니, 그것들을 자연적으로 받아들일 수 있는 바탕이 갖추어져
있는 우리에게 있어서 그것들은 습관을 통해서 성취될 뿐이다."[29) 우
리가 진정으로 올바른 사람이나 절제 있는 사람 또는 용감한 사람으
로 되는 것은 그런 행위를 '해 버릇함으로써'(ethizontes) 가능한데,
이는 같은 활동을 자꾸 되풀이함으로써 마침내 그런 '습성'(hexis)이
생기고 그런 '성격 상태'가 형성되기 때문이다. 여기에서 윤리적·인
격적 훌륭함과 관련해서 일단 '습성' 또는 '성격 상태'로 옮겨 봄직
한 hexis란 말은 누군가가 일정한 방식으로 해 버릇함으로써 그에게
있어서 '굳어진 상태'를 가리키는 말이다. 그래서 아리스토텔레스는
《범주론》(VIII)에서 이를 단순한 '상태'(diathesis)와 구별지음에 있어
서 '한결같음'과 '시간적 지속성'을 그 기준들로 들고 있다. 이를테
면, 사람이 따뜻한 상태에 있다가 추운 상태로 바뀌거나 건강하다가
아픈 상태로 바뀌는 것은 쉽게 그리고 짧은 시간 동안에 일어나는
일이지만, 한 인간이 오래도록 버릇들인 결과로 그에게 생긴 절제나
올바름 같은 '훌륭함'(덕)은 좀처럼 바뀔 수가 없는 것이다. 그가 말
하고 있듯, 가령 올바름을 자신의 '습성' 또는 굳어진 '성격 상태'로
지니고 있는 사람은 "그것으로 인해서 올바른 것들을 행할 마음 상
태가 되어 있으며, 그것으로 인해서 올바른 것들을 수행하고 또 원

---

29) 같은 책, II. 1.

한다."[30] 그의 그런 마음 상태는, 그가 도저히 감당할 수 없는 어떤 일이 생기지 않는 한, 지속될 '굳어진 상태'요 '습성'이다. 이는 지적인 훌륭함(덕)의 경우에 있어서도 마찬가지이다. 앞서 통찰력이나 실천적 지혜 또는 철학적 지혜는 대체로 오랜 기간과 체험을 요하는 가르침을 통해서 생기고 증대된다고 했는데, 이렇게 해서 일단 지니게 되고 활용할 수 있게 된 지적인 훌륭함(덕)의 상태도 시간적 지속성 및 한결같음을 지니기는 마찬가지이다. 이를테면, 어떤 사람이 오랜 기간을 통해 배우고 체득한 추론적 사고의 지적인 습성은 쉬 소멸될 성질의 것이 아니라, 그에게 있어서 특성으로서 굳어진 상태의 것이다. 통찰력이나 지혜도 그런 성질의 것이다. 이처럼 아리스토텔레스는 사람이 지니게 되는 모든 훌륭함(덕: aretē)을, 그것이 인격적·도덕적인 것이든 또는 지적인 것이든, 그것이 그에게 있어서 일단 체득 즉 실현되어 있는 이상, '헥시스'(hexis), 즉 습성 또는 굳어진 상태로 본다. 그래서 그는 이런 말을 하고 있다. "사람의 훌륭함은 그것으로 인해서 그 사람이 훌륭하게 되고 또 그것으로 인해서 그가 자신의 기능(또는 할 일: ergon)을 잘 해내게 되는 그런 습성 내지 굳어진 상태일 것이다."[31]

---

30) 같은 책, V. 1. 1129a.

31) 같은 책, II. 6. 1106a22~4. 기능(ergon)과 관련해서 말할진대, 아리스토텔레스의 경우에는 두 측면이 있다. 어떤 기능과 관련해서 어떤 것이 단지 장차 그 기능 획득의 '가능성의 상태'(dynamis)에 있을 뿐이다가, 정작 그 기능을 현실적으로 실현시켜 가졌을 때, 이를 그는 energeia라 했다. 그러나 그에 의하면, 이에도 두 상태가 있다. 그 하나는 그 기능이 현실적으로 실현되어 있는 '현실태' 또는 '실현태'이고, 다른 하나는 그 기능이 어느 시점에서 실제로 활동 내지 작용하고 있는 '활동태'이다. 이를테면, 제화공의 경우에 신을 훌륭하게 만드는 기술을 습득해 가진 상태와 이 기술을 실제로 활용해서 방금 만들고 있는 활동 상태는 어느 면에서 엄격하게 구별될 수 있다. 여기에서 '굳어진 상태', '습성' 또는 '성격 상태' 등으로 옮겨 본 hexis는 '엔에르게이아' 중에서도 앞의 경우에 해당

그런데 우리가 지금 여기에서 다루고 있는 것은 중용의 문제이므로, '습성'이나 '굳어진 상태'도 우선은 '지적인 훌륭함'보다도 '인격적 또는 윤리적 훌륭함'과의 연관성에 있어서 다루어야겠다. 인격적인 또는 윤리적인 훌륭함은 누군가가 겪는 일이나 감정 또는 정서(pathē)와 행위(praxis)에 관련된다. "이것들에는 지나침(hyperbolē)과 모자람(elleipsis)이, 그리고 중간 상태(to meson)가 있다. 이를테면, 두려워함과 자신 있어 함에는, 그리고 욕망을 갖거나 분노함, 가엽게 여김에도, 또는 일반적으로 기뻐하거나 슬퍼함에도 '더함과 덜함'(mallon kai hētton)이[32] 있으니, 이 양쪽 다가 잘못 하는 것이다. 마땅히 그래야만 할 때에, 그래야만 할 일들에, 그래야만 할 사람들에 대해, 그리고 마땅히 그런 목적으로 그래야만 하는 방식으로 그러는 것은 중도(中道: meson)이며 최선(ariston)이니, 바로 이것이 훌륭함(aretē)의 특성이다. 마찬가지로 행위들과 관련해서도 지나침과 모자람 그리고 중간 상태가 있다. … 그러니까 훌륭함(덕)은 말하자면 중간 상태를 목표로 하는 일종의 중용(mesotēs)이다."[33] 그러나 중용은 고정적인 것이 아니다. 상황에 따라 그리고 사람에 따라 중용은 유동적일 수밖에 없으며, 따라서 그때마다 선택(proairesis)을 요하는 것이다. 그런데 이때의 선택은 가볍게 하는 그런 성격의 것이 아니다. 거기엔 어떤 목적과 심사 숙고(bouleusis)가 수반되어 있다. 그래서 그는 인격적 또는 도덕적 훌륭함(덕)을 이렇게 규정하고 있다. "(이런) 훌륭함(덕)은 '선택과 관련되는 굳어진 상태(습성)'(hexis

---

된다. 훌륭함(德: aretē)은 굳어진 상태 또는 습성이라고 말할 때도 그런 뜻으로 하는 말이다. 이와 관련해서는 Guthrie의 *A History of Greek Philosophy*, Vol. VI.(Cambridge, 1981), 218~219면을 참고하는 것이 도움이 되겠다.

32) 앞에서 이미 언급했듯, 플라톤이 '한도지어지지(한정되지) 않은 것들'의 징표로서 쓴 표현임에 유의할 필요가 있다.

33) 같은 책, II. 6.

proairetikē)로서 우리와 상관 관계에 있는 중용에 있는데, 이는 이성 (logos)에 의해서 그리고 행위와 관련해서 지혜로운 자가 결정함직 한 방식으로 결정되는 것이다."³⁴⁾ 그렇지만 윤리적 또는 인격적 훌륭 함에 대한 이 정의에서 짐작할 수 있듯, 중용에 적중하는 선택을 한 다는 것은 어려운 일이다. "원의 중심을 찾는 것은 모두가 할 수 있 는 일이 아니라, 아는 자가 할 수 있는 일이듯, 모든 경우에 중도를 취한다는 것은 어려운 일이다."³⁵⁾ 화를 내는 것은, 돈을 주거나 쓰는 것은 누구나 할 수 있고 또 쉬운 일이다. 그러나 이런 일을 마땅히 누구에게 얼마만큼 언제 무엇 때문에 그리고 어떤 방식으로 해야만 하는지를 아는 것은 결코 누구나 할 수 있는 일도, 쉬운 일도 아니다. 인격적으로 '훌륭하게 되는 것'(spoudaion einai)은 힘든 일이다. 그 렇게 되기 위해서는 좀 전의 인격적 또는 도덕적 훌륭함의 의미 규 정에서 보았듯, 이성이, 특히 '실천적 지혜'가 요구된다. 따라서 이 실천적 지혜의 성격에 대한 고찰이 있어야 하겠다. 그러나 그는 이에 대한 고찰에 앞서, 여러 덕목과 관련된 중용들을 각론 형태로 다루고 있다. 그는 열 권으로 구성되어 있는 《니코마코스 윤리학》에서만도 2 권에서부터 5권까지를 이에 할당하고 있다. 그렇지만 이와 관련된 언 급은 생략하고, 방금 말한 실천적 지혜의 문제로 바로 넘어가기로 하 겠다.

인격적 또는 도덕적 훌륭함(덕)은 같은 유형의 행위나 감정 내지 정서와 관련해서 그때마다 한결같이 중용의 원칙에 따라 선택을 함 으로써, 마침내 그런 행위 방식이 그 행위자의 습성으로 또는 성격 상태로 굳어질 때에야 실현을 본다. 그러나 정작 이 선택을 제대로 하기 위해서는 어떤 종류의 '지적인 훌륭함(덕)'이 요구될 수밖에

34) 같은 책, 같은 곳. 1106b36~1107a2.
35) 같은 책. II. 9.

없겠는데, 그것이 어떤 것이건, 앎(gnōsis)의 일종인 것만은 틀림없다. 이 앎의 종류들 및 그 대상들을 구분하는 일에 이 책의 여섯째 권이 할당되어 있다.

그에 의하면,[36] 앎의 대상들은 편의상 이런 식으로도 둘로 나누어 볼 수 있다고 한다. 즉 '그 대상들의 원리들(archai)이 달라질 수 없는 것들'을 그 하나로, 그리고 '대상들 자체가 달라질 수 있는 것들'을 다른 하나로 볼 수 있다. 앞엣것들을 대상으로 삼는 것은 이성 중에서도 '인식을 할 수 있는 쪽'(to epistēmonikon)이라 할 수 있고, 뒤엣것들을 다루는 것은 이성 중에서 '헤아릴 줄 아는 쪽'(to logistikon)이며 심사 숙고(bouleusis)를 할 수 있는 쪽이다. 심사 숙고는 달라질 수 있는 것들에 대해서만 할 수 있다. 달라질 수 없는 것들, 사람으로서 어찌 해 볼 수도 없는 일들, 필연적인 것들, 그리고 목적이 없는 것들은 심사 숙고의 대상이 아니며, 선택의 대상도 아니다. 인간의 일들(ta anthrōpina)이되 특히 행위의 문제와 관련해서 인간에게 유익하고 좋은 것들을, 그리고 그런 목적을 위한 것들을 '훌륭하게 심사 숙고함'(eu bouleuesthai: euboulia)이 '행위와 관련해서 지혜로운 자'(ho phronimos)의 할 일, 즉 기능(ergon)일 것이다.(VI. 5. 7) 그러나 훌륭하게 심사 숙고하는 것은 바른 선택을 위해서다. 이는 다시 이성의 도움이 있고서야 가능한 일일 것이다. 그래서 그는 이곳(1140b20~1)에서 이렇게 말하고 있다. "실천적 지혜는 인간의 차원에서 좋은 것들(ta anthrōpina agatha)과 관련해서 이성과 더불어 행위를 할 수 있는 참된 굳어진 상태임에 틀림없다"고. 어쩌다가 올바른 짓을 했다고 해서 그가 곧바로 올바른 자인 것은 아니다. 또한 "우리는 법률에 의해 정해진 올바른 것들을 마지못하여

---

36) 같은 책, VI. 1.

행하는 자들도, 무지한 탓으로 그러는 자들도, 그 자체 때문이 아닌 다른 어떤 이유로 그러는 자들도 결코 올바른 자들이라 말하지 않는다."(VI. 12. 1144a13~16) 올바른 행위를 하는 자가 자신의 습성으로 굳어진 상태의 훌륭함(덕) 때문에, 언제나 심사 숙고한 끝의 슬기로운 선택을 통해서 그렇게 행하였을 때만이, 그런 사람이라 말할 수 있다. 그러기에 "선택이 바르게 되는 것은 실천적 지혜(phronēsis) 없이는, 그리고 훌륭함(덕) 없이도 불가능하다. 왜냐하면, 뒤엣것은 (행위의) 목적을 정해 주나, 앞엣것은 그 목적을 달성케 하는 것들을 행하게 해 주기 때문이다."(1145a3~6)

그런데 앞서 여러 차례에 걸쳐 강조했듯, 실천적 지혜는 행위와 관련된 것이다. 행위와 관련되는 것인 한, 그것은 보편적인 것들(ta katholou)하고만 관계를 갖는 것이 아니고, 개별적인 것들(ta kath' hekasta)도 알아야 된다. 양쪽 다를 알아야겠지만, 그 중에서도 개별적인 것들을 더 알아야만 한다. 그러나 실천적 지혜에도 개인적 차원의 행위와 관련되는 것이 있겠고, 나라 차원의 문제들과 관련되는 것도 있겠다. 그런 지혜들로 통치적 지혜(phronēsis politikē)니 입법적 지혜(phronēsis nomothetikē)니 하는 것들이 있다. 따라서 개인 차원에서뿐만 아니라, 나라 차원에서도 우두머리 노릇을 하는 지혜 (phronēsis architektonikē)가 있게 마련이다. 나라 차원에 있어서 그런 것은 입법적 지혜이다. 우두머리 노릇을 하는 것일수록, 인간을 가장 행복하게 하는 삶 또는 활동이 무엇인지에 대한 앎을 요구하게 된다.[37] 결국 철학적 지혜가 요구되는 것은 그 때문이다. 그러나 이와 관련된 언급은 이 글의 범위를 벗어나는 것일 것 같다.

---

37) 같은 책, 1141b14~26 및 W. F. R. Hardie, *Aristotle's Ethical Theory*(Oxford, 1980), 212~213면을 참조할 것.

제3장 기능과 관련된 헬라스 철학의 전통

1. 기능의 역사

우리가 확인할 수 있는 '기능'(機能: function)에 대한 인간의 의식은 흔히 말하는 구석기 시대까지 그 역사가 거슬러 올라갈 수 있을 것이다. 그냥 깨진 돌이나 단순히 깨뜨린 돌과는 엄연히 구별되는 그 시대의 돌, 일정한 용도를 생각하고 깨뜨려서 어떤 형태를 갖추게 한 돌, 그걸 우리는 뗀(타제) 석기라 말한다. 이보다는 대체로 훗날의 것이라 말하는 간(마제) 석기와는 달리, 초기의 어떤 뗀 석기는 간신히 그 쓸모를 짐작할 수 있는 것이지만, 그래도 그것이 단순한 돌의 처지를 면하고 박물관에 소중히 간직되게 된 것은 그것에 부여된 기능의 의미 때문이다. 간 석기가 쓰이게 되는 시대에 접어들어서는 아주 다양한 용도의 기구들이 만들어지고, 더 나아가 같은 용도의 것들을 돌이나 동물의 뼈가 아닌 금속 재료를 써서 제작할 줄 알게 됨으로써 인류는 청동기 시대와 철기 시대를 맞게 되었다. 이에 따른 기술적·문화적 변화는 차츰 더 다양한 기능을 갖는 기구들의 제작 시대를 또한 맞게 되었다. 그러나 인간들이 인위적으로 기능을 부여한 것은 비단 기구(器具)들만이 아니다. 가옥이나 성곽 또는 성채 등의 구조물, 심지어는 사회 및 국가 따위의 공동체도 그 기능을 전제로 하여 만들어진 것들일 것이다.

그렇지만 인간이 이처럼 기능을 의식하고 인위적으로 무엇인가를 만들기 시작한 역사는 아무리 거슬러 올라가도 백만 년이 채 되지 않는 것 같다. 반면에, 비록 의식의 차원에서는 아닐지라도, 기능과 관련된 지구 자체의 역사는 이 지구상에 생물이 나타나기 시작하면서부터일 것이니, 그 역사는 적어도 몇 억 년, 아니 몇십 억 년은 된다고 보아야 할 것이다. 억 단위인 고생대(古生代: paleozoic era)의 고생물(paleobios) 시대에서 더 거슬러 올라가 십억 단위의 원생대(原生代: proterozoic era), 이른바 선(先)캄브리아대(pre-Cambrian era)의 지층에서 비록 드물게나마 생물의 화석이 발견되고 있다고 하니 말이다. 그 시대의 하등 생물이라고 할지라도, 적어도 그것이 생물인 한, 모든 생물은 생존에 필요한 최소한의 기능은 갖고 있었을 것임에 틀림없다. 그리고 그 후로 나온 진화된 형태의 생물체들은 각기 다양한 기관들을 진화시켜 갖게 되었으며, 그 기관 하나하나는 그 생물의 생존을 위해서 절대적으로 필요한 기능을 갖는 것이다. 그래서 오늘날에 이르기까지 다양한 외형을 갖는 무수한 종류의 생물들이 생겨나게 되었고, 비록 그 기관들도 형태상으론 다양하긴 해도, 모두가 생존과 종족 보존이라는 기본적인 공통성 때문에, 같은 기능을 하는 것들을 가리켜, 우리는 한 가지 이름으로 부르게도 되었다. 이를테면 동물들의 '입'이라는 것은 그 기능에 따라 붙인 이름이다. 비록 동물들이 종류에 따라 온갖 형태의 상이한 입틀을 갖고는 있지만, 그것들을 똑같이 '입'으로 지칭하는 것은 다름 아닌 그 기능 때문이다. 이것들의 입틀들이 각기 생김새에 있어서 상이한 것은 기능이 달라서가 아니라, 그 먹이가 달라서다. 중학교 생물 책에 실려 있는 곤충들의 입틀에 관한 설명을 보면, 무척 흥미롭다. 나비나 꿀벌은 꽃의 꿀을 빨아먹기에 알맞은 형태인 대롱 모양의 빠는 입을 갖고 있으며, 매미나 모기는 각기 나무의 즙이나 동물의 피를 빨아먹기에 알맞도록 단단하고 주사바늘처럼 생긴 쏘는 입을 가졌다고 한다. 반면에 메뚜기나 잠자리는 음식물을 핥아먹기에 알맞도록 넓적한 아랫입술에다 털까지 난 핥는 입을 가졌단다. 이는 이들 곤충들의 입이 먹는 기능은 똑같이 가졌으되, 그 먹이에 따라 구조를 달리하는 입틀을 각기 달리 발달시켜 가졌기 때문이다. 새들의 다양한 부리나 다리의 생김새도 먹이나 생활하는 장소에 따라 그에 알맞은 구조를 갖는다고 한다. 꿩꼬리물꿩은 연잎 위에서 살면서 연못에서 먹이를 취하며 살 수 있게끔 다섯 발가락 사이의 간격을 피막으로 최대한 넓힘으로써 연잎에 실리는 자신의 체중을 분산시키도록 진화했다고 한다. 아프리카의 마다가스카르 섬에서만 찾아볼 수 있다는 아름다운 난 한 가지는 그 꿀주머니(nectar spur)의 길이가 무려 45센티나 되는데, 이를 최초로 발견한 다윈은 같은 길이의 혀를 가진 나방이 어느 날 발견될 것이라 예언을 했단다. 아닌게아니라 50년쯤 지나 그의 예언대로 그런 나방이 나타났기에, 이 새로운 종의 나방에는 '예언된 것'이라는 뜻의 라틴어 'Praedicta'라는 이름이 붙여졌다.[1] 원래 난은 뿌리로도 번식을 하지만, 지역적인 확장을 통한 번식을 위해서는 씨를 바람에 날려서 뿌릴 수밖에 없으니, 부득불 가루받이를 시켜야겠는데, 이 난은 무슨 이유에서인지 별난 매개자의 탄생을 요구한 모양이다. 어쨌든 자연계에 있어서 우리는 하등 생물에서 고등 생물에 이르기까지 온갖 생물체의 신비스럽기 그지없는 자연적인 기능들의 오랜 진화 역사를 접하게 된다.

---

1) Porritt, J., *Save the Earth*(London, 1992), 79면 참조.

2. 기능에 대한 헬라스 철학자들의 자각

1) 소크라테스에게서 시작되는 '기능'에 대한 성찰

'기능'의 뜻으로 쓰이는 헬라스어는 '에르곤'(ergon)이다. 이 용어가 이 논고와 관련되어 쓰이는 뜻들에는 '기능' 이외에도 '일', '할일', '구실', '활동' 등이 있다. 헬라스 철학사를 통해서 ergon이 중요한 철학적 관심거리들 중의 하나로 논의되기 시작하는 것은 아무래도 소크라테스부터라고 말하는 것이 옳을 것 같다. 아리스토텔레스의 말마따나.[2] 소크라테스 이전의 초기 철학자들은 대부분 존재하는 사물들이 '무엇으로'(ex hou) 이루어져 있는지에 주된 관심을 가졌었다. 그러나 소크라테스는 "aretē(훌륭함)는 epistēmē(앎)이다"[3]라는 유명한 말을 남겼는데, 이 앎의 핵심적 대상은 바로 ergon(기능)이다. 이 언명의 뜻을 제대로 알기 위해서는 아무래도 약간의 보완적인 설명을 곁들일 필요가 있을 것 같다. 여기에 나오는 aretē(아레테)라는 말은 오래도록 흔히 '덕'(virtue, vertu, Tugend)으로 번역되어 온 말이지만, 이는 비단 사람에게만 적용되는 말이 아니다. 모든 종류의 사물에는 그 종류에 따른 '훌륭한 상태', 즉 '좋은(agathos = good) 상태'가 있게 마련이다. 이는 대개 그 종류 나름의 '기능'(ergon) 또는 '구실'과 관련되어서 하는 말이다. 그것이 어떤 것의 생존 기능 또는 그것의 존립 이유나 존립 조건과 관련된 것이든 간에 상관없이, 그것들의 '훌륭한 상태'는 있게 마련이다. 가령 우리가 '좋은 눈'이라 말할 때, 이는 눈의 기능, 아니 더 정확하게는 시각의 기능과 관련해서 하는 말이요, 개나 말의 경우에서처럼 그것들의 생존 조건이나

---

2) 《형이상학》, 1권 3장 983b6~9 참조.
3) 이를 흔히 "덕은 앎(지식)이다"로 번역한다.

인간에 대한 그것들의 유용성과 관련해서도 우리는 그 '훌륭한 상태'를 상정할 수 있다. 그리고 모든 인위적인 산물은 그것들의 유용성 및 기능과 관련된 '훌륭한 상태'를 전제로 하여 만들어지고 있다. '좋은 칼'이라든가 '좋은 낫'이라 말함은 그 때문이다. 이런 '훌륭한 상태'(훌륭함: goodness, excellence)를 헬라스어로 '아레테'(aretē)라 한다. 심지어는 땅의 '비옥함'이나 물의 '양질'(良質)을 말할 때도 이 낱말은 쓰인다.[4] 물론 사람의 덕목(德目)과 관련된 경우에는 이를 '덕'이라 해도 무난하나, 논의의 보편성을 고려하여 '훌륭함' 또는 '훌륭한 상태'란 번역어를 택하는 것이 일관성을 갖는다고 할 수 있을 것이다. 따라서 사람과 관련해서는 [사람으로서] 훌륭함' 또는 [사람의] 훌륭한 상태'라 번역하는 게 역시 일관성을 유지하는 것일 것이다. 왜냐하면 훌륭한 농부나 훌륭한 조종사 또는 훌륭한 정치가의 '훌륭함'에도 이 말은 어김없이 적용되는 것이기 때문이다. 그리고 이 '아레테'와 반대되는 헬라스어 낱말은 kakia(나쁜 상태, 나쁨: badness)이다. 물론 여기에서 말하는 '나쁜 상태'(kakia)란 모든 종류의 기능과 관련해서 일률적으로 쓰이는 말이다. 그것은 나쁜 눈, 즉 나쁜 시력의 상태를 의미할 수도 있으며, 나쁜 후각의 상태나 나쁜 토양을 의미할 수도 있다. 물론 그것은 사람으로서 나쁜 상태, 즉 도덕적 의미의 악을 의미하기도 하나, 이는 기본적으로는 '사람 구실을 제대로 하지 못하는 나쁜 상태'를 의미한다. 신통치 못한 농부나 신통치 못한 조종사 또는 신통치 못한 정치가의 '나쁜 상태'에도 이 낱말은 예외 없이 적용되기는 마찬가지이다.

　'아레테'의 뜻이 그런 것이라면, 앞에서 말한 소크라테스의 명제는 무엇을 의미하는가? 소크라테스가 드는 예를 따라, 이해해 보도록 하

---

4) 《크리티아스》편. 110e, 117a, b 참조.

자. 가령 훌륭한 제화공은 어떤 사람일까? 그의 훌륭함을 우리는 도 대체 어디에서 찾을 것인가? 제화공의 '훌륭한 상태'는 구두에 대한 앎과 구두를 제대로 만들 줄 아는 것과 관련되어 있으니, 그의 '나쁜 상태'는 이와 반대되는 경우의 것이다. 그러나 구두를 제대로 만들 줄 안다는 것은 구두의 기능이 무엇인지를 알 때나 가능한 일이다. 따라서 제화공의 '훌륭한 상태'(aretē), 즉 제화공으로서 훌륭함은 구 두의 기능(ergon)에 대한 '앎'(epistēmē)과 그것을 제대로 만들 줄 (dēmiourgein) 아는 '앎'(epistēmē)이 있어야만 되는 일이요, 그 반대 의 경우, 즉 그의 '나쁜 상태'(kakia)는 구두의 기능에 대한 '무지' (agnoia, amathia)와 그걸 제대로 만들 줄 모르는 무지에서 비롯되는 당연한 귀결이다. 같은 이치로, 사람으로서 훌륭함(aretē)도 궁극적으 로는 사람 구실(ergon)에 대한 앎(epistēmē)이, 더 나아가서는 사람 구실을 할 줄 아는 앎이 있어야 비로소 실현을 볼 수 있다는 게 그 언명을 통한 소크라테스의 주장의 요지이다.

그렇다면 사람을 사람답게 해 주는, 더 나아가 사람을 사람으로서 참으로 훌륭할 수 있도록 해 주는 사람 구실을 우리는 어디에서 찾 을 것인가? 이와 관련해서 그가 원용해서 외친 것이, 두루 알려져 있 듯, 저 델피의 아폴론 신전 입구에 새겨져 있던 "너 자신을 알라" (Gnōthi sauton)는 헬라스인들의 잠언이다. 소크라테스는 사람들로 하여금 그 잠언의 가르침대로 자기 자신을 아는 일에 마음을 쓰도록 종용했다. 한데 그가 말하는 '자기 자신을 아는 것'(gnōnai heauton, gignōskein hauton)의 의미에 대한 해석을 위해서는 다음 두 대화편 의 도움을 받는 것이 좋을 것 같다. 먼저 《알키비아데스 I》(129a~ 132c)에서 보자. 여기에서 소크라테스는 "자기 자신을 알 것을 지시 하는 사람은 우리로 하여금 혼(psychē)을 알게 되도록 타이르고 있 다"고 한다. 그가 훗날 아테네의 풍운아로 또는 골칫거리로 되었던 제자 알키비아데스와의 대화에서 이 추론을 이끌어내는 것은 이렇게 해서다. "적어도 우리 자신을 주도하는 것으로서 혼보다도 더한 것은 아무 것도 없을 것이라고 어쩌면 우리는 말할 걸세. … 나와 자네가 서로 대화를 나누고 있는 것은 언어(logoi)를 이용해서 혼을 상대로 혼으로 하는 것이라 믿는 게 옳을 걸세. … 소크라테스가 언어를 이용해서 알키비아데스와 대화하는 것은 자네의 얼굴을 상대로 하는 것이 아니라, 알키비아데스를 상대로 말을 하고 있는 것이지. 한데, 이(알키비아데스)는 혼이야." 이어서 그는 몸(sōma)에 속하는 것들 가운데 어떤 걸 아는 자는 자신의 것들인 것은 알지만, 자기 자신을 아는 것이 아니라고 하면서, "혼을 보살펴야만 한다"(psychēs epimelēteon)고 타이른다.

　역시 혼에 대한 보살핌과 관련된 이와 비슷한 취지의 언급들을 우리는 《소크라테스의 변론》에서도 찾아볼 수 있다. 그는 법정에 서서도 아테네인들을 향해 각자의 '혼이 최대한 훌륭하게 되도록 혼을 보살필 것'(30b)을 당부한다. 그리고선 더 나아가 "각자가 자신이 최대한으로 훌륭해지고 슬기로워지도록 자기 자신을 보살피기에 앞서 자신에 속하는 것들 가운데 그 어떤 것도 먼저 보살피는 일이 없도록 하며, 나라 자체에 앞서 나라에 속하는 그 어떤 것도 먼저 보살피는 일 또한 없도록 할 것을, 그리고 그 밖의 다른 것들에 대해서도 같은 식으로 보살필 것을"(36c~d) 설득하려 한다.

　그러니까 그가 저 델피의 교훈을 그처럼 되뇐 까닭은 사람은 누구나 혼을 지니고 있으며, 이 혼이 각자에게 있어서 가장 귀한 것이니, 저마다 자신의 혼이 최대한 훌륭하고 지혜로워지도록 혼을 보살펴야만 한다는 것인 셈이다. 그리고 혼이 훌륭해지고 지혜로워짐으로써 비로소 사람으로서 훌륭함(aretē)도 기대해 볼 수 있다는 이야기일 것이다. 앞서 말했듯, 어떤 것의 '훌륭한 상태'는 그것의 '기능'과 관

76

련된다. 그렇다면 도대체 사람의 혼은 무슨 특유한 기능을 가지고 있다는 것인가? 그걸 캐묻고 찾아야만 한다고 해서, "캐묻지 않은 삶은 사람에게는 살 가치가 없다"[5]는 극언까지도 그는 삼가지 않았다. 이는 같은 시대의 사람들에게 사람 구실, 즉 인간 특유의 기능에 대한 자각을 일깨우기 위해서였으니, 모든 이의 혼에 깃들인 이것을 그는 이성(logos)이라 했다. 사람 구실을 할 수 있게 해 주는 사람의 진정한 기능이 이성임을 알 뿐만 아니라, 이 이성을 제대로 활용할 줄도 알 때에야 사람으로서 훌륭한 상태에 이를 수 있다는 것이 "아레테(훌륭함)는 앎이다"라는 명제의 궁극적인 의미일 것이다. 아닌게아니라 소크라테스 시대에는 '짐승들'을 ta aloga라고도 했던 것 같다.[6] 이는 짐승도 사람도 다 같이 '혼(psychē)을 지닌 것들' (ta empsycha)이긴 마찬가지이지만, 짐승들의 경우에는 그 혼들이 이성을 갖지 못한 것들인 반면에, 사람들은 이성을 가졌다는 것을 의미하는 것일 것이다.

그렇다면 소크라테스에게 있어서 사람이 이성을 갖고 있다는 것은 무엇을 의미하는가? 그에게 있어서 사람을 사람이게끔 해 주는 기능인 이성(logos)은 무엇보다도 언어(logos)[7]를 사용하되, 이를 제대로 사용할 줄 아는 능력이다. 그러나 사람들이 말을 하되, 서로 다른 뜻으로 한다면, 우선 말이 통하지 않는다. 이러고도 서로 합의를 본다거나 뜻을 같이한다는 것은 원천적으로 불가능한 일이다. 또한 말뜻

---

5) 《소크라테스의 변론》편, 38a.
6) 소크라테스와 동시대인이었던 데모크리토스의 토막글 164(DK)에서만이 아니라, 이들에 앞선 피타고라스 및 엠페도클레스(토막글 136)의 경우에도 이 말이 그런 의미로 쓰였다.
7) 헬라스어 logos가 소크라테스 한 사람의 경우에 있어서조차도 여러 가지 의미로 쓰이고 있다는 것을 유념하면서, 괄호로 그 원어가 'logos'임을 밝힌 이후의 언급들을 이해하도록 해야 할 것이다.

이 다르면, 행동도 달라질 수밖에 없다. 이를테면, '용기'(andreia)가 무엇인지에 대해 이해하는 바가 다른 사람들끼리는 말이 제대로 통할 수가 없을 뿐만 아니라, 용기와 관련되는 하나의 사태를 두고서도 시비가 일 것이며, 이와 관련하여 행동 또한 달리 취할 수밖에 없을 것이다. 판단의 기준(kritērion)이 달라지고 행동의 원칙(logos)이 달라질 수밖에 없을 것이기 때문이다. 이는 사람들이 언어를 제대로 사용하지 못하는 데서 비롯되는 하나의 심각한 사태라는 것이 소크라테스의 진단이다. 플라톤의 초기 대화편들에 등장하는 소크라테스의 행각은 이런 사태와 연관된 것이다. 용기란 무엇인가? 경건함이란 무엇인가? 절제 또는 건전한 마음의 상태란 무엇인가? 등등. 이처럼 "그것은 무엇인가?"(ti esti;)라는 물음을 끝도 없이 제기하다가, 그의 그런 행각의 의도가 무엇인지를 모르는 사람들에 의해 어처구니없게도 독배를 비워야 하는 극형까지 당했다.

무릇 말이 말답게 쓰이려면, 말하는 사람들이 서로 주고받는 말의 뜻이 같아야 할 것이다. 소크라테스의 그런 행각은 사람들이 대화 또는 논의를 통해서 의당 동의하게 될 판단 기준과 행동 원칙까지도 마침내 제공해 줄 수 있을 것이라는 희망을 갖게 하는 그런 말들을 최대한 확보하기 위한 것이었다. 그에게 있어서 사람들과의 지칠 줄 모르는 대화는 일차적으로는 의미 규정(정의: horismos)이 된 말들, 즉 의미 규정 형식(logos)을 갖춘 말들을 최대한 확보하기 위한 공동 탐구(syzētēsis)의 성격을 갖는 것이었으나, 궁극적으로는 그런 말들을 이용한 진정한 의미의 공동 탐구를 통해 모두가 동의할 수 있는 원칙 또는 원리나 논거에 대한 앎(epistēmē)에 이르는 것을 목표로 한 것이었다고 할 것이다.

2) 플라톤에 있어서 기능의 문제

(1) 어떤 것의 기능과 올바른 상태

플라톤이 기능과 관련된 문제를 본격적으로 다루고 있는 대화편은 《국가(政體)》편이다. 그러나 이 대화편에서 형식상으로 제기된 문제는 기능의 문제가 아니었다. 이 대화편의 1권에서 10권까지에 걸쳐 다루어지고 있는 가장 큰 문제는 행복하게 사는 '삶의 방식'(tropos tou biou)인데, 이와 바로 직결되는 것이 이른바 정의(正義: dikaiosynē)의 문제이다. 그게 그럴 수밖에 없는 것이 행복하게 산다는 것은 결과적인 것이고, 이런 결과를 초래하는 것은 그것에 선행하는 생활 방식이 정의로우냐 아니면 그렇지 못하냐 하는 것과 밀접하게 연관되어 있기 때문이다. 그런데 헬라스어로는 '행복함' (eudaimonein)이나 '잘(훌륭하게) 삶'(eu zēn) 그리고 '잘 지냄'(eu prattein)은 같은 뜻으로 쓰이는 말이다. 그러나 플라톤은 일반적으로 '잘 지냄'이나 '잘 삶'의 뜻으로 쓰이는 eu prattein(에우 프라테인)을 그 어원을 살려서, '훌륭하게(eu) 행함(해냄: prattein)'의 뜻으로도 이해할 것을 사람들에게 요구한다. 물론 이 경우의 '행함'(해냄: prattein)[8]에는 어떤 문제의 '처리'나 '다룸' 등의 뜻도 포함된다. 아울러 '잘 삶'도 '훌륭하게 삶'의 뜻으로 이해하고, '잘 지냄'도 '훌륭하게 행함'의 뜻으로 이해하게 되면, 플라톤이 이와 관련해서 말하고자 하는 바의 기본 틀이 어떤 것일지는 어느 정도 윤곽이 잡히게 됨직하다. 한데, 사람으로서 '훌륭하게 행함'은 사람 구실(ergon)을 제대로 하는 것일 것이니, 이는 사람의 마음 즉 혼(psychē)이 '올바른 상태'에 있지 않고서는 불가능한 일이다. 그리하여 《국가(政體)》편에

---

8) 헬라스어 praxis(행위, 행동, 실천 등)는 이의 명사형이다.

서는 혼이 제 기능을 제대로 수행할 수 있도록 해 주는 '올바른 상태'(dikaiosynē)가 무엇인지에 대한 본격적인 탐구가 시작된다. 따라서 흔히 '정의'로 번역되어 온 dikaiosynē는 이제 '정의'보다는 오히려 '올바른 상태'(올바름)의 뜻으로 이해해야만 하는 상황으로 접어든다. 사람의 혼(마음)에는 여러 가지 갈등 요소가 도사리고 있어서, 이들 간의 올바른 관계 정립이 가능해졌을 때, 혼은 올바른 상태에 있을 수 있기 때문이다. 이는 개인들 즉 시민들(politai)이 저마다 단독으로는 자족할 수 없는 처지로 해서 이루어 갖게 된 공동체(koinōnia)인 '나라'(polis)의 경우에도 마찬가지이다. 인위적 구성체인 나라의 경우에도 그것 나름으로 수행하게 될 어떤 기능 또는 구실이 있겠는데, 이는 이 나라가 올바른 상태에 있을 때에야 가능할 것이고, 다시 이 올바른 상태는 나라를 구성하는 기능적 집단들 간의 올바른 관계 정립을 통해서 실현될 것이다. 그러나 실제로 《국가》편에서는 혼의 경우에 있어서 올바른 상태보다도 나라의 경우에 있어서 올바른 상태에 대한 고찰을 먼저 하게 되는데, 그건 작은 글씨로 쓰인 것보다는 큰 글씨로 쓰인 것이 더 알아보기가 낫다는 이유로 해서이다. 그러면 먼저 《국가》편 1권에서 기능의 문제가 '올바른 것'(to dikaion)과 관련되어 제기되는 대목부터 보기로 하자.

그 첫째 것은 구체적인 사례를 통하여 하게 되는 '올바른 것'의 성질에 대한 규정으로서, 친구나 적과의 관계에 있어서 "올바른 것이란 좋은 친구는 잘 되도록 해 주되, 나쁜 적은 해치는 것이다"(335a)[9]라는 것이다. 이에 대해 어떤 사람이건 도대체 사람을 해치는 짓이 올바른 사람의 '할 일'(ergon)일까(335b) 하는 반문이 잇따른다. 어떤 사람이건 해를 입으면, 그는 나빠질 것이다. 올바름도 '인간

---

9) 이후로 본문 속에서는 《국가(政體)》편의 지칭은 생략한 채, 스테파누스 쪽수와 문단의 표시만 함.

적인 훌륭함'(anthrōpeia aretē)의 일종일진대, 올바른 사람이 '올바름에 의해서' 사람들을 올바르지 못하게 만들 수 있겠는가? 요컨대, 훌륭한 사람들이 그들의 훌륭함(aretē)에 의해서 사람들을 나쁜 사람들로 만들 수 있단 말인가?(335c~d)

이런 윤리적 성격을 갖는 반문이 제기된 다음, 이 반문의 정당성을 입증하기 위해 이번에는 가치 중립적인 예를 든다. 차게 하는 것은 열의 기능이 아니라 이것과는 반대되는 것의 기능이다. 마찬가지로 훌륭한 사람의 할 일은 남을 해치는 것이 아니라 이와 반대되는 것이므로, 올바른 사람이 훌륭한 사람인 이상, 상대가 친구이건 또는 다른 누구이건 간에, 그를 해치는 것은 올바른 사람의 할 일이 아니라, 그와 반대되는 자, 즉 올바르지 못한 자나 할 짓이다(335d).

다음으로, 올바른 것에 대한 이런 식의 논의들을 답답한 마음으로 지켜보던 트라시마코스가 내린 올바른 것에 대한 단언적인 정의를 보자. "올바른 것이란 '더 강한 자의 편익'(to tou kreittonos sympheron) 이외에 다른 것이 아니다"(338c). 트라시마코스의 이 자신만만한 단언의 요지는 이러하다. 모든 정권은 강자인 지배자의 편익을 도모해서 입법을 하고, 이를 올바른 것, 즉 정의로서 시행한다. 이에 대한 소크라테스의 반론은 다음과 같다. 모든 전문적 기술(technē, epistēmē)은 그것이 관여하는 상대를 위한 것이지, 결코 그 기술 자체나 전문인을 위한 것이 아니다. 가령 의술은 의술을 위한 편익에 유의하는 게 아니라 몸을 위한 편익에 유의한다. 따라서 의사는, 그가 참된 의사인 한, 자신을 위한 편익에 유의하거나 이를 지시하는 게 아니라, 환자를 위한 편익에 유의하고 이를 지시한다. 그건 무엇보다도 의술은 돈벌이 기술이 아니기 때문이다(342c~d). 의술을 위시하여 "모든 기술은 저마다 제 기능(일: ergon)을 하며, 그 각각이 맡도록 되어 있는 그 대상을 이롭도록 한다"(346d). 치술(治術)의 경

우에도 이는 마찬가지이다. "그 어떤 기술이나 다스림도 자기에게 이
득이 되는 것을 제공하는 것이 아니고, … 그 다스림을 받는 쪽에 이
득이 되는 것을 제공하며 지시를 내린다는 것, 다시 말해서, 더 약한
자의 편익을 생각하지 더 강한 자의 편익을 생각하지는 않는다"
(346e). 따라서 이 이치에 따를진대 참된 치자는 자신을 위한 편익을
도모하지 않고, 오히려 다스림을 받는 쪽을 위한 편익을 도모한다는
게 분명해진다(347d). 이렇게 해서 트라시마코스의 '올바른 것'에 대
한 의미 규정이 잘못된 것으로 밝혀지긴 하나, 그의 그런 단언이 동
시에 담고 있는 속뜻마저 논박된 것은 아니다. 왜냐하면 그의 단언은
현실에 있어서는 통치자들이 자신들의 편익을 도모해서 저지르는 온
갖 부정을 시민들이 보기에는 올바른 것처럼 보이게 만들어 자신들
이 하고 싶은 그대로 하는데, 결국 이런 사람들이 '더 나은 삶'
(347e) 즉 행복한 삶을 산다는 생각을 그 밑바닥에 깔고 있기 때문
이다.

　그래서 다음의 논의는 자연스레 올바른 사람의 삶과 부정한 자의
삶 중에 어느 것이 '더 나은가' 하는, 즉 어느 쪽이 더 '잘 사는가'
하는 문제로 옮겨가는데, 이 논의가 또 한 차례 기능의 문제와 연관
되게 된다. 어찌 보면 《국가》편을 통해서 기능의 문제가 가장 집중적
으로 다루어지는 곳이 이 대목(352d~354c)일 뿐만 아니라, 기능에 관
련된 언급들의 전거(典據)가 되는 구(句)들(loci classici)도 여기에 몰
려 있다. 눈이 아닌 다른 것에 의해서는 볼 수가 없고, 귀 아닌 다른
것에 의해서는 들을 수가 없다. 보거나 듣는 것은 바로 눈과 귀에 특
유한 기능이기 때문이다. 포도나무의 작은 가지들을 잘라내는 데에는
단검이나 칼도 이용될 수는 있지만, 바로 그 목적으로 만들어진 전지
낫이나 가위만큼 유용하고 효과적으로 이용될 수 있는 것은 아무 것
도 없다. 그게 바로 전지용 낫이나 가위의 기능이기 때문이다. 그래

82

서 내려진 기능에 대한 의미 규정은 이러하다. "어떤 것이 그것에 의
해서라야만(그것으로써만) 할 수 있는 또는 가장 잘 할 수 있는 그
런 것이 기능이다"(352e). "그것만이 뭔가를 해낼 수 있거나 또는 다
른 어떤 것들보다도 그것이 가장 훌륭하게 해낼 수 있는 그런 것이
각각의 것의 기능이다"(353a).

그런데 어떤 기능이 정해져 있는 각각의 것에는 그것에 따른 고유
의 훌륭한 상태, 즉 훌륭함(aretē=goodness)이 또한 있다(353b). 가
령 보는 기능을 갖는 눈에는 보는 기능과 관련된 훌륭한 상태가 있
다. 귀의 경우에도 이는 마찬가지이다. 눈이 그 고유의 훌륭한 상태
를 지니지 못하고서는, 즉 나쁜 상태(kakia=badness)에 있고서는 제
기능을 훌륭하게 수행해낼 수가 없다. 그러므로 눈은 그것에 고유한
훌륭함(훌륭한 상태: aretē)에 의해서는 그것의 기능을 훌륭하게
(eu=well) 수행하게 되지만, 나쁨(kakia)에 의해서는 나쁘게(kakōs
=badly) 수행할 수밖에 없다. 어떤 것이 그것의 훌륭한 상태를 앗기
게 되면, 제 기능을 제대로 수행하지 못한다. 즉 제 구실을 못한다.
모든 생물은 숨 즉 목숨(psychē)을 지니고 있어서 생명 활동(ergon)
을 한다. 인간의 경우에도 이는 마찬가지여서, 그가 지니고 있는 목
숨을 곧 혼(psychē)이라 하는데, 이는 그가 지닌 몸과 구별하여 일컫
는 말이다. 생명 원리인 이 혼의 일차적인 기능은 '사는 것'(zēn)이
고, 궁극적 기능은 '잘 사는 것' 곧 '훌륭하게 사는 것'이다. 잘 살기
위해서 혼이 수행하는 기능이 이를테면 자신을 위한 전체적인 보살
핌, 다스림, 심사 숙고나 결정 따위의 기능이다. 앞서 말했듯, 혼에는
고유의 기능이 있으므로 그것에 따른 '훌륭한 상태'(aretē)가 있는데,
이 고유의 '훌륭함'을 앗긴 상태에서는 혼이 방금 지적된 것들과 같
은 제 기능들(erga)을 훌륭히(eu) 수행할 수가 없다. 이렇게 된 나쁜
혼, 즉 나쁜 상태에 놓인 혼은 그 사람을 나쁘게(kakōs) 다스리고 보

살피며 처신케 한다. 다시 말해서, 당사자로 하여금 praxis를 잘 못하게 한다. 반면에 좋은 혼은 이 모든 것을 훌륭하게 해내게 할 게 분명하다. 이때의 이 '훌륭하게(eu) 해냄 또는 행함(prattein)' 즉 '프락시스를 잘함'(eu prattein)을 하나의 복합 명사로 바꾼 것이 eupraxia 또는 eupragia이다. 이것들은 '잘 해냄', '잘 되어감', '잘 지냄', '잘 있음' 등을 뜻한다. 한마디로, 흔히 말하는 '잘 살고 있음' 즉 '잘 삶'을 뜻한다. 옛날의 헬라스인들은 편지 첫머리에 "누가 누구에게 평안함(eu prattein)을!" 하고 적었는데, 역시 같은 뜻으로 한 말이겠다. 일반적으로 당시의 헬라스인들이 '잘 삶' 곧 행복(eudaimonia)을 대뜸 부, 건강, 가문, 권세, 미모 등과 주로 연관시켜서 생각했던 것은 오늘날의 보통 사람들의 생각과도 거의 일치한다. 재미있는 것은 헬라스어 eu prattein을 낱말 그대로 영어로 옮기면 well-to-do로 된다는 것인데, 이 영어 낱말의 뜻은 엉뚱하게도 '유복한' 또는 '부유한'으로서, the well-to-do는 부유층을 뜻한다. 이 말의 이런 쓰임새를 통해서 보듯, 잘 사는 것을 일반적으로 주로 부와 연관지어 생각했던 것은, 그리고 부가 모든 것을 잘 할 수 있게 하는 수단이라는 일반적인 생각은 동서 고금을 통해서 다름이 없는 것 같다.

　그런데 이와 관련된 플라톤의 논의 전개의 독특함은, 앞서도 언급했듯, 일상적으로는 '잘 삶'을 뜻하는 이 eu prattein이란 말을 그 본뜻에 따라 풀이하고 있다는 점이다. 그저 사는 것이 아닌 '잘 삶'은 곧 '훌륭하게 삶'이겠는데, 이는 혼 또는 마음(psychē)이 앞에서 열거했던 것들과 같은 그러한 제 기능을 '잘 해냄'으로써만 가능하다고 그는 보고 있다. 혼 또는 마음의 '올바른 상태'란 것도 결국은 그것이 제 기능을 제대로 할 수 있거나 하고 있는 상태를 가리키는 것임은 이제까지의 논의로도 분명해진 것 같다. 그것의 '올바른 상태'(dikaiosynē)가 그것의 '훌륭한 상태'(aretē)라는 것도 분명하다. 그러

므로 올바른 혼 또는 마음은 제 기능을 잘 해내고 따라서 당사자로
하여금 훌륭하게 살아가게 할 것이로되, 올바르지 못한 혼 또는 마음
은 제 기능을 잘못 해낼 것이고 따라서 당사자로 하여금 잘못 살아
가게 할 것이다. 이렇게 해서 올바른 이의 삶과 올바르지 못한 이의
삶 가운데 어느 쪽이 '더 나은 삶' 즉 행복한 삶인가 하는 문제도,
적어도 원론적으로는 덩달아 해결을 본 셈이다. 그러나 이런 결론은
올바른 것 또는 올바름이 도대체 무엇인지가 명확히 밝혀지지 않은
상태에서 내려진 것이다. 따라서 이 문제는 《국가》편 둘째 권에서부
터 넷째 권에 걸쳐서 본격적으로 다루어진다.

　올바름이란 도대체 무엇이며, 그것은 인간의 혼 또는 마음 안에서
어떤 힘(dynamis)을 발휘하는가? 이 문제를 다루기 위해서 플라톤은
《국가》편에서 아주 효과적인 하나의 방안이라 하여, 이를 제시한다.
마치 글을 익히는 어린이들이 먼저 큰 글씨로 문자를 익히듯, 시력이
약한 사람으로 하여금 같은 내용의 글을 작은 글씨로 읽히기보다는
먼저 큰 바탕에 적힌 상태로 읽히는 것이 좋을 것이다. 같은 이치를
따라 개인보다 큰 바탕인 나라에 있어서 이 문제를 먼저 다루게 된
다. 그가 이 순서를 택하는 까닭들을 몇 가지 들어 볼 수 있을 것 같
다. 첫째로, 나라(polis)는 기존의 것들을 제쳐놓고서도 실제로 인위
적으로 수립해 볼 수 있으며, 이론적으로는 더더욱 가능하니, 이의
수립 과정에 있어서 올바름이나 올바르지 못함이 어떻게 해서 발생
하는지는 잘 관찰할 수 있을 것이다. 둘째로, 개인이나 나라나 다 같
이 자체 내에 여러 대립적 요소를 지니고 있고, 이들 사이에는 일종
의 유비 관계가 성립한다. 다시 말하면, 시민(politēs)인 개인의 혼 또
는 마음 안에는 서로 성향(physis)이 다른 몇 갈래의 부류(genos) 또
는 부분(meros)들이 있는데, 이들 시민들로 이루어진 나라에도 서로
성향을 달리하는 부류 즉 집단(ethnos)들이 있다. 따라서 시민들 개

개인이 유기체이듯, 이들을 그 구성 요소로 갖는 나라도 일종의 유기
적 조직체이다. 셋째로, 비록 개인에 있어서 올바름은 인격적이며 윤
리적인 것인 반면, 집단간의 상호 관계가 문제되는 나라에 있어서 올
바름은 정치적인 것이라 할지라도, 그 양쪽 다에 있어서 올바름은 일
종의 '건전한 상태'를 가리킨다는 점에서 공통성을 갖는다(444d).

　이제 플라톤이 나라에 있어서 올바름의 의미 규정을 어떻게 얻으
며, 이것이 기능의 문제와는 어떤 연관성을 갖게 되는지 보자. 먼저
의식주를 충족시켜 주는 '최소 필요(최소 한도의) 국가'(hē
anankaiotatē polis)가 수립된다. 이는 혼자로는 의식주나 신발 따위
의 일신상의 필요를 모두 충족시킬 수가 없는 데다가, 서로에게 필요
한 것들을 제때에 제대로 생산하여 공급해 줄 수 있는 공동 생활체
(synoikia)가 요구되기 때문이다. 그리고 이런 것들을 제때에 제대로
생산 공급하려면, 각자의 적성에 따른 기능 분담이 이루어져야만 한
다. 그러나 국가는 이런 '작은 나라'(polichnion)로만 머물러 있을 수
는 없다. 생산을 위한 온갖 도구를 만들 사람들과 가축들을 돌볼 사
람들 그리고 상거래와 교역에 따른 인력 등으로 해서 이 나라는 어
쩔 수 없이 커진다.

　그러나 이 단계의 나라는 기본적으로 의식주의 해결에만 머문 '돼
지들의 나라'(hyōn polis)이다. 인간들의 다양한 문화적 욕구의 충족
때문에 이 '돼지들의 나라'는 어느 결에 '호사스런 나라'(tryphōsa
polis)로 바뀐다(372a~e). 온갖 부류의 많은 시민을 수용하게 된 이
나라는 목축과 경작을 하기에 넉넉한 땅이 필요해서 영토 확장을 꾀
하게 되어 자칫 이웃 나라와 분쟁에 말려들 소지를 안게 되고, 마침
내는 전쟁과 국가 수호를 떠맡을 집단이 필요하게 된다. 이 호화로운
나라에 있어서 시민들은 적성, 즉 '성향에 따라'(kata physin) 상이한
여러 분야에서 제 '할 일'(ergon)을 떠맡게 되는데, 이는 적기를 놓

치지 않고 제때에 제 일을 잘 해낼 수 있도록 하기 위하여서이다. 더구나 나라를 수호해야 할 "수호자들(phylakes)의 할 일 또는 기능은 가장 중요한 것이기에, 그만큼 다른 일들에 대해서는 최대한의 한가로운 태도를 요구하는 반면에, 그 자체로는 최대의 기술과 관심을 또한 요하는 것이다"(374d~e). 이 집단이 수행해야 할 기능이 중요한 만큼, 이 집단의 적성에 따른 엄격한 선발과 교육 과정이 요구된다. 이 교육(paideia)은 첫 단계에서는 시가(mousikē)와 체육(gymnastikē)을 통해서 시행된다. 이의 근본 취지는 체육을 시가와 훌륭하게 혼화해서 젊은이들의 혼에 적정하게 제공함으로써 그들에게 조화된 인격의 바탕을 마련해 주려는 것이다(412a). 다음으로, 이 교육 과정을 거친 소년 소녀들 중에서 다시 여러 단계의 시험을 통하여 장차 참된 수호자들 또는 치자들(archontes)로 될 자들을 선발하여 가며 단계적 교육을 받게 한다. 앞으로 여러 단계의 교육과 시험을 거치게 될 이들은 아직은 젊기 때문에 통치자들의 결정 사항들을 시행 보좌하는 보조자들(epikourioi, boēthoi)로 머문다. 이들이 받게 되는 교육의 궁극적 목표는 지혜의 터득에 있다. 그러나 《국가》편에서 이에 대한 논의는 훨씬 뒤로 미루어지고, 집단의 구분과 함께 기능 분담의 문제가 계속 다루어진다.

'호사스런 나라'로 성장해 버린 이 나라에 있어서 그 구성원들은 "저마다 타고 난 성향에 따라 … 각자가 자신의 한 가지 일(기능)에 종사함으로써 각자가 여럿 아닌 한 사람으로 되도록 하고, 또한 이렇게 함으로써 나라 전체가 … 여럿 아닌 '하나의 나라'로 되도록 하기 위해서다"(423d). 한 마디로 말해서, 이런 나라는 '성향에 따라 수립된 나라'(kata physin oikistheisa polis, 428e)이다. 일단 이렇게 수립된 나라에 있어서 교육(paideia)과 양육(trophē)이 제대로 이루어지고, 구성원 모두가 같은 일을 당하여 슬픔과 기쁨을 공유함으로써

'한마음'(한마음 한뜻: homonoia)이 되게 하고, 또한 통치자들이 사사로운 이익을 도모하여 국사를 그르치는 일이 없도록 하는 장치를 제도화한다면, 이 나라야말로 구성원 모두가 한마음인 '하나의 나라'(mia polis)로 실현될 것이다. 이런 나라가 바로 '가장 잘 다스려지는 나라'(hē arista politeumenē polis)이다. 물론 이런 나라에 있어서는 통치 계층이 가장 참된 의미에 있어서 지혜로운 자들이어야 하지만, 플라톤은 여기에다 가혹한 조건을 하나 더 덧붙인다. 그것을 그는 "친구들의 것들은 공동의 것이다"(koina ta philōn, 424c, 449c)라는 헬라스인들의 속담을 빌려 표현한다. 통치 집단이 사욕 때문에 권력을 남용할 소지를 원천적으로 없애는 방책은 이 속담의 정신을 철저하게 실현하는 것이다. 그것은 처자를 포함한 일체의 것의 공유(koinōnia)이다.[10] 물론 이런 극단적인 방식은 그 실현 가능성보다는 사욕이 전적으로 배제된 최선의 상태에 있는 나라의 본(paradeigma)을 가짐으로써, 거기에 있어서 '올바름'을 찾을 수 있을 것이라는 기대 때문에 제시된 것이다.

이런 식으로 다스려지는 나라는 온갖 훌륭함 즉 이른바 덕목들(aretai)을 실현하여 갖추고 있을 것이다. 그런 나라가 특히 나라 차원에서 갖추어 갖고 있어야 할 덕목들은 지혜(sophia), 용기(andreia), 절제(sōphrosynē), 그리고 올바름이다. 그러면 이것들을 이 나라의 어디에서 각각 찾아볼 수 있을까? 앞서 말했듯, 이 나라는 '성향에 따라 수립된 나라'이므로, 적어도 이 덕목들 중의 일부분은 각기 성향에 따라 떠맡은 할 일 또는 기능을 수행하게 되어 있는 어떤 부류의 집단에서 찾는 게 옳을 것이다. 이 나라를 지혜로운 나라로 만드는 것은 이 나라의 소수 집단인 통치자들이다. 이들이 지혜가

---

10) 《법률》편, 739c를 참조할 것.

요구되는 기능을 떠맡고 있기 때문이다. 다음으로 이 나라를 전체적으로 그리고 결정적으로 용기있는 나라로 만드는 것은 나라를 수호하는 전사들의 용기일 것이다. 이들이 나라를 수호함에 있어서 두려워할 것과 두려워 말아야 할 것에 대한 확고한 신념을 어떤 상태에서도 보전함으로써 이 나라가 용감한 나라로 될 것이기 때문이다. 그러나 절제는 어디에서 찾을 것인가? 그것은 욕망을 상호 관계에 있어서 제어하는 데서 가능하다. 따라서 앞의 두 경우와는 달리 절제는 나라의 구성원들 전체에 걸쳐 한마음이 이루어졌을 때 실현을 본다. 그것은 "나라에 있어서나 한 개인에 있어서나 성향에 있어서 한결 나은 쪽과 한결 못한 쪽 사이에 어느 쪽이 지배를 해야만 할 것인지에 대한 합의이다"(432a).

이렇게 해서 나라에 있어서 세 가지의 훌륭함(aretē)들을 찾았다. 이제 나머지 한 가지인 올바름을 찾아낼 차례이다. 플라톤은 이것 역시 기능과 연관시켜서 찾는다. 이제껏 논의를 통해서 수립해 본 이 나라에 있어서 일관되게 지켜 온 한 가지는 "각자가 자기 나라에 관련된 일들 중에서 자기의 성향이 천성으로 가장 적합한 그런 한 가지에 종사해야만 된다"(433a)는 것이었다. 그렇다면 "제 일을 하는 것(ta hautou prattein) 그리고 남이 할 일에 대해 참견하지(polypragmonein) 않는 것이야말로 올바름일 것이다"(433a). 그것은 또한 절제와 용기 그리고 지혜, "이들 세 가지 모두가 이 나라 안에 생기도록 하는 그런 힘(dynamis)을 주고, 일단 이것들이 이 나라 안에 생긴 다음에는, 그것이 이 나라 안에 있는 한은, 그것들의 보전을 가능케 해 주는 그런 것이다"(433b). 성향과 능력에 따라 떠맡은 기능 또는 직분을 멋대로 바꾸거나 같은 한 사람이 모든 일을 다 하려고 덤비는 것은 나라를 파멸로 몰고 가는 짓이요, 따라서 올바르지 못함(adikia)이다. 이렇게 해서 그는 돈벌이를 하는 부류나 보조하는

부류 또는 수호하는 부류의 '자신에게 맞는 자신의 일을 함'(제 할
일을 함: oikeiopragia)을 올바름에 대한 간결한 의미 규정으로 얻게
된다(434c). 그러나 이런 의미 규정은 나라를 구성하는 집단들의 기
능적 측면만을 염두에 둔 것이다. 그래서 플라톤은 dikaiosynē가 일
반적으로 사회 정의의 집행 절차인 재판과도 연관되는 것임에 유의
하여 올바름을 "제 것의 소유(hexis)와 제 일을 함(praxis)"(433e~
434a)으로 미리 못박아 두는 것도 잊지 않는다.[11] 왜냐하면 재판 제
도의 취지는 "각자가 남의 것을 취하지도 않도록 하고, 또한 제 것을
빼앗기지도 않도록 하는 것이기"(433e) 때문이다. 그러나 여기에서
플라톤은 '제 일' 즉 '제 기능'이야말로 참된 의미에 있어서 '제 것'
이라는, 즉 자신을 가장 자기답도록 해 주는 것이라는 말을 할 뿐만
아니라, 또한 종래의 법적인 올바름(정의)과 자신이 뜻하는 올바름을
절묘하게 통합하는 의미 규정을 시도하고 있는 것 같기도 하다.

　그 다음으로 플라톤은 이처럼 어렵사리 얻은 올바름의 의미 규정
이 나라만이 아니라 개인에 있어서도 그대로 타당한지를 확인하는
논의를 하게 된다. 크게 갈라서 한 나라에 세 부류의 기능에 따른 집
단들이 있었듯, 개인의 혼 또는 마음에도 기능에 따른 세 가지의 부
분들이 있다. 헤아리는(logistikon) 부분, 비이성적(alogiston)이며 욕
구적인(epithymētikon) 부분, 그리고 격정적인(thymoeides) 부분이
그것들로, 이것들은 나라를 이루는 세 집단들의 성품(ethos)들에 해
당된다. 한 나라가 올바른 나라로 된 것이 그 안에 있는 세 부류의

---

11) Adam은 그의 *The Republic of Plato*, Vol. 1(Cambridge, 1969), 240면 주에서
　'제것의 가짐'과 '제 할 일의 해냄"은 같은 것이 아니지만, 뒤엣것이 앞엣것을
　포함함에 유의해야 된다고 하면서, 플라톤이 자신의 올바름(정의)에 대한 견해와
　이 말의 통속적인 사법적 의미 사이의 접촉점을 찾고 있다고 말한다. Cornford
　도 그의 *The Republic of Plato*(Oxford, 1945), 128면 주에서 올바름(정의)의
　법률적 개념이 그것의 도덕적 의미와 연관되고 있음을 말하고 있다.

것들이 저마다 성향에 따른 제 할 일을 함으로써 가능했듯, 개개인 안에 있는 이 세 부분의 것들이 저마다 제 할 일을 할 뿐 다른 것이 할 일에 참견을 하지 않을 경우, 그는 올바른 사람으로 된다. 따라서 혼에 있어서 다스릴 부분과 다스림을 받을 부분의 관계 확립은 성향에 따라(kata physin) 이루어져야지 성향에 어긋나게(para physin) 이루어져서는 아니 된다. 앞의 경우는 혼 또는 마음에 올바름을 생기게 하나, 뒤의 경우는 올바르지 못함을 생기게 하기 때문이다. 올바르지 못함은 혼에 있어서 이들 세 부분간의 일종의 불화 또는 분쟁(stasis)이요, 혼 전체에 대한 혼 일부분의 반란(epanastasis)이다 (444b~d). 그렇기 때문에 혼에 있어서 올바름과 올바르지 못함은 신체에 있어서 건강과 질병에 비유된다(444d). 혼이 제 기능을 제대로 해내는 것은 그것이 건강한 마음의 상태(hexis)에 있을 때에야 가능한 일이기 때문이다.

(2) 기능 수행과 올바름의 한계성

먼저 다음 구절에 주목하기로 하자. "올바름은 외적인 자기 일의 수행과 관련된 것이 아니라, 내적인 자기 일의 수행, 즉 참된 자기 자신 그리고 자신의 일과 관련된 것이다. 자기 안에 있는 각각의 것이 남의 일을 하는 일이 없도록, 또한 혼의 각 부류가 서로들 참견하는 일도 없도록 하는 반면, 참된 의미에서 자신의 것인 것들을 잘 조절하고 스스로 자신을 지배하며 통솔하고 또한 자기 자신과도 화목함으로써, 이들 세 부분을 … 전체적으로 조화시킨다. 또한 혹시 이들 사이의 것들로서 다른 어떤 것들이 있게라도 되면, 이들마저도 함께 결합시켜서는, 여럿인 상태에서 벗어나 완전히 하나인 절제 있고 조화된 사람으로 된다. … 그는 모든 경우에 있어서 그런 성격 상태(습성: hexis)를 유지시켜 주고 도와서 이루게 하는 것을 올바르고 아름다운 행위로, 그리고 이러한 행위(praxis)를 관할하는 지식(epistēmē)을 지혜(sophia)로 생각하며 그렇게 부르되, … 이 상태를 무너뜨리는 것을 올바르지 못한 행위로, 그리고 이러한 행위를 관할하는 의견(판단: doxa)을 무지로 생각하며 그렇게 부른다."(443c~444a)

이 장문의 인용구에서 볼 수 있듯, 우리 개개인의 혼 또는 마음의 있음직한 여러 부분이 저마다 자기 일을 하는 가운데 전체적으로 조화를 이루어 한 사람의 건강한 즉 올바른 인격이 일단 형성되었다 하더라도, 이를 궁극적으로 뒷받침해 주고 통할하는 것은 지혜이다. "혼 또는 마음 전체가 지혜를 사랑하는 부분을 따르고 반목을 하지 않을 때에야, 혼의 각 부분이 모든 면에서 자기 일들을 하며 올바를 수도 있기"(586e) 때문이다. 앞서 언급했듯, 혼의 일차적 기능은 '사는 것'이지만, 궁극적 기능은 '잘 사는 것' 즉 '훌륭하게 사는 것'이다. 그리고 이의 어원적 접근에 의할진대, '잘 삶'은 '잘 행함(해냄)', '잘 지냄' 등의 뜻이었다. 혼 또는 마음이 전체인 한 개체를 위해 숙고를 하며 결정을 내리고 다스림은 모두가 '삶'을 위한 '행함'(prattein)이다. 그러나 혼이 이 기능을 제대로 훌륭하게(eu) 해내는 것은 지혜의 뒷받침이 있고서야 가능할 일이다. 그러고 보면, 혼에 있어서 올바른 상태의 실현은 결국 이성(logos) 및 지성(nous)의 지배를 의미한다. 그런 의미에서 고즐링의 다음과 같은 말은 지극히 옳다. "올바름의 활동 효과는 인격의 각 부분이 그 고유의 기능을, 오로지 그 기능만을 수행하는 것을 보증하는 것이다. 이 조건의 보존이 올바름의 역할이고, 지도하는 역할(the guiding role)은 지성이, 즉 헤아리는 부분의 훌륭함(excellence =aretē)이 맡는다. … 그러므로 《국가》편에서 하는 올바름의 논의는 사실은 제1권에서 언급된 혼 특유의 기능에 대한 올바름의 관계를 보여 주고, 또한 이성이 지배하는 상황이 적절한 상황이라는 걸 천명하는 것 같다"[12]고 그는 말하고

92

있다.

플라톤에 따를진대, 혼과 관련된 이러한 언급은 나라의 경우에 있어서도 그대로 타당하다. 나라에 있어서 통치 기능을 담당할 집단이 '지혜를 사랑하는 이들'(철학자들: philosophoi)이어야만 된다는 그의 이른바 철인 치자 사상도, 그리고 장차 나라의 수호자들로 될 젊은이들에 대한 교육이 궁극적으로 철학적 인식 및 참된 지혜의 터득에 이르도록 하는 데 그 최종적 목표를 두는 것도 실은 지성(nous)이 나라를 지배하는 상황을 실현하기 위한 것이겠기 때문이다. 비록 한 나라가 구조적으로는 올바른 상태에 있다 할지라도, 지성이 지배하는 상황이 실현되지 않고 있다면, 이런 올바름의 구조는 언제 무너질지 모르는 상황일 것이다. 왜냐하면 지도자가 참된 인식에 이르지 못하여, 아름다운 것들이나 올바른 것들 또는 좋은 것들과 관련되는 나라의 제도들을 정함에 있어서 언제나 바라보며 준거해야 할 본(paradeigma)을 갖지 못한다면, 그는 나라의 경영에 있어서 마치 눈먼 사람의 꼴처럼 되고 말 것이기 때문이다(484c~d).

물론 플라톤에 있어서 이 본은 다름 아닌 이데아 곧 형상(eidos)이다. 누군가가 형상에 대한 인식은 없이 내리거나 갖게 된 판단 또는 의견(doxa)에 의해서라도 어떤 일의 '해냄' 또는 '처리'나 어떤 '행함'(praxis)에 있어서는 옳게 했을 때, 이를 플라톤은 '바른 의견' 또는 '바른 판단'(orthē doxa)이라 할 뿐, 지식 내지 인식(epistēmē)과는 엄격히 구별했다. 그래서 그는 이에 의존하는 자를 빗대어 말하기를, "그 길을 가 보지도 않았을 뿐만 아니라 알지도 못하면서도, 어느 것이 그 길인지는 옳게 판단하는 자"[13]라 했다. 그건 말하자면 어떤 것에 대한 지식은 없으면서 용케 알아맞힌 생각 또는 판단이라

12) Gosling, *Plato*(RKP, London, 1973), 36~37면.
13) 《메논》편, 97b.

해서 '용한 생각'(eudoxia)이라고 플라톤은 일컫고, 당시의 아테네를 테미스토클레스나 페리클레스 같은 빼어난 정치가들이 때로 바르게 이끌어 간 것도 실은 이를 이용해서였다고 한다.[14] 철학적 인식 없이 갖는 판단(doxa)이나 도덕적 훌륭함(aretē)에 대한 그의 이런 생각을 잘 나타내는 구절들을 우리는 여러 군데에서 찾아볼 수 있다. 이를테면, 《파이돈》편(82a~b)에서는 "흔히들 바로 절제나 올바름이라고 일컫지만, 철학이나 지성(nous)을 거치지 않은 채 습관(ethos)과 수련(meletē)을 통해서 생기는 평민적이고(dēmotikē) 시민적인(politikē) 훌륭함(덕)을 닦은 사람들"이라는 구절을 볼 수 있다. 여기에서 나오는 '평민적 덕 또는 훌륭함'(dēmotikē aretē)이란 표현은 《국가》편 제6권(500d)에도 나오는데, 이는 그것이 인식에 근거하지 않고 다만 이른바 '바른 판단'에 근거하고 있는 도덕적 '훌륭함' 즉 덕이란 뜻에서 하는 말이다. 《국가》편 제4권(430b~c)에서도 '바른 판단'과 '시민적 훌륭함'일 뿐인 용기에 관한 언급을 볼 수 있는데, 여기에서 언급된 '바른 판단'에는 짐승이나 노예한테서 볼 수 있듯 누군가가 지시하는 그대로 함으로써 제대로 하는 경우와 교육을 받음으로써 시민적이며 준법적인 판단이나 훌륭함을 갖게 되는 경우의 두 단계가 있다. 그러나 두 경우 다가 지식에 직접적으로 근거하고 있지 않기는 마찬가지이다.[15] 이 두 경우의 차이는 뒤엣것이 그걸 행사하는 자가 스스로 철학적 인식에 근거해서 그렇게 행하지는 않을지라도, 적어도 그 이론적 근거, 즉 논거는 그것을 인식하고 있는 철인 치자에 의해 확보되어 있다. 가령 아이들이 나라가 제공하는 교육을 포함한 여러 가지 제도를 통해 그런 판단이나 신념을 형성하여 가졌을 경우에, 또는 그가 나이가 들어가면서 적정한 교육을 통해 그런 논거에 스스로

---

14) 같은 대화편, 99b~c.

15) Adam의 같은 책, 제1권, 231~232면.

접하게 되면, 그도 이제까지의 '바른 판단'에서 벗어나 인식에 이르게 되는 것이다(《국가》편 제3권 402a 및 제4권 430a~b). 그러므로 개인이나 나라가 참된 의미에 있어서 제 기능을 수행하는 것은 지혜를 사랑하는 사람으로서 참된 인식을 갖게 된 이의 지성이 각각을 지배하는 상태가 이루어지고서야 기대할 수 있는 일이다.

그러나 지혜를 사랑하는 이의 지성이 궁극적으로 이르러야 할 단계의 인식은 단순한 형상 인식이 아니다. 그것은 그가 '가장 큰 배움'(to megiston mathēma)이라고 말하는 '좋음(善)의 이데아' 즉 '좋음 자체'(auto to agathon)에 대한 인식이다. 그래서 그는 장차 통치자들로 될 이들의 철학 교육을 다룬 《국가》편 제7권의 마지막 부분(540a~b)에서 쉰 살이 되기까지 온갖 시험을 견디어냈을 뿐만 아니라 실무와 학문에 있어서 두루 가장 빼어난 능력을 보인 이들을 가장 큰 배움인 이 '좋음 자체'의 직관에로 인도하여, 이를 자신의 삶과 나라의 다스림을 위한 '본'으로 삼도록 한다.[16]

그렇다면 '좋음 자체' 또는 '좋음의 이데아'란 도대체 무엇인가? 그러나 이 글에서는 이를 본격적으로 다룰 계제가 아니다. 그것에 대한 물음은 플라톤 철학에 있어서 최대의 난문이기도 하지만, 그 자체가 어쩌면 최소한 한 권의 저술을 요하는 것일 것이다. 따라서 여기에서는 이 글의 전체적 내용의 연결을 위해 필요한 만큼의 간결한 언급만 하기로 한다.

플라톤은 이 우주 및 세계가 태초에 어떤 방식으로 창조되었을까 하는 우리의 궁금증에 대해 오늘날의 과학자들도, 알고 보면, 탄복할 가설적인 모델[17]을 《티마이오스》라는 하나의 대화편으로 내놓았다.

---

16) 《논어》 위정편에서 공자가 '五十而知天命'이라 했는데, 아무래도 성현들 사이에는 깨달음에도 서로 통하는 경지가 있는 것 같다.

17) 여기에서 '가설적인 모델'이라 함은 그가 '그럼직한 설명들'(eikotes logoi) 또

그런데 이 대화편에서 그는 엉뚱하게도 데미우르고스(dēmiourgos)라는 창조자를 내세우는데, 이 낱말의 본뜻은 장인(匠人) 또는 장색(匠色)이다. 데미우르고스는 사람들에게 필요한 가구나 기구 따위를 주어진 재료들을 이용하여 만들어 내는 제작 행위(dēmiourgia)를 하는 이다. 《티마이오스》편에 등장하는 데미우르고스는 무(無)에서 창조하는 그리스도교적 신이 아니다. 그는 이미 어떤 물질적 특성들을 '흔적'(ichnē)의 형태로만 갖고 있는 우주(to pan)를 하나의 '아름다운 질서 체계'(kosmos)로 창조해냈을 뿐이다. 우주가 가장 아름답고 훌륭한 것으로 만들어진 것은 그것을 만든 창조주가 훌륭한(agathos)이이기 때문이란다. 이 훌륭한 이에게는 아무런 질투심도 생길 리가 없어서, "모든 것이 되도록 자기와 비슷해지기를 바랐다"는 걸 모든 생성물과 우주의 가장 주된 '원리'(archē)로서 분별있는 자들한테서 받아들일 수 있다고 플라톤은 말하고 있다.[18] 《국가》편에서도 '좋음 자체'가 원리로 제시되었듯,[19] 창조자의 선함(agathos)이 원리로서 제시되고 있다. 이 말은, 바꾸어 말하면, 데미우르고스의 마음을 지배한 원리가 그리고 우주 및 자연의 생성 과정에 있어서 지켜진 원리가 '좋음'(to agathon)이었다는 뜻이다. 이 원리에 입각해서 본다면, 《티마이오스》편에서 전개된 플라톤의 우주관 또는 세계관은 '장인'인 데미우르고스를 거기에서 빼내도 그 성격상 기본적으로는 바뀔 것이 없다. 물론 플라톤이 기술 이론을 우주 및 자연의 설명에 그대로 원용한 기술적 우주론을 펴고 있다고 보아야겠지만, 더 나아가 거꾸로 자연의 생성 및 진행 과정 자체가 그런 식으로 이루어지고 있으며, 인간의 기술도 그것이 제작적 기술이건 또는 실천적 기술이건

는 '그럼직한 이야기'라고 한 걸 두고서 하는 말이다.

18) 《티마이오스》편. 29e.

19) 《파이돈》편. 99c에서도 '좋음'이 사물들의 '진짜 원인'으로 제시되고 있다.

간에 이런 자연을 정직하게 본받음으로써만 제 길을 걷게 되는 것이라고 말하고 있는 그의 숨은 경고까지도 우리는 읽어야만 할 것이다.

그렇다면 이처럼 우주 및 자연에 있어서 '좋음'이 원리로서 작용하고 있다는 것은 무엇을 의미하는가? 이 경우에 원리란 그것이 모든 것에 직접적으로 관여하는 것이 아니라, 다른 모든 것이 그것에, 법칙을 따르듯, 따르는 방식으로 지켜지는 것이다. 따라서 거기에 있어서 그 원리가 지켜진 모든 것을 이해하려면 당연히 그 원리에 입각해서 해야만 할 것이다. 우주 및 자연을 플라톤의 이런 관점에서 볼 때, 우주 및 자연은 '좋음'의 실현 현상이다. 따라서 자연에 있어서 모든 것은 저마다 그 나름으로 '좋음'을 실현하는 방식으로 존재하고 있다. '좋음 자체' 또는 '좋음의 이데아'가 궁극적 원리라 함은 이런 뜻에서이다.

그러면 '좋음'은 도대체 어떤 형태로 그리고 어떤 방식으로 실현되는 것인가? 하나의 사물이 그 종류 나름으로 처하여 있을 수 있는 '좋은 상태', 즉 '훌륭한 상태'를 헬라스어로는 '아레테'(aretē)라 한다는 말을 앞서 했다. 한 사물의 '훌륭한 상태' 또는 '훌륭함'이란 그 사물이 수행하게 되어 있는 '기능'을 '훌륭하게'(eu) 수행할 수 있는 또는 수행하고 있는 그런 상태를 가리킨다. 그리고 '나쁜 상태' 즉 '나쁨'(kakia)이란 그렇지 못한 상태를 가리킨다. 무릇 기능을 지닌 생명체치고 그 나름의 좋은 상태, 즉 '좋음'을 실현하려 하지 않는 것은 하나도 없을 것이다. 자신의 부분적 기능들을 자신이 처하게 되는 환경에 한결 더 효과적으로 적응시켜 가며 종의 진화를 실현하여 온 온갖 생명체는 자신의 생존 기능을 주어진 상황에서 최선의 상태에 있도록 하고 있다. 이는 곧 그것 나름으로 '좋음'을 실현하고 있는 것이요, 결과적으로는 이 원리를 따르고 있는 것이니, 이 현상

을 이해하는 데 우리가 원리로 삼아야 할 것도 '좋음'일 것은 당연
할 것이다. 어떤 종의 생명체가 이 지상에서 더는 존속할 수 없게 된
것은 변화되어 가는 상황에서 그 나름의 '좋은 상태'(aretē)의 실현
에 실패한 것이 아니고 무엇이겠는가? 인간이 어떤 기능을 염두에
두고 인위적으로 만들어 내거나 구성하는 모든 것도 그것 나름으로
그 기능과 관련된 좋은 상태의 실현에 실패한다면, 그것은 그 존재
이유를 상실한다. 또한 인간 개개인의 모든 행위도 궁극적으로는 저
마다 '좋다'고 생각하는 가치 실현을 위한 것이 아니고 무엇이겠는
가? 그러니 '좋음'은 우주 및 자연에서부터 인간 세계의 모든 것에
이르기까지 일관하는 원리(archē)라 하여 마땅할 것이다.

　그런데 '좋음'이 실현되는 데는 일정한 어떤 형태나 방식이 있다.
물론 '좋음'이 실현되는 형태나 방식들은 사물들의 종류만큼이나 다
양할 것이다. 그러나 이 다양한 형태나 방식도 몇 가지의 기본적인
유형을 보인다. 이 기본적인 유형들을 플라톤은 이를테면 적도(適度:
to metron, metriotēs), 균형(to symmetron, symmetria), 때 맞음(時中,
時宜: to kairion, kairos), 적합함(to prepon), 진실(alētheia) 등으로
제시하고 있다. 생각해 보라. 정말로 좋은 것치고 이런 조건들 중의
몇 가지를 갖추지 않은 것은 하나도 없을 것이다.[20) 자연의 산물이든
기술의 산물이든 이런 기본적인 유형의 틀에 적중하지 못한 것일 때,
그것은 빗나간 것이요 더 이상 지속적으로 존속할 수도 없다. 이른바
중용이나 도덕적 훌륭함도 실은 그런 틀에 적중한 실천이다. 참된 기
술의 진면목은 바로 '적도 창출'에서 찾아볼 수 있으니, 기술들은
"적도를 보전함으로써 좋고 아름다운 모든 것을 이루게 된다"[21)고
한다. 자연에 있어서도 적도를 적중시키지 못한 것은 도태된다고 하

20)《필레보스》편, 64d~66b;《정치가》편, 284e를 참조할 것.
21)《정치가》편, 284a~c.

지 않는가! 그리고 아름다움의 비밀은 무엇보다도 균형에 있을 것이
니, 이는 균형이 아름다움을 빚는 기본 틀일 것이기 때문이다. 또한
때에 맞지 않는 것이, 적절하지 못한 것이, 그리고 진실하지 못한 것
이 좋은 것, 훌륭한 것일 수는 없을 것이다. 나라나 개인이 제 구실을
제대로 하려면, 그 주체가 이처럼 '좋음'이 모든 것의 으뜸가는 원리
임을 스스로 깨닫거나 아니면 적어도 그런 사람의 지혜에 근거한 실
천을 해야만 한다는 플라톤의 주장의 요지는 이로써 개략적으로나마
언급된 것 같다.

(3) 기능과 형상 그리고 그 인식

인위적인 것이든 자연적인 것이든 모든 것에는 그 나름의 고유한
구실 또는 기능 그리고 작용이 있으며, 이것이 그 각각의 것의 존재
이유나 근거이다. 이는 비단 현실적 존재에만 국한되는 것이 아니다.
이를테면 삼각형이나 점 또는 직선도 그 나름의 기능을 저마다 갖는
다. '하나'라는 낱말이나 '1'이라는 수의 경우에도 이는 마찬가지이
다. 진공도 허공도 하나의 철자나 소리마디도 또한 그러하다. 그러므
로 어떤 것을 두고, 그것이 무엇인지를 우리가 말하려면, 그것의 기
능에 대한 언급을 결코 빠뜨려서는 아니 될 것이다. 우리가 생물과
무생물을 쉽게 구별해서 말할 수 있는 것도 생물이 갖는 생명 작용
과 그 기능 때문이겠지만, 실은 무생물도, 비록 그 자체가 생명 활동
을 하지는 않더라도, 그것 나름의 활동이나 작용 또는 기능을 갖기는
마찬가지이다. 이를테면 탄화수소의 복잡한 화합물인 석유는 그 다양
한 성분과 성질로 해서 온갖 작용 또는 기능을 한다. 다만 생물체나
인위적인 제작물의 경우에는 그 기능으로 해서 그 구조가 결정되지
만, 물질의 경우는 그 구조와 이에 동반하는 물질적 특성(poiotēs,
pathēma)이 그 기능 또는 작용을 결정짓는다는 점이 다를 뿐이라 하

겠다. 플라톤이 《티마이오스》편(53~59)에서 이른바 4원소들이라 불리
는 원초적 물질들(prōta sōmata)을 비롯한 여러 가지 물질의 성능을
구조적으로 설명해 보이고 있는 것도 이런 시각에서일 것이다.

　이처럼 어떤 것의 기능에 대한 이해는 그 사물의 이해를 위해서는
불가피한 것이다. 사람의 손이나 코, 눈 따위가 무엇인지를 말하려면,
그것의 신체적 부위와 구조 및 구성 성분도 말해야겠지만, 무엇보다
도 우선적으로 그 기능을 언급해야만 한다. 손이 손이고 발이 아닌
것은 바로 그 기능 즉 그 쓰임새 때문이다. 이는 인위적인 제작물이
나 구성물의 경우에는 더더욱 분명해진다. 인위적인 산물들은 바로
그 기능 즉 용도(chreia)를 위해 만들어졌다. 그것들이 그러한 구조를
갖는 것도 그것이 수행할 기능 때문이다. 하나의 도구가 어떤 특유의
구조를 갖고 어떤 특정한 물질적 구성 요소로 만들어지는 것도 그것
이 갖게 될 기능을 원만히 수행할 수 있는 방식으로 이루어진다.

　《국가》편 제10권(601d~602a)에는 이런 언급이 보인다. "각각의 도
구와 생물 및 행위(praxis)의 훌륭함(aretē)이나 아름다움(kallos) 그
리고 옳음(orthotēs)은 다름 아닌 그 쓰임새(chreia), 즉 각각이 만들
어졌거나 생기게 된 용도와 관련된 것이다"라고 하면서, 이 쓰임새를
알고 이를 사용할 줄 아는 이가 인식을 하고 있는 것으로 말하고 있
다. 여기에서 '쓰임새'로 옮긴 chreia(khreia)란 말은, 고즐링이 지적
하고 있듯,[22] 기능(ergon)의 대체 용어로서 일, 기여, 필요 등의 뜻을
아울러 지니고 있다. 쓰임새가 없는 물건들은 언젠가는 소멸되게 마
련이다. 생물들에 있어서도 쓰임새가 없는, 즉 제 기능을 잃은 기관
들은 도태되어 가고 있다고 하지 않는가? 쓰임새가 없는 문자나 기
호도 같은 운명을 겪기는 마찬가지이다. 그러고 보면 어떤 것의 기능

---

22) Gosling의 같은 책, 33면.

내지 쓰임새가 그것의 존재(ousia)를 좌우하는 것이기에, 기능 또는 쓰임새는 곧 그것의 본질(ousia)이기도 하다. 따라서 어떤 것의 기능이나 쓰임새를 모르고서는 그것의 인식에 결코 이를 수 없다. 아프리카의 부시맨이 경비행기에서 떨어진 콜라병을 줏어 갖게 되면서 벌어지는 우스꽝스런 일들이 이를 희화적으로 말해 줌직도 하다.

그래서 플라톤이 실제로 어떤 것의 기능을 형상(eidos)과 관련지어 언급하는 대목들을 우리는 더러 찾아볼 수 있다. 역시 《국가》편 제10권(596b)에서 "각 가구의 장인은 그 이데아를 보면서 저마다 우리가 사용하는 침상들이나 식탁들을 만들며, 또한 여느 것들도 마찬가지 방식으로 만든다"는 구절을 만나게 된다. 그리고 《크라틸로스》편(389a~390a)에는 옛날 베틀 기구의 일부인 북(kerkis)과 관련된 언급으로 이런 내용의 구절이 보인다. 목수가 북을 만들 때는, 본성상(physei) 직물을 짜게 되어 있는 그런 것을 주시하면서 만든다. 그가 북을 만들다가 이를 망가뜨리게 되어 다시 만들게 될 경우에도, 그는 이 망가진 것을 그가 만들 때도 주시하던 바로 그 형상(eidos)을 주시하면서 만들지, 망가진 것을 주시하면서 만들지는 않는다. 이 주시, 즉 바라봄(blepein)의 대상을 '북인 것 자체'(auto ho estin kerkis), 즉 북의 형상 또는 이데아라 한다. 그가 올이 가는 옷감을 위한 북을 만들건 혹은 올이 굵은 옷감을 위한 북을 만들건, 아마포 또는 모직물을 위한 북을 만들건 간에, 모든 북은 '북의 형상'(to tēs kerkidos eidos)을 지녀야만 하거니와, 그는 본성상 각각의 옷감에 적합한 북을 목재에 구현해야만 한다. 각종의 직조물에는 본성상 적합한 각각의 북이 있다. 다른 기구들의 경우에도 이는 마찬가지이다. 날실들 사이를 오가며 씨실을 풀어 넣어 주는 기능(ergon)을 하도록 만들어진 제작물(ergon)인 북은 그것이 짜게 되어 있는 옷감의 종류에 따라 외형상 다소 다른 형태를 취할 수는 있어도, 그것이 기본적으로 수행해야 될 기능에 있어서는 차이가 없다. 그러나 오늘날엔 이런 형태의 북은 사라져가고 있다고 한다. 생산성과 품질을 높이기 위해 공기 분사식(air-jet)이나 물 분사식(water-jet)의 방법을 이용함으로써, 아예 북을 쓰지 않는 직기(織機)를 사용하게 된 탓으로 북 자체가 없어지게 되었다. 하지만, 역설적으로 말해서, 북은 사라졌으되, 그 기능은 결코 사라지지 않았다. 북은 오늘날의 직기에서는 분사구(噴射口)의 형태로만 남은 셈이지만, 오히려 그 기능은 더 잘 수행되게 된 것이다. 앞서 '좋음'의 한 형태로 '적합함'을 들었지만, 북의 이런 운명은 그 기능과 관련되는 형태상의 적합성을 더 이상 유지할 수 없게 되었기 때문일 뿐이다.

플라톤의 《테아이테토스》편의 문제는 "도대체 인식(epistēmē) 또는 인식함(epistasthai)이란 무엇인가?"이다. 그러나 그의 다른 많은 대화편이 그러하듯, 이 물음에 대한 직접적인 대답은 끝내 제시되지 않는다. 더구나 이 대화편에서는 소크라테스가 자신의 각별한 기술인 산파술(maieutikē)을 이용하여 대화 상대인 젊고 지적 잉태 능력이 강한 테아이테토스로 하여금 그가 인식과 관련하여 품고 있는 생각을 의미 규정 형태로 출산토록 애쓸 뿐일 것임을 처음부터 공언하고 있다. 그러나 온갖 방법으로 정성을 다한 소크라테스의 조산 노력이 따르긴 했어도 이 젊은이가 낳은 것은 전혀 키울 가치가 없는 무정란이다. "실인즉 우리가 이 논의를 시작한 것은 도대체 인식이 무엇이 아닌지를 찾기 위해서가 아니라, 그것이 무엇인지를 찾기 위해서였다"고는 말하지만, 그 결과는 인식이 무엇이 아닌지를 밝힌 것으로만 된다. 인식은 우선 무엇보다도 감각적 대상들(ta aisthēta)에 대한 감각적 지각(aisthēsis)이 아니다. 감각에는 그 대상에 따른 '특유의 기관'(organon idion)이 있어서, 이 각각의 기관은 그것에 고유한 대상들에만 관계할 뿐이다. 시각은 시각의 대상들에만 관계하고, 청각은 청각의 대상들에만 관계한다. 가령 단단한 것의 단단함이나 부드러운 것의 부드러움을 지각하는 것은 촉각에 의해서다. 그런데 이것들, 즉 단단함과 부드러움은 서로 다른 두 가지 것이지만, 이것들이 '하나' (hen) 아닌 '둘' (dyo)로서 '있음' (einai, ousia) 또는 둘 '임' (einai)을, 그리고 이것들의 '유사성' (homoiotēs)이나 '비유사성' (anomoiotēs) 또는 '같음' (to tauton)이나 '다름' (to heteron), 따라서 서로 '반대 관계' (enantiotēs)에 있음을 지각하는 그 어떤 특유의 감각적 지각도 없다. 이런 것들은 '모든 것에 공통된 것' (to epi pasi koinon) 즉 '모든 것에 있어서 공통된 것들' (ta koina peri pantōn)인데, 이것들에 대해서는 혼 또는 마음(psychē)이 몸의 어떤 감각을 통해서 지각하는 것이 아니라, '혼이 그 자체의 힘으로' (autē di'hautēs hē psychē) 고찰한다.[23] '혼 또는 마음이 그 자체로만' 하는 이 활동을 감각적 지각에 관련시킬 수 없으므로 '판단함' (doxazein)이라 가정해 볼 경우,[24] 판단에도 잘못된 '거짓 판단' (pseudēs doxa)이 있을 수 있으므로 일단 이를 제외시킨다. 그래서 남은 '참 판단' (alēthēs doxa)을 갖고, 이것이 어떤 경우에 인식일 수 있는지를 다각도로 검토해 보지만, 모두가 허사로 끝난다.

　테아이테토스가 플라톤적 의미의 인식이 무엇인지를 끝내 제대로 말하지 못하게 된 데에는 두 가지 큰 까닭이 있다. 첫째는 참된 인식의 대상을 지적하는 데 실패했고, 둘째는 참된 인식의 기능 내지 능력과 이를 지닌 주관을 '혼 자체로'만 말할 뿐, 구체적으로 지적하지 못했기 때문이다. 플라톤의 인식 이론에 있어서 하나의 원리로 채택되고 있는 것은 평범하게도 "닮은 것에 닮은 것이"라는 속담이다. 감각(aisthēsis)에는 감각 대상들(ta aisthēta)만이 지각된다. 그리고 오관

23) 《테아이테토스》 편, 185c~186b 참조.
24) 같은 대화편, 187a 이후.

의 각각에는 그것에 상응하는 고유의 대상들만이 지각된다. 후각에는
후각의 대상들만이, 청각에는 청각의 대상들만이 지각된다. 마찬가지
로 오관, 아니 감각에는 결코 알려지지 않는 다른 것들이 있다. 이 점
은 바로 앞서서도 언급되었다. 따라서 이런 것들에는 당연히 거기에
상응하는 주관 쪽의 능력이 있게 마련이다. 아니 그렇다기보다는, 오
히려 인간의 주관 쪽의 사정이 그러하기 때문에 거기에 상응하는 대
상들을 그런 형태로 각기 따로이 (chōris) 갖는 것이라 말함이 옳을
것이다. 《파이돈》편(79b)에서 "하지만 우리가 볼 수 있는 것들(ta
horata)이니, 그렇지 못한 것들이니 하는 것은 인간의 본성(physis)에
대한 말이었다"고 한 것도 바로 그런 뜻으로 한 것일 것이다. 감각과
는 구별되는 이 주관을 플라톤은 nous(누스)라 했거니와 이를 편의
상 지성 또는 정신이라 일단 옮기기로 한다. 이 '누스'의 지적 작용
을 '지성(nous)에 의한 이해', '(순수) 사유' 또는 '지적 직관'의 뜻
을 지닌 noēsis로 지칭한다. 그러나 플라톤은 이 '노에시스'를 넓은
의미로도 사용하는데, 이 경우에는 '인식'(epistēmē)과 '추론적 사
고'(dianoia) 둘 다를 포함하는 것으로 보고, 이에 상응하는 대상들
또한 총칭적으로 ta noēta(지적 대상들, 지성에 의해서[라야] 알게 되
는 대상들)라 일컫는다.[25] 플라톤 철학의 도식에서는 '노에시스'로
불리는 인식 작용과 이와 상관 관계에 있는 '지적 대상들'의 접촉이
없는 한, 인식 즉 참된 앎은 원천적으로 봉쇄된다. 테아이테토스가
인식이 무엇인지를 말하지 못할 수밖에 없게 된 까닭이 바로 여기에
있었다.

《테아이테토스》편에서 인식의 의미 규정에 실패하게끔 한 몇 가지
예들 중의 하나로 우마차(hamaxa)의 경우가 있는데,[26] 이것이야말로

---

25) 《국가》편, 511b, 533e~534a 참조.

플라톤의 형상 이론에 대해서 많은 시사를 산파술적으로 하고 있는 하나의 좋은 예라고 할 수 있겠다. 이 우마차의 예에 의하면, 인식 주관이, 비록 그것이 '참된 판단'이라고는 할지라도, 여전히 '판단'(doxa)의 차원에 머물러 있는 한, 우마차의 구성 요소들(stoicheia) 즉 나무 판자들과 수레바퀴, 축, 차체, 난간, 그리고 멍에 등을 모두 말하더라도, 우마차의 본질(ousia) 인식에는 근원적으로 이를 수 없는 것으로 되어 있다. 설령 그 구성 요소들이 비슷한 다른 것들과 달리 지니고 있음직한 징표(sēmeion)로서의 차이점(diaphorotēs, diaphora)을 지적할 수 있다 할지라도 이는 마찬가지이다. 근본적인 잘못은 우마차의 기능에 인식 주관이 미치지 못하고 있는 데 있다. 우마차는 바로 그 기능 때문에 그런 구조를 갖고서 그런 요소들로 구성된 것이다. 따라서 그 기능에 대한 이해가 바로 우마차에 대한 인식의 요체이다. 플라톤의 인식론의 틀에 의할진대, 이 '기능'은 오관 중의 어느 것의 대상도 아니다. 그것은 바로 '노에시스'의 대상(to noēton)이기 때문이다.

아닌게아니라 《소피스테스》편에서 소피스테스가 어떤 부류의 존재인지를 밝히는 지루하고도 힘든 작업은 전적으로 그의 고유한 활동 곧 기능이 보이는 '여러 가지 보임새'(ideai, eidē)를 다각도에서 확인하는 인식 과정이다. '감각 대상'이 끊임없이 변화하는 데 비해 '언제나 같은 방식으로 한결같은 상태로 있는', 따라서 언제까지나 '한 가지 보임새'(monoeides)로 있는 형상 또는 이데아의 인식을 강조한 것이 초기 형상 이론의 특징이었다. 그러나 《소피스테스》편은 '소피스테스'라는 한 부류가 갖는 기능의 다면성을 형상들끼리의 결합 관계(koinōnia, methexis)라는 성숙된 형상 이론의 틀로 다루고

26) 《테아이테토스》편, 207a 참조.

있다. 소피스테스가 그 기능면에서 보이는 특유의 '여러 가지 보임 새'를 일단 최대한으로 다각도에서 드러나게 한 다음, 이들을 통합하는 형태로 파악함으로써 다면성을 갖는 대상에 대한 인식에 이른다.[27] 이는 《정치가》편의 경우에 있어서도 마찬가지이다. 이 대화편은 왕도적 치술(basilikē technē)을 행사하는 치자(治者)의 기능이 어떤 보임새들을 보이는지를 여러 측면에서 그리고 그 핵심에 있어서 밝히고 있다. 그러므로 어떤 것의 기능을 밝힘으로써만 우리는 그것의 이른바 이데아 또는 형상 인식이 가능해진다고 말할 수 있을 것이다. 그런 의미에서, 네틀쉽의 다음과 같은 말은, 즉 "만약에 어떤 것이 무엇인지에 대해 여러분이 질문을 받는다면, 여러분이 대는 모든 대답은 그 사물의 어떤 기능을 기술하고 있을 것이다"[28]라는 것은 아주 적절한 언급인 것 같다. 쎄이어도 "우리가 적어도 우리의 이야기를 기능적인 것들에 한정해서 하고 있는 한, 그 형상(eidos)이 무엇인지를 묻는 것은 그 기능이 무엇인지를 묻는 것과 매우 같다 (much like)"고 하면서, 어떤 것의 기능과 형상에 대한 이야기는 정의(定義)하는 진술 과정에서 서로 겹칠 수 있음을 지적하고 있다.[29]

　(4) 기능 또는 형상과 '추론적 사고' 대상의 관계
　플라톤이 넓은 의미의 '지성에 의한 이해'(noēsis)의 대상들을 지적 대상들, 즉 지성에 의해서[라야] 알 수 있는 것들(ta noēta)이라 했다는 언급은 이미 했다. 그래서 인식론상의 이 지적 대상들에는 인식(epistēmē)의 대상들인 형상들과 '추론적 사고'(dianoia)의 대상들

---

27) 제5장 "플라톤의 결합 이론"을 참조할 것.
28) Nettleship, *Lectures on the Republic of Plato*(London, 1958), 230면.
29) H. S. Thayer, *Plato: The Theory and Language of Function*, 314~315면: *Philosophical Quarterly*(1964), 303~318면.

이 다 포함된다. 다 같이 감각 대상들이 아니기 때문이다. 여기에서 추론적 사고로 옮긴 dianoia의 대상들은 흔히 '수학적인 것들'(ta mathēmatika)로 통칭적으로 불리지만, 앞서 한 논의와 연결을 짓는다면, 사물들의 구조적이며 수적인 영역에 속하는 것들이 이 부류에 속한다고 말할 수 있을 것 같다. 기능 및 형상이 이 추론적 사고의 영역을 거치지 않고서 바로 감각 대상으로, 즉 현실적인 사물로 형성되는 일은 없다. 자연에서 이루어지는 것이건 또는 인위적으로 이루어지는 것이건 간에, 그 어떤 것도 구조적 또는 수량적 틀을 벗어나 있는 것은 없다. 어떤 기능을 하도록 만들어지는 제작물들은 반드시 어떤 계측 또는 계량 과정을 거쳐 어떤 구조로 만들어진다. 앞서 예로 들었던 북이 만들어지는 과정이나 집이 지어지는 과정이 바로 그러하다. 우리의 행위도 마찬가지이다. 우리가 의식하건 아니 하건 간에, 우리의 모든 행위는 어떤 틀 속에서 이루어짐을 부인할 수는 없을 것이다. 하늘에서 펑펑 내리는 눈도, 달기만 할 것 같은 벌꿀도 각기 독특한 결정체의 틀을 갖고 있음을 확인하고 우리는 새삼 탄복한다. 그 틀이 바로 구조적이고 수적인 것이다. 동물의 구조를 갖고 태어난 내가 어떤 체제의 국가에 속한 시민으로서 그리고 어떤 사회 및 가족 구성 단위로서 어떤 구실을 할 때, 나는 의식적으로든 무의식적으로든 수와 관련되는 온갖 활동을 끊임없이 하고 있다. 우선 내가 일정한 체온을 유지하며 1분 동안에 몇 번씩 숨을 쉬어야 하고 하루에 일정량의 영양을 취하여야만 한다는 것 등은 나의 자연적 조건이겠지만, 나는 장소와 시간 그리고 상태에 따라 말소리의 음량을 조절해야 하고 수시로 감정의 정도도 조절해야만 한다. 음식을 먹는데에도 무분별하게 해서는 안 되고, 적당량을 성분에 따라 조절하지 못하면, 사람 구실은커녕 생물 구실도 못하게 될 수도 있다. 실상 일상적인 인간 생활의 모든 것이 컴퓨터 속에 수용되는 것도 그 때문이겠다. 인간 생활에 있어서 적도나 중용이 새삼 문제되는 게 그 때문이다. 인간의 모든 기술(technē)은 실상 계측이나 계량에 직접 또는 간접으로 관계되어 있다. 이는 자연에 있어서도 마찬가지이다. 자연에 관한 그 어떤 탐구도 수적인 것과 관계되지 않은 것은 없다. 그래서 《티마이오스》편에서의 '데미우르고스'는 언제나 측량을 하고 있는 '목수'(ho tektainomenos)로 묘사되고 있다.[30] 목수는 다름 아닌 '결합하는 자'이다. 데미우르고스는 영원한 '본'(paradeigma)을 바라보면서 언제나 계측과 계량을 하며 이 우주를 '구성한 자'(ho synistas)이다. 이런 문제들과 관련된 간결한 설명으로는 Adam의 다음과 같은 말을 인용하는 것이 한결 더 효과적이겠다. "플라톤이 이데아들과 감각에 지각되는 사물들 사이의 것들로 수학적인 것들을 자리잡게 한 것(《국가(政體)》에서)은 이런 사실에 대한 확인이다. … 플라톤에 따르면, 우주의 궁극적 원인은 좋음(善)의 이데아이고, 다른 이데아들은 결국 이것의 특수한 규정들이요, 수학적인 것들(ta ma-thēmatika)은 좋음의 이데아가 자연에서 작용하게 되는 데 이용하게 되는 수단들이다. 다름 아닌 바로 이것이 플라톤의 심오하고 유명한 '신은 언제나 측정하고 있다'(theos aei geōmetrei)는 텍스트의 뜻이요, 《티마이오스》편의 대부분은 이 텍스트에 대한 하나의 공들인 주석[서]일 뿐이다. 명백한 하나의 설명의 예를 들기로 하자. 자연 과학의 법칙들은 상습적으로 수학의 용어로 표현되는데, 그건 왜 그런가? 이에 대한 플라톤의 대답은 이러할 것이다. 그건 단지 신이 세계를 구성함에 있어서 수학적인 것들을 이용했고, 따라서 우리도 신이 우주를 만든 대로 해석해야만 하겠기 때문이다."[31]

이 장문의 인용구는 궁극적 원리인 '좋음의 형상'과 다른 형상들

---

30) 《티마이오스》편, 28e~29e.
31) Adam의 같은 책, 제2권, 162면.

108

의 관계 그리고 사물 생성의 이치를 플라톤적 관점에서 지극히 간명하게 그리고 핵심을 찔러가며 밝히고 있는 것이다. 아닌게아니라 우리는 《국가》편(511b)에서 다른 이데아들이 이 '좋음의 이데아' 즉 "모든 것의 원리(archē)에 의존하고 있는 것들"로 묘사되고 있음을 발견하게 되거니와, 수학적인 것이 우주 생성과 어떤 관계에 있는 것으로 묘사되고 있는지도 《티마이오스》편(53a~b)에서 보게 된다. 이 대목은 최초의 혼돈 상태(chaos)에서 아름다운 질서 체계인 우주(kosmos)가 생성되는 과정의 일부를 기술하고 있다. "이 이전에는 이것들 모두가 비례(비율: logos)도 없고 척도(metron)도 없는 상태로(alogōs kai ametrōs) 있었다. 그러나 우주가 질서를 갖게 되도록 하는 일이 착수되었을 때, 불·물·공기·흙이 처음에는 이것들 자체의 어떤 흔적들(ichnē)을 갖고 있었으나, 이는, 마치 어떤 것에서 신이 떠나 있을 때 모든 것이 처함직한, 그야 말로 완전히 그런 상태에 처하여 있었는데, 그때는 바로 이런 성질의 것이었던 것들을 신이 최초로 도형(eidos)들과 수(arithmos)들로써 형태를 만들어내기 시작하였다." 이들 형태와 수는 인식론적으로는 '추론적 사고'의 대상이지만, 존재론적으로는 감각 대상들과 이데아들 '사이에'(metaxy) 있는 것들(ta metaxy)로서 이 양쪽을 매개함으로써 현실화시켜 준다.[32] 이것들이 없다면, 세계는 그야말로 무질서(ataxia)의 혼돈(chaos)이요, 도저히 인식론적으로 접근할 길이 없을 것이다. 기능을 갖게 되는 사물들이 이루어짐이 어떤 이치에 따라서인지가 이제 분명해졌으므로, 이들 사물들에 대한 플라톤적 이해도 결국 이런 맥락에서 이루어지는 것일 수밖에 없을 것이다.

---

32) 같은 책, 161면 참조.

3) 아리스토텔레스의 기능 사상

아리스토텔레스에 따르면, "존재하는 것들(ta onta) 가운데 어떤 것들은 자연적으로(physei) 존재하고 있는 반면에, 어떤 것들은 다른 원인(aitia)들로 해서이다. 동물들과 … 식물들은 자연적으로 존재한다. … 이것들 각각은 자체 내에 운동(kinēsis)과 정지(stasis)의 원리(archē)를 지니고 있다."[33] 이 원리를 그는 '피시스'(physis=nature)라 하는데, 이는 넓은 의미의 '자연'을 의미하기도 하지만, 사물이 지닌 '본성'을 의미하기도 한다. 그런데 '본성'이라고 말할 때에도, 이는 두 가지로 하는 것이어서, 그 한 가지는 '자체에 운동과 변화(metabolē)의 원리를 지닌 것들의 각각에 기체(基體)가 되고 있는 원초적인 질료(hylē)'이고, 다른 한 가지는 '정의(定義, 의미 규정 형식: logos)상의 형태(morphē)와 형상(形相: eidos)'이다.[34] 그리고 형태 및 형상은 실제로 분리될 수 있는 것(chōriston)이 아니고, 다만 정의 상으로나 구별할 수 있는 것(chōriston)일 뿐이다. 이처럼 질료와 형상 둘 다가 '본성'이기는 하지만, "질료보다는 형상이 오히려 본성이다. 어떤 것을 각각의 것으로 말하게 되는 것은, 그것이 가능태(dynamis)로 있을 때보다는, 그것이 완성태(실현태: entelecheia)로 있을 때이기 때문이다."[35] 그런데 "존재하는 것은 두 가지 방식으로 있어서, 모든 것은 가능태로 있는(…인) 것에서 현실태(energeia)로 있는(…인) 것으로 변화한다."[36]

이런 정도의 언급으로도 운동 또는 변화와 관련된 아리스토텔레스

---

33) 《자연학》, 제2권 제1장.
34) 같은 책, 같은 장.
35) 같은 곳.
36) 《형이상학》, 제12권 제2장.

의 기본 도식은 정리된 셈이다. 그렇다면 여기에서 '가능태'니 '완성태' 또는 '현실태'란 무엇을 의미하며, 이것들이 기능의 문제와는 무슨 연관을 갖는가? "자기들 안에 어떤 원리에서 비롯해서 끊임없이 운동을 하여 어떤 완성(목적: telos)에 이르게 되는 것들이 자연적이다."[37]라는 말을 통해서 알 수 있듯, '자연적으로 있는 것들'(ta physei onta)은 끊임없이 운동 또는 변화를 하고 있고, 이 운동은 어떤 목적, 즉 자기 완성의 단계에 이르기 위한 것이다. 자연적인 것들 각각은 운동 또는 변화가 거기에서 일어나고 있는 터가 되는 것, 즉 기체(基體: to hypokeimenon)이다. 그런데 이 기체가 원초적으로 처하여 있는 상태는 질료적인 것이고, 그것이 최종적으로 구현해서 갖게 될 것은 형상이다. 이 원초적인 질료의 상태를 가능태(dynamis)라 함은 처음에는 그 상태에 처하여 있지만, 어떤 장해가 없는 한, 언젠가는 그 형상을 실현하여 갖게 될 가능성을 지닌 상태라 해서이다. 그리고 이 가능성이 실현된 상태를 현실태(energeia)라 한다. 그런데 energeia란 ergon 즉 '기능이 실현되어 있는 상태'를 의미한다. 이를테면, 도토리와 참나무의 관계에 있어서 도토리가 처한 상태는 '가능태'이고, 이것이 동물의 먹이나 도토리묵으로 된다거나 또는 그 밖의 다른 장해가 일어나지 않는 한, 참나무가 되어 해마다 도토리를 주렁주렁 결실하여, 자기의 종을 번식할 수 있게 된 상태는 제 '구실'을, 즉 제 '기능'을 제대로 하게 된 상태이다. 그런데 가령 목수의 소질, 즉 그런 성향(physis)을 지녔던 아이가 정작 목수가 되었다면, 그가 이르른 단계는 분명 목수의 기능을 실현하여 갖게 된 '현실태'일 것이다. 그러나 목수가 목수다운 것은 그보다는 실제로 목수의 활동을 하고 있는 상태일 것이니, 이 경우의 energeia는 단순한 '현실태'

---

37) 《자연학》, 제2권 제8장.

(actuality)라기보다는 '활동태'(activity)라 하는 것이 더 적합할 것이다. 그런데 기능, 즉 ergon이 실현된 상태는 곧 형상(eidos)이 실현된 상태이다. 어떤 것의 운동 또는 변화의 목표는 이에 이르는 것이다. 이 '목적의 달성', 그 '기능의 완성' 또는 '기능의 완전 실현'을 entelecheia라 하는데, 이는 어원적으로는 기능을 '완전히 실현하여 (en+telos = in+fulfilment) 가진(echon) 상태'라는 뜻이다. 헬라스어 telos에는 영어 end처럼 '끝'의 뜻과 함께 '목적'의 뜻도 있지만, '완성' '실현' 등의 뜻도 있으니, '엔텔레케이아'는 어떤 것의 목적이 되고 있는 기능, 즉 형상을 완전히 실현하여 갖고 있는 상태이므로, '완성태' 또는 '완전 실현태'라 함이 옳을 것 같다. 그렇지만 energeia나 entelecheia나 가리키는 바는 기본적으로 같다고 할 수 있을 것이니, 그것은 둘 다가 기능(ergon) 즉 형상(eidos)을 실현하여 갖고 있는 상태를 가리키고 있기 때문이다.

기능과 관련된 아리스토텔레스의 이런 설명은 비단 자연적인 것들에만 적용되는 것이 아니라, 인위적으로 기능이 부여되는 것들에도 그대로 적용된다. 목재는 어떤 형상이나 기능을 갖게 될 수 있는 가능태에 있는 것이고, 이것이 식탁이나 침상의 형상을 실현하여 그 기능을 하고 있으면, 이를 현실태 또는 완성태라 한다. 톱은 톱질을 하기 위한 용도(chrēsis), 그 목적(telos) 때문에 만들어졌다. 도기(陶器)는 도토(陶土)에 기능(ergon)이 부여된 제작물(ergon)이다. 이들 인위적인 것과 자연적인 것이 다른 점은 운동의 원리가 그 자체에 있는가 아니면 그것 아닌 다른 것에 있는가 하는 것일 뿐이다.

그런데 기능과 관련된 이러한 아리스토텔레스 사상의 극치는 아무래도 행복의 문제와 관련해서 다루게 되는 인간의 기능, 즉 진정한 사람 구실에 대한 다음과 같은 언급에서 접할 수 있을 것 같다.[38] 아울로스(aulos)와 같은 악기의 연주자나 조각가가 '훌륭하다'

112

(agathos)거나 '훌륭하게'(eu) 연주를 했다든가 또는 '훌륭하게' 조각을 했다고 말하게 되는 것은 그 '기능'과 관련해서이다. 목수와 제화공의 경우에도 그렇게 말하는 것은 그 기능 및 활동과 관련해서이다. 그런데 인간 자체의 경우는 어떤가? 사람의 눈이나 손발 그리고 그 밖의 모든 기관에도 다 그 기능이 있는데, 인간 자체는 '아무런 기능도 없는'(argon) 존재로 태어난 것일까? 영양을 취하며 성장하고 종을 번식시키는 것은 식물도 갖는 기능이요, 감각적 지각을 한다는 것도 인간에만 특유한(idion) 것이 아니다. 그러니 인간 특유의 기능은 결국 그가 지닌 혼의 활동(energeia)에서 찾을 수밖에 없고, 이는 그 중에서도 '최선의 가장 완전한 훌륭함(aretē)에 일치하는 활동'이 무엇인지가 밝혀짐으로써 가능하게 될 일이다. 한데 그는 인간을 가장 인간답게 해 주는 삶을 '지성에 따른 삶'(ho kata ton noun bios)이라 하며, 이 지성(nous)의 활동을 관상(觀想: theōria)이라고 했다. 그러니 그에게 있어서 지성의 기능은 분명히 인간의 것이면서도 인간으로 하여금 인간 이상의 것, 즉 '신적인'(theion) 것에도 때때로 관여할 수 있게 하는 것이다. '신의 활동'(hē tou theou energeia)도 '관상'이기 때문이다. 우리는 여기에서 기능에 대한 아리스토텔레스 사상의 극치에 접하게 되는데, 이는 그가 물질적인 것이 아닌 정신 내지 지성의 활동에서 인간의 고유 기능과 최고 가치를 찾으려고 한 데서 그 나름으로 얻게 된 결론이기 때문일 것이다.

___
38) 《니코마코스 윤리학》, 제1권 7장 및 제10권 7, 8장.

제4장 헬라스인들의 존재 탐구와 삶의 이론

1. 헬라스 철학의 발단과 신화

철학의 발단을 '경이' 또는 '놀라워함'(thaumazein)에서 찾았다는 점에 있어서는 플라톤과 아리스토텔레스가 전적으로 견해를 같이한다. 플라톤은 《테아이테토스》편에서 지혜를 사랑하는 사람, 즉 철학자의 마음의 상태(pathos)를 '경이'라고 말하고, 경이야말로 지혜에 대한 사랑(철학)의 발단(hē archē philosophias)이라고 단언하면서, 신의 계보를 만든 헤시오도스가 무지개 여신 이리스(Iris)를 경이의 신 '타우마스'(Thaumas)의 딸로 말한 것을 잘한 걸로 말하고 있다.[1]

그런데 무지개 여신 이리스를 타우마스의 딸로 볼 때, 이 부녀 관계가 갖는 철학적 의미에 대해서는 플라톤의 이 대화편 아닌 다른 대화편에서 재미있는 시사를 우리는 얻을 수 있다.[2] Iris는 '말한다'는 뜻을 지닌 eirein에서 유래되는데, 이 말은 역시 '말한다'는 뜻을 지닌 legein과 동의어이다. 그리고 말의 논리적 사용에 능한 사람을

---

1) 《테아이테토스》편, 155d.
2) 《크라틸로스》편, 398d 및 408b.

'디알렉티코스'(dialektikos)라 일컫는다. 많이 알려져 있듯, 플라톤의 철학적 방법은 다름 아닌 디알렉티케(dialektikē)³⁾이니, 이는 말을 매개로 철학을 하는 것이다. Iris가 하늘과 땅을 잇는 신들의 전령이듯, dialektikē는 말을 매개로 인식 대상과 인식 주관이 만날 수 있게 해주는 가교의 구실을 한다. 플라톤의 저술들이 한결같이 대화 형식을 빌려 우리를 사유하게 하는 것은 주로 이에서 연유한다.

아리스토텔레스 또한 그의 《형이상학》(982b)에서 "사람들이 철학을 하기(philosophein) 시작한 것은 지금이나 최초에나 경이로 말미암아서였다"고 말하고 있다. 이에 이어지는 그의 말은 다음과 같다. "처음에는 이상한 것들 가운데서도 해결하기 쉬운 것들에 대해서 놀라워하다가, 다음으로는 이런 식으로 나아감에 따라 차츰 한결 더 큰 것들에 관해서, 이를테면 달과 태양의 현상들 그리고 별들과 우주의 생성 따위에 관해서 당혹감 또는 의문을 갖게 된다. 당혹감 또는 의문(aporia)을 갖고 놀라워하는 사람은 자신이 무지하다고 생각한다. 이런 까닭으로 신화를 사랑하는 사람(ho philomythos)도 어느 면에선 지혜를 사랑하는 사람(philosophos)이다. 왜냐하면 신화(mythos)는 경이들(thaumasia)로 구성되어 있기 때문이다." 철학의 발단이 경이에서 비롯되었다고 하는 플라톤이나 아리스토텔레스의 주장에 일단 동의를 한다고 할지라도, 다같이 경이들을 다루었으면서도 신화들은 왜 헬라스 철학의 정통적인 역사에서 한결같이 제외되고 있는가 하는 물음이 대뜸 제기됨직하다. 바로 앞서 인용된 아리스토텔레스의 말 가운데서도 언급되었듯, 신화는 경이들로 구성되었기에, 신화를 사랑하는 사람은 어느 면에서는 철학자가 아닌가? 아리스토텔레스 자신의 4가지 원인설의 관점에서 본 헬라스 철학사의 요점적인 개관

---

3) 이를 소크라테스의 경우에는 '문답법'으로 부르고, 플라톤의 경우에는 '변증술'로 부르기로 한다.

이라 할 수 있는《형이상학》A(1)권에서 신화는 탈레스 이후의 철학
자들의 주장들을 다루는 가운데 보충적으로 인용될 뿐, 정식으로 다
루는 일은 없다. 이 점은 플라톤의 경우에 있어서도 마찬가지이다.
플라톤이 드물게 그 나름의 필요에 의해 잠시 헬라스 철학자들을 분
류하여 보여 주고 있는《소피스테스》편(242c~249d)에서 신화는 어느
계열의 철학 속에도 전혀 끼여들 틈새를 찾지 못하고 있다. 이 대화
편에서 플라톤은 존재(to on, ousia)에 관한 헬라스 철학자들의 잡다
한 주장들을 크게 두 갈래로 나누어, 존재를 물질(sōma)과 동일시하
는 부류와 존재를 비물질적인 것들(asōmata)로 보는 부류로 말하고
있다. 그런데 이들 중에서 앞의 무리는 '모든 것을 하늘과 보이지 않
는 곳에서 지상으로 내모는 무리'로서, 그들이 하는 짓이 마치 헬라
스 신화에서 바위나 나무들을 손이 닿는 대로 집어들고 올림포스 신
들에게 덤볐다는 거인족(Gigantes)을 방불케 한다고 한다. 반면에 이
들에 맞서는 무리들은 '보이지 않는 높은 곳에서 무척 조심하며 자
신들을 지키는 이들'로서, 이들은 올림포스 산정에 기거하는 신들을
방불케 한단다. 그래서 이들 간의 싸움을 이른바 존재에 관련된 '신
들과 거인족 간의 싸움'(Gigantomachia, Gigantia)이라 일컫지만, 존
재에 관한 한, 신화의 주인공들은 정작 끼여들지 못하고 있다. 물론
이 싸움과 관련하여 플라톤은 양 진영의 근본적인 화해를 가능케 하
는 셋째 방도를 제시하지만, 이 문제는 이 항목에서 지금 다룰 성질
의 것이 아니다. 그러면 신화는 왜 철학일 수 없는가? 그건 신화가
아리스토텔레스의 말대로 경이들로 구성되어 있기는 하나, 경이를 그
자체로서 보려고 하지 않고 거기에서 허구를 만들어냈기 때문이다.
헬라스인들의 신화 시대는 트로이아 전쟁이 있었던 기원 전 12세기
무렵에서부터 호메로스 및 헤시오도스 시대의 8세기경까지로 볼 수
있다. 이 기간 동안 헬라스인들은 자연이나 사회 생활 또는 인간 내

면에서 일어나는 여러 가지 경이에 접하여, 이것들을 인위적으로 이야기로 엮고 이 이야기 속에 그들의 소박한 형태의 온갖 지혜와 생각들을 결집했다. 말하자면 그것은 하나의 거창한 허구적 체계다. 비록 그 속에 오랫동안의 헬라스인들의 역사와 삶의 지혜가 부분적으로 담기어 있다손 치더라도, 근본적으로 신화는 진실이 아니다. 즉 신화는 존재 아닌 허구의 엮음이다. 우레 울리길 좋아하고 '구름을 모으는' 제우스도, 밤낮 싸움질과 전쟁 그리고 전투만 좋아하는 난폭한 아레스(Arēs)도, 사람들로 하여금 달콤한 욕정에 사로잡히게 하는 아프로디테도 모두가 허구다.

"미망(迷妄: Atē)은 제우스의 맏딸로 모든 사람의 마음을 눈멀게 하는 잔혹한 여신이오. 그의 발은 가벼워 결코 땅을 밟는 일이 없소. 그는 사람들의 머리를 밟고 다니며 사람들을 넘어뜨리는데, 둘 중에 하나는 걸려들게 마련이오. 인간들과 신들 가운데 으뜸간다는 제우스께서도 [그로 해서] 한때 마음의 눈이 머신 적이 있었소."[4]

가리는 일이라곤 없이 아무나 마음의 눈을 멀게 한다는 미망의 여신 아테는 경박과 장난, 심술, 화 그리고 파멸의 신이다. 이 또한 허구다. 불과 대장장이 신인 헤파이스토스가 아킬레우스의 어머니 테티스의 부탁을 받고 무장을 한 벌 만들어내는 과정의 장면도[5] 스카만드로스 강이 강물 속으로 달아나는 트로이아 군사들을 뒤쫓는 아킬레우스에 대해 화를 내며, 골탕을 먹이는 장면도[6] 한결같이 꾸며낸 이야기들이다. 또한 대화편 《고르기아스》(523a)에서 소크라테스가 대

---

4) 호메로스, 《일리아스》, 제19권, 91~96행(천병희 옮김, 단국대학교 출판부, 1996).
5) 같은 책, 제18권, 460~617행.
6) 같은 책, 21.

화 상대자에게 아주 훌륭한 이야기를 들으라고 하면서, "이 이야기를 당신은 mythos로 여기시겠지만, 나는 logos로 여깁니다"는 말을 하고 있는데, 여기에서 mythos는 신화를, 그리고 logos는 사실 이야기를 뜻한다. 그래서 플라톤은 《국가》편에서 신화를 다루는 시인들을 두고 '설화 작가들' 즉 '신화를 지어내는 사람들'(mythopoioi)이라고 말하고 있다.[7] 이처럼 신화는 인위적으로 꾸민 이야기이되, 특히 듣는 사람의 즐거움, 즉 재미(terpsis)를 의식하여 꾸민 것이다. 그래서 역사가 투키디데스는 자신의 역사 서술 방식이 종래의 신화적인 이야기 방식과는 근본적으로 다름을 밝히면서 이런 말을 하고 있다. "내 서술의 비신화적임(to mē mythōdes)이 어쩌면 듣기에 즐거움을 덜 주게 될 것 같기도 하다"[8]라고 하면서, 그는 이런 서술 방식의 채택은 공연장의 경연물(agōnisma)처럼 당장에 듣도록 하는 목적에서가 아니라, 언제까지나 간직할 소유물(ktēma es aiei)로서 쓴 것임을 오히려 자랑스럽게 말하고 있다. 그의 역사 기술은 흥미를 고려한 신화(mythos)가 아니라, 흥미와는 상관없이 진실에 충실하려는 사실 기술(史實記述: logos)이다.

마찬가지로, 경이에 접하여 그것을 재미있는 이야기로 꾸밀 생각을 조금도 하지 않고, 어디까지나 경이로서 받아들인 다음, 그 경이의 탓(aitia)을 학문적으로 밝히려 한 데서 철학이라는 탐구 활동이 비롯했다. 이런 행위를 가리켜 플라톤은 'logos를 부여한다'(logon didonai)고 했는데, 이는 어떤 현상에 대해 합리적인 근거 내지 이유를 밝히며 설명하는 것을 뜻한다. 자연에서 접하는 경이에 대한 이러한 태도가 헬라스에 있어서 이른바 자연 철학의 성립을 보게 했다. 그러나 헬라스인들의 그러한 태도는 비단 철학적 학문 활동에만 한

---

7) 《국가》편, 377b.
8) Thoukididēs. I. 22

정된 성질의 것이 아니라, 동시에 인간의 일반적인 학문적 태도이기
도 하다. 그래서 플라톤은[9] anthrōpos(인간)라는 말의 어원을
anathrōn ha opōpe, 즉 '자기가 본 것들을 자세히 관찰하는 자'라는
말에서 찾고 있다. "다른 동물들은 자기들이 본 것을 검토하거나 생
각해 본다든가 또는 자세히 관찰하는 일이 없으나, … 인간은 자기가
본 것을 자세히 관찰하고 따져 본다(logizetai)"고 하면서, '인간'이라
는 이름 자체가 바로 그의 이런 학문적 성향에서 비롯되었다고 생각
한 것 같다. 그러나 헬라스에 있어서 인간의 학문적 성향이 왜 하필
이면 훗날 사람들이 철학이라는 이름으로 부르는 학문 활동으로 나
타났던가? 이 물음에 대한 해답은 헬라스인들의 존재(to on)에 대한
탐구에서 찾아야만 한다. 오늘날에도 벼락맞은 사람을 저주받은 사람
으로 생각하는 적잖은 수의 사람들이 있는 터에, 탈레스가 철학적인
탐구를 시작할 무렵인 기원전 7, 6세기에 있어서는 거의가 그렇게 믿
었을 것이라는 점은 짐작이 가고도 남는 일이다. '구름을 모으고'
(nephelēgereta)[10] '크게 우레를 울리는'(erigdoupos)[11] 이가 제우스
신인 줄로만 거의가 믿고 있던 시절에, 비단 그런 현상만이 아니라
그 밖의 모든 자연 현상이 사실은 자연(physis) 자체의 이치에서 비
롯되는 현상들임을 설명하기 시작한 이가 탈레스였다. 그는 놀랍게도
585년에 그 지방에서 일어난 일식 현상을 적중시켜 예언했다고 한다.
탈레스 이후 소크라테스에 이르기까지 '자연에 관한 탐구'(peri
physeōs historia)가 헬라스 철학의 주류를 이룬다는 것은 두루 알려
진 일이거니와, 이 탐구는 실은 자연(physis)에 있어서 '본질적인 것'
(physis) 곧 참으로 '있는 것'(to on)에 대한 탐구이다. 자연에 관한

9) 《크라틸로스》편, 399c.
10) 《일리아스》, 제5권 888행.
11) 같은 책, 제7권 411행.

관찰과 탐구는 그들로 하여금 자연에 있어서 발견하게 되는 법칙성
이나 지속성 또는 반복성에 주목하게끔 만들었고, 이것이 자연에 있
어서 본질적인 것의 탐구로 관심을 돌리게 한 연유로 된다. 이러한
관심의 전환이 마찬가지로 자연 속에 현상들로 존재하는 것들(ta
onta)을 탐구 대상(pragma)으로 삼던 출발점에서의 관심을 그러한
존재들을 근원적으로 있게 하는 진짜 존재(to on), 즉 그러한 지속
적·법칙적·유형적(類型的) 변화를 가능케 하는 근원적인 참 존재,
즉 실재(實在: to on)를 대상으로 삼는 관심으로 바뀌게 했다.[12] 이
렇게 해서 시작된 존재에 관한 탐구는 탈레스에서 아리스토텔레스에
이르기까지의 순수 헬라스 철학의 가장 으뜸가는 관심사로 지속된다.

　그러나 존재에 관한 그들의 탐구는 존재 자체의 탐구로만 끝나지
는 않는다. 동물적 생존 아닌 인간다운 삶의 경영을 위한 기본적 준
거(準據)로서 또한 그것이 선용되는 경우들을 우리는 많이 보게 된
다. 그런가 하면 어떤 철학자들은 오히려 인간으로서 생존하기 위해
서 존재에 대한 탐구를 하기도 했다. 그러기에 그들에게 있어서 존재
의 탐구는 동시에 인간 존재의 새로운 발견과 확인으로 이어진다. 그
러나 우선 다음의 두 항목에서는, 먼저 헬라스인들의 존재 탐구를 유
형별로 나누어서 개관하고, 그 다음으로 이러한 철학적 탐구가 그들
의 인간다운 생존의 문제와 어떻게 연관되는지를 알아볼 것이다.

---

12) to on(있는 것, 존재)은 단수이고, ta onta는 이의 복수형이다.

2. 존재 탐구의 몇 가지 유형들

1) 소크라테스에 이르기까지

헬라스 철학에 관한 한, 존재의 문제는 가장 핵심적인 것이기에, 모든 헬라스 철학에 관한 논의는 이를 근간으로 하여 전개되어 마땅하다. 따라서 이 항목에서는 우선 헬라스 철학자들의 존재에 관한 탐구의 역사를 그 기본 윤곽에 있어서 정리해 보기로 한다. 존재와 관련된 헬라스 철학자들의 주장들을 크게 나눌 경우, 첫째로, 질료(hylē)와 연관해서 존재를 물질적인 것(sōma)으로 보는 쪽, 비물질적인 것(asōmata)으로 보는 쪽 그리고 양쪽 관점에서 보거나 양쪽의 결합으로 보는 쪽 등으로 나뉜다. 그 다음으로는 존재의 수를 한 가지로 보는 쪽과 그 이상의 여럿으로 보는 쪽, 그리고 존재를 전혀 한정하지 않으려는 쪽 등으로 나눌 수 있겠다.

존재의 문제가 헬라스에 있어서 애당초 논의되기 시작한 것은 사물들을 제 모습에 있어서 제대로 이해하려던 동기에서였다. 그러기 위해서는 일체의 사물들을 신화와 단절시킨 상태에서, 객관적으로 관찰하여 그 원인을 밝힘으로써 합리적으로 설명함(logon didonai)이 가능해야만 된다는 생각이 헬라스 철학의 탄생을 보게 한 것이라 말할 수 있겠다. 그러나 그러한 노력의 결과로 무엇보다도 우선 사물들이 보이는 법칙성이나 지속성 또는 반복성 등에 주목하게 된 나머지, 그러한 사물들의 성립을 가능케 하는 것으로 추정되는 원질(原質)인 질료를 그들 나름으로 찾아서, 이를 참 존재로서 제시했다. 그 원질을 한 가지로 제시했건 또는 둘 이상의 여럿으로 제시했건, 그들에게 있어서 기본적으로 공통된 것은 사물들이 '이것으로'(ex hou) 이루어졌다는 견해이다. 그러나 불행하게도 이 견해는 사물들을 제 모습

에 있어서 보려고 한 최초의 철학적 동기를 처음부터 이지러뜨리게
했다. 만물을 하나 또는 아주 소수의 존재들로 해소시켜서 본다는 것
은 그것들을 제 모습에 있어서 보는 것이 아니기 때문이다. 이러한
견해의 극단적 경우가 바로 한 가지 물질을 참 존재로서 제시한 이
른바 일원론적 세계관이요, 밀레토스 학파나 헤라클레이토스가 그 대
표적인 경우들이다. 이들과는 달리 사물들을 수적인 구성의 측면에서
보려고 한 이들이 피타고라스 학파이다. 이들은 사물들이 보이는 수
적인 비율 현상에 주목하여, 마침내 세계를 하나의 거창하되 정연한,
따라서 아름다운 질서 체계로 보고서, 이를 kosmos라 일컬었다. 이들
은 하나의 구체적인 사물이나 균형 잡힌 현상들을 수적인 어떤 비율
로 '한정된 것'(to peperasmenon)으로 보았다.

　그러나 이때까지의 존재 탐구에 대해 전혀 의미를 부여하지 않으
려 한 사람이 등장하였으니, 그가 바로 파르메니데스였다. 그는 시의
형식으로 쓴 자신의 철학시(哲學詩)에서[13] 모든 도시를 알고 있는 그
를 광명을 상징하는 태양신의 딸들이 일찍이 아무도 밟지 못한 길로
전차를 몰고 가더니, 한 여신 앞으로 인도했는데, 이 여신한테서 그
는 '아주 둥근 진리'(alētheiē eukyklē)와 함께 참된 확신이라고는 없
는 '사멸하는 인간들의 의견들'(brotōn doxai)을 다 듣게 되었다고
말한다. 여기에서 '모든 도시를 알고 있는 사람'은 모든 과거의 철학
을 익히 알고 있는 자신을 비유한 말이요, '일찍이 아무도 밟지 못한
길'은 그에 앞선 철학자들과는 근본적으로 다른 철학의 길로 자신이
들어섰음을 강조하는 표현이다. 여신에게서 가르침을 받은 형식으로
기술된 그의 글에서, 그는 자신이 나아가는 길만이 진리로 인도한다
고 확언한다. 그리하여 그는 그 길을 '진리를 따라가는'(Alētheiēi

---

13) Parmenidēs의 토막글 1.

122

opēdei), 따라서 유일하게 '납득되는 길'(Peithous keleuthos)14)이라 말한다. "존재한다고, 또한 존재하지 않을 수가 없다고 하는 길"(hē men hopōs estin te kai hōs ouk esti mē einai)이 그 길이라고 한다. 여기에서 '존재한다고'(hopōs estin)만 말할 뿐, 그 주어조차 입에 올릴 수 없어 하는 것은 완벽하게 충만하고15) '모두로서 그리고 유일한 것으로서'(houlon mounogenes)16) 존재하는 것을 마치 여럿 가운데 하나인 것처럼 처음부터 초들어 말할 수 없기 때문이다. 그것으로 가는 길에는 물론 표지들(sēmata)이 '아주 많이'(polla mala) 있기는 하지만, 이것들은 모두가 생성의 세계에 속하는 사물들에나 적용되는 이름들(onomata)에 빗대어 때로는 적극적으로 때로는 부정적으로 말하는 것들일 따름이다.17) 결국 그것에 대해서는 "존재한다"(hōs estin)고 말하는 도리밖에 없다.18) 그렇다면 파르메니데스가 말하는 뜻에 있어서 '존재함'(einai)은 어떤 성질, 아니 어떤 차원의 것인가? 그것은 무엇보다도 토막글 3에서 단적으로 드러난다. 이 토막글은 우리말로 옮기기가 참으로 난감한 것이기는 하지만, 일단 이렇게 옮기기로 한다. "동일한 것이 사유되기도 하는 것이고 존재하기도 하는 것이다."19) 이 토막글이 의미하는 것은 '사유됨'(noein)의 대상과

---

14) 토막글 2.
15) 앞에서 말한 '아주 둥근'이라는 표현이나, '완전한'(teleion) 그리고 '전체가 존재로 충만해 있다'(pan empleon estin eontos)는 표현으로 이를 말하고 있기는 하다. 토막글 8 참조.
16) 같은 곳.
17) 적극적 또는 긍정적인 표현들은 바로 앞에서 든 것들과 같은 것들이고, 부정적인 것들은 '생성되지 않는다'거나 '불멸하는' 따위의 것으로 이른바 부정의 방식(via negationis, via negativa)으로 하는 표현들이다.
18) 같은 곳.
19) 이의 원문은 … to gar auto noein estin te kai einai인데, 이 번역문에서는 '왜냐하면'을 뜻하는 gar의 번역은 일부러 빼버렸다. 그건 이 토막글이 '왜냐하

'존재함'(einai)의 주체가 동일한 것이고, 따라서 사유되는 대상인 저 '존재'(to eon)만이 존재한다는 것이다. 이리하여 파르메니데스는 우리의 눈으로 보고 귀로 듣게 되는 것들 그리고 많은 경험으로 인한 습관이 이끄는 대로 이끌리어 "존재하지도 않은 것들(mē eonta)이 존재한다(einai)"는 생각(noēma)을 갖게 하는 길로 들어서는 일이 없도록, "이성으로 판단하라"(krinai logōi)고 당부한다.[20] 따라서 그에게 있어서는 모든 사물이 그리고 이들의 생성·소멸·운동·변화 등이 단지 이름(onoma)들에 불과할 뿐이다.[21] 이치가 그러한데도 사람들은 두 가지 대립되는 형태(morphai dyo)의 이름으로 사물들을 구별하여 부르는데, 이를테면 빛(낮)과 어둠(밤), 불과 흙, 경중, 온냉 등과 같은 대립자들(t'antia)의 관점에서 분류하나, 그 모두가 그렇게 보일 뿐인 것(doxa)이요, 있지도 않은 것(mē eon)이다. 이리하여 파르메니데스에 있어서 모든 사물은 있지도 않은 것, 이름뿐인 것에 불과한데, 그 까닭은 그것들이 무엇보다도 '사유될 수 없는 것'(anoē-ton)들이기 때문이다. 이렇게 해서 '사유될 수 있는 것'(to noēton)과 '감각에 의해 지각될 수 있는 것들(ta aisthēta)이, 사유되는(noein) 존재와 생성의 세계에 속하는 사물들이 헬라스 철학사에 있어서 최초로 엄격하게 구분되니, 이는 훗날 플라톤 철학의 토대가 되기도 한다. 그러나 파르메니데스에 있어서 사유될 수 있는 것으로서 유일하게 확보된 그 존재는 만물의 존재와는 전적으로 무관하다. 현상과는 전혀 무관한, 따라서 현상을 전혀 설명해 줄 수도, 더더구나 현상을 성립시키는 근거로 될 수도 없는 것이다.

그래서 이후의 철학자들은 파르메니데스를 의식하면서, 이른바

면'과 연결되는 앞 문장이 없어진 상태로 남은 것이기 때문이다.

20) 토막글 7.

21) 토막글 8.

124

'현상 구제'(現象救濟: sōzein ta phainomena)를 위한 시도들을 하게
되는데, 다원론 그리고 원자론이 바로 그런 것들이라는 건 두루 알려
진 일이다. 엠페도클레스의 4원소들(stoicheia)과 아낙사고라스의 씨
들(spermata)은 존재들로서는 그 자체에 있어서 변함이 없으나, 하나
의 사물에 있어서 이것들이 결합하게 될 때의 그 '결합 비율'(logos
tēs mixeōs)의 차이로 인해서 다양한 사물이 생성된다는 것이 그들의
공통된 생각이다. 이에 비해 원자론자들은 질적으로는 아무런 차이도
없는 원자들의 결합 형태에 의해서 사물들의 차이를 설명한다.

존재에 대한 이러한 엇갈리는 주장들은 새로운 상황에서 배태된
소피스테스(sophistēs)들의 논리에 의해 호된 공격을 받게 된다. 그
극단적인 경우를 우리는 《to mē on(존재하지 않는 것)에 관하여 또
는 physis(자연 즉 본질적인 것)에 관하여》[22]라는 고르기아스의 책
이름에서 접하게 된다. 이는 다분히 냉소적이고 의도적으로 붙인 책
이름이다. 이 책이름은 이전의 자연철학자들이 자신들의 책이름을
《physis에 관하여》로 붙인 것과 관련해서, physis(본질적인 것)도 to
on(존재)도 모두가 to mē on(존재하지도 않는 것)이라고 빈정대기
위한 의도를 강하게 담고 있다. 그러한 그의 의도는 이 책에서 그가
증명해 보이고자 한 세 가지 것이 잘 말해 주고 있다. (i) 아무 것도
존재하지 않는다. (ii) 설사 어떤 것이 존재한다 할지라도, 우리가 그
걸 알 수는 없다. (iii) 설령 우리가 어떤 것을 알 수 있다고 할지라
도, 우리는 그것을 우리 이웃에 전달할 길이 없다. 그에게서는 앞선
철학자들이 실재(實在)로서 내세운 존재가 철저하게 부인되고, 따라
서 이것에 대한 인식이나 객관성 있는 지식의 성립도 전적으로 무망
한 것으로 그가 보고 있음을 우리는 알 수 있다.

22) 원어 제목은 *Peri tou mē ontos ē Peri physeōs*이다.

  그러나 소피스테스들의 철학적 견해가 이후의 철학적 흐름에 결정
적인 영향을 미치게 된 것은 아무래도 프로타고라스의 이른바 '인간
척도(homo mensura)의 명제'로 표현되는 주장 속에 담겨 있는 뜻
때문인 것으로 보는 게 옳을 것이다. 더구나 프로타고라스가 활동한
것도 고르기아스에 앞서는 터이다. 그 명제는 이렇게 우리말로 옮겨
볼 수 있겠다. "만물의 척도(metron)는 사람이다. 있는 것들(…ㄴ 것
들: ta onta)에 대해서는 있다(…다: hōs esti)고, 있지 않은 것들(…
지 않은 것들: ta mē onta)에 대해서는 있지 않다(…지 않다: hōs
ouk estin)고 하는 척도이다." 우선 이와 관련된 플라톤의 해석을 소
크라테스의 입을 빌려 들어보기로 하자.[23] "그러니까 프로타고라스가
말하는 것은 아마도 이런 것이 아니겠는가? 각각의 사물들은 내게
보이는(여겨지는) 그대로가 내게 있어서의 것들이요, 너에게 보이는
그대로가 너에게 있어서의 것들이다. 그런데 너도 그리고 나도 사람
이다. … 동일한 바람이 부는데도 때로 우리 중에서 어떤 이는 추워
하나 어떤 이는 추워하지 않는다. 또한 어떤 이는 약간 추워하나 어
떤 이는 몹시 추워한다. … 그렇다면 바람 자체가 차다거나 차지 않
다고 우리는 말할 것인가? 아니면 프로타고라스를 따라, 추워하는 사
람에겐 차지만, 추워하지 않는 사람에겐 차지 않다고 할 것인가? …
그러니까 각자에게 그렇게 여겨진다(보인다: phainetai)는 것인가?
… 그런데 여겨진다(보인다)는 것은 지각되는 것(느껴지는 것:
aisthanesthai)이겠지? … 그렇다면 여겨짐(보임: phantasia)과 지각
(느낌: aisthēsis)은 뜨거운 것들 그리고 이와 같은 것들 모두의 경우
에 있어서 '같은 것'(tauton)일세. 각자가 지각하는(느끼는) 그대로가
각자에게 있어서의 것들인 것 같기 때문이지." '프로타고라스적 척

도'(Prōtagoreion metron)에 대한 이런 플라톤의 해석[24]에 따르면, 프로타고라스의 주장은 이처럼 같은 바람이라도 각자가 느끼기 나름이요, 같은 날씨인데도 느끼기 나름이다. 누군가가 차게 느끼는 것이면 그에게 있어서는 찬 것이요, 시원하게 느끼면 시원한 것이다. 심지어는 동일한 사람이 같은 것을 맛볼 때도 입맛에 따라 맛은 다를 수밖에 없다. 그러나 동일한 것을 동일한 사람이 느낄지라도, 입맛이 없어서 쓰게 느끼는 것이면 쓴 것이고, 입맛이 있어서 달게 느끼는 것이면 단 것이다. 황달에 걸려 사물이 노랗게 보이면, 적어도 그에게 있어서는 그것이 노랗다. 이를 앞서 말한 프로타고라스의 척도에서 괄호 속의 표현에다 적용하면 이렇게 될 것이다. 어떤 이에게 어떤 것이 노랗게 보이는 것은 노랗다고, 아름다워 보이지 않은 것은 아름답지 않다고 하는 것이 옳다는 주장이다. 어떤 이가 자기가 느끼기에 찬 바람을 차지 않다고 한다면, 그는 거짓말을 하고 있다는 것이다. 이처럼 사물은 각자가 느끼는 대로의 것이라고 보기 때문에, 감각적 지각(aisthēsis)이 사물의 상태 및 존재 여부에 대한 판단의 척도(metron), 즉 기준(kritērion)으로 된다. 더 나아가서 느낌, 즉 감각이 기준이기에 감각에 의해 지각되지 않는 것은 존재하지 않는다. 지각되는 것(to aisthēton)만이 '있는 것'(to on)이요, 이것만이 '있

---

24) 그러나 이런 견해는 플라톤만이 가졌던 것이 아니라, 아리스토텔레스도 전적으로 공감하는 것이었음을 그의 《형이상학》 K(11)권, 제6장(1062b12~24)에서 확인할 수 있다. 여기에 나오는 내용도 거의 같다. "프로타고라스도 만물의 척도는 사람이라 했는데, 이는 각자에게 여겨지는 것(판단되는 것: to dokoun), 이것이 단연코 그대로라는 것을 말하는 것 이외의 다른 것이 아니다. 이게 성립한다면, 같은 것이 있기도(…이기도: einai) 하고 있지(…이지) 않기도(mē einai) 하며, 나쁘기도 하고 좋기도 하다. 그리고 그 밖의 다른 경우들에 있어서도 반대로 말하는 주장들이 가능한데, 이는 어떤 하나의 것이 때로 어떤 사람들에게는 아름다운 것으로 보이나 어떤 사람들에겐 그 반대의 것으로 보이기 때문이며, 각자에게 보이는 것이 척도이기 때문이다."

다'(einai). 지각되지 않는 것은 '있지 않은 것'(to mē on)이니, 이것은 '있지 않다'(mē einai). 이리하여 소피스테스들에 있어서 존재(to on) 즉 '있는 것'은 순간적이고 개별적인 감각적 지각의 대상으로 해체되어 버리고 만다. 그래서 소크라테스는 프로타고라스가 왜 자기의 책 《진리》의 첫머리를 "만물의 척도는 돼지다"라든가 "비비다" 또는 다른 것으로서 감각적 지각을 가진 것들 중에서도 더 이상한 것이라고 하면서 시작하지 않았는지 이상하다고 하며, 차라리 그렇게 했던들, 위풍 당당하게 그리고 아주 경멸하는 투로 우리한테 말할 수 있었을 것인데, 결국 그렇게 하지 않음으로써, 그도 결국은 지혜에 있어서 다른 사람은 말할 것도 없고 올챙이보다도 더 나을 것이 없게 되었다고 하며 딱해 한다.[25] 어쨌든 모든 것은 보기 나름이고 지각하기 나름이다. "내가 보기에는 그러하고"(내 생각으로는 그러하고: dokei moi), "네가 보기에는 그러하기에"(네 생각으로는 그러하기에: dokei soi), 모든 것은 제 나름이다. 따라서 그 모든 의견 또는 판단(doxa)이 다 옳기에, 대등한 권리를 갖고 주장될 수 있다. 모든 것이 각자의 개별적인 감각적 지각으로 해체되어 버린 이상, 자기 동일성을 유지하는 대상 또는 존재도, 보편성을 갖는 지식(epistēmē)도 가질 수 없다. 이는 인식론적으로 그리고 윤리적으로는 철저히 상대주의적인 입장이지만, 존재론적으로는 허무주의적인 입장이다. 참 존재도 없고 참된 학적 인식도 불가능하기에, 대등한 권리를 갖는 의견(판단: doxa)들과 주장들만 범람한다. 참일 수 있는 주장은 없고 강하거나 약한 주장만 있을 수 있다. '강한 주장'(kreittōn logos)은 다수의 지지를 받은 것이다. 그리하여 상대방의 주장은 약화시키되, 자신의 '약한 주장을 강한 주장으로 만드는 것'(ton hēttō logon kreittō

---

25) 《테아이테토스》편, 161c~d.

128

poiein)이 정치적 야망을 가진 젊은이들에게 현실적으로 요구된다. 이를 가능케 하는 기술(technē)이 바로 수사술(변론술: rhētorikē)이다. 수사술은 진실을 말하려는 데 그 의도가 있는 것이 아니라, 제 주장을 효과적으로 말하려는 데 그 의도가 있기에, 설득(peithō)이 그 일차적 목표이다. 그래서 소크라테스는 "변론술이 설득의 명수이다"라고 확신하고 있는 사람이 고르기아스라고 말하고 있다.[26]

변론술을 앞세운 소피스테스의 등장은 당시의 시대적 요구에 부응한 것이다. 그것은 무엇보다도 아테네의 민주적인 상황과 관련된다. 아테네는 솔론이 594년에 집정관(ho archōn)으로 선출된 후에 단행한 민주화 조치에 의해서 최초의 민주화 과정에 들어서게 된다. 솔론은 저당 잡힌 농지를 원래의 임자에게 돌려주게 하고 빚 때문에 노예로 된 사람들을 해방시켜 주는 등의 이른바 '빚 탕감'(seisach-theia) 조처와 통화 개혁 및 다른 나라에서 기술인들을 유입시키는 등 일련의 경제 시책을 씀과 더불어 세금 부과와 참정권 확대를 위해 시민들을 수입에 따라 4계층으로 나눈다. 비록 그의 모처럼의 민주화 조치들은 참주 페이시스트라토스 및 히피아스 등의 집권으로 잠시 후퇴하나, 508년부터 502년에 걸쳐서 집권한 클레이스테네스는 대대적인 민주화 조치들을 다시 취하게 된다. 그는 아테네의 시민들을 열 개의 구민들로 나누고 이들 대표들로 이루어진 민회(ekklēsia)에 최고의 의결권을 부여하는 등의 민주제도를 확립한다. 이후 480년의 살라미스 해전과 479년의 플라타이아 전선에서의 육상전과 이오니아 연안에 정박해 있던 페르시아 함대의 대대적인 격파 등으로 인해 완전 승리를 거둔 아테네는 에피알테스 및 페리클레스 시대에 이르러서는 문자 그대로 완전히 민주화된다. 이 시기는 461년에서 429

26) 《고르기아스》편, 453a.

년 사이다. 429년은 소크라테스의 나이가 40세인 때다. 완전무결하게 민주화된 당시의 상황에서는 어떤 대중 집회에서건 누구나 대등한 권리를 갖고 자신의 주장을 펼 수 있었다. 각자의 주장이나 의견의 개진이 하나의 현실적인 정책 또는 법령으로 채택될 수 있으려면, 민회에서 다수표를 확보하지 않으면 안 된다. 법정에 나가서도 이는 마찬가지이다. 다수표의 확보만이 자신의 권익과 생명을 보호하는 길이다. 이리하여 대중 집회에서 하게 되는 대중 연설(dēmēgoria)의 탁월한 능력이 요구된다. 그 능력이 당시의 사람 구실 또는 사람으로서 훌륭함(빼어남: aretē)의 현실적인 척도 구실을 하게 되었다.

소피스테스들은 그 능력을 갖도록 해 줌을 표방하면서 아테네에서 제 자신의 입신 양명을 꾀한다. 그들은 어느 날 아테네의 아고라 같은 공개 장소에 나타나 많은 사람을 상대로 한바탕 연설을 한 다음, 즉석에서 무엇이나 묻도록 하여 재치 있는 즉석 대답을 한다. 이 뽐내면서 선보이는 연설이 '에피데익시스'(epideixis)이다. 말하자면 '헬라스의 학교'(tēs Hellados paideusis)로 불리던 당시의 아테네에 자신의 등장을 당당히 알리는 데뷔 연설인 셈이다. 이런 일종의 선보임이 일단 성공하면, 그는 명성을 얻는 것과 함께 돈방석에 앉는다. 헬라스인들의 속담으로 공연한 짓을 하는 걸 빗대어 하는 말로 "올빼미를 아테네로"(glauk' Athēnaze: glauk' eis Athēnas)라는 게 있다. 이는 한쪽에는 부리부리한 눈을 가진 아테나 여신이 그리고 다른 쪽에는 올리브 가지와 함께 올빼미가 새겨진 아테네의 은화를 굳이 마련해 갖고서 아테네로 올 필요가 없다는 뜻이다. 맨몸으로 와서도 얼마든지 입신 양명할 수 있는 곳이 아테네이기 때문이다. 아마도 이 속담이 유행했던 것도 이 무렵이었을 것이다. 그들한테서 수사술을 익히려는 돈 많은 사람들의 수요가 그만큼 많았기 때문이다. 아닌게 아니라 설득 능력, 즉 수사술의 구사는 일반 대중에게 있어서만이 아

130

니라 최고의 통치자들이나 모든 분야의 기술자들에게 있어서도 두루 요구되는 것이었다. 피레우스의 조선소나 항만 시설, 아테네 성곽 축조는 아테인들을 상대로 한 테미스토클레스나 페리클레스의 권유와 설득이 없었다면, 결코 이루어질 수가 없었을 것이다. 영향력 있는 한 정치가나 한 시민의 아무리 좋은 의견(판단: doxa=opinion, judgment)일지라도 시민들을 상대로 한 설득에 실패하면, 현실적으로 정책으로는 채택될 수가 없었다. 그의 의견 또는 판단이 우선 평의회(협의회: boulē)에서 민회(ekklēsia)에 넘길 의제로 채택되어, 민회에 상정되어야만 한다. 한 의견(doxa)이 설득력이 있어서 평의회에서 다수결에 의해 의제로 채택되었다는 뜻으로, 그들은 이런 표현을 썼다. "평의회는 이렇게 의결했다"(edoxe tê boulê tade). 이 표현은 민회의 경우에도 그대로 적용되는 것이니, "민중은 이렇게 의결했다"(edoxe tō dēmō tade)는 형식을 취한다. 예컨대, 아리스토파네스의 한 희극 작품에는 이런 장면이 보인다.[27] "여성 평의회는 이렇게 의결했다. 이른 아침에 민회를 소집할 것을. …" 그런데 여기에서 edoxe(에독세)는 앞서 프로타고라스적 척도를 언급할 때의 dokei moi(내가 보기에는 그러하다: it seems to me)에서 dokei의 과거 형태이다. 이 dokei moi는 또한 "내게는 그게 좋아 보인다"(it seems good to me)는 뜻으로도 쓰이기 때문에, 이 경우의 edoxe는 결국 "평의회나 민중으로서는 …하는 것이 좋은 것으로 판단했다(여겼다)"는 뜻이 된다. 그리고 이런 식으로 결의된 안건은 doxan이라 하는데, 이는 "…을 하도록 의결되었다"는 뜻이다. 처음엔 한 사람의 의견이었던 것이 설득에 의해 모두의 의견으로 되고, 이것이 법령으로 선포되기에 이른 것이다. 이런 표현은 직접 민주주의 제도를 가졌던

---

27) *Thesmophoriazousai*, 372~5.

아테네에서는 어쩌면 아주 자연스러운 것 같다.

또한 비단 정치에서만이 아니라, 설득술의 용도는 다양했다. 이를 테면, 의사가 아무리 의술에 능할지라도 환자로 하여금 치료에 응하도록 하는 데 실패하면 그는 속수무책이다. 그뿐만 아니라 의사로서 선발되는 것이 민중에 달려 있다면, 과연 누가 선발될 것인가? 모든 전문적 기술분야에 있어서도 이는 마찬가지다. 장군으로 뽑히는 것도, 기술자로 선발되는 것도, 한 시민이 재산을 몰수당하거나 처형 또는 추방되는 것도 결국 설득술에 좌우되었다. 설득술 있는 말로써 못하는 일이 없게끔 되었다. '말로써 못하는 것 없이 요술을 부리는 무리'[28]가 다름 아닌 소피스테스들이었다. 이 사태는 아테네에서 마침내 직업에 따른 전문성의 존중도, 건전한 지성의 발로도, 양심의 보존도, 나라의 장래를 위한 진지한 염려도 무시당하고 짓밟히는 지경으로까지 접어들었다. 어떻게든 다수표를 확보하는 것만이 문제가 될 때, 판을 치는 것은 민중을 향한 아부(kolakeia)와 대중의 광기(mania) 유발이다. 민중 선동가(dēmagōgos)가 보기에 대중은 '흔들리는 군중'(ochlos)일 뿐이다.

이처럼 존재론적 허무주의와 인식론적 상대주의가 아테네의 현실과 연관될 때 배태할 수 있는 위험성을 미리 내다본 이가 소크라테스였다. 그래서 그는 소피스테스들을 먼저 인식론적 측면에서 공박하며 극복하려 한다. 참된 인식, 즉 지식(epistēmē)이 근원적으로 불가능하다고 하는 소피스테스들의 주장에 맞서 소크라테스는 참된 지식 획득의 가능성을 밝히어 보이기 위해, 이른바 문답법(dialektikē)이라는 자신의 철학적 방법을 활용한다. 이 방법은 두 가지 절차를 밟는다. 그 첫째 것은 소피스테스의 이론적 근거로 되는 감각적 지각

---

28) 《소피스테스》편. 268d.

(aisthēsis)에 의해서 얻게 되는 의견(판단: doxa)을 근본적으로 포기
하게 하는 논박(elenchos)이다. 이를 흔히 무지의 자각이라고도 말한
다. 이 논박은 소피스테스의 쟁론술(eristikē)적인 것과는 근본적으로
다르다. 소피스테스는 다른 사람의 '독사'(doxa)를 자신의 doxa로,
즉 약한 doxa를 강한 doxa로 대체시킬 뿐인 데 비해, 소크라테스의
논박은 아예 doxa 자체를 버리게 한 다음, 전혀 차원을 달리하는 지
식(epistēmē)을, 앞서 이미 논박된 이로 하여금, 스스로 낳도록 하려
는 것이다. 이 둘째 절차가 곧 지적 산파술(maieutikē)이다. 산파술을
통해서 낳도록 하려는 지식은 이성(logos)에 의해서 알게 되는 것이
다. 인간은 이성의 능력을 가졌기에 참된 지식을 가질 수 있다는 것
이 그의 확신이었다. 플라톤은 이러한 소크라테스의 방법을 계승하
여, 존재 탐구의 방법적 체계를 수립한다. 소크라테스의 '디알렉티
케'가 문답법인 데 비해, 플라톤의 것은 사유 체계이다. 문답법은 대
화의 쌍방이 묻고 대답하는 가운데 결코 지식일 수 없는 '의견'
(doxa)의 포기와 지식을 낳는 과정을 밟는다. 따라서 문답하는 이들
은 어떤 문제의 공동 탐구자들이다. 이에 비해 플라톤의 대화편들은
그 자체로는 비록 문답 형식을 취하지만, 사실에 있어서는 독자가 혼
자서도 책을 읽으면서 마음속으로 자신과 문답을 하게 하는 사유 과
정을 거쳐 마침내 스스로 진리를 직관하도록 인도하기 위한 것들이
다. 그렇기 때문에 플라톤의 대화편들은 기본적으로 산파술적인 특성
을 갖는다. 소크라테스의 문답법의 두 절차를 플라톤에 대비시켜 보
면, 논박에 해당하는 것이 인식 주관의 순수화(katharsis)이고, 산파술
에 해당하는 것이 상기(想起: anamnēsis), 즉 지성(nous)에 의한 앎
(이해) 또는 순수 사유에 의한 직관 내지 인식(noēsis, epistēmē)이다.
이러한 인식 과정은 물론 새로운 존재론의 확립과 맞물려 있는 문제
이다.

2) 플라톤

플라톤에 의하면 존재하는 것들(ta onta)에는 두 종류가 있는데, 그 한 가지는 가시적(可視的)인 것(to horaton)이고 다른 한 가지는 비가시적인 것(to aides)이다. 비가시적인 것은 언제나 동일성을 유지하나(aei kata taúta echon), 가시적인 것은 결코 동일성을 유지하는 법이 없다.[29] 따라서 이 두 종류의 존재들은 근본적으로 따로따로 갈라진다(diairetai chōris … chōris),[30] 즉 서로 구별된다. 이는 마치 우리의 오관의 대상들이 각기 상응하는 감각에 따라 갈라지는 이치와 같다. 오관의 기능이 각기 다르기에 그 대상들도 다를 수밖에 없다. 그런데 우리는 이 오관의 능력과는 다른 능력을 또한 지니고 있다. 그것을 흔히 이성(logos)이라고 일컫지만, 플라톤은 특히 '누스'(nous)라 했으며, 이의 인식 작용 또는 인식 기능을 '노에시스'(noēsis)라 했다. 편의상 '누스'는 '지성'이라 옮기고, '노에시스'는 '지성에 의한 앎(이해)'이라 옮기기로 한다.[31] 플라톤에 있어서 '지성에 의한 앎 또는 이해'(noēsis)는 감각적 지각에 의존하지 않는 순수한 사유에 의한 인식만을 가리킨다. 그렇기 때문에 이는 곧 지적 직관을 의미하기도 한다. 요컨대 감각적 지각은 물질적인 것, 즉 그런 존재 내지 대상에 상응하는 주관 쪽의 능력이요, '노에시스'나 '누스'는 물질적인 것이 아닌 존재 내지 그러한 대상에 상응하는 능력이다. 앞엣것들을 감각적 지각(aisthēsis)에 의해서 지각될 수 있는 것들이란 뜻으로 '감각 대상들'(ta aisthēta =the sensibles)이라 일컫고, 뒤엣것을 '지성(nous)에 의해서[라야] 알 수 있는 것들' 즉 '지

---

29) 《파이돈》편, 79a
30) 《파르메니데스》편, 130b.
31) 제1장에서 각주 21 및 이와 관련된 본문의 언급을 참조할 것.

성에 의한 앎(noēsis)의 대상들'(ta noēta =the intelligibles)이라 일컫는다. 앞에서 '가시적인 것'이니 '비가시적인 것'이니 한 것은 주관 쪽의 대표적인 감각 기관을 시각으로 보고서 이것들에 대해 하는 다른 표현들이다. 대상들은 어차피 주관(主觀)이 주시하며 바라보는 (blepein) 것들이다. 그러나 무엇이 무엇을 보는지가 문제이다. 헬라스는 유난히 빛이 풍부한 고장이다. 카메라의 필름 감도를 달리 잡아야 하는 고장이다. 밝은 빛깔을 띠는 사물들, 이를테면 꽃들은 그 빛 속에서 너무나도 선명하게 그 자태를 드러낸다. 석 달 남짓한 겨울을 빼면, 늘 그렇다. 그러나 그 때문인가? 겨울의 삭막함이 자연의 무상함을 새삼 느끼게 한 탓일까? 사물들의 그 선명하던 모습이 오히려 덧없음을 더욱 절감하게 만드는 것일까? 어쨌든 플라톤은 우리의 육안 아닌 다른 것이 보게 되는 걸 본격적으로 말하기 시작했다. 혼 또는 마음(psychē)이 감각을 통해서 어떤 걸 살피면(skopein), 몸한테 이리저리 끌려 다니다가, 스스로도 헤매게 된다. 그러나 혼이 그 자체로만 살피게(고찰을 하게) 되면, '언제나 똑같은 방식으로 한결같은 상태로 있는 것'이어서, 때에 따라 바뀌는 일 없이, '한 가지 보임새로 있는 것'(monoeides on)을 접하게 된다고 한다.[32] 혼이 그 자체로만 그 대상을 살필 때, 혼은 사물의 본모습을 보게(katidein, idein) 된다. 즉 직관하게 된다. 이 본모습을 이데아(ἰδέα) 또는 형상 (形相: eidos)이라 한다. 육안이 보게 된 것이 아니라, 혼 자체가 지니고 있는 지성(nous)이 그 지적 직관(noēsis)의 능력에 의해서 직관하게(katidein) 된 사물의 진정한 모습이란 뜻에서 쓰게 된 말이다. '이데아'나 '에이도스'(형상)가 플라톤적인 전문 용어로도 쓰이기 이전에는 둘 다가 '형태', '모양', '외관', '성질', '종류', '종'(種), '모습',

32) 《파이돈》편, 78d, 79c~d.

'보임새' 등의 뜻으로 쓰이던 일상어였으며, 플라톤 자신도 이런 뜻의 일상어로 동시에 쓰고 있다. 사물들은 종류에 따라 어떤 특유의 공통된 형태나 특성을 보이기에, 그런 것들을 한 '종류'로 간주한다. 그러나 이에서 그치지 않고, 더 나아가 그런 어떤 종류의 것에 있어서 본질적인 것이 무엇인지를, 더 정확히 말해서, 그런 사물을 그런 것이게 하는 본질적인 것의 모습이 어떤 것인지를 물으며 그것을 찾으려 할 때, 플라톤적인 생각을 하게 되는 것이다. 이런 문제와 관련되는 것으로는 제3장에서 '기능'의 문제를 이미 다루었다. 인식론적으로 우리의 오관으로는 접근이 안 되는 대상, 즉 지성에 의해서라야 알 수 있는 것(to noēton) 곧 그런 '존재'(to on)가 지성(nous)에 보이는 '모습' 내지 '보임새'가 어원적 의미의 '이데아'나 '에이도스'이다. 그러니까 플라톤의 경우에 이것들은 '지성에 의한 앎'(noēsis)의 대상이 우리의 지성에 이러저러한 '모습'을 보이는 '존재'임을 말하는 것일 따름이다. 이를테면, '아름다움(to kalon, kallos)의 이데아'란 지성에 대하여 '아름다움의 보임새를 보이는 존재'라는 뜻으로 이해할 성질의 것이다. 이를 두고 '아름다운 것 자체'(auto ho estin kalon)라든가 아름다움 자체(auto to kalon)라고 하는 것도 감각 아닌 지성이 접하게 되는 불변의 절대적인 아름다움을 가리키는 표현이다.

이처럼 인식 주관 쪽의 전혀 차원을 달리하는 두 가지 능력과 이들에 상응하는 두 종류의 존재들이 일단 구분되면, 우리는 이것들의 대응 관계에 따라 이들 사이에 각기 일종의 친족 관계(syngeneia)가 성립함을 보게 된다. 따라서 대상에 대한 앎은 그것에 상응하는 능력에 의해서만 가능하다. 이 원리를 플라톤은 헬라스인들의 속담을 빌려서 말한다. 그것은 "닮은 것에 닮은 것이"(to homoion tō homoiō: ho homoios tō homoiō)[33]라는 것인데, 이는 그에게 있어서 인식론

136

적인 의미의 유유상종(類類相從), 즉 '끼리끼리'를 뜻하는 말로 우선 쓰인다. 이처럼 이들 사이에는 결코 대각선적 관계가 성립할 수 없으므로, '닮은 것'을 알기 위한 우리 쪽의 인식론적 준비 작업이 선행되지 않으면 안 된다. 감각에는 감각적 대상들이 알려질 뿐이다. 감각적 대상이 아닌 초감각적인 것은 감각을 넘어서는 인식 주관, 즉 지성의 대상이다. 지성이 그런 능력을 찾아 갖도록 하는 작업이 이른바 '카타르시스'(katharsis), 즉 인식 주관의 순수화 작업이다. 이 말은 원래는 오르페우스 종교와 피타고라스 학파에서 종교적 목적의 정화(淨化)를 가리키는 것이었다. 말하자면 혼(psychē)의 구원을 위한 육신의 정화가 곧 katharsis였고, 이 정화 의식을 특히 katharmoi 라 일컬었다. 플라톤에 있어서 인식론과 관련된 이 katharsis에 대한 언급이 본격적으로 나오는 것은 그의 《파이돈》이라는 대화편인데, 이 용어가 언급되는 분위기가 몹시 종교적이기 때문에, 더구나 이 대화편의 형식상의 주제가 혼의 불멸성이기 때문에 흔히들 종교적인 정화로 이해하고 있다. 그러나 이 대화편은 플라톤이 자신의 본격적인 인식론을 선보이는 중요한 중기 대화편들 중의 하나이다. 이에 대한 훗날 사람들의 오해를 사게 하는 종교적인 언표들은 그가 당시에 기댈 수 있는 언어나 표현 방식을 달리 갖지 못했다는 데 기인된다. 그로서는 그래도 자신이 말하고자 하는 바에 적합한 것으로서 선택할수 있었던 게 그것밖에 없었기 때문이다.[34] 소피스테스들의 지각설(知覺說)이 영향을 미치고 있던 당시에, 더구나 철학을 잘 모르는 일반인들에게 도대체 감각적인 것(aisthēton)이 아닌 것(anaisthēton)에

---

33) 이 속담이 플라톤에 있어서 일종의 원리적인 것으로 쓰이게 되는 다른 한 가지의 용도는 그의 동화(同化: homoiōsis) 사상과 관련되는 것인데, 이는 다음 항목에서 다룰 성질의 것이다.

34) 이와 관련해서는 제1장의 5항을 참조할 것.

대한 설명을 생소한 용어들을 동원하여 한다는 것은 플라톤 자신이 처한 현실을 고려하지 못하는 처사일 수밖에 없다. 따라서 그는 자기 시대의 상황이 허용하는 범위 내에서는 그래도 가장 효과적일 수 있는 사상 전달의 매체로서 종교적 언어를 빌린 것이다. katharsis와 관련된 다음의 몇 가지의 언급만으로도 그것이 종교적인 정화가 아니라, 바로 감각적 지각에 의존하려는 버릇을 떨어버리고서 '지성에 의한 이해(앎)' 또는 순수 사유 내지 직관(noēsis)을 갖도록 하기 위한 인식 주관의 순수화임을 충분히 확인할 수 있게 해줄 것이다. 예컨대, 《소피스테스》편(230b~231e)에서 그는 자기가 의미하는 katharsis가 무엇을 뜻하는 것인지를 아주 명백히 밝히고 있다. 앞서 소피스테스들에 관한 언급을 하는 가운데 그들이 내세우는 앎은 전적으로 감각적 지각에 의존하는 '의견'(판단: doxa)일 뿐임을 말했다. 이 '의견'을 버리도록 하는 것이 소크라테스에게 있어서는 '논박'(elenchos)이고, 플라톤에게 있어서는 다름 아닌 katharsis이다. 의사는 어떤 환자의 뱃속에 남아 있는 장애물들을 제거해 주기 전에는 그가 섭취하는 음식이나 영양이 아무런 이득을 가져다주지 못한다고 생각할 때, 그에게 일종의 정화 방법으로서 설사를 시키는 등의 방법을 택할 수 있다.[35] 마찬가지로 혼의 경우에 있어서도 배움(mathēma)에 지장을 주는 것들인 의견들(doxai)을 제거해서 혼을 순수한 상태에 있게 함으로써, 자기가 아는 것만을 알고 그 이상은 모른다고 생각하도록 논박을 철저히 하기 전에는 결코 습득하는 배움이 이로움을 가져다 줄 수 없다는 것을 아는 사람이 곧 철학적인 의미의 정화를 하는 사람, 즉 인식 주관을 순수화하는 사람이다. 이에 이어서 "그러니까 논박은 katharsis들 중에서도 가장 중대하고 주된 것이라

---

35) katharsis는 설사를 의미하기도 한다.

고 말해야만 한다"고 한 것은 katharsis가 무엇인지를 단적으로 말해 주는 표현이다.

또한 플라톤은 《국가(政體)》편에서 혼, 아니 지성(nous)의 순수화 (katharsis)를 위한 예비 교육(propaideia)과정에 관한 언급을 하고 있다.[36] 예비 교육 과목들로서 그가 제시한 과목들은 산수, 기하학, 입체기하, 천문학, 화성학 등인데, 이들에 관한 언급을 하는 가운데, 다음과 같은 말을 하고 있다. "이런 걸 확신한다는 것은 … 힘든 일 이다. 즉 이들 학과목을 통해서 각자의 혼의 어떤 기관이 순수화되어 (ekkathairetai), [그 동안의] 다른 활동들로 인해서 소실되고 눈멀어 버린 이 기관이, 눈 만 개보다도 더 보전될 가치가 있는 이 기관이 다시 점화된다는 것을 말이다. 이것에 의해서만 진리가 보이기 때문 이다."[37] 여기에서 말하는 기관은 물론 '지성'이다. 이 순수화의 과정 을 거침으로써 이제야 지성이 '일체의 감각을 쓰지 않고서 … 지성 에 의한 이해(앎) 자체'의 힘으로 '각각인 것 자체'(auto ho estin hekaston), 즉 '아름다운 것 자체'(auto ho estin kalon)와 같은 이데 아 또는 형상(形相)을 직관(katidein)하게 되며, 더 나아가서는 '좋은 것 자체'(auto ho estin agathon), 다시 말해 '좋음(善)의 이데아'에 도 마침내 이르게 된다고 한다.[38]

그는 이런 지성에 의한 앎 또는 이해를, 앞서 말했듯, 일찍이 상기 (想起: anamnēsis)라는 말로도 표현했는데,[39] 이는 무엇보다도 우리 로 하여금 진리를 잊은 상태로 있게 하는 감각적 지각에서 벗어났을 때에야 비로소 진리(alētheia)를 포착하게 된다는 것을 말하려는 의

---

36) 《국가(政體)》편, 525a~531 d.
37) 같은 책, 527d.
38) 같은 책, 532a~b 참조.
39) 《파이돈》편, 72e, 73d~74d 및 《메논》편, 81e.

도를 담고 있다.[40] 어원적으로 alētheia는 '비(a-) 망각(lēthē)의 상태'
를 의미하는데, 플라톤이 '망각의 강'(Lēthē)에 얽힌 신화를 우리에
게 들려주는 것도 바로 이런 연유에서다.[41] 이처럼 인식 주관의 순수
화를 거쳐서 순수 사유 내지 직관의 단계에 이르러 그 고유의 대상
들을 인식하게 되는 전 과정의 방법적 체계가 플라톤의 '디알렉티
케'(dialektikē), 즉 변증술이다. 그래서 그는 이 변증술을 하나의 긴
'여정'(旅程: poreia)으로 말하고 있다.[42] '동굴의 비유'나 '선분(線
分)의 비유'도 그런 여정과 관련된 것이었다. 이는 혼에 있어서 최선
의 부분인 지성으로 하여금 감각의 결박에서 풀려나 실재(實在)들(ta
onta)은 물론 이들 중에서도 '최선의 것'(to ariston)인 '좋음(善)의
이데아'에 대한 관상(觀想: thea)의 경지에까지 이르게 됨을 의미한
다. 이 단계에 이르고서야 일체에 대해 제대로 '설명을 해 줄'(logon
didonai) 수 있게도 된다고 한다.[43] 왜냐하면 이제야 비로소 사물들
의 원인(aitia)을 제대로 알게 되었기 때문이다. 순수화된 주관이 보
게 되는 존재들, 즉 지성에 의해서 알게 되는 것들(ta noēta)이 감각
에 의해서 지각하게 되는 것들의 진짜 원인이라는 것을 알게 되었다
는 것이다. 사람들은 하나의 사물이나 현상이 그러한 것으로서 존재
하는 원인을 물질적·물리적인 것에서만 찾는데, 물질적·물리적인
것이 원인 몫을 하지 않는 것은 물론 아니지만, 그것은 부차적이고
보조적인 공동(共同) 원인(synaitia, symmetaitia)일 뿐 유일한 원인도
으뜸가는 원인도 아니라는 것이 플라톤의 생각이다. 그의 설명을 들

40) 그렇다고 해서 이런 진리 인식이 감각적 지각을 거쳐서 나중에 생기는 것은 아
 니라는 뜻으로, 따라서 그것과는 무관하게 일어난다는 뜻으로 오히려 '먼저 알고
 있다'(proeidenai)는 말을 또한 쓰기도 했다. 《파이돈》편, 74e.
41) 《국가》편, 621a~c.
42) 같은 책, 532b.
43) 같은 책, 532c~534c 참조.

어보기로 하자. 소크라테스가 최후의 날에 감옥의 침대에 앉아서 아침부터 친구들과 담론을 하면서 저녁때가 되기를 기다리고 있다. 그런데 그가 그런 자세로 친구들과 담론을 하고 있게 된 까닭(aitia) 곧 원인을 신체를 구성하는 뼈나 살 또는 힘줄 따위의 신체적인 조건이나 소리, 청각, 공기 따위의 물리적 조건에서 찾는 것은 잘못이라는 주장이다. 왜냐하면 그런 것보다 더 중요한 원인은 그에게 사형 판결을 내린 시민들의 결정에서 찾아야만 하며, 또한 그가 감옥에 있는 동안 친구와 제자들이 국외로 망명하도록 주선해 놓고서 그에게 그렇게 하도록 끈질기게 종용했지만, 그렇게 하지 않는 것이 옳을 뿐만 아니라 좋다고 생각했다는 데서 찾아야만 하기 때문이다. 물론 이 경우에 자신의 몸이 '그것 없이는 결코 원인이 원인일 수 없는 것' (ekeino aneu hou to aition ouk an pot' eiē aition)으로서 그 몫을 충분히 해내기는 했으되, 이는 어디까지나 부차적인 것이지, '진정으로 원인인 것' (to aition tō onti)은 아니란다.[44]

《파이돈》편에서 밝힌 그의 이런 견해는 《티마이오스》편에서도 마찬가지이다. 물리적인 "모든 것은 보조적(부차적) 원인들(synaitiai, ta synaitia)에 속하는 것들인데, 신은 가능한 한 최선의 것을 실현하는 데 봉사하는 것들로 이것들을 사용한다. 그러나 이것들은 대부분의 사람들에 의해 보조적 원인들로 되는 것들(synaitia)이 아니라 [바로] 만물의 원인들이 되는 것들(aitia)로 간주되고 있다. 차게도 하며 뜨겁게도 하고, 굳어지게도 하며 흩뜨리기도 하는 등 이와 같은 모든 작용을 일으키는 것들이라 해서다. … 지성과 앎을 사랑하는 사람은 반드시 슬기로운 종류의 원인들(aitiai)을 일차적인 것들로 추구하되, 다른 것들에 의해서 운동하게 되는 것들이면서도, 필연적으로 다른

---

44) 《파이돈》편, 98a~99c.

것들을 운동하게끔 하는 것들에 속하게 되는 원인들은 이차적인 것들로 추구한다. 그러므로 우리로서도 같은 방식으로 해야만 한다. 우리는 원인들의 종류를 둘로 말해야만 하되, 지성과 함께(지성을 지니고서) 아름답고 훌륭한 것들을 생기게 하는 것들인 원인들과 지혜(phronēsis)는 없이 닥치는 대로 그때마다 무질서한 일을 해내는 원인들을 구별해야만 한다."45) 이 긴 인용구는 눈의 시각 능력과 관련해서, 눈이 우리에게 있어서 중요한 것은 눈의 생리적 기능보다는 눈이 궁극적으로 사람을 사람답게, 더 지혜롭게 살게끔 하는 기능에 더 큰 비중을 두어야 된다는 취지로 한 말이기는 하지만, 두 부류의 원인 및 존재를 구별하고 있는 점은 앞의 경우와 같다고 할 수 있을 것이다.

이렇게 해서 플라톤은 지성에 의해서나 이해할 수 있는 원리나 원인의 부류에 속하는 존재들을 확보하게 된다. 이에 기반을 두고 전개되는 그의 존재론을 형상 이론(形相理論) 또는 이데아 설(說)이라 한다. 이 이론과 관계되는 한, 그의 중기 대화편들 가운데서도 앞쪽에 속하는 것들에서는 사물들과 형상들의 존재 방식을 구분하고서는, 이것들과 사물들의 관계에 대한 설명 및 그 인식 이론에 열의를 보인다. 이를테면 《파이돈》편이나 《향연》 등이 그 대표적인 것들이다. 그러나 중기 대화편들 중에서도 뒤쪽에 속하는 것이라 할 《파이드로스》편이나 후기 대화편들인 《소피스테스》편 및 《정치가》편에서는 형상 이론의 심화된 이론 체계의 구축과 전개에 열의를 보인다. 하지만 이와 관련된 이 이상의 언급은 제3장의 2)항 (3) 및 (4)에서 그리고 제5장에서 자세하게 하고 있으므로, 여기에서는 이만큼만 하기로 한다.

---

45) 《티마이오스》편, 46c~e.

142

다만 우리가 여기에서 새삼 짚고 넘어갈 것 한 가지가 있다. 그것은 플라톤이 그의 형상 이론을 통해서 파르메니데스의 존재론에 자신의 철학을 어떻게 접목하려고 하고 있는지를 짚어보고서, 다음으로 넘어가는 것이다. 앞서 말했듯, 파르메니데스가 사유될 수 있는 것으로서 확보한 존재는 결국 일자(一者: to hen)인 것이고, 이 존재는 생성의 세계에 속하는 사물들과는 전혀 무관한 것이다. '사유될 수 있는 것'(to noēton)일 뿐인 존재와 '감각에 의해 지각되는 것들'(ta aisthēta) 사이를 연결해 줄 수 있는 장치가 전혀 없다. 아니 뒤엣것들은 그저 이름뿐인 것들이니 그럴 필요조차 없는 셈이다. 그야 일자인 참 존재에 대한 사유에만 몰입해 있다면, 현상들은 이름뿐인 것들로만 보일 수 있겠다. 그러나 엄연히 소크라테스도 플라톤도 살고 있던 세상은 오히려 그런 것이고, 파르메니데스 자신도 그런 세상에서 살면서 '사유'(noein)도 하고 있었다. 그런 아테네인데도 고민 속에서 철학을 하지 않을 수 없었던 플라톤이었다. 소크라테스에게 어처구니없는 죽음을 맞게 한 그런 현실을 어떻게 개혁할 수 있을 것인지에 대한 그의 일생을 통한 고뇌가 그로 하여금 잉태케 한 것이 그의 철학이다. "주어진 것을 선용할지니"(to paron eu poiein)라는 헬라스인들의 격언에 대해 현실적으로 '주어진 것'(to paron)은 과연 어떤 것이며, 그것을 과연 어떻게 선용할 것인지에 대해 거창한 대답을 하고 있는 것이 플라톤 철학의 이론적 체계이다. 따라서 파르메니데스적인 결론에서 벗어나야 한다는 것은 그에게 있어서는 그 첫 걸음부터 짊어지지 않을 수 없는 짐이었을 것이다. 그래서 제시된 것이 '지성에 의해서[라야] 알 수 있는 영역'(ho noētos topos)에 속하는 '지성에 의해서[라야] 알 수 부류'(to noēton genos)와 가시적 영역의 가시적 부류의 구별 및 이 두 부류간의 관계 맺음에 대한 설명 장치라 할 것이다. 그러나 이와 관련된 언급도 역시 제5장으로 미룬다.

3) 아리스토텔레스

앞에서 이미 말했듯이, 플라톤은 존재들(ta onta)을 '감각에 지각
되는 것들'(ta aisthēta)과 '지성에 의해서 알 수 있는 것들'(ta noē-
ta)로 일단은 구분한 다음, 뒤엣것들이야말로 참으로 존재하는 것들
임을 역설하면서, 이것들의 존재 방식과 존재 구조를 밝히는 작업을
했다. 이에 비해 아리스토텔레스는 어디까지나 개체 자체를 존재로
본다. 그에게 있어서 존재(to on)는 개개의 사물로 한정되고, 이 틀에
서 벗어나는 유일한 존재가 신(theos)이다. 플라톤 식으로 말해서 감
각 아닌 지성(nous)에 의해서만 알게 되는 독립적인 존재로는 유일
하게 신만이 있다. 만일에 우리가 그의 말대로[46] 인간의 '능동적인
지성 내지 정신'(ho poiētikos nous)을 불사의 것으로 또한 받아들인
다면, 그런 존재는 더 늘어날 수도 있겠다. 그러나 그렇다고 하더라
도 플라톤적인 의미의 그런 존재들은 그에게 있어서는 더 이상 존재
하지 않는다. 플라톤이 형상 또는 이데아로 말하는 '아름다움 자체'
가 존재하는 것이 아니라, 아름다운 '이 장미'가 존재하고, '용기 자
체'나 '절제 자체'가 그 자체로 존재하는 것이 아니라 용기 있는 '이
사람'이 그리고 절제 있는 '이 사람'이 존재한다는 것이다. 그리고
'북인 것 자체'가 존재하는 것이 아니라, '이 북'이 존재한다는 것이
다. 이런 개체들을 일컬어, 그는 'tode ti'라 했는데, 이를 우리말로 직
역하면, '이 장미'나 '이 사람' 또는 '이 강아지'나 '이 북' 등의 경
우에서 볼 수 있듯, <u>'이 아무 것'</u>이 된다. 즉 '하나의 이것'인 개체만

---

46) 《혼에 관하여》(영혼론), 제3권 제5장.

이 '존재', 아니 존재하는 것' (있는 것: to on)이란다. 그러니까 우리가 일상적으로 만나며 부딪치는 개체들이 바로 그가 말하는 '존재하는 것들' (ta onta)이다.[47]

그러나 '존재하는 것' 또는 '있는 것' (to on)이라고 할 때도, 이는 여러 가지 뜻으로 하는 말이다. 헬라스어 to on은 '있는 것'을 의미하는 동시에 '…인(…ㄴ) 것'을 의미하기도 한다. 그래서 존재하는 것인 개체는 아리스토텔레스가 내세우는 열 가지 범주가 적용되는 방식만큼 '…인(…ㄴ) 것'이다. 예컨대, 이 고양이는 한 마리의 '고양이'라는 '동물'이며, 작은 것이고, 내 앞에 앉아 있는 것이고, 지금 '야옹' 하고 울고 있는 것이다. 등등. 그리고 현재분사 on(being)의 부정사(不定詞) 'einai' (be)나 삼인칭 단수를 나타내는 동사 'estin' (is)은 어떤 것이 '참임' (hoti alēthes)을, 그리고 이것들의 부정 형태들은 그것이 거짓임(pseudos)을 의미하기도 한다. 이를테면, "이 고양이는 동물이다"는 참이지만, "이 고양이는 동물이 아니다"는 거짓이다. 그런가 하면, 가능태에 있어서 …인 것도 있고, 현실태에 있어서 …인 것도 있다.[48] 그러나 이 모두는 결국 존재하는 개체를 기반으로 한 것이다.

그래서 그는 이 개체와 관련해서 이런 말을 한다. "가장 주된 의미

---

47) 그러나 여기에서 '개체'를 가리키는 '이 아무 것'으로 옮긴 tode ti가 개체 아닌 형상을 가리키는 경우가 《형이상학》에서만 해도 몇 군데나 있다. 이를테면, 《형이상학》, Δ(5)권, 1017b25, H(8)권, 1042a29 등에서다. 그런데 뒤의 경우에는 형상이 조건 없이(haplōs) 분리 독립해서(chōriston) 존재하는 것이 아니라, '의미 규정 형식(logos)상으로'만 그럴 수 있는 것으로 말하고 있으나, 앞의 경우에는 아무런 단서도 달지 않은 채로 그냥 분리 독립해서 존재하는 것처럼 말하고 있다. 플라톤이 형상을 분리 독립할 수 있는 것으로 말했다고 하여 비난하고 있는 아리스토텔레스이니, 이 부분의 텍스트는 오기나 탈락으로 인한 것이라 보아야 할 것이다. Ross, W. D., *Aristotle's Metaphysics*, Vol. I(Oxford, 1924), 310~311면을 참조할 것.

에 있어서 또한 으뜸으로 그리고 무엇보다도 더한 의미에 있어서
'우시아'(ousia)[49]인 것은 어떤 주어(主語) 또는 기체(基體: to
hypokeimenon)[50]에 대해서 서술되지도 않으며 어떤 주어(또는 기

---

48) 《형이상학》 Δ(5)권, 7장 및 Z(7)권, 1장.
49) 헬라스어 ousia는 라틴어로는 substantia로, 영어로는 substance로 옮기는 것
이다. ousia는 einai(영어 be에 해당)의 여성형 현재분사 ousa(being)를 명사화
한 것이다. on은 중성형 현재분사이고, 여기에 정관사 to를 그 앞에 붙여서 to
on(the 'being')의 형태로 '존재' 또는 '존재하는 것'의 뜻으로 쓰게 된 것이다.
ousia는 일차적으로 어떤 사람에게 '있는 것', 즉 '자산'을 뜻한다. 그래서 '우시
아를 가진 자들'(hoi echontes tēn ousian)이란 '자산가들'을 의미한다. 그런데
이 말은 헬라스인들이 철학적 탐구를 시작하면서 다른 의미들을 덧보태어 갖게
된다. 사물들은 외관상 부단히 변화하지만, 이것들에 있어서도 변화하지 않고 지
속성을 유지하며 존속하는 것이 있다는 생각을 하게 되면서, 이 말은 속성이나
우유성(pathos)에 대한 '본질', 생성(genesis)에 대한 '실재성' 및 '실재성을 지
닌 것', 즉 '실재'(實在)나 '존재' 따위의 의미들을 갖게 된 것이다. 그래서 플라
톤의 《국가(政體)》편의 경우만 해도 이 낱말은 '자산'의 뜻으로 쓰인 빈도와 이
런 철학적 의미의 것으로 쓰인 빈도가 거의 반반일 정도이다. 우리는 이런 의미
상의 전용(轉用)을, 즉 '자산'을 의미했을 뿐인 일상어를 철학적 전문 용어로 전
용하게 된 연유를 이렇게 생각해 보면 쉽게 이해할 수 있을 것 같다. 도대체 사
물들에 있어서 그것들을 그것들이게끔 해 주는 가장 든든하고 중요한 '자산'은
무엇일까? 이 물음에 대해, 그것은 사물들에 있어서 없어서는 아니 될 본질적인
것일 것이요, 여기에서 더 나아가 그런 것이야말로 어쩌면 지속성(持續性)을 지
닌 참된 것일 거라는 대답을 생각하게 된다면, ousia의 그런 의미 전용은 자연스
레 이어질 것 같다. 영어 단어 property가 '자산'의 뜻과 함께 사물이 지닌 '특
성'의 뜻도 갖고 있다는 것도 어쩌면 그런 의미 전용을 이해하는 데 조금은 도
움이 될 것도 같다. 그런데 아리스토텔레스의 경우에 이 낱말을 우리말로는 흔히
'실체'(實體)로 옮기지만, 여기에서 계속되는 언급들에서도 확인할 수 있듯, 이
역어(譯語)는 자칫 혼란만 초래할 수 있기에, 원어를 일단은 발음 그대로 표기하
기로 한다. M. Frede와 G. Patzig도 그들의 *Aristoteles 'Metaphysik Z'*, Bd.
I(München, 1988), 20면에서 ousia의 번역어로 Substanz, Wesen 등을 쓰는 것
이 "거의 불가피하게 혼란스럽게 하는 연상(聯想)들을 동반한다"고 말하면서, 그
런 역어를 쓰지 않고, 원어를 그대로 쓰겠다고 하고 있다.
50) to hypokeimenon은 논리적 진술 관계에서는 일체의 술어 즉 범주(katēgoria)

체) 안에 있지도 않다. 예컨대, 그것은 어떤 한 사람이나 어떤 한 필의 말과 같은 것이다. 반면에 이들 으뜸으로 '우시아'들(ousiai)로 일컫게 되는 것들이 속하는 종(種: eidos)들과 이 종들의 유(類: genos)들은 이차적인 '우시아'들(deuterai ousiai)일 뿐이다. 예컨대, 어떤 한 사람은 종(種)인 사람에 속하고, 동물은 이 종의 유이다. … 일차적인 우시아들(prōtai ousiai)은 다른 모든 것에 대해서 주어(기체)가 되고 다른 모든 것은 그것들을 서술하게 되거나(katēgoresthai) 그것들 안에 있으므로, 이 때문에 그것들은 뭣보다도 더 '우시아들'이라 하게 된다. … 일차적인 우시아들의 경우에 그 모두가 '이 아무 것'(tode ti)을 가리킨다는 것은 말할 나위도 없는 진실이다. 이것이 쪼갤 수 없는 것(atomon)이며 수적으로 하나인(hen) 것이기 때문이다."[51]

이 '우시아'에 대해 다른 한군데서[52] 하고 있는 언급을 마저 들어 보기로 하자. "우시아는 주로 … 네 가지로 하는 말이다. '어떤 것의 무엇임' 즉 본질(τὸ τί ἦν εἶναι)[53]과 보편자(to katholou)[54] 및 유(類: genos)가 각각의 것의 우시아로 간주되며, 또한 넷째로는 이것들의 기체(to hypokeimenon)로 간주된다. …분리 가능성(독립성: to chōriston)과 개체성(個體性: to tode ti)은 무엇보다도 우시아에 속하는 것으로 간주된다." 물론 이런 우시아는 개체를 가리킨다.

가 서술을 하게 되는 '주어'(subject)라 할 것이나, 운동 또는 변화와 관련될 경우에는 변화가 거기에서 일어나고 있는 '기체'(the substratum)라 할 것이다.
51) 《범주론》, 제5장 2a11~3b13.
52) 《형이상학》, Z(7)권, 제3장.
53) 이와 관련해서는 제1장 뒤쪽에서 언급했으므로, 색인에서 해당 항목을 찾아볼 것.
54) 종(種: eidos) 및 종차(種差: diaphora) 등을 가리킨다. 유(類)도 보편자이기는 하나, 여기서는 별도로 말하고 있다.

《형이상학》(*ta meta ta physika*)이라 불리는 아리스토텔레스의 이 책이 이런 이름을 갖게 된 것은 원래 그 자신과는 전혀 무관한 것이다. 그것은, 기원 전 1세기에 안드로니코스가 아리스토텔레스의 유고들 가운데서 연관성이 있는 것들로 판단한 것들을 하나로 엮은 다음, 이른바 《자연학》(*ta physika*) '다음에 읽을 것들'(ta meta)이라는 뜻의 표시로 그렇게 적었을 뿐인 것이 그만 책이름으로 굳어진 것이기 때문이다. 그러나 여기에 수록된 글들의 내용이 갖는 성격 때문에 훗날 metaphysica라는 학문 명칭으로 또한 굳어져버리게까지 되긴 했지만, 이 책이 결코 단일한 성격의 학문을 다루는 것은 아니다. 이 책이 다루고 있는 문제들과 관련해서 말할진대, 《형이상학》은 으뜸가는 원인(aitia)들과 원리(archē)들을 다루는 학문(epistēmē)이라는 점에서는 지혜(sophia)의 학문 내용을 담고 있으며,[55] '존재하는 것을 존재하는 것인 한에서(또는 존재하는 것으로서) 고찰하고, 또한 이것에 이것 자체로 해서 속하는 것들을 고찰하는 학문'[56]이라는 점에서는 존재론(ontologia)의 내용을 담고 있다. 또한 자연적인 것들 이외에도 부동의(akinēton) 것이면서도 독립해서 있을 수 있는(분리될 수 있는: chōriston) 것이 있으므로 이런 것에 관한 학문은 신학(theologia)인 동시에 '으뜸가는 철학'(제1철학: hē prōtē philosophia)이고, 존재하는 것을, 존재하는 것인 한에서, 그리고 이것이 무엇인지를 고찰하며, 또한 이것이 존재하는 것인 한에서, 이에 속하는 것들을 고찰하는 것도 으뜸가는 철학에 속하는 것이니,[57] 이 책은 이런 철학의 내용을 담고 있다. 그리고 또 이 책은 Z(7)권 및 H(8)권에서 '우시아'(ousia)에 대해 집중적으로 다루고 있으므로, 일

---

55) 《형이상학》 A(1)권, 제1장을 참조할 것.
56) 같은 책, G(4)권, 제1장.
57) 같은 책, E(6)권, 제1장.

148

종의 우시아론(ousiology?)[58]을 담고 있기도 하다.

그러나 우리가 여기에서 다루려 하는 것은 우선은 존재와 관련된 것이므로 아리스토텔레스의 경우에도 이 항목에서는 이 문제를 중심으로 생각해 보기로 한다. 앞에서도 간단히 인용했지만, "존재하는 것을 존재하는 것인 한에서(또는 존재하는 것으로서) 고찰하고, 또한 이것에 이것 자체로 해서 속하는 것들을 고찰하는 하나의 학문이 있다"고 한다. 이 문장은 간단하지만, 실은 복잡한 의미를 담고 있다. 그러면 "존재하는 것을 존재하는 것인 한에서(또는 존재하는 것으로서) (τὸ ὄν ᾗ ὄν) 고찰한다"는 것이 무엇을 의미하는 것인지를 먼저 알아보기로 하자. 존재하는 것(to on)은 존재하는 개체들을 의미한다. 그러니까 그것은 이처럼 독립적인(chōriston) 개체로서 존재하는 것들을 고찰의 대상들로 삼되, 이것들을 존재하는 것인 한에서 또는 존재하는 것으로서 고찰한다는 것인데, 뒤에 붙는 이 단서 성격의 것이 자칫 골머리를 앓게 하는 것일 수 있다. 이 단서 성격인 것의 원문은 ᾗ ὄν인데, 이를 영어로는 라틴어 qua를 빌려서 qua being으로 대개 옮긴다. 리틴어 qua도 그렇지만, 헬라스어 ᾗ 는 '…로서'(영어 as)보다는 '…인 한에서' (영어로는 insofar as)로 이해하는 것이 옳다.[59] 그래서 반즈는 최근에 나온 책[60]에서 τὸ ὄν ᾗ ὄν을 beings as

58) 어떤 고전 학자가 이런 용어를 썼던 것 같은데, 누군지 전혀 기억이 나지 않는다.

59) 불어로는 이를 en tant que로, 그래서 being qua being에 해당하는 부분을 l'être en tant qu'être(J. Tricot, Aristote: *La Metaphysique*, tome I, 171면, Paris, 1974)로, 또는 l'être en tant qu'être(P. Aubenque, *Le problème de l'être chez Aristote*, 21면, 391, Paris, 1997)로 옮기고 있다. 그리고 H. Bonitz 역본의 *Metaphysik*(Rowohlt, 1966)에서는 해당 부분을 das Seiende als solches로 옮기고 있지만, F. F. Schwarz 역본의 *Metaphysik*(Reclam, 1981)에서는 이를 das Seiende, insofern es seiend ist로 옮기고 있다.

being으로 옮기면서, 앞에 있는 복수 형태의 beings는 자칫 추상적인 being으로 잘못 이해하는 것을 피하기 위해서 사용했다고 한다. 그리고선 beings, not being; … the things which exist(존재하는 것들은 [그냥] 존재가 아니다. … 존재하는 사물들이다)라고 하고선, qua being은 그 앞의 beings를 수식하는 것이 아니라, 오히려 그 앞의 동사 '고찰하는'과 함께 하는 것이라고 하면서, beings qua being에서 qua being을 "insofar as they are"(그것들이 존재하는 한에서)와 비슷한 뜻으로 쓰이고 있음을 강조하고 있다. 그러니까 "존재하는 것을 존재하는 것인 한에서(또는 존재하는 것으로서)(τὸ ὄν ᾗ ὄν) 고찰한다"는 것은 어떤 특정한 분야(이를테면, 수학 분야)의 존재를 따로 떼어서 고찰하는 것이 아니라, 독립적인(chōriston) 개체로서 존재하는 것들을, 그것들이 존재하는 것들인 한, 즉 존재론적 차원에서 보편적으로(katholou) 고찰한다는 것을 의미한다.

그러면 이제 "… 또한 이것에 이것 자체로 해서 속하는 것들을 고찰하는 하나의 학문"이 무슨 뜻으로 쓰인 것인지를 마저 알아볼 차례가 된 것 같다. 앞서 말했듯, 개체로서 '존재하는 것'(to on)인 '이 아무 것'(tode ti)에는 이것이 존재하는 것이므로 해서, 즉 존재하는 것인 한, 갖게 된 여러 가지 속성이나, 존재하는 모든 것에 적용되는 원리들 및 원인들이 있다. 그러나 이런 것들은 다음의 소크라테스에게 '우연적으로'(kata symbebēkos) 속하거나 일어나게 된 사태와는 전혀 다르다. "키는 작지만 지혜로운 소크라테스가 아침부터 아고라에서 어떤 사람을 상대로 대화를 하고 있다." 여기에서 '작다'든가 '지혜롭다'든가 '아침부터' '아고라에서' '대화를 한다'든가 하는 것들은 모두가 특정한 양과 질 그리고 특정한 시간과 장소, 특정의 능동적인 행위를 말하고 있을 뿐이다. 그것들은 모든 존재하는 것에서 찾아볼 수 있는 것이 아니라, 소크라테스라는 특정인에게 생긴 우연적인 것들이다. 그러나 존재하는 것들에는, 이것들이 존재하는 것들인 한, 보편성을 갖는 것들이 필연적으로 있게 마련이다. 양이나 질, 관계, 장소, 시간 같은 범주들, 그리고 단일성과 다수성, 다름과 같음, 대립, 요소, 힘 또는 가능성, 전체와 부분 등등.

그런데 존재하는 개체들은 생성하였다가 소멸한다. 그 과정 속에서 변화 또는 운동을 하고 있다. 변화(metabolē) 내지 운동(kinēsis)들 가운데서도 그가 특히 중요하게 다룬 것은 질적인 것이다. 한 개체는 그 기능(ergon)을 가능성으로 갖고 있던 상태(dynamis)에서 그 기능을 실현하여 갖거나 그것이 사용되고 있는 상태(energeia)로 이행하는, 그래서 마침내는 그 기능을 완전히 실현하는 상태 (entelecheia)를 목적으로 갖는 운동을 하게 된다.[61] 그러나 개체들은 생성했다가 소멸할 수밖에 없는 것들이다. 그리고 이들 개체들의 운동은 전후, 좌우 그리고 상하의 여섯 방향으로 진행되며 유한하다. 하지만 이것들과는 달리 천체들은 회전 운동을 하는데, 이는 끊임없는 영원한 운동이다. 그래서 일단은 연계적인 운동 체계가 유지되는 듯하지만, 이것들은 운동을 하게 된 것들이지, 스스로 처음으로 운동을 일으킨 것은 아니다. 그러니 운동에는 시초(archē), 즉 그 원리가 되는 것이 있어야만 한다. 운동의 시초에 대한 무한 소급은 어불성설이다. 그건 시초가 없다는 말과 같기 때문이다. 따라서 일체 운동의 근원이 되는 것이 있고, 이것은 자신은 운동을 하지 않으면서 그것들을 운동하게끔 하는 것이요, "영원하며 '우시아'이고 활동태 (energeia)로 있는 것이다."[62] 이것을 아리스토텔레스는 '자신은 운

---

61) 제3장에서 '아리스토텔레스의 기능 사상' 항목을 참조할 것.

동을 하지 않으면서 최초로 운동을 일으키는 것'(to prōton kinoun akinēton on)이라 하며, 신(theos)이 바로 그런 존재라고 말한다.[63] 그러나 신이 운동을 일으키는 방식은 직접적인 것이 아니고, 간접적인 것이다. 욕구의 대상이 욕구를 느끼는 쪽을 움직이게 하는 방식으로, 그 아름다움으로 해서 사랑을 받는 것이 그걸 사랑하는 쪽을 움직이게 하는 방식으로 운동을 일으킨다는 것이다. 궁극적으로 '목적'(to hou heneka)이 되는 최선의 것(to ariston)이 그것이기 때문이다. '자신은 운동하지 않으면서 최초로 운동을 일으키는 것'인 이 원리에 천구도 자연도 의존하고 있다는 것이다.

그런데 그것이 스스로 '지내는 방식'(살아가는 방식: diagōgē)은 우리가 잠깐 동안 누릴 수 있는 최선의 것인데, 그것은 언제나 이런 식으로 지내고 있으며, 이 활동(energeia)은 곧 즐거움(hēdonē)이기도 하다. 그것의 활동은 질료적인 요소라곤 전혀 없는 순수한 활동이기 때문에, '최선의 것 그 자체(to kath' hauto ariston)에 대한 사유 그 자체(noēsis hē kath' hautēn)'요, '더 이상 최선의 것일 수 없는 것에 대한 더 이상일 수 없는 사유'(hē malista tou malista)이다. 이때의 사유 주체를 '누스'(정신, 지성: nous)[64]라 할 수 있겠는데, 이것은 그 대상(to noēton)과의 접촉을 통해서 그런 자기 자신을 사유하게 됨으로써 주체와 대상이 같은 것으로 된다고 한다. 이런 '누스'

---

62) 《형이상학》 Δ(12)권, 7장.

63) 같은 책, 같은 권, 7, 8장.

64) 이 경우의 nous를 J. Barnes가 편집한 수정판 *The Complete Works of Aristotle*, Vol. two(Princeton, 1984)에서는 'thought'로 옮기고 있으나, 《니코마코스 윤리학》에서는 'intellect'로 옮기고 있다. 《형이상학》에서는 신을 사유 활동만 하며 지내는 존재, 그래서 그가 하는 사유를 '사유의 사유'(noēseōs noēsis, 1074b34~5) 즉 '순수 사유'를 하는 '정신적 존재' 또는 '사유 존재'로 말하고 있는 셈이다. 따라서 noēsis는 thinking으로 옮기고 있다. 반면에 《윤리학》에서는 nous를 인간이 지닌 '신적인 것'으로 말하고 있다.

의 활동이 관상(觀想: theōria)이라고도 한다. '누스'의 활동이야말로 '최선의 영원한 삶'이거니와, 그런 활동을 하고 있는 신은 '영원한 최선자로서 살아있는 것'(zōon aidion ariston)이라고 한다.[65]

3. 삶의 이론

1) 피타고라스 학파

헬라스인들에게 있어서 철학을 하는 것이 삶의 문제와 근원적으로 연관되기 시작한 것은 피타고라스 학파에서부터다. 처음엔 종단(宗團)으로 출발한 집단이 학파의 형성까지 보게 된 것은 그들의 종지(宗旨)를 학문을 통해서 실현할 수 있다는 확신 때문이었다고 볼 수 있겠다. 일찍이 헬라스인들이 가졌던 이른바 아폴론 종교[66]는 민족 종교였을 뿐, 결코 개개인의 혼을 구원하는 데 관심을 보인 종교가 아니었다. 혼의 정화(katharsis)를 통한 구원의 희망을 설파하기 시작한 종교가 오르페우스 종교이거니와, 이 영향을 받은 피타고라스 학파는 종교 아닌 학문을 통해서 구원 사상을 천명하기 시작했다. 이들에게 있어서 학문은 '지혜를 사랑하는 활동'(philosophia) 곧 철학이었다. 그래서 이들에게 있어서는 '지혜를 사랑하는 활동', 즉 철학은 단순히 하나의 학문이 아니라, 그 자체가 가장 바람직한 삶의 방식 내지 생활 태도(tropos)였다.[67] 훗날 사람들이 숭앙했을 뿐만 아니라

---

65) 이상은 《형이상학》의 같은 권, 제7장의 내용 중에서 일부를 요약한 것이다.

66) 제1장 2항을 참조할 것.

67) *Diogenes Laertius*, VIII, 8에는 피타고라스가 다음과 같은 말을 한 것으로 전해져 오고 있다. "인생은 축제와도 같다. 어떤 사람들은 시합을 하기 위해서 축제

또한 '피타고라스적 생활 방식'(Pythagoreios tropos tou biou)[68]이라 일컫게 된 그들의 생활 방식은 문자 그대로 '지혜에 대한 사랑(철학) 속의 삶'(ho bios ho en philosophia)[69]이었다. 그러나 이들에게 있어서 '지혜에 대한 사랑 속의 삶'은 학문을 위한 학문 생활을 의미하는 것이 아니라, "어떻게 살아야만 할 것인가"(pōs biōteon), 즉 "어떤 방식으로 살아야만 하는가?"(hontina chrē tropon zēn)라는 물음에 대한 대답을 찾기 위한 것이었다. 그들은 그 대답을 우주(to pan)에 대한 관상(觀想: theōria)을 통해서 찾는다. 그들이 우주를 처음으로 '코스모스'(kosmos)라 한 것은 우주가 '아름다운 것'이고, 이 아름다움은 '질서'(taxis)에서 비롯되는 것이라는, 그래서 우주는 하나의 거창한 '아름다운 질서 체계'라는 확신을 갖게 되었기 때문일 것이다. 따라서 그 속에 살고 있는 인간의 삶의 목표는 스스로 우주적 질서에 동화(同化)함을 통해서 자신 속에도 그 질서를 실현하는 것이 된다. 이 동화(homoiōsis)를 통해서 그 자신이 우주를 닮은 하나의 소우주로 될 수 있을 것이라 해서다. 그렇다면 이 질서는 무엇에서 비롯되는 것인가? 이에 대한 해답을 그들은 수에서 찾았다. 세계와 세계 속의 사물들은 수적인 구조와 비율을 보이고 있다는 것이

에 참석하나, 어떤 사람들은 장사를 하러 참석한다. 그러나 가장 훌륭한 사람들은 구경하는 사람들(theatai)로서 참석한다. 이와 마찬가지로 인생에 있어서도 노예와 같은 사람들은 명성과 이득을 추구하는 사람들로 되지만, 지혜를 사랑하는 사람(철학자)들은 진리를 추구하는 사람들로 된다." 우리가 쓰고 있는 '철학'이라는 말을 일본인 학자들이 처음에 만든 것은 이 피타고라스의 마지막 말을 토대로 한 것이라 한다. 원래는 '희철학'(希哲學), 즉 '슬기로워지기를 바라서 하는 학문'의 뜻으로 지었으나, 간편함을 위해 '희'(希)자를 생략한 채 쓰기 시작한 것이 굳어졌다는 것인데, 이 이야기는 헬라스철학을 전공하는 일본인 학자 가토 신로(加藤信朗)교수한테서 들은 것이다.

68) 《국가》편, 600b.
69) 《고르기아스》편, 500c~d.

154

다. 수적으로 적정한 구조 내지 비율로 한도지어진 것일 때, 그것이 아름답다. 음악을 포함한 모든 조화롭고 균형을 이룬 현상들이 다 그러하다는 주장이다. 이러한 생각은 헬라스인들의 생활 속에 이미 전통적인 교훈으로 살아 있던 안분지족(安分知足)의 철학적 성찰이요, 이론화이다. "무엇이나 지나치지 않게"(Mēden agan)라는 아폴론 종교의 경구가 이제야 이론적 배경을 갖게 되는 실마리가 마련된 셈이다. 그러나 이와 관련된 본격적인 이론화의 과제는 훗날 플라톤에 고스란히 떠맡겨지게 된다.

2) 소크라테스

소크라테스는 겸허하되 단호한 태도로 자신의 철학적 방법을 '차선의 항해 방법'(deuteros plous)에다 비유했다.[70] 순풍에 돛다는 식의 항해 방법이 아닌 노를 젓는 방식의 항해 방법, 비록 힘들기는 하되 요행과도 같은 천혜(theia moira)의 도움 아닌 인간의 힘으로 항해할 수 있는 방법에다 자신의 철학적 방법을 빗대어 말한 것이다. 그는 인간이 철학을 함에 있어서 안심하고 사용할 수 있는 수단으로서 가지고 있는 것들 가운데 제일 나은 것이 언어와 언어 사용의 능력이라고 보았다. 그런데 '말' 그리고 말을 사용하는 능력인 '이성'을 다같이 헬라스어로는 logos라 한다. 말은 의사 소통을 하기 위해서 사용하는 것이니, 말하는 사람이 그 말로 뜻하는 것과 그걸 듣는 사람이 그걸 이해하는 바가 같아야 할 것이다. 그래야 말이 통할 것이기 때문이다. 학문인 철학을 함에 있어서 사용되는 말은 더더구나 그래야만 할 것이다. 같은 뜻의 말을 사용할 수 있기 위해서는 '의미

---

70) 《파이돈》편. 99c~100a.

규정의 형식'(formula)을 갖춘 말들, 즉 정의(定義: horismos)된 말들을 가질 수 있어야만 한다. 이런 말을 헬라스어로 또한 logos라 했다. 의미 규정이 된 말들을 매개로 이성에 의한 고찰을 하는 방법이 이른바 그의 '차선의 방법'이요, 이 방법의 구체적 절차가 곧 그의 문답법(dialektikē)이다. 그러나 그는 이 문답법을 통하여 우선 문답을 제대로 수행할 수 있게 해 줄 수단들로서의 의미 규정이 된 말들을 먼저 확보하려 했고, 그런 다음 공동 탐구이기도 한 문답을 통해 이치 내지 원칙을 찾으려 했다. 이 이치 내지 원칙이 또한 헬라스어로 logos이다. 이 원칙 내지 이치에 대한 소크라테스의 생각이 잘 나타나 있는 것을 우리는 대화편 《크리톤》편에서 찾아볼 수 있다. 이 대화편은 소크라테스의 죽마고우인 크리톤이 소크라테스의 탈옥을 종용하기 위해 꼭두새벽에 감옥을 찾아가서 그와 주고받은 대화의 내용을 담고 있다. 철학적인 논의로는 소크라테스를 도저히 감당할 수 없음을 익히 알고 있는 크리톤은 그를 납득시키기 위한 궁여지책으로, 만약에 자기나 친구들이 그를 국외로 망명시키지 못할 경우에, 사람들의 평판 내지 의견(doxa)이 어떻겠는지를 생각해 볼 것을 강력히 요구한다. 남의 속사정도 모르고 사람들은 돈을 썼던들 능히 친구를 구할 수 있었을 텐데도 그렇게 하지 않았다는 둥, 그래서 돈을 친구보다도 더 중히 여겼다는 둥 하고 말들을 할 것이 두렵다는 이야기를 한다. 그뿐만 아니라 자신은 물론 모두들, 정작 소크라테스가 죽게 된다면, 그를 다시는 볼 수 없게 될 것이니, 그런 친구들과 가족을 그리고 또한 자식들의 양육을 생각해 볼 것을 권고한다. 이 말을 들은 소크라테스는 돈을 쓰는 일이나 사람들의 평판 내지 의견 그리고 아이들의 양육 등에 대한 많은 생각이란 투표로써 "사람들을 경솔하게 사형에 처했다가도, 할 수만 있다면, 도무지 분별이라곤 없이, 되살려 놓기도 할, 이들 다중이 여러 모로 생각할 거리가 아니겠는가?"[71]고 반문한다. 그는 자신의 국외 망명의 문제를 그러한 대중의 평판 내지 의견을 고려하여 결정할 것이 아니라, 그것이 무엇보다도 이치 내지 원칙에 합당한 것인지 아닌지를 먼저 따져 보아야만 할 것이라고 말한다. 그래서 그는 다음과 같은 말을 크리톤에게 한다. "여보게나 크리톤! 자네의 그 열의가, 만일에 어떤 정당성을 갖춘 것이라면, 그야 크게 값진 것일세. 그러나 만일에 그렇지가 않다면, 그 열의가 더하면 더할수록 그만큼 더 곤란한 것일세. 그러니 우리가 과연 그렇게 해야 할 것인지 아니면 그렇게 하지 말아야 할 것인지를 검토해 보아야만 하네. 이건 내가 이제 비로소 하는 것이 아니라 언제나, 추론해 보고서 내게 가장 좋은 것으로 판단되는 그러한 이치 내지 원칙(logos) 이외에는, 내게 속하는 그 어떤 것에도 따르지 않는 그런 사람이기 때문일세."[72] 이어서 그는 이러한 이치 내지 원칙을 기준으로 삼고서 국외 망명의 길을 택할 것인지 아닌지를 결정해야만 할 것이라고 말한다. 소크라테스 자신이 재판을 받을 때는, 가장 가능성이 큰 것으로서 그가 택할 수 있었던 것들 가운데의 하나가 국외 추방의 제의였으나, 그는 자신의 일생을 아테네 사람들을 이성적이고 건전하게끔 만드는 데 바쳐 온 사람으로서 아테네를 떠나서는 자신의 생존의 의의를 달리 찾을 수 없다고 말했던 사람이, 이제 막상 자신에게 불리하게 사형 판결로 결정되었다고 해서, 탈옥한다는 것은 이치에 합당하지 않다고 그는 주장한다. 부당한 재판이라 해서 이쪽에서 부당한 일을 저지름은, "창피스럽게도 잘못을 잘못으로써 갚고 악을 악으로써 갚는 일"이라고 한다. 더구나 아테네에서는 불합리하다고 생각하는 법률을 해마다 연초에 민회에서 개정할 수 있는 제도적 장치가 갖춰져 있었는데도 그것을 고치려고도 하지 않

---

71) 《크리톤》편, 48c.
72) 같은 책, 46b.

다가, 정작 자신에게 불리한 결정을 내린 법률에 따를 수 없다고 하는 것은 참으로 창피스런 일이라는 것이다. 그것은 마치 합의와 계약의 파기와도 같다는 것이다.[73] 소크라테스에게 있어서 법(nomos)은 일종의 사회적 합의(homologia)요, 약정(synthēkē)이다. 법이 없이 시민 공동체(to koinon tēs poleōs)가 유지될 수는 없다. 그것은 공동체의 유지를 위한 일종의 원칙이다. 이때 문제되는 것이 그 합의나 계약 또는 원칙을 합리적으로 정하여 가지는 것이다. 이에 필요한 것이 즉흥적인 표결이 아닌 합리적인 '추론을 통해 결론을 얻는 것'(logizesthai)이다. 그러기 위해서는 아테네 시민들이 이성적인 사람들로 될 것이 급선무로 요청된다. 소크라테스가 아테네 시민들을 향해서 저마다 혼을 보살필 것을 강조한 것도 이런 취지에서였다. 혼이 이성을 지니고 있음을 깨닫고서 이를 활용하고, 이에 따를 것을 강조한 그였다. '각자가 가장 훌륭하고 지혜로워지도록' 하는 일이 각자에게 있어서 어떤 것들보다도 앞서 보살필 일이다. 사람 구실(ergon)을 이에서 찾을 수 있을 것이기 때문이다. 이성을 떠나 달리 사람 구실을 찾을 수는 없다는 것이 그의 확신이었다. 나라의 일을 보살핌에 있어서도 나라 자체를, 즉 나라의 구실을 먼저 생각할 것이지 나라의 일을 먼저 생각해서는 아니 된다고 한다.[74] 나라의 구성원들이 이성적인 시민들일 때, 이들에 의해 운영되는 나라가 이성적인 기능을 가질 것은 당연한 이치이다. 왜냐하면 이성적으로 운영되는 나라는 합리적인 사회적 합의 내지 약정인 법을 가질 것이기 때문이다. 이런 것들이 소크라테스에 있어서 합리적으로 추론된 원칙들일 수 있다.

그러나 원칙을 갖기 위해서 수행되는 합리적인 추론에는, 적어도 그것이 궁극적으로 합리적일 수 있기 위해서는, 그 자체에 이론적 배

---

73) 같은 책, 54c.
74) 《소크라테스의 변론》편, 36c.

경이 필요하다. 시민과 시민의 관계, 시민과 공동체의 관계는 단순히 그들만의 관계로 끝나 버리면 되는 것이 아니다. 하나의 공동체가 갖는 법(nomos)이란 물론 사람들이 정한 인위적인 약정(synthēkē)이다. 원래 '노모스'(nomos)는 법이기 전에 한 집단의 관습이었다. 그 집단의 관습도 그들이 모여 살게 된 데서 비롯된 생활상의 습관이다. 이 관습이 사회적 구속력을 갖는 데서, 더 나아가 강제적인 제재의 힘을 행사하게 될 때 법으로 된다. 그래서 헬라스어 '디케'(dikē)는 관습, 관습에 근거를 둔 정당성, 판결, 소송, 재판, 형벌 등의 의미를 갖는다. 어쨌거나 모두가 인위적인 것들이다. 그러나 법을 철저하게 인위적인 것으로만 머물게 할 때, 법은 결코 합리성을 가질 수 없다. 법에 대한 소피스테스들의 견해가 바로 여기에서 나온다. 그것이 철저하게 인위적이기만 할 때, 그것은 어떤 제도적인 장치에 의해 구속력을 가질 수는 있겠으나, 합리성마저 가질 수는 없다. 어디 법만인가! 기술, 국가, 제도, 가정, 인격, 예술 등 인간 고유의 모든 것은 인위적인 것이다. 이 모든 것을 철저하게 인위적인 것으로 돌리려던 사람들이 소피스테스들이었다. 이것들을 철저하게 인위적인 것들로 돌려버릴 때, 그것들은 마침내 스스로 존립할 기반을 상실하게 된다. 기술을 철저하게 기술로만 머물게 할 때, 나라가 철저하게 인위적인 것으로 머물 뿐 합리성을 상실할 때, 인격이나 인간적 가치가 철저하게 인위적인 것으로만 머물게 할 때, 그것들은 이미 보존될 수도 없고, 또한 보존될 가치도 없다. 자연이 파괴되고, 남을 전혀 배려하지 않는 밀림의 규칙(the law of the jungle)이 인간 세상을 지배하다가 마침내 인류의 자멸과 지구의 종말이 닥칠 것이기 때문이다. 밀림의 규칙은 밀림 속 동물들의 세계에서는 오히려 조화로운 자연 질서이다. 인간의 손이 가지 않은 밀림에서는 적절히 생겨나고 적절히 먹히며 소멸함으로써 자연이 자연으로서 유지된다. 문제는 인간의 탐욕스

런 손길이 뻗치면서부터 생겨난다. 인간들이 자신들의 삶을 위해 창
안해 낸 인위적인 것이 온전하게 보존되기 위해서는 그것이 합리적
인 기반을 가져야만 한다. 이 합리적인 기반은 자연의 이치에 근거를
둘 때에야 가능하다. 인위적인 것이 제대로 보존되기 위해서는 자연
의 이치에 맞는 것, 따라서 가장 자연적인 것이어야만 된다. 이에 자
연에 대한 바른 이해가 요청된다. 그러나 소크라테스는 합리적인 추
론의 수행을 통하여 원칙을 찾고자 했지만, 그 이론적 배경인 자연
에 대한 이해에는 미처 마음을 쓸 겨를을 갖지 못했다. 그것에 앞선
선결 작업들이 그를 기다리고 있었기 때문이다. "나는, 델피 신전에
새겨져 있는 말(to Delphikon gramma)마따나, 내 자신을 아는 것
(gnōnai emauton)조차 여태 제대로 할 수가 없네. 이걸 아직도 모르
면서 다른 것들을 고찰한다는 것이 내겐 아주 가소로운 것으로 보
여."[75]라고 말하는 소크라테스에게 있어서 그가 우선 골몰했던 일이
아직은 자연 자체가 아니었음을 우리는 확인하게 된다. 자연에 대한
광범위하고도 바른 이해를 통해 인위적인 것들의 합리성의 기반을
확보하려고 한 철학자가 플라톤이다. 기술이나 법, 나라, 인격 등 이
들 인위적인 것들 중의 어느 것이든, 그것이 자연의 이치에 합치하지
않을 때, 그것은 합리성을 갖출 수 없다. 법에 대한 그의 생각이 자연
법 사상일 수밖에 없는 것도 이 때문이다.

3) 플라톤

1의 2)항에서 이미 언급하였듯, 플라톤은 존재하는 것들(ta onta)
을 두 종류로 구별하였다. 그 한 가지는 '감각에 의해서 지각되는 것

---

75) 《파이드로스》편, 229e. 여기에서 '내 자신을 아는 것'이란 "너 자신을 알라"는
아폴론 신전의 잠언을 가리킨다.

160

들'(ta aisthēta)이요, 다른 한 가지는 '지성에 의해서[라야] 알 수 있는 것들'(ta noēta)이었다. 그런데 그가 이처럼 이들 두 부류를 '구별하는 것'(chōrizein)을 대뜸 '공간적으로 분리하는 것'으로 받아들이려는 사람들이 많다. 하기는 아리스토텔레스부터가 그랬으니까. 아니특히 그가 그랬다.[76] 원래 이 낱말에는 이 두 가지 뜻이 다 있다. '구별한다는 것'은 일반적으로는 어떤 것이 다른 어떤 것과 '다름'을말하는 것이다. '지성(nous)에 의해서[라야] 알 수 있는 것들'을 '감각(aisthēsis)에 의해서 지각되는 것들'과 구별하는 것은 기본적으로존재론적·인식론적 대상 구분의 차원에서 하는 것이다. 그리고 '지성에 의해서[라야] 알 수 있는 것들'(ta noēta)이란 용어 자체도, 그런 것들은 단순히 오관을 통해서는 지각할 수 없는 것들이라는 의미에서, 따라서 감각적 지각에 대해서는 '초월적인', 즉 '초감각적인 것들'(the supersensibles)이라는 뜻에서 하는 말이다. ta noēta란 '누스(nous)의 대상들'이란 뜻이지 '공간적으로 분리되는 것들'이란 뜻은아니다. 제5장 2항의 끝 쪽에서도 언급하고 있지만, 플라톤이 그의전문적인 용어로서 '이데아'나 '형상'(eidos)을 사용하는 빈도나 이를 '지성에 의해서 알 수 있는 것'을 뜻하는 'noēton' 및 이의 동류어로 지칭하는 빈도는 거의 비슷하다고 말할 수 있다. 이는 무엇보다도 '지성에 의해서[라야] 알 수 있는 것들'이 '감각에 의해서 지각되는 것들'과 구별되는 것들이란 점이 새삼 강조되고 있음을 반증해주는 것이기도 하다.

그런데 《파이돈》편(67d)에서 소크라테스가 "죽음은 몸에서부터의혼의 벗어남(lysis)과 떨어져 나옴(chōrismos)이라 할 것이다"라는 말을 하고 있다. 이는 죽기 전인 살아 있는 동안에는 혼(psychē)이 몸

---

76) 이 문제와 관련해서는 제8장에서 따로 다루고 있다.

(sōma)과 결합 상태(koinōnia)로 있다는 것이 전제된 말이다. 우리가
'혼' 또는 '영혼'으로 옮기는 헬라스어 '프시케'(psychē)는 '숨' 곧
'목숨'을 뜻하는 것이기도 해서, '혼을 지닌 것'(to empsychon)을
'살아 있는 것'(zōon)이라 한다. 아리스토텔레스가 "노예는 '생명이
있는 도구'(empsychon organon)이지만, 도구는 '생명이 없는 노예'
(apsychos doulos)이다"[77]라는 말을 했던 것은 한쪽은 생명 즉 혼이
있는 것이지만, 다른 한쪽은 생명이 없는 것이라는 생각을 했기 때문
이다. 도구에는 생명이 없지만, 사람에게는 생명 즉 혼이 있다. 이 혼
과 몸은 생물이 살아 있는 동안에는 결합 형태로 함께 있지만, 엄연
히 구별된다. 다시 말해서 살아 있는 동안에는 둘이 구별될 뿐이지,
분리되지는 않고 있다. 그 혼이 몸에서 분리된 뒤에 따로 존재하는지
아니하는지는 종교적인 믿음의 문제이지, 철학 자체의 문제는 아닐
것이다. 평소에 소크라테스는 감각적 지각(aisthēsis)의 기능과는 구
별되는 이성(logos)의 기능을 혼에서 찾은 다음, 그런 혼의 기능을
적극적으로 최대한 활용하는 것이야말로 철학을 제대로 하는 것이라
주장해 왔다. 다만 사약을 마시게 되어 있는 날에는 그를 찾아와 슬
퍼하는 추종자들을 오히려 달래느라 혼의 불멸성과 저 세상 등과 관
련된 담론을 옛날부터 전해 오는 이야기까지 동원해 가며 그들과 나
누게 된다. 그런 이야기 끝에, 지각 있는 사람으로서는 그런 것들이
이야기그대로라고 단호하게 주장하는 것이야 적절치 않지만, 그 비슷
할 것으로 믿어볼 만한 '모험'이라는 말을 하고 있다. 그건 어쨌든,
우리가 철학적으로 주목하게 되는 소크라테스의 면모는 몸과 함께
혼을 가진 우리가 언제나 관심을 가져야 할 일은 각자의 혼이 이성
(logos)의 능력을 가졌다는 사실에 대한 끊임없는 환기였다는 사실

---

77) 《니코마코스 윤리학》, 제8권, 1161b4~5. 노예에 대한 이런 가혹한 언급과 관련
  된 생각은 여기에서는 일단 접어두기로 하자.

이다. 아버지를 잃게 될 자식들을 위해 자신이 해 줄 수 있는 일이 무엇인지를 묻는 친구 크리톤에게 새로울 건 아무 것도 없고, 다만 저마다 제 자신을 보살피도록 당부한다고 한 것도,[78] 그리고 "캐묻지 않은 삶은 사람에게는 살 가치가 없다"[79]고 한 것도, 사람은 저마다 자신의 혼이 이성의 능력을 지니고 있다는 것을 잠시도 잊지 말고 모두가 이성의 적극적 활용을 통해 최대한 지혜롭고 훌륭해질 수 있도록 하라는 취지에서였다.

이처럼 사람을 비롯한 생물들에 있어서 혼은 몸과 결합된 상태로 있지만, 이 둘은 우리의 인식 주관의 관점에서 볼 때는 엄연히 구별되는 대상들이요, 존재들이다. 물론 이는 소피스테스들이 활보하던 시대를 배경으로 한 플라톤의 존재론·인식론적 관점에서 하는 말이니, 오늘날의 특정한 논의의 틀과 결부시켜서 말다툼을 벌일 일은 아니다. 그에게 있어서 이들 두 부류의 것들은 우리의 주관에 따른 대상들로서는 엄연히 구별되나, 이것이 정작 자연에 있어서 현실적으로 존재하는 방식은 결합된 형태로다. 아니 이들 두 부류의 존재들은 실제 자연에 있어서는 처음부터 결합된 상태로 존재한다. 그러나 생물에 있어서 결합된 상태로 있으면서 구별되는 것들은 혼과 몸만이 아니다. 혼만이 아니라 생물이 지닌 온갖 기능과 이에 따른 각 기관의 구조 그리고 이것들을 구성하고 있는 물질의 원소 구조 등, 이 모두가, 플라톤의 대상 구분에 따를진대, '지성에 의해서[라야] 알 수 있는 것들'(ta noēta)에 속한다. 그러니까 ta noēta의 원 뜻은 'nous에 의해서 알 수 있는 것들'(the intelligibles)이지만, 감각적 지각(aisthē-sis)과 관련지어 말한다면, '초감각적인 것들'(the supersensibles, the suprasensibles)이란 것이 그 속뜻인 셈이다. 말하자면, '감각으로는

78) 《파이돈》편. 115b.
79) 《소크라테스의 변론》편. 38a.

지각되지 않는 것들' (ta anaisthēta)이란 뜻을 분명히 하기 위한 표현
이라 함이 더 옳을 것 같다.

　그러나 그렇다고 해서 이 말이 있을 수 있는 ta noēta와 있을 수
있는 ta aisthēta가 현실적으로 다 결합되어 존재하고 있다는 뜻으로
하는 것은 물론 아니다. 하나의 종(種: eidos)[80]으로서 한때 각기 존
재했던 삼엽충이나 공룡은 현실적으로는 없어진 종들이다. 그 DNA
구조를 포함한 기능적 구조는 '지성에 의해서 알 수 있는 것들' (ta
noēta)에 속하는 것이지만, 몇몇 개체가 아닌 그 종 자체의 소멸과
함께 더는 현실적으로 존재할 수 없게 되었다. 반면에 '지성에 의해
서 알 수 있는 것' (to noēton)으로서는 존재할 수 있으나, 현실적으
로 아직은 존재하지 않는 새로운 종은 얼마든지 앞으로 출현할 수
있을 것이다. 앞서 언급한 바 있는 '예언된 나방' (Praedicta)[81]이 바
로 그런 실증적 사례일 것이다. 자연에 있어서 새로운 종이 탄생하고
아니 하고는 플라톤이 '감각에 의해서 지각되는 것' (to aisthēton)으
로 말하는 물질적인 것을 포함하는 현실적 여건(ta hyparchonta)의
조성 여부에 달려 있다고 할 것이다. 그런데 물질이란 것도 따지고
보면, 그냥 아무렇게나 '되는 대로의' (eikē) 혼돈 상태에 있는 것이
아니라, 그것 나름으로 구조적인 질서를 갖고 있는 것이라는 걸 우리
는 익히 알고 있다. 우리가 물질의 분자 구조를 말하듯, 플라톤은 《티
마이오스》편에서 기하학적 도형들에 의해 이른바 4원소들의 구조와
성질마저 설명해 보이고 있다. 그 당시까지 물·불·흙·공기를 모든
것의 원소들(stoicheia)로 상정하고서 원리들 내지 근원적인 것들
(archai)로 말하고 있었지만, 플라톤은 이것들을 최소 단위의 도형인

---

80) '형상'을 의미하는 eidos는 '종'을 의미하기도 한다. 제5장 5의 1)을 참조할
　　것.
81) 앞의 주에서 밝힌 곳을 참조할 것.

164

'요소 삼각형들'로 환원시켜, 이것들이야말로 '스토이케이아'라 말했다. 이 미립자적인 요소 삼각형들이 일정한 방식으로 결합하여 몇 가지의 정다면체를 이룬 것들이 물이니 불이니 하는 것들이라고 했다. 이처럼 그는 물, 불 또는 공기 따위를 단순히 감각적 지각의 대상들(ta aisthēta)로 말하지 않고, '지성에 의해서[라야] 알 수 있는 것들'(ta noēta)인 구조에 의해서 그 성질까지도 함께 설명하려 했다. 요컨대, 자연에 있는 모든 것은, 생물이건 무생물이건 간에, '감각에 의해서 지각되는 것'과 '지성에 의해서[라야] 알 수 있는 것'이 처음부터 결합된 상태로 있는 것이고, 그런데도 이런 구별을 우리가 하게 되는 것은 일차적으로 우리의 인식 주관이 처한 조건에 따른 것이지만, 사물에 있어서 '지성에 의해서[라야] 알 수 있는 것'에 대한 앎이 없이는 그 사물을 제대로 알 도리가 없다는 것을 강조해서 말하고 있는 것이다. 왜냐하면 '지성에 의해서[라야] 알 수 있는 것'이야말로 사물에 있어서 본질적인 것이기 때문이다.

《소피스테스》편(265c~e)에서 한 대화자는 자연의 산물들이, 예컨대 모든 동물과 식물 그리고 땅 속의 광물이 생성되는 것을 어떤 원인으로 돌릴 것인가 하는 의문을 제기하고 있다. "자연이 이것들을 저절로 일어나는, 그래서 아무런 의도(dianoia)도 없이 생기게 하는 어떤 원인에 의해 탄생시킨 것이라 할 것인지, 아니면 이성 및 신적인 지혜를 동반한 조화신공(造化神功)으로 탄생된 것이라 할 것인지"를 물은 다음, 스스로 다음과 같은 결론을 내린다. "이른바 자연적으로 존재하게 된 것들은 신적인 기술에 의해 만들어지는 반면에, 이것들로 인간들에 의해 짜 맞추어진 것들은 인간적인 기술에 의해서 만들어진다고 보겠는데, 바로 이 이치에 따라 제작 기술에도 두 가지가 있어서, 그 하나는 인간적인 것이나, 다른 하나는 신적인 것이라고 나는 본다." 이는 자연적인 산물도 인위적인 산물과 마찬가지로 지극히 기술적인 산물이되, 오히려 더 나은 신적인 차원의 것이라는 말이다. 이는 곧 자연이 어떤 지혜의 산물이라는 주장이다.

이런 생각을 잘 읽게 해 주는 구절을 우리는 《필레보스》편(28c~31a)에서 만나게 된다. 현자들은 이구동성으로 엄숙하게 말하기를 "우리에게 있어 정신(지성: nous)이 하늘과 땅의 왕이다"라고 한다. "만유(萬有)와 이른바 이 우주는 비이성적(alogos)이고 맹목적인 힘(dynamis)과 우발적인 것이 지배한다고 우리가 말해야 할까? 아니면 반대로 … 정신(지성: nous)과 어떤 놀라운 규제하는 지혜(phronēsis)가 조종한다고 해야 할까?" 이 물음에 대해 바로 '누스'(nous)가 그렇게 한다는 식의 아낙사고라스적인 대답을 하지는 않는다. 인간의 신체적 구성(systasis)과 혼 그리고 혼이 지닌 지혜와 지성(nous)이 인간에게 있어서 인간의 행위를 다스리듯, 우주에도 이 유추 관계(analogia)가 성립할 수 있을 것이라는 희망적인 견해가 피력된 다음, 이 주장은 "언제나 nous가 우주를 다스린다"(hōs aei tou pantos nous archei)는 옛 주장자들의 편을 드는 것이 된다고 말한다. 그리고 이러한 탐구는 마침내 이러한 대답을 얻게끔 한단다. "nous는 원인(aitia)과 동류(同類)의 것(syngenēs)이며 거의 이 부류의 것이다." 이런 조심스런 결론을 통해서 우리가 확인할 수 있는 것은 이성적인 것 내지 지성적인 것이 우주와 만유에 있어서 원리적인 것으로 작용하고 있다는 확신을 플라톤이 갖고 있다는 것이다. 굳이 오늘날의 과학적인 표현을 빌려서 말한다면, 이는 자연에 있어서는 우리의 지성에 의해서 접근할 수 있는 어떤 법칙성이 작용하고 있다는 데 대한 확신이라고 말할 수도 있겠다.

따라서 자연 속에서 존속하고 있는 사물들도 단순한 물질들이 '되는 대로' 아무렇게나 결합되어 있는 것이 아니다. 그 하나하나가 '혼화'(混和: krasis) 현상이 아니고서는 존속할 수가 없다는 이야기다.

166

적도(適度: metron)와 균형(to symmetron)의 본성(physis)에 적중한
것만이 존속할 수가 있다. 이에 실패한 것은 그 혼합이 지속되지 못
하고, 결국엔 해체되고야 마는 것이다.[82] 그러기에 훌륭한 사람이 가
장 효과 있게 말하고자 할 때는, 결코 되는대로, 아무렇게나 말하지
않고, 무엇인가를 유념하면서 한다. 마찬가지로 모든 장인(匠人:
dēmiourgos)도 자신의 일과 관련해서 닥치는 대로 아무렇게나 일을
하는 것이 아니라, 자신이 만드는 제품이 어떤 형태를 제대로 갖추도
록 한다. 집을 짓는 사람, 조선공, 그리고 그 밖의 모든 장인도 자기
가 짜 맞출 것들을 먼저 어떤 질서 내지 배열(taxis) 상태에 놓고서,
각 부분이 다른 부분에 적합하고 어울리도록 함으로써, 전체가 정돈
되고 질서를 갖는 아름다운 것으로 짜 맞춘다. "집이 배열(taxis)과
질서(kosmos)를 갖추게 되면 쓸모 있는 것이 되지만, 무질서하게 되
면 쓸모가 없다." 배도 마찬가지다.[83] 더 나아가 "적어도 각각의 것의
'훌륭한 상태'(aretē)가, 가구나 몸, 혼, 그리고 또 모든 생물의 훌륭
한 상태가 가장 잘 실현을 보는 것은 … 아무렇게나 해서(eikē) 되는
것이 아니고, 질서 내지 배열과 바른 상태(orthotēs) 그리고 이들 각
각에 귀속하는 기술에 의해서다. … 배열에 의해서 정연하게 되고 질
서가 잡힘으로써 각각의 훌륭한 상태가 있게 된다. … 각각의 것 안
에 그것의 고유한 어떤 질서(kosmos)가 생기게 됨으로써 존재하는
것들(ta onta) 각각을 좋은 것(agathon)이게 한다. … 혼도 질서를 갖
추게 되면 절도 있게(kosmia) 되고, … 절도 있는 혼은 마음이 건전
해(sōphrōn)지며, 마음이 건전한 혼은 훌륭한 혼(psychē agathē)이
다."[84] 그리고 "훌륭한 사람(ho agathos)은 무엇을 하거나 잘 그리고

---

82) 이 부분과 관련된 언급은 《필레보스》편, 64d~65a에 걸쳐 나오는 것인데, 제5장
　　4의 끝 부분에 길게 인용되어 있다.
83) 《고르기아스》편, 503d~504a.

훌륭하게 할 게(eu te kai kalōs prattein), 또한 축복 받고 행복할 게 다분히 필연적이다."[85]

　자연에서부터 인간의 기술 및 실천의 문제에 이르기까지 하나로 관통하는 이런 이치를 터득하는 것이야말로 삶을 위한 지혜를 깨치는 것이요, 이를 통해서만이 사람이 참으로 사람답게 살 수 있는 것임을 플라톤은 강조하고 있는 것이다. 그러나 이와 관련된 이 이상의 언급은 다른 장들에서, 특히 제5장 및 제6장에서 본격적으로 하고 있으므로 이에서 그치기로 한다.

4) 아리스토텔레스

　앞서 아리스토텔레스의 존재론과 관련된 언급을 통해서도, 그리고 제3장의 '아리스토텔레스의 기능 사상'에 대한 언급을 통해서도 이미 다루었지만, 인간을 포함한 모든 개체를 이해함에 있어서 그 핵심이 되는 가장 중요한 것은 '기능'(ergon)이었다. 모든 생물이 지닌 본성(physis)이란 것도, 가능태(dynamis)니 현실태 내지 활동태(energeia)니 하는 것도 모두가 이 '기능'과 관련해서 하는 말이다. 질료니 형상이니 하는 것도 다 기능과 관련된 것이기는 마찬가지이다. 모든 사물의 목적(telos, to hou heneka)이 되는 것도, 모든 사물이 추구하고 실현하고자 하는 그것 나름으로 좋은 것이나 좋은 상태란 것도 실은 기능과 관련되어 있다. 훌륭한 목수나 훌륭한 농부 또는 훌륭한 의사란 말도, 이들이 제 일을 '잘'(eu) 한다는 것도, 모두가 그 기능과 관련해서 하는 말이다. 그러니 아리스토텔레스의 경우에 인간의 삶을 말한다는 것은 인간의 기능, 즉 사람 구실을 중심으

---

84) 같은 책, 506d~e.
85) 같은 책, 507c.

로 한 것일 수밖에 없다는 것은 당연한 귀결일 것이다.

  아리스토텔레스의 《니코마코스 윤리학》과 《에우데모스 윤리학》이
밝히고자 하는 핵심적인 내용은 물론 어떤 삶이 가장 행복한 것인가
하는 것이라는 건 두말할 나위도 없는 일이다. 그러나 이 행복한 삶
이란 것도 결국은 '사람의 기능'(to ergon tou anthrōpou), 즉 사람
구실과 직결된 것이다. 인간도 생물이기에 식물이나 다른 동물과 공
유하는 기능들이 있다. 그러나 인간이 인간인 한, 그에게는 인간 특유
의 기능이 있다. 그것은 인간의 혼(psychē)에 특유한 것이고, 이 혼이
지닌 기능과 관련되는 활동(energeia)에서 삶의 보람, 더 나아가 이른
바 행복(eudaimonia)도 찾을 수밖에 없는 일이다. 사람의 각 기관은
그것 나름으로 어떤 특정한 기능을 갖는다. 눈은 보는 기능을 갖고
있는 것이고, 귀는 듣는 기능을 갖고 있는 것이다. 그리고 사람은 직
업에 따라 어떤 특정한 기능을 떠맡는다. 모든 것이 갖게 마련인 이
기능을 훌륭하게 해낼 수 있게 된 상태를 그것의 '훌륭한 상태'(훌륭
함: aretē)라 한다는 것은 이미 앞서[86) 말한 일이 있다. 그런데 사람
을 일반화해서 말할 때도, 사람에 특유한 기능이 있겠고, 따라서 이
에 따른 '훌륭한 상태'도 있게 마련이다. 인간 특유의 기능은 소크라
테스 이래로 '이성'(logos)이라 해 온 터이니, 아리스토텔레스의 경
우에도 이는 예외가 아니다. 그러나 이성이 인간에 특유한 기능이라
고는 하지만, '이성을 지닌 점'(to logon ekhon)도 막상 한 가지로
말할 수 있는 것이 아니고 '이중적'(ditton)이라는 게 그의 주장이다.
그 한 면은 혼에 있어서 욕망과 같은 비이성적인 측면을 복종하게끔
만드는 것이고, 다른 한 면은 그 본뜻에 있어서 이성을 지니고 있는
면이다. 이성이 온갖 종류의 욕망 내지 욕구를 그리고 감정들을 확고

---

86) 이와 관련해서는 제3장 2의 1항 '소크라테스에게서 시작되는 기능에 대한 성
    찰'에서 상당히 자상하게 언급한 셈이다.

하게 다스릴 수 있게 되었을 때, 혼이 처하여 있게 된 상태를 역시 그것의 '훌륭한 상태'(aretē)라 하겠는데, 이를 그는 특히 '도덕적(인격적) 훌륭함(덕)'(ēthikē aretē)이라 했다. 반면에 이성이 비이성적인 욕망이나 충동 따위와는 상관없이 자기 고유의 능력을 적극적으로 키워 갖게 됨으로 이르게 되는 '훌륭한 상태'를 '지적인 덕'(dianoētikē aretē)이라 했다. 도덕적 덕도 지적인 덕도 다 사람 구실의 어떤 측면이다. 그러나 이 두 부류의 '훌륭한 상태' 즉 덕 각각에도 여러 가지가 있다. 도덕적 덕들은 상황과 경우에 따라 그때마다 중용으로 표현되는 행위들을 통해 실천된다.[87] 하지만 아리스토텔레스에 있어서 도덕적 덕들 또는 중용이란 동물이라는 인간적 조건으로 해서 문제삼게 되는 것들이다. 그것들은 욕망이나 격정 따위로 인한 비이성적인 면(to alogon)을 이성(logos)으로 다스림으로써 실천되는 것들이다. 따라서 이것들을 인간의 진면목들이라 할 수는 없다는 것이 그의 생각이다.

사람의 진면목은 아무래도 이성 자체의 기능을 적극적으로 실현하는 데서 찾아야만 한다는 생각이다. 그것도 이성이 지닌 능력 내지 기능들 중에서도 최선의 것이 '훌륭한 상태'(aretē)에서 활동하고 있는 데서 찾아야만 한다는 것이다. 행복 또한 이에서 찾아야 할 것이다. 그래서 그는 행복한 사람을 일차적으로 규정함에 있어서 인간의 참된 기능과 일치하는 활동과 함께 상식적인 조건들을 첨가하여 이렇게 말하고 있다. "행복한 자란 완벽한 덕(훌륭한 상태)에 합치하는 (따른) 활동을 하며 외적인 좋은 것들을 충분히 갖추어 갖고 있되, … 온 생애를 통해서 그런 사람이다."[88] 여기에서 '외적인 좋은 것들'(ta ektos agatha)이란 물질적인 것들을 가리키는 것임이 분명하

---

87) 아리스토텔레스의 중용과 관련해서는 제2장의 3항을 참조할 것.
88) 《니코마코스 윤리학》, 제1권 제10장. 1101a14~6.

며,[89] '온 생애를 통해서'란 짧은 한 시기에만 그런 것이 아니라는 의미임도 분명하다. 여기에서 문제가 되는 것은 '완벽한 덕(훌륭한 상태)에 합치하는(따른) 활동을 하는 자'(ho kat' aretēn teleian energoun)란 것인데, 여기에도 '활동을 한다'는 것은 기능(ergon)과 관련된 활동(energeia)인 것도 확실하다. 문제의 핵심은 '완벽한 덕 (훌륭한 상태)'(aretē teleia)이 뜻하는 것이 무엇인가다. 여기에서 '덕' 또는 '훌륭한 상태'로 옮기고 있는 '아레테'(aretē)란 주로 어떤 것의 기능 수행과 관련된 것이라는 점은 이미 앞서 충분히 언급되었다.[90] 그가 사람의 훌륭한 상태(훌륭함), 즉 덕에 대해서 말하면서, 비중을 두는 것은 언제나 혼에 관련된 것이라는 건 익히 우리가 알고 있는 바다. 그러나 혼과 관련된 덕, 즉 훌륭한 상태에도 여러 가지가 있다고 했다. 다시 말해서 여러 가지의 지적인 덕이 있다. 그야 물론 혼에도 여러 가지의 기능이 있기 때문이다. 그래서 '완벽한(완전한) 덕', '최선이며 가장 완벽한 덕'(hē aristē kai teleiotatē aretē)[91]이 어떤 것이고 또 그게 정확히 무엇인지를 알아야만 한다. 모든 기술이나 행위 그리고 선택에는 그것 나름으로 좋은 것(to agathon)이 있고, 이것은 그 목적(telos)이 된다. 의술에 있어서는 건강이, 전술에서는 승리가 그런 것이다. 그런데 헬라스어 telos에는, 영어 end의 경우처럼, '목적'이란 뜻과 함께 '끝'이란 뜻도 있지만, 성취, 실현, 이룸 등의 뜻들도 있다. 여기에서 '완벽한'으로 옮긴 teleios는 telos의 형

---

89) 같은 책, 같은 권, 제8장, 1098b12~15에 이런 구절이 있다. "좋은 것들(ta agatha)은 세 가지로, 즉 어떤 것들은 외적인 것들이라 말하는 것들로, 반면에 어떤 것들은 혼(마음)과 몸에 관련된 것이라 말하는 것들로 나뉘었는데, 우리는 혼에 관련된 것들을 가장 주된 의미에 있어서 그리고 그 무엇보다도 '좋은 것들'이라 말한다."

90) 제3장의 2항 1)의 앞부분을 참조할 것.

91) 《니코마코스 윤리학》, 제1권 제7장, 1098a17~18.

용사인데, 영어로는 perfect, accomplished 등의 뜻들을 갖는 낱말이다. 목적으로 되는 것들이 여럿일 경우에는, 다른 것을 위해 추구되거나 택함직한 것보다도 그 자체를 위해 추구하게 되거나 택함직한 것이 더 완벽한 것이고 더 목적다운 것일 것이다. 그리고 가장 완벽한(완전한) 것은 추구할 것으로서 더 이상 다른 것이 있을 수 없는 궁극적인 것이기 때문에 '자족한'(autarkes) 것이다.[92] 이렇게 행복에 관한 자신의 주장을 펴기 시작한 그가 마지막 권인 제10권의 7장 및 8장에서 내린 결론은 이러하다.

"만약에 행복이 덕(사람으로서 훌륭한 상태: aretē)에 합치하는(따른) 활동이라면, 그것은 '최상의 덕(훌륭한 상태)에 합치하는'(kata tēn kratistēn [aretēn]) 활동이어야 합당하다. 한데, 이것은 [우리에게 있어서] 최선인 것(to ariston)의 덕(훌륭한 상태)일 것이다. 이 최선인 것이 과연 지성(정신: nous)[93]이건 또는 다른 무엇이건 간에, 이 것이야말로 그 본성상 통솔하고 주도하며 아름다운 것들과 신적인 것들에 대한 관념도 갖게 되는 것이다. 그것 자체 또한 신적인 것(theion)이건 또는 우리 안에 있는 것들 가운데서 가장 신적인 것이건 간에, 그것에 특유한 덕(훌륭한 상태)에 합치하는 그것의 활동(energeia)이 완벽한 행복일 것이다. 그 활동이 관상적(觀想的)인 것이라는 것은 이미 언급되었다." 이 관상적인 활동이야말로 행복의 조건들과도 일치하고 진실과도 일치한다는 것이다. 이것이야말로 최상의 활동이기 때문이다. 지성(정신)은 우리에게 있는 것들 가운데서 '최상의 것'(kratistē)이고, 지성이 대상으로 삼는 것들은 우리가 알 수 있는 것들 가운데서도 최상의 것들이기 때문이다. 더 나아가 그런 활동이야말로 '가장 지속적인 것'(synekhestatē)이다. 관상하는 것

---

92) 같은 책, 같은 장, 1097a15~1097b8을 참조할 것.
93) 각주 64를 참조할 것.

(theōrein)은 그 어떤 것을 행하는 것(prattein)보다도 더 지속적으로 우리가 할 수 있기 때문이다. 그리고 덕에 합치하는 활동들 중에서도 지혜(sophia)에 합치하는 것인 이 활동은 '가장 즐거운 것'(hēdistē) 이다. 철학이 제공하는 즐거움은 그 순수성과 지속성으로 해서 놀라운 것이기 때문이다. 또한 이른바 '자족성'(autarkeia)도 다른 어떤 활동보다도 관상적인 활동에서 찾을 수 있는 것이다.

아리스토텔레스의 이런 행복론은 어쩌면 기능(ergon)과 관련된 활동(energeia)의 관점에서 체계적으로 모든 것을 다루려는 데서 비롯된 결과라 할 수 있을 것 같다. 식물이든 동물이든 그것들이 갖게 된 기능들을 가능태의 상태에서 현실태 및 활동태에 있어서 실현하는 데서 그 존재 의의를 찾게 된다. 이는 사람의 경우에도 기본적으로는 마찬가지이다. 다만 다른 점은 사람이 지닌 기능이 유난히 다양하다는 점일 뿐이다. 이런 다양한 기능들 가운데서 최상의 기능과 관련된 활동을 할 수 있게 되고 또 그런 활동을, 인간으로서 가능한 한에 있어서, 최대한 지속적으로 하는 단계에 이르게 되는 데서 인간의 최대 성취를 찾게 되고, 여기에 최고의 가치를 부여하고 있는 셈이다. 그래서 반즈 같은 사람은 흔히 '행복'으로 번역하는 '에우다이모니아'(eudaimonia)에 대해서 이런 말을 하고 있다. "eudaimonia는, 영어에서 happiness가 그러는 경향이 있듯, 정신적인 행복감(흡족함: euphoria)을 가리키지는 않는다. eudaimōn(eudaimonia의 형용사)하다는 것(to be eudaimōn)은 '활발히 활동함'(to flourish), 즉 '인생의 성취'(to make a success of life)이다. … '활발히 활동함'은, '어떤 상태에 있는 것'과는 반대되는 것으로서, 일을 하고 있음을 의미한다. … '활발히 활동함'은 어떤 일을 훌륭하게(excellently) 또는 잘(well)함이다. …《윤리학》에서 하고 있는 아리스토텔레스의 주된 주장은 행복이 지적인 활동에 있다는 것이 아니라, 훌륭한 지적인 활동

이 사람을 위한 성취(success) 또는 활발한 활동(flourishing)을 이룬
다는 것이다."[94) 역시 비슷한 생각을 하고 있는 허친슨도 아리스토텔
레스의 윤리학을 해설하면서 아예 중간 소제목을 'Living
Successfully'로 뽑고서는, 이것이 통속적인 의미의 것이 아님을 부연
해 가면서까지 설명하고 있다.[95)

4. 존재론과 삶의 이론의 만남

이제까지 우리는 이 글을 통해서 헬라스 철학자들의 존재론적 탐
구 및 그 인식 이론을 먼저 개괄한 다음, 삶과 관련된 그들의 생각을
정리해 보았다. 이제 이 글의 마지막 관심사는 우리가 이제껏 살펴본
존재론적·인식론적 탐구와 그들의 삶의 이론이 맺어지는 연결 고리
와 관련된 것이 되겠다. 흔히 이 문제는 이론과 실천(praxis)의 문제
로 다루기도 하는 것이다. 피타고라스와 소크라테스의 경우에는 그들
의 철학적 탐구가 그대로 실천이나 삶의 문제와 직결됨을 우리는 보
았다. 그러나 플라톤의 경우와 아리스토텔레스의 경우에는 여러 면에
서 대조가 된다는 사실이 우리로 하여금 학문적 흥미와 함께 많은
생각을 하게 만든다. 어쩌면 이는 그들의 학문적 성향에 기인할 수도
있는 일이거나, 아니면 그들이 처한 현실적 상황에 기인할 수도 있는
일이다. 아니 어쩌면 이 두 가지가 복합적으로 작용한 탓일 수도 있
다.

우리는 플라톤에게서 하나의 거창한 형이상학적인 철학 체계에 접

---

94) J. Barnes, *Aristotle*(Oxford, 1982), 78~79면.
95) J. Barnes(ed.), *The Cambridge Companion to Aristotle*(Cambridge, 1995),
    199면.

하게 된다. 그러나 그의 존재론 내지 형이상학은 '디알렉티케'
(dialektikē)로 불리는 인식론의 기반 위에 세워진다. 이를 편의상 일
단 '변증술'[96]로 옮겨서 말하기로 하자. 변증술은 그 나름으로 최대
의 논리적 엄밀성을 요구하는 것이기에, 이것 자체에는 아무런 실천
적 의도도 개입될 수 없다. 그에게 있어서는 변증술이야말로 어떤 실
리적 목적을 배제한 '자유인들의 학문'이요, '가장 중대한 학문'이
다.[97] 진리 인식을 위한 방법인 변증술의 특성은 '순수하게 그리고
올바르게 철학하는 것'[98]이다. 대화편의 제목부터가 무척 실천적 의
도를 갖고 있는 것같이 여겨지는 《정치가》편은 실제로도 논의 자체
가 참된 왕도적 치자(治者)의 모습(eidos, ἰδέα)을 제시하여 보여 주
고 있는 것임이 분명한데도, 그는 정치가에 관한 탐구의 목적이 '모
든 문제와 관련해서 변증술에 한층 더 능하게 되려는 것'임을 단언
적으로 밝히고 있다.[99] 60세 무렵 이후의 저술들로 간주되는 《파르메
니데스》, 《테아이테토스》, 《소피스테스》, 《정치가》 등의 대화편들은 여
전히, 아니 오히려 더 심화된 인식론적 관심을 그 주요 의도로 갖고
있음을 우리는 발견하게 된다. 더구나 이미 앞서 보았듯, 《소피스테

---

96) 이런 번역어를 택하는 이유는 다음 세 가지를 고려해서다. 첫째, 헬라스어 원어
를 되도록 그냥 쓰지 않으려는 의도에서다. 둘째, 자칫 헤겔 식의 변증법과 혼동
할 수 있는 여지를 처음부터 배제할 목적에서 '-법' 대신에 '-술'을 택한다. 원래
헬라스어 어법으로는 dialektikē technē에서 관용적으로 technē는 생략한 채로
쓰는데, '테크네'는 기술·방책·방법 등을 뜻하는 말이다. 셋째, 소크라테스의
경우에는 워낙 문답의 성격이 강한 대화를 통한 것이기에 '문답법'이라 말하기
로 한다. 플라톤의 경우에는 대화를 통한 논의뿐만 아니라 더 나아가서는 방법적
인 사유 체계의 성격을 갖는 것이기 때문에 이를 구별해서 지칭하는 것이 좋을
것 같아서다. 그리고 아리스토텔레스의 경우에도, 물론 그 성격은 다르지만, 이
우리말 명칭은 그냥 써도 될 것 같다.
97) 《소피스테스》편, 253c.
98) 같은 책, 253e.
99) 《정치가》편, 285d.

스》편과 《정치가》편은 소피스테스와 정치가의 기능 내지 구실
(ergon)을 알기 위해 다각도적인 접근을 시도하고 있음을 확인하게
된다. 하나의 다면적 형상 또는 이데아의 인식을 위해서는 형상(形
相)들의 결합 관계(koinōnia)에 대한 고찰이 필수적이기 때문이다.
이러한 대상 인식 방법은 그 성격상 철저하게 관상(觀想: theōria)적
이다. 그것은 소피스테스나 정치가의 참모습, 즉 이데아 내지 형상을
제대로 보기 위한 철저하고 다각도적인 관찰에 의한 접근이다. 원래
이데아나 형상은 한 존재가 보이는 보임새를 지칭하는 것이기에, 그
인식은 기본적으로 관상적이다. 플라톤의 경우 인식은 주관의 순수화
(katharsis)를 거쳐 최종적으로 순수 사유 내지 지적 직관인 '노에시
스'(noēsis), 즉 지성(nous)에 의한 직관이기에 더더욱 그러하다. 그
러나 그에게 있어서 이러한 인식의 결과는 그대로 실천(praxis)의 문
제와 자연스럽게 연관된다. 그의 형상 내지 이데아가 그대로 본
(paradeigma)으로 되기 때문이다. 그것은 인식을 위한 본일 뿐만 아
니라, 실천을 위한 본이기도 하다. 그뿐만 아니라 '닮은 것에 닮은 것
이'라는 그의 인식 원리 또한 동시에 '동화'(同化: homoiōsis)라고
하는 실천적 원리로도 된다는 점에 있어서 우리는 그 자연스런 연결
에 접하게 된다. 본의 성격을 갖기도 하는 이데아를 인식한 다음, 이
를 본으로서 바라보면서, 이 본을 닮고자 하거나 이를 현실적으로 구
현 또는 제작코자 함으로써 인식 대상과의 인격적 동화나 사회적 실
천 또는 기술적 제작을 볼 수 있게까지 될 수 있겠기 때문이다. 더
나아가서 그는 자연에서 사물들을 존재론적으로 그리고 구조적으로
접근하여 이해하려고 노력한 끝에 마침내 거기에서 적도(適度) 현상
을 읽어내었고, 이를 본받아 기술도 실천(praxis)도 적도 창출 내지
실현을 목표로 해야 함을 말하고 있다. 그에게 있어서 적도(適度: to
metrion)란 좋음(善)의 이데아가 현실 속에서 구현되는 양식들 가운

데 하나이니, 그것은 어떤 것에 있어서 수량적 또는 질적인 한도가 최적의 상태로 구현된 것이다. 이 점에 있어서도 그의 존재론 및 그 인식론과 실천 이론이 동일한 이론 체계 속에서 수렴되고 있는 것을 우리는 보게 된다. 기술이나 실천은 그 본성에 있어서 모두 인위적인 것이다. 그런데도, 그것이 자연에 있어서 이루어지는 적도의 현상들처럼 적도에 적중된 것일 때는 자연의 이치에 맞는 것이요, 따라서 자연적이고 지성적인 것으로도 된다. 이럴 때만이 인위적인 것은 보존될 가치와 가능성 그리고 이유를 갖는다. 앞서도 말했지만, "주어진 것을 선용할지니"(to paron eu poiein)라는 격언은 헬라스의 선인들이 남긴 교훈이다. 플라톤은 여든 살의 나이까지 50년이 좋이 넘는 기간에 걸쳐 구축한 자신의 철학으로 이 격언의 교훈에 대한 거창한 화답을 하고 있는 셈이다. '주어진 것'(to paron)의 철저한 파악을 위한 이론이 그의 존재론과 인식론이고, '선용(善用)'(eu poiein)을 위한 것이 그의 실천 이론이라 할 것이다. 그러기에 우리는 바로 그에게서 이론과 실천의 모범적인 연결 고리를 찾게 될 수 있는 가능성에 대한 어떤 시사(示唆)를 받을 수 있을 것 같다. 그런 그에게서 비로소 우리는 학문과 인간으로서 사는 삶의 가치 그리고 그 보람도 찾을 수 있을 것이 분명하겠기 때문이다. 물론 플라톤은 그의 사상적 출발점에 있어서는 실천의 문제에 주된 관심을 보이고 있었지만, 적어도 학문을 하는 과정이나 접근 방식에 있어서는 철저하게 관상적이었던 것으로 볼 수 있겠다. 그렇지만 그것이 실천의 문제와 결국에 가서 딱 맞아떨어진다는 점에서 플라톤 철학의 이론적 매력과 함께 생동감 또한 맛볼 수 있게 하는 것 같다.

그러면 플라톤과 대비된다는 점에서 이제 아리스토텔레스의 경우를 점검해보기로 하자. 잘 알려져 있듯, 그는 철학사적 관점에서 말할 때 아주 경험적이고 상식적인 면이 강하다. 그가 플라톤 사후에 몇 년 동안 소아시아 쪽 에게 해 연안의 아소스(Assos)와 레스보스 섬의 미틸레네에서 머물면서 해양 생물들을 열성으로 관찰하고 기록한 것들을 통해서 확인되듯, 그의 철학적 이론의 기반은 생물학이다. 게다가 그는 각 나라의 정치 체제의 형태에 대한 자료 수집이나, 심지어는 올림피아 경기장에서 우승한 선수들에 대한 자료 수집, 속담들의 수집 등 숱한 사실들의 수집을 통해서 알 수 있듯, 그만큼 경험적 성향이 강하다. 그런가 하면 모든 사람이, 최대한 많은 사람이 또는 현명한 사람들이 받아들이는 '존중되는 의견들'(ta endoxa)에 입각해서 논의 전개를 꾀하고 있다는 점은 그가 상식을 존중하려는 사람이라는 생각을 우리로 하여금 갖게 한다. 왜냐하면 '엔독사'는 통념(通念)적인 성격을 갖는 것이기도 하기 때문이다. 또한 그의 유언을 보면 그의 아내, 자녀 그리고 노비 그리고 자산 분배 등에 대해 지극히 자상하고 인간적인 배려를 하고 있다.[100] 그러나 그런 그가 철학의 궁극적인 목표와 관련해서 하는 말은 현실을 완전히 떠나버리려는 사람만 같다는 느낌을 갖게 한다.

그는 관상(觀想: theōria)과 관련해서 이런 말을 하고 있다. "자족(自足: autarkeia)은 관상적인 활동에 최대로 있을 것이다. 지혜로운 사람에게도 올바른(정의로운) 사람에게도 그리고 나머지 사람들에게도 삶을 위해서 필요한 것들이 충분히 갖추어졌을 때, 올바른(정의로운) 사람에게는 그가 올바른 행위를 하게 될 상대되는 사람들 그리고 더불어 그렇게 하게 될 사람들이 필요하다. 그리고 절제 있는 사람도 용감한 사람도 또한 그 밖의 사람들도 저마다 마찬가지일 것이다. 그러나 지혜로운 사람은 혼자서도 관상함(theōrein)이 가능하거니와, 더 지혜로울수록 더 그럴 수 있다. ⋯ 지성(정신)의 활동은 그

---

100) *Diogenes Laertius*, V. 11~6.

존귀함에 있어서 탁월하며, 그것 이외의 다른 어떤 목적도 추구하지 않으며, 그 고유한 즐거움을 가진다. … 또한 자족함과 한가로움, 물리지 않음 … 그리고 그 밖의 것들로 축복받은 사람에게 주어지는 하고많은 것이 있다. … 이게 온 생애에 걸친 것이라면, 이것이 인간의 완벽한 행복일 것이다. … 이런 삶은 인간 이상의 것일 것이다. 인간인 한, 이렇게 살지는 못할 것이지만, 그의 안에 신적인 무엇인가가 있는 한은, 이렇게 살게 될 것이다. … 지성(nous)이 인간에 비해 과연 신적인(theion) 것이라면, 이에 따른 삶 또한 인간적인 삶에 비해 신적인 것이다. … 할 수 있는 한까지는 사멸하지 않도록 (athanatizein) 할 것이며, 자신 안에 있는 것들 중에서 최상의 것에 따라 살기 위해 진력해야 할 것이다. … 이 신적인 것이 정녕 각자에게 있어서 주인 노릇을 하는 것이며 더 나은 것이라면, 이것이야말로 우리 각자인 것으로 여겨질지 모르겠다. 그러니 인간이 자신의 삶을 택하지 않고 인간 이외의 다른 것의 삶을 택한다면, 그것은 이상한 일일 것이다."[101] 이런 언급에 이어, 그는 그 다음 장(8장)에서 '다른 덕(훌륭함)에 따른 삶'을 이등급의 삶으로 비하하면서, 그 까닭은 그것에 합치하는 활동들이 인간적인 것들이기 때문이라 한다.[102] 그러니 "살아 있는 자에게서 행함(prattein)이 제외된다면, 더 나아가 만듦(poiein)마저 제외된다면, 관상(theōria) 이외에 무엇이 남겠는가? 그러니 신의 활동은 … 관상적인 것일 것이다. 인간적인 활동들 중에서도 이에 가장 유사한 것이 가장 행복한 활동이다."[103]

그의 이런 생각은 그가 플라톤 사후에 아테네를 떠나기 전인 30대에 쓴 것으로 추정되는 것으로서 지금은 부분적으로만 전해지고 있

---

101) 《니코마코스 윤리학》, 제10권 제7장 1177b19~1178a4.
102) 같은 책, 8장 1178a9~10.
103) 같은 장, 1178b20~23.

는 《철학함을 위한 권유》(*Protreptikos*)의 곳곳에서도 확인되고 있다. 여기에서도 '관상적인 활동'(theōrētikē energeia) 또는 '관상함' (theōrein)이 가장 즐거운 것이고, 그런 활동을 하는 삶이 '완벽하게 사는 것'이며 '행복하게 사는 것'임을 몇 번이고 강조하고 있다.[104] 그렇다면 이를 우리가 어떻게 해석할 것인가? 그의 경우에는 관상[105]을 중시하던 데서 출발해서 경험이나 구체적인 것들을 중시하는 시기를 거쳐 다시 관상을 중시하는 시기로 회귀한 것이 아닐까? 이에 비해 플라톤은 실천(praxis)적 관심에서 출발하여 관상의 시기를 거쳐 다시 이론으로 무장된 실천 단계의 시기로 회귀했다고 보는 것이 그럼직한 대비가 아닐까? 그가 '가장 큰 배움'을 얻기 위해, 즉 '좋음의 이데아'를 보기 위해 동굴을 벗어나 저 오름길(anabasis)을 올라 마침내 그 이데아를 본 다음에는, 이를 '본'(paradeigma)으로 간직하고서, 다시금 동굴 속의 현실로 내려가야만 한다(katabateon)는 것을 강조한 것이[106] 이를 말해 주고 있다고 할 것이다. 콘퍼드가 "아리스토텔레스는 실천적인 활동보다도 관상적인 활동을 더 높인 점에서 플라톤보다도 더 플라톤주의자이다"[107]라고 말한 것도 실은 그런 시각에서 한 말이 아닐까?

---

104) Ross, W. D., *Aristotelis Fragmenta Selecta*(Oxford, 1955), 50~51면.
105) 여기에서 '관상'이라 함은 그가 학문을 분류함에 있어서 실천적 · 제작적 학문과 대비해서 말하는 이론적 학문(theōrētikē epistēmē), 즉 실천 따위와는 전혀 무관한 것이라는 의미일 뿐인 것과는 구별되는 의미에서 쓴 말이다. 왜냐하면 그의 견해에 따르면, 이론적일 뿐이기만 한 학문에는 존재론, 신학, 수학, 자연학, 생물학 등도 포함되는데, 이 모두가 신이 한다는 순수 사유 활동인 관상 활동의 대상일 수는 없겠기 때문이다.
106) 《국가》편, 519c~520c.
107) F. M. Cornford, *Before and After Socrates*(Cambridge, 1972), 103면.

제5장 플라톤의 결합 이론

1. 머리말

플라톤 연구가들이 플라톤 철학을 어떤 형태로든 체계적으로 서술코자 할 때, 한결같이 겪게 마련인 공통된 어려움은 그의 철학이 체계적 서술을 완강하게 거부하고 있는 데 기인한다. 이는 플라톤 철학에 관한 체계적 서술을 시도했던 많은 학자가 결국엔 대화편 분석에 치중할 수밖에 없게 되었던 사례들에서 확인할 수 있는 일이다.

플라톤 철학의 체계적 서술의 원천적 불가능성은 그의 철학이 특정한 어떤 시야 안에 좀처럼 잡혀 들어오지 않는다는 데서 비롯된다. 물론 '이데아 설'이라는 전통적 시각이 있다. 이 시각은 아리스토텔레스 이후 오늘날에 이르기까지 전승되어 온 오랜 역사를 갖는 것이지만, 이데아 내지 형상(形相: eidos)에 대한 이해 자체가 오늘날에는 큰 혼란을 빚고 있다. 아리스토텔레스 이래로 근세를 거치기까지 거의 수정되는 일이 없이 받아들여져 온 이데아에 대한 훗날 사람들의 이해였다. 그러나 20세기에 들어와 단연 활발해지기 시작한 플라톤 원전의 본격적 연구가 이제는 그의 철학을 다면체적인 것으로 그리고 다양한 해석이 가능한 것으로 드러내기에 이르렀다. 게다가 플라톤 철학은 형이상학 및 이와 결부된 인식 이론으로 끝나버리는 것이 아니라, 오히려 광범한 실천 이론의 측면을 두드러지게 갖는 것이기도 하다. 그에게 있어서는 아리스토텔레스의 경우처럼, epistēmē, sophia 및 phronēsis 등이 확연히 구별되지 않는 것도[1] 바로 그 때문이다.

그뿐만 아니라 《파르메니데스》편 및 《테아이테토스》편 이후의 후기 대화편들에 있어서 전개되는 플라톤의 이데아 이론은 플라톤 연구가들의 손을 떠나 철학사의 공유 자산으로 수용·평가될 단계에는 아직도 이르지 못하고 있다. 게다가 후기 대화편에서 전개된 이데아 이론에 입각한 실천적 측면들도 거의 외면되어온 상태에 있다. 플라톤 철학에 얽힌 이런 사정들은 우리로 하여금 예로부터 전하여 온 꿈속 백조 이야기[2]의 상징적 시사에 더더욱 공감케 한다. 이 꿈속 백

---

1) 아리스토텔레스는 직관적 인식(nous)과 이로부터 하게 된 추론에 의한 지식(epistēmē)을 합하여 철학적 지혜(sophia)라 일컫되, 실천적인 문제와 관련된 지혜는 phronēsis라 했다.

2) 플라톤이 백조(kyknos)로 현몽된 이야기로는 두 가지가 있다. 그 하나는 디오게네스 라에르티오스(*Diogenes Laertius*, III. 5)가 전래의 이야기로 적고 있는 것이다. "소크라테스가 꿈에서 자신의 무릎 안에 새끼 백조를 갖고 있는 걸 보았는데, 이 백조는 곧바로 날개가 돋아서 날아오르더니 즐겁게 소리를 질러댔다. 그러고서 다음날 플라톤이 그에게 소개되었다. 그러자 소크라테스는 이 사람이 그 백조라고 말했다."는 것이다. 그런데 이 백조 이야기는 공교롭게도 훗날의 또 다른 하나의 것과 속편 형태로 연결이 되는데, 이는 올림피오도로스가 전하는 것이다. "플라톤은 임종 무렵에 꿈을 꾸었는데, 그것은 자신이 백조가 되어 이 나무에서 저 나무로 옮겨가고 있었고, 이런 식으로 새사냥꾼들한테 지독하게 애를 먹이고 있는 것이었다. 소크라테스 문하의 심미아스는 이를 해몽하기를, 플라톤 사후에 그에 대한 해설을 하고자 하는 이들한테 그가 불가해한 존재가 될 것이라 했다. 해설자들이 옛사람들의 생각들을 추적코자 꾀하는 것이 새사냥꾼들과 흡사하기도 하지만, 그의 저술이, 호메로스의 작품 또한 그렇듯, … 단적으로 말해서, 여러 가지로 이해될 수 있어서, 포착되기가 힘들기 때문이다."(Olympiodorus, *In*

조처럼 어떤 겨냥에도 정확하게 맞아떨어지지 않는 플라톤 철학이다. 실로 다면체적인 철학이기 때문이다. 그 어느 면도 정확히 플라톤 철학의 진면모라고 단언적으로 말하기 어려운 것이 바로 그의 철학이 지닌 특징이기도 하다. 그런 그의 철학에 접근하는 길들은 수없이 많은 갈래로 나 있다. 그러나 그 각각은, 가령 아리스토텔레스의 경우처럼, 형이상학, 자연학, 윤리학, 논리학, 정치학, 수사학 등의 표지판을 그 길목에 내세울 수 있게 되어 있는 것들이 아니다. 이런 유의 주제들에 따른 논의를 거의 불가능하게 또는 무의미하게 만들어 버릴 수도 있는 것이 그의 대화편들이 갖는 강한 특성이다. 가령 《정치가》편을 보자. 우리는 우선 이 대화편의 이름에서 이것이 정치 사상 내지 정치가 또는 치술(治術)에 관한 논의가 주제로 다루어질 것이라는 강한 인상을 받는다. 그러나 엉뚱하게도 정치가에 대한 논구의 목적은 '모든 것과 관련하여 변증술에 더 능하게 되도록 하는 것'이라고 플라톤은 간략하게 그러나 분명히 한 곳에서[3] 밝히고 있다. 치자(治者)의 기능(ergon)이나 치술(politikē) 또는 왕도적 치술(basilikē technē)에 대한 논의는 오히려 부산물로 얻은 수확일 뿐이다. 그뿐만 아니라, 여기에서는 일곱 가지의 정치 체제에 대한 논의와 측정술(測定術: metrētikē), 변증술의 방법적 수행, 인식 이론과 실천 이론 등이 동시에 다루어지고 있다.

또한 《국가(政體)》편의 경우를 보자. 이 대화편의 가장 큰 주제는 그 제목과는 달리 어떻게 사는 것이 '잘(훌륭하게) 사는 것'(eu prattein)인지에 대한 것이다. 그러나 이 대화편에서 다루어지고 있는 굵직한 또 다른 논제들은 여럿이다. 올바름(정의: dikaiosynē), 혼(마음: psychē), 교육 과정, 철학자, 철인 치자, 철학적 인식, 나라의 성립

Platonis Alcibiadem Commentaria, 2. 156~162)

3) 《정치가》편, 285d.

과 통치 형태, 예술론, 윤리설 등이 그런 것들이다. 이런 사정은 특정 인물의 고유 명사를 그 제목으로 갖는 대부분의 대화편들의 경우에도 마찬가지이다. 가령 《파이돈》편의 경우를 보자. 이 대화편에는 소크라테스가 최후를 맞는 날에 일어난 일들 그리고 그의 추종자들과 함께 나눈 대화 장면과 그 내용이 묘사되어 있다. 그런데 이날 있었던 대화의 주제는 혼의 불멸성인 것처럼 되어 있다. 여기에다 소크라테스의 학문적 편력과 철학적 방법이 언급되고 있다. 그러나 무엇보다도 핵심적인 내용은 플라톤 자신의 이데아 및 그 인식에 대한 것이다.

그렇다면 우리는 플라톤 철학의 기본적 논의의 틀을 아쉬운 대로 이데아 이론에서 찾지 않고서는 어떤 경우에도 가질 수 없는가? 숱한 철학적 논제들이, 마치 삶의 다양한 면모들처럼, 대화편들의 곳곳에 산재한 상태로 있는 한, 가장 응집력이 있는 것은 역시 이데아 내지 형상의 이론이다. 그러나 이 이론에 입각하여 하는 논의라 할지라도, 그것은 실천(praxis)의 문제를 적극적으로 수용할 수 있는 틀 안에서 하는 것이어야만 할 것이다. 이데아 이론이 갖는 형이상학적·인식론적 바탕을 무릅쓰고도, 거기엔 실천적 성향이 태생적으로 병존하고 있기 때문이다. 인식과 실천, 이 두 측면을 합일시키려는 열정이 플라톤 철학의 기본 구도라는 점은 결코 소홀히 넘길 것이 아니다. 플라톤은 80세로 삶을 마감할 때까지 끊임없는 저술 활동을 했던 사람이다. 그러나 그에게 있어서 철학은 단순한 하나의 학문 활동이 아니라, 바로 진지한 현실적 삶을 위한 활동이었다. 그는 자신의 철학을 현실의 근본적인 개혁 이론으로서 제시하며 심화 내지 발전시켜 갔다. 대개 초기, 중기 및 후기로 나뉘는 그의 대화편들은 종국적으로는 바로 그런 과정의 반영들이라 할 것이다. 이 점을 가장 잘 보여 주는 증거물이 바로 그의 가장 방대하며 최후의 저술인 《법률》편이다. 이 대화편은 '법 제정'(nomothesia)의 문제에 국한된 것이 아니니, 이에서 우리는 그가 자신의 모든 철학적 성과를 바람직한 나라의 수립 내지 현실적 개혁과 직결시키려고 끈덕지게 노력하고 있음을 확인하게 된다. 그가 이 대화편에서 나라 수립을 위한 법 제정의 목표로 제시한 것은 '나라가 자유롭고 화목하면서도 지성(nous) 또한 갖추게 되도록 하는 것'이다. 나라가 지성을 갖추도록 하는 것이 어떤 것이며, 왜 그래야만 하는지를 제대로 이론적으로 말하기 위해서 그때까지의 그 모든 대화편을 썼다고 하는 것이 오히려 옳을 것이다. 그러고 보면, 이 대화편은 동시에 현실적 자문을 위한 지침서요, 법전이기도 했지만[4] 이는 특히 그의 사후를 대비해 준비한 지침서이기도 했다고 보아야 할 것이다. 그의 마지막이자 최대의 저술이 이처럼 그의 오랜 철학적 탐구의 성과를 현실적으로 적용하는 문제에 골몰한 것이라는 사실은, 그가 《일곱째 편지》에서 밝힌 자신의 철학함의 동기와 관련지어 볼 때, 우리가 그의 철학에 대한 우리의 기본적 이해의 틀을 어떻게 짜 맞추어 가져야 할 것인지에 대한 분명한 하나의 시사를 얻는다. 소크라테스를 처형한 아테네의 상황만이 아니라 헬라스의 모든 나라가 '바른 철학'(orthē philosophia)이 정치 현실 속에 실현되지 않고서는 도저히 구원받을 수 없는 지경에 이르렀다는 것이 그의 현실 진단이었다.[5]

하나, 이러한 강렬한 실천적 관심이 주도하는 플라톤 철학의 기본적인 논의의 틀은 앞서 말했듯, 우선은 이데아 내지 형상 이론이다. 그래서 이데아 또는 형상은 플라톤에게 있어서 판단을 위한 본인 동시에 실천을 위한 본(paradeigma)이다. 본은 그 인식에 큰 의의가

---

4) 《법률》편, 제12권 968b 및 Guthrie, *A History of Greek Philosophy*, Vol. 5, 78면 참조.
5) 《일곱째 편지》, 324a~326b.

있는 것이 아니라, 그것의 최대한의 실현에 더 큰 의의가 있다. 따라서 이데아 또는 형상은 인식(epistēmē)의 관점에서만이 아니라, 기술(technē) 및 실천(praxis)의 문제와도 연관되어서 다루어지지 않으면 아니 된다. 필자가 '결합(koinōnia) 이론'이란 제목으로 이 글을 쓰는 것도 바로 이 점에 착안한 것이다. 플라톤 철학에 있어서 인식 이론과 실천 이론을 맞물리게 하는 하나의 설명 장치가 바로 결합 이론일 것이라 여겨서다. 따라서 어느 의미에서 이 이론은 하나의 시도인 셈이다. 물론 이 결합 이론은 오늘날 적지 않은 수의 플라톤 연구가들이 이미 부분적으로는 다루고 있는 것이기는 하나, 이는 인식론적 측면, 특히 형상들끼리의 결합 관계에 국한되어 있다. 필자는 이 결합 이론을 사물과 형상의 관계에서부터 형상들끼리의 관계, 그리고 더 나아가 기술·실천·자연 전반에 걸쳐 두루 적용되고 있는 것으로서 드러내 보일 생각이다. 이 작업이 성공한다면, 이런 관점의 결합 이론은 플라톤 철학의 진수에 가장 많이 접할 수 있게 하는 하나의 커다란 시각을 제공하게 될 것이다. 다행히도 우리는 이 시각에서 하게 되는 플라톤 철학에 대한 논의의 타당성을 그 자신의 중기 저술인 《국가》편의 다음 구절에서, 비록 간결한 형태로나마, 일찌감치 보장받을 수 있을 것 같다. "아름다움은 추함에 반대되는 것이므로, 이들은 두 가지이다. … '올바름'과 '올바르지 못함', '좋음'과 '나쁨'의 경우에도, 그리고 또 [그 밖의] 모든 형상(形相: eidos)의 경우에도 이는 마찬가지여서, 각각이 그 자체는 하나이지만, 여러 행위(praxis) 및 물체(sōma)와의 결합(어우러짐, 관여: koinōnia)에 의해서 그리고 그것들 상호간의 결합에 의해서 어디에나 나타남으로써, 그 각각이 여럿으로 보인다."[6] 그 내용에 비해 너무나도 짧막한 이

---

6) 《국가》편, 제5권 476a.

말이 훨씬 훗날 그 자신이 보완·삽입한 것인지 어쩐지는 모를 일이
나, 플라톤 철학의 기본 골격을 잘 말해 주는 것임에는 틀림없다. 이
구절에 참으로 놀랍게도 일찍이 주목했던 사람은 James Adam이다.
그는 1897년에 자신이 내던 판을 보완하여 주해와 부록을 합쳐 큰
판(editio major)으로 *The Republic of Plato*, I, II를 1902년
(Cambridge)에 내놓았는데, 이 해는 Burnet가 OCT의 *Platonis Opera*,
IV(플라톤 전집 4권)으로 역시 *Politeia*(《국가》편) 교정본을 내던 해
이다. Adam은 이 책 I권(pp. 335~336면) 및 부록(362~364면)에서 이
구절에 대해 남달리 주목하고서, koinōnia(결합)의 문헌적 검토와 함
께 이 인용구에서 지적된 것들의 결합 가능성 자체에 대해 적잖은
언급을 하고 있다. 아울러 그는 형상 결합의 문제가 《소피스테스》편
에서 다루어지고 있는 것에 대한 언급도 하고 있으나, 그로부터 5년
뒤인 42세의 나이로 사망한 그는 아마도 이 문제를 이 이상 다루지
못하고 말았던 것 같다.

2. 형상과 사물들 간의 결합

플라톤이 이데아 내지 형상과 사물 간에 맺게 되는 관계를 나타내
기 위해 사용하는 용어들 중에서 네 가지가 한꺼번에 나오는 것을
우리는 그의 형상 이론이 본격적으로 선을 보이기 시작한 중기의
《파이돈》편 100c~103b에서 보게 된다. 그 가운데 하나가 '코이노니
아'(koinōnia)라는 표현인데, 이것이 이데아 또는 형상과 관련해서
최초로 나오는 것도 이 대화편(100d)에서다. 어떤 것을 아름다운 것
으로 만드는 것은 '아름다움 자체'(auto to kalon)의 '나타나 있게
됨'(parousia)이나 결합(어우러짐, 관여: koinōnia) 이외에 다른 것이

188

아니라고 하면서, '또는 그것이 어떤 방식으로 어떻게 이루어지건 간에' 그렇다고 단서를 달고 있다. 여기에서 '나타나 있게 됨'으로 옮긴 parousia는 영어로는 presence로 옮기고 있는 것으로서, 이는 그 사물에 아름다운 모습이 어떤 형태로건 드러나 있게 된 것을 의미하는 것으로 보면 될 것 같다. 따라서 이는 그것이 어떤 사물 '안에 있음'을 나타내는 eneinai, einai en … (103b, 102b)와 거의 같은 뜻으로 쓰이고 있다고 할 것이다. 그런데 문제가 되는 것은 '코이노니아' (koinōnia)의 해석이다. 이 낱말은 온갖 종류의 결합 및 공동 관계나 어우러짐 그리고 함께 함을 의미한다. 물론 남녀의 교합이나 단체적인 협력 관계, 그리고 공동 소유나 공동체를 포함해서이다. 이 경우의 '코이노니아'를, 그 전후에 나오는 metechein, metaskhesis, metaskhein, metalambanein처럼, 그저 '관여'(methexis)로만 이해할 것인가 아니면, 앞에서 말한 《국가》편의 경우에서처럼, '관여'보다는 더 적극적인 의미의 '결합'으로 이해할 것인가 하는 것이 문제이다. Kahn은 '코이노니아'를 앞에서 인용한 《국가》편의 그 구절의 경우에는 '결합'의 뜻으로 이해할 수 있는 'joining with …'으로 말하면서도, 《파이돈》편의 경우에는 '관여'의 뜻으로 이해할 수 있는 'sharing in'으로 말하고 있다.[7] 그러나 《파이돈》편의 이 대목에서도 그 앞뒤로 위에서 밝힌 '관여'의 뜻을 나타내는 같은 계열의 용어들이 이미 많이 쓰이고 있으므로, 필자로서는 이 대목의 '코이노니아'를 '결합'의 의미로 읽는 게 좋을 것 같다고 생각한다. 더구나 그럴 때에야 그 다음에 이어지는 '또는 그것이 어떤 방식으로 어떻게 이루어지건 간에'[8]라고 한 선언적(選言的) 단서가 그 의미를 살려 가질 수 있을 것

---

7) Charles H. Kahn, *Plato and the Socratic Dialogue*(Cambridge, 1996), 348~350면.
8) 이 선언적 단서에서 prosgenomenē를 prosgenomenou로 읽을 것인가 아니면

같기 때문이다. 그러니까 방금 언급된 구절의 전후에 나오는 것들로 말한 형상에 대한 사물 쪽의 '관여'를 나타내는 용어들과 형상이 사물들 안에 어떤 형태로든 들어가 있음을 나타내는 말들은 이 선언적 단서에 대한 부연 설명이라 할 수 있을 것이다. 하지만 그렇다고 해서 이런 표현들이 형상(形相)과 사물 간의 관계를 시원스럽게 제대로 말해 주는 것들인 것은 아니며, 다만 어떤 형태로든 이것들 사이에는 긴밀하고 불가피한 관계 맺음이 성립하고 있음을 말해 주는 것들일 뿐이다. 더구나 언어의 한계를 늘 절감하고 있었던 플라톤을 우리가 의식한다면, 그런 비유적 표현들 자체에 지나치게 매달릴 필요는 없을 것이다. 따라서 이런 비유적인 표현들을 통해서 그가 진정으로 말하고자 한 것들이 무엇인지를 알기 위해서는, 우선 우리가 우리 시대의 학문적 조류에 편승하여 스스로 성급한 아전인수격인 해석을 하려 드는 일이 없도록 해야 할 것이다. 그 다음으로는, 그가 남긴 대화편들을 최대한으로 전체적으로 그리고 차근차근 읽고, 그것들을 그의 시대적 상황을 늘 염두에 두면서 이해하려고 해야 할 것이다.

사물과 형상 간에 맺게 되는 관계에 대한 설명 못지 않게 어려운 것이 그 각각의 존재 방식에 대한 설명이다. 물론 이들 각각의 존재 방식에 대한 설명과 이들 사이의 관계에 대한 설명은 부분적으로는 서로 겹친다. 플라톤은 《파이돈》편의 곳곳에서 형상 내지 이데아가 존재하는 방식과 사물들이 존재하는 방식이 근본적으로 다름을 강조하고 있다. 형상은 "한 가지 보임새(monoeides=uniform)로 그 자체로 존재하며, 언제나 똑같은 방식으로 한결같은 상태로 있는 것"[9]이

---

prosagoreuomenē로 읽을 것인가는 텍스트 읽기에서 문제가 되는 것이기는 하나, 그 뜻이 크게 달라지는 게 없으므로, 여기에서는 이를 문제삼지 않기로 한다. 이에 대해서는 얼마 뒤에 출간될 필자의 《파이돈》편 역주서에서 따로 주석을 달게 될 것이다.

190

나, 사물들은 결코 똑같은 상태로 있지 못하고 그때마다 변한다. 그리고 이것들은 만지거나 보거나 또는 그 밖의 감각(aisthēsis)으로 지각할 수 있지만, 앞엣것은 그렇지 못하다. 따라서 존재하는 것들(ta onta)은 두 종류로 나눠 볼 수 있겠는데, 그 한 가지는 우리의 육안으로 '볼 수 있는(horaton) 것'이요 '한결같지 못한 것'인 반면, 다른 한 가지는 육안으로는 '안 보이는(aides) 것'이며 '언제나 한결같은 것'이다.[10] 그런데 이 경우에 "우리가 볼 수 있는 것들(ta horata)이니, 그렇지 못한 것들이니 한 것은 인간의 본성(physis)에 대응하는 것들로서 하는 말이다"라고[11] 이에 덧붙이고 있다. 다시 말해, 존재하는 대상들에 대해 우리의 인식 주관이 처하여 있는 조건이 그러하기 때문에 그렇게 분류할 수밖에 없다는 것이다. 눈의 기능이 거의 퇴화해 버린 두더지나 시력이 약한 박쥐의 처지에서는 대상 지각의 조건이 다를 수밖에 없듯, 대상들과 관계하는 인간의 앎의 조건이 지금과 다르다면, 대상의 분류도 달라질 것은 당연하다는 이야기인 셈이다. 그래서 그는 이 대화편에서 혼(psychē)이 그 어떤 감각도 이용하지 않고 그 자체로만(autē kath' hautēn) 고찰을 하거나(skopē, 79d1) 사유할(noēsē, 83b1) 때에 알게 되는 대상을 '노에톤'(noēton, 81b7, 83b4)이라 지칭하기 시작하는데, 이는 곧 플라톤 형이상학의 등장을 알리는 것이기도 하다. 이는 '지성'(nous, 82b3, 93b8)이라는 인식 주관과 그 대상, 즉 '지성에 의해서[라야] 알 수 있는 것'(to noēton)의 존재에 대한 확신을 의미하기 때문이다. 아울러 이런 대상 즉 존재(to on)를 색다른 이름으로 또한 부르게 된다. '사물들 자체' 즉 '대상들 자체'(auta ta pragmata)를 보는 것은 혼 자체에 의해서

---

9) 《파이돈》편, 78d.
10) 같은 책, 79a.
11) 같은 책, 79b.

해야만 된다고(66e1~2) 한 다음, 이런 것들을 아름다움 자체(auto to kalon),[12] 좋음 자체(auto to agathon), 같음 자체(auto to ison) 따위로 부르며, 이것들이야말로 '실재하는 것'(ho esti=what is) 또는 '실재'(實在: to on=the "being")라 말한다(78d). 그러나 《향연》편 (211c8, d2)에서는 '아름다움 자체'(auto to kalon)와 함께 '아름다운 것 자체'(auto ho esti kalon)라는 표현이, 그리고 《크라튈로스》편 (389b5)에서는 '북인 것 자체'(auto ho estin kerkis)라는 표현이 보인다. 이제 《국가》편에 이르면, 아름다움 자체(auto to kalon)나 올바름 자체(auto to dikaion)의 경우처럼 형용사(kalon, dikaion, agathon 등) 앞에 정관사(to)를 붙여 추상명사화한 것 앞에 다시 '자체' (auto)란 낱말을 붙여서 쓰는 식의 용례들을 공식화해서 auto hekaston to on이라 표현하는 것을 보게 된다(479e~480a). 이는 'auto+수식구(句)' 형태의 표현인데, 여기에서 '각각'을 의미하는 hekaston은 요즘 식으로 하면 x 또는 F로 표기될 수 있는 것이니, auto hekaston to on은 auto to x(또는 F)와 같다. 곧 '각각의 실재 자체'라든가 '각각(x)임 자체'를 뜻한다. 그런가 하면, '좋은 것 자체'(auto ho estin agathon)의 경우처럼 '각각(x)인 것 자체'(auto ho estin hekaston)(532a7~b1)라는 'auto+수식절(節)' 형태의 공식화된 표현 또한 갖게 된다. 여기에 kalon(beautiful)이나 agathon(good) 따위의 형용사, 북(kerkis)이나 침상(klinē) 따위의 명사를 대입하는 형

---

12) 그러나 《국가》편, 476b~c에서는 이와 함께 auto kallos(beauty itself)라는 명사 형태의 것이, 《파이돈》편에서는 auto to megethos(the magnitude itself)처럼 정관사 to까지 붙은 형태의 것이 쓰이고 있기도 하다. 그리고 헬라스어에 있어서 '중성 정관사(to)+형용사'의 경우에 이처럼 추상 명사를 뜻할 수도 있지만, 보통 명사를 뜻할 수도 있다. 예컨대 to kalon은 '아름다움'과 함께 그냥 '아름다운 것'을 가리키기도 한다. 그러나 이 앞에 auto가 붙으면, 어느 경우에나 형상 내지 이데아를 가리키기는 마찬가지이다.

식이 이 표현의 쓰임새이다. 그리고 여기에서 ho(ὅ)는 관계대명사이고, estin은 영어 'is'에 해당되며, '있다'는 뜻과 '…이다'는 뜻을 지닌다. 그러니까 ho estin은 '있는 것'이라는 뜻과 함께 '…인 것', 더 정확하게는 '…ㄴ 것'이라는 뜻을 갖는다. 플라톤의 이런 표현은 혼 (psychē)이 감각의 힘을 빌리지 않고 '그 자체로' 지성(nous)에 의해서 '대상들 자체'를 그 '본모습', 즉 그 본질에 있어서 보아야 한다는 데서 비롯된다. 아리스토텔레스가 '각각'을 뜻하는 'hekaston' 앞에 'auto'를 붙여, autoekaston(각각 자체)이라 하거나,[13] 감각에 의해 지각할 수 있는 것들(ta aisthēta) 앞에 'auto'란 말을 붙여, 이를테면 '사람 자체'(autoanthrōpos)라든가 '말(馬) 자체'(autoippos)라는[14] 식의 다분히 빈정거리는 말투의 표현을 했던 것도 플라톤의 그런 공식화된 표현 때문일 것임은 분명한 일이겠다. 어쨌든 플라톤은 이런 표현들까지 써가면서 이 대화편에서 지성 및 그 대상과 관련된 인식론과 형이상학을 본격적으로 펼치게 된다. 사물들은 감각적 지각(aisthēsis)에 의해 지각할 수 있는 것(to aisthēton)이지만, 형상은 지성(nous) 및 지성에 의한 이해(순수 사유: noēsis)를 통해서 알 수 있는 것(to noēton)임이, 따라서 인식 주관도 거기에 상응할 수 있도록 전환되어야 함이 강하게 주장된다. 이런 인식론적·형이상학적 논의의 본격적인 전개는 이 대화편의 5권 475b 이후에서 7권 끝까지에 걸쳐 이루어지고 있다.

한데, 우리는 《국가》편의 이 부분에서 플라톤의 아주 중대한 언급에 접하게 된다. 그는 감각에 의해 지각할 수 있는 것들(ta aisthēta) 즉 '가시적 부류'(to horaton genos)가 속하는 '가시적 영역'(可視的

---

13) 《니코마코스 윤리학》, 1096a35. 《형이상학》, M(13)권 1079b9~10에서는 'auto ti'라는 표현도 보이는데, 이는 '아무 것(x) 자체'라는 뜻이다.
14) 《형이상학》, Z(7)권 1040b33~34.

領域: ho horatos topos)과 지성에 의해서 알 수 있는 것들(ta noēta) 즉 '지성에 의해서 알 수 있는 부류'(to noēton genos)가 속하는 영역(ho noētos topos)을 구분하되, '지성에 의해서 알 수 있는 부류'를 다시 두 부류로 나누고 있다. '추론적 사고'(推論的思考: dianoia)의 대상들과 순수한 의미의 '지성에 의한 이해(앎)'(noēsis) 또는 '인식'(epistēmē)의 대상들이 그것들이다. 앞엣것들은 이른바 수학적인 것들(ta mathēmatika)이고 뒤엣것들은 이데아 또는 형상(形相)들이다.[15] 이 구분은 단순히 인식론적인 구분으로만 치부하고서 넘겨버릴 성질의 것이 아니다. 그것은 분명히 그 고유의 존재론적 영역을 갖는 것이다. 이 구분을 후기의 《티마이오스》편이나 《필레보스》편과 연결하게 되면, 우리는 그것이 비단 플라톤 철학뿐만 아니라, 모든 실천적·기술적 창조 이론에 있어서도 지대한 의미를 갖는 것임을 알게 될 것이다.[16] 이는 서양 철학사가 간과해 온 플라톤 철학의 지극히 중요한 측면이다. 그에게 있어서 본(paradeigma)의 성격을 갖는 이데아 내지 형상이 사물들 또는 현실 속에 어떤 형태로건 구현되기 위해서는 이 이 추론적 사고의 대상 영역을 거치게 마련임을 방금 든 두 대화편이나 《정치가》편 그리고 《법률》편 등의 후기 대화편들이 잘 보여 주고 있기 때문이다. 모든 구조물은 수치화(數値化)된 설계의 단계를 거치게 마련이며, 모든 실천은 수치화되는 적도(適度)나 중용 그리고 시중(時中) 등에 적중한 것일 때 큰 의미를 가지며, 모든 생물도 일정한 구조를 가지며, 이 구조는 수치화된 것이다. 모든 물질도 수치화된 분자 구조를 갖는다. 생명의 비밀을 읽으려는 '지놈 지도 읽기'도 존재론적으로는 실은 이 영역에 속한다고 할 것이다.

---

15) 《국가》편, 제6권, 508c~511e.
16) 이와 관련해서는 제3장 (4)항 "기능 또는 형상과 '추론적 사고' 대상의 관계" 및 제2장 2 "플라톤의 중용 사상"을 참고할 것.

194

수량적 · 질적 · 구조적 영역을 거침이 없이 바로 현실로 이루어지는 것은 아무 것도 없다. 이에는 자연적인 것이건 인위적인 것이건 예외가 있을 수 없다. 그렇다면 사물들과 형상의 관계 맺음, 즉 감각에 의해서 지각할 수 있는 것들(ta aisthēta)과 지성에 의해서 이해할 수 있는 것들(ta noēta) 간의 관계 맺음과 관련된 의문에 대한 해답도 이를 통해서 찾아야만 할 것이다. 형상 또는 기능과 함께 '지성에 의해서[라야] 알 수 있는 것들'(ta noēta)의 영역에 속하면서도 존재론적으로는 그것들과 감각적인 대상들(ta aisthēta)과의 '사이에 있는 것들'(ta metaxy)로서 매개 역할을 하고 있는 이들 추론적 사고의 대상들이 없다면, 앞에서 말한 '관여'나 '나타나 있게 됨' 그리고 '결합' 또는 그 밖의 어떤 형태의 것으로 표현되는 관계 맺음도 실제로는 일어날 수가 없다. 《티마이오스》편은 이 관계 맺음을 아주 잘 보여 주는 대화편들 중의 하나이다. 이 대화편은 이 세계에서 태초에 흔적 상태로만 있던 물질들이 어떻게 해서 도형들과 수들에 의해 원소들과 같은 형태들을 갖추게 되며 또한 세계가 전체적으로 좋은 상태를 실현해 가게 되는지를 그럼직하게 설명해 보이고 있는데, 비록 실제로 그 내용 그대로라고 말할 수는 없지만, 적어도 그 설명의 기본 틀만은 맞는 것이라 할 것이다.

그런데 이데아 내지 형상과 사물들 간의 관계와 관련해서는 오랜 역사를 갖는 논쟁이 있다. 아닌게아니라 이 관계 자체에 대한 미흡한 설명들이 무더기로 공격을 받고 있는 것을 우리는 《파르메니데스》편의 제1부에서 보게 된다. 읽기에 따라서는 이 대화편은 플라톤 자신에 의한 형상 이론의 철저한 자기 비판으로 받아들여지기도 한다. 흡사 이데아 설의 난파 장면을 보는 것만 같은 착각 속에 빠지게 할 수도 있으니 말이다. 이 대화편에서는 65세의 파르메니데스와 그의 애제자(paidika)로서 40세인 제논이 아테나 여신의 탄생을 기리는 축제(Panathēnaia) 때에 아테네에 들렀다가 소크라테스 등을 만나 대화를 하게 된다. 이 때의 소크라테스는 20대의 젊은이다. 그들을 찾아간 소크라테스는 제논이 자기 글 읽기를 마치자, 그의 주장의 첫째 가정(hypothesis)을 일종의 번안 형태로 고쳐서 묻고서는, 이것이 제대로 된 것이라는 데 대한 동의를 제논한테서 얻어내는데, 그것은 이러하다.

"만약에 존재하는 것들(ta onta)이 여럿(polla)이라면(ei polla esti ta onta), 그것들은 같은(닮은) 것들이기도 하고 같지(닮지) 않은 것들이기도 해야만 하겠는데, 이것이야말로 불가능할 것이다. 같지(닮지) 않은 것들(ta anomoia)이 같을(닮을: homoia) 수도, 같은(닮은) 것들(ta homoia)이 같지(닮지) 않을(anomoia) 수도 없을 테니까. 이런 말씀인가요?"(127e)

이를 일종의 번안 형태라 한 것은 제논의 가정이 다음과 같은 것으로 알려져 오기 때문이다. "만약에 여럿(多)이 있다면(ei polla esti), 이것들은 작기도 하고 크기도 할 것이 필연적이다. 작은 나머지, 전혀 크기를 가질 수 없는 것이 되는가 하면, 큰 나머지 무한대가 되기도 할 것이다."[17] 결국 이는 모순이니, '여럿'(多)이 있을 수는 없다는 주장이다. 또 다른 것으로 이런 것이 있다. "만약에 여럿(多)이 있다면(존재한다면), 있는 그만큼만 있지 이보다 더도 덜도 있지 않을 것이 필연적이다. 하지만, 있는 그만큼만 있다면, 이것들은 유한수의 것들일 것이다; 만약에 여럿이 있다면, 있는 것들(ta onta)은 무한 수다. 왜냐하면 있는 것들 사이에는 언제나 다른 것들이 있고, 다시 그것들 사이에는 또 다른 것들이 있기 때문이다. 그래서 있는 것들은 무한 수다."[18] 같은 것이 유한 수이면서 무한 수라니, 모순일 수

---

17) 제논의 토막글 1. Diels/Kranz, *Die Fragmente der Vorsokratiker*, I, 1951.
18) 같은 책, 토막글 3.

밖에 없지 않느냐는 이야기다. 이는 스승 파르메니데스의 주장을 옹호하기 위하여, 존재가 '하나'(hen) 아닌 여럿이라는 주장을 펴는 사람들이 오히려 잘못되었음을 증명하기 위한 이른바 귀류법(歸謬法: reductio ad absurdum)에 의한 증명을 시도한 것이다.

소크라테스는 제논의 그런 주장이 결국 "일체(to pan)는 하나임"(hen einai to pan)을 내세우는 파르메니데스의 주장에서 '하나'(hen) 대신에 '여럿이 아님'(mē polla)을 말할 뿐이라고 한 다음, '여럿'(polla)인 것들이 같거나 같지 않은 것은 동일성(유사성: homoiotēs)의 형상(eidos) 및 비동일성(anomoiotēs)에 관여하게 (metalambanein) 되기 때문이며, 사물들은 이 양쪽 다에도 관여할 수 있어서, 때로는 같기도 하고 때로는 같지 않을 수도 있다고 한다. 그러면서 온갖 형상들이 그것들 자체로 존재한다는 주장을 펴게 된다. 젊은 소크라테스의 당당한 주장과 그 열의를 찬탄하면서 파르메니데스는 여러 가지 질문을 던진다.

그 가운데 한 가지는 사물들과 형상의 관계 맺음을 나타내는 표현들 중의 한 종류에 속하는 것들로서 '관여' 정도의 뜻으로 이해할 것들(metalambanein, metalēpsis, metechein, methexis 등)을 문자 그대로 물질적인 '분유'(分有)로 이해함으로써 제기될 수 있는 의문들과 관련된 것이다. 형상을 분유하게 되는 것들이 하나뿐인 각각의 형상을 분유, 즉 쪼개어 가진다면, 어떻게 될까? 큼 자체(auto to megethos), 즉 큼의 형상을 분유하게 되는 많은 큰 것들의 각각은 큼 자체보다는 작은 큼의 부분에 의해 큰 것으로 될 것이다. 그리고 우리 중에서 누군가가 작음의 일부분을 갖게 될 경우에, 부분인 이것보다는 작음이 더 커질 것인즉, 이처럼 작음 자체도 더 커질 것이다. 반면에 이 떼어낸 부분이 덧붙여진 것은 이전보다도 더 작아지지 더 커지지는 않을 것이다.

다른 하나는 형상을 '보편적인 것'(보편자)으로 간주하고, 형상과 사물들을 포섭 관계에 있어서 볼 때, 제기될 수 있는 문제와 관련된 것이다. 각각의 형상이 하나씩 있는 것으로 생각하게 되는 것은 이렇게 해서일 것이다. 가령 여럿이 큰 것으로 여겨질 경우에, 이것들 모두를 보고 있는 사람에게 이 모두에 있어서 똑같은 하나의 어떤 특성이 있다는 생각을 하게 될 것이니, 하나인 '큼 자체'(auto to mega)가 있다고 생각하게 되는 것은 이로 인해서다. 그런데 '큼 자체'와 그 밖의 큰 것들, 이 모두를 마음으로 같은 식으로 보고 있는 사람에게는 다시 하나의 어떤 큼이 나타나 보일 것이니, 이것으로 해서 그 모두가 크게 보일 것이다. 이렇게 되면, 이미 있는 '큼 자체'와 이에 관여하고 있는 것들 이외에 또 다른 큼의 형상이 나타나게 될 것이고, 이는 반복될 것이다. 따라서 각각의 형상은 하나가 아니라, 그 수에 있어서 무한일 것이다. 이게 저 유명한 '세 번째 인간'(ho tritos anthrōpos)과 관련된 논변(the Third Man Argument)을 낳게 한 것이기도 하다. 이는 플라톤과 동시대의 소피스테스였다는 폴리크세노스(Polyxenos)가 아니더라도, 아리스토텔레스에 의해서도 여러 번 제기된 시비거리였다.[19] '우시아'(ousia)[20]는 개별자이지 보편자(to katholou)일 수 없는 터에, 하물며 세 번째, 아니 무한 수의 인간의 형상(形相)이 존재하다니! 이게 아리스토텔레스의 빈정댐이다. 그러나 처음의 '동일성의 형상'도 그렇고, 그 다음에 든 '큼의 형상'도 그 밖의 아름다움, 올바름 등의 형상들도 다 같이 '지성에 의해서[라야] 알게 되는 것들'(ta noēta)이다. 이것들은 감각적 지각 대상들과는 그 존재의 영역 자체가 다를 뿐만 아니라, 존재 방식 자체가 다르다. 물질적으로 나눌 수도 없는 것이요, 같은 지평에서 다룰 성질의

---

19) 《형이상학》, 990b, 1039a, 1079a를 참조할 것.
20) 제4장 각주 49를 참조할 것.

것도 아니다. 형상 이론과 관련된 주장을 제대로 펴기에는 아직도 젊은 소크라테스인지라 인간의 형상에 대해서는 '아포리아'의 상태에 있음을 실토하고 있는 그를(130c) 대신해서 생각해 보자. 플라톤적인 의미의 인간의 형상은 있는가? 그가 그것을 '지성에 의해서 알 수 있는 것'(to noēton)으로 말하고 있는 한, 그것은 그런 것으로 존재하며, 하나로 족하다. 우리는 사람의 구실 내지 기능 그리고 신체적 구조를 말하고 있기 때문이다. 형상으로 옮기고 있는 헬라스어 '에이도스'(eidos)는 '종'(種)을 의미하기도 한다. 인간이라는 종에 대해, 오늘날의 지식을 빌려, 감각 아닌 지성의 측면에서 접근해 보자. 인간의 종은 온갖 유전 정보를 갖고 있는 존재다. DNA 분자 구조와 효소 단백질 분자 구조 그리고 그것들의 기능을 읽는다는 것은 무엇을 의미하는가? 플라톤 식으로 말해서, 이것들은 모두가 감각 아닌 지성에 의해서 알 수 있는 대상들이다. 그런 것들을 기초로 하여 세포들이 여러 가지 작동을 함으로써, 사람이 사람의 기능(ergon) 그리고 이성 내지 지성의 활동도 하는 게 아닐까? 왜 오늘날 과학자들은 유전자 지도 읽기에 저토록 경쟁적으로 덤비고 있는가? 그게 오관의 대상인가? 아리스토텔레스는 물이나 공기를 오관의 대상일 뿐인 질료로 보았으나, 플라톤은 그것들을 noēton한 대상들로서 구조적으로 보려 했으니, 이는 오늘날 우리가 물의 분자 구조를 말하는 것과 기본적으로 같은 방식이다. 제3장 2)의 (3)항에서 '기능 및 형상 그리고 그 인식'의 문제를 다루었을 때, 언급했던 예들의 경우를 볼지라도, 사물들에 감각적 지각의 측면에서만 접근할 경우에, 우리는 사물들을 제대로 이해할 수 없게 되고 만다. 따라서 형상의 초월성이니 내재성이니 하는 것도 실제보다는 과장된 성격의 문제이다. 플라톤을 따라, '지성에 의해서[라야] 알 수 있는 것들'(ta noēta)의 존재를 인정하면 그뿐이며, 이것들이 사물들 또는 감각적인 것들과 어떻게 관계를 맺고 있는지를 깨닫기만 하면 되는 게 아닌가 싶다. 소크라테스 이전부터 오늘날까지도 인간들은 절제나 용기, 아름다움 등을 의식하고 말하면서, 그것을 자신들의 인격이나 제도 또는 작품으로 구현해 왔다. 그것이 플라톤적 의미의 관여나 결합이다. 그토록 오래도록 그것들에 많은 사람이 관여해 왔다고 해서, 아니 그것들을 '분유'했다고 해서, 그것들이 줄어들었는가? 사람들은 언제부턴가 북의 기능을 의식하면서 옷감을 짜왔다. 그래서 북의 형상이 무한 수로 증가했는가? 왜 사람들은 예나 지금이나 어쩌면 공허한 개념에 불과할 것만 같은 아름다움의 구현을 위해 그토록 열을 올리며 일생을 보내는가? 자연계에도 예술 작품에도 황금비니 균형이니 하는 숫자상의 조화가 아름다움을 있게 한다고 하지 않는가? 감각의 대상인 물질은 그런 걸 실현하는 재료일 뿐이지 않는가? 단순한 대리석이나 화강암이 비너스 상으로, 석굴암의 불상으로 탄생된 것은 무엇 때문인가? 지구상에서 해마다 벌어지는 미인 선발대회에서 빠지지 않고 무엇은 몇이요, 무엇은 몇이라는 식으로 들먹이는 수치들은 무슨 연유에서인가? 인체를 이루는 요소들은 다 같은데, 왜 어떤 사람들은 미인이며 미남이고, 어떤 이들은 추녀이며 추남인가? 기능이나 구조, 좋은 상태나 적도(適度) 그리고 이것들과 관련된 수적인 한정이나 한도 등, 이 모든 것이 존재론적으로는 '지성에 의해서라야 알 수 있는 부류'에 속함을 뉘라서 부인할 수 있단 말인가! 더구나 플라톤이 존재론적 의미의 이데아나 형상(eidos)이라는 말을 쓴 빈도나 이를 '지성에 의해서 알 수 있는 것'을 뜻하는 noēton 및 이의 동류어로 지칭하는 빈도는 거의 비슷하다고 말해도 과언이 아닐 것 같다.[21] 그러니 말꼬리 붙잡기 식의 시비에 그리 신경 쓸 일이 아닐 것 같다.

21) Brandwood, L., *A Word Index to Plato*(Leeds, 1976)에서 관련 항목들을 참조할 것.

　그렇다면 《파르메니데스》편의 제1부에서 피력된 젊은 소크라테스의 형상 이론과 관련된 견해를 어떻게 받아들일 것인가? 과연 플라톤의 자기 비판인가? 비판이라면, 어떤 성격의 비판일까? 과연 이데아 설은 파기된 것인가? 젊은 소크라테스를 통해서 옹호되는 이데아 설은 다소 엉성한 것 같고 치밀해 보이지 않는 인상을 준다. 아닌게 아니라 아카데미아 학원 자체 내에서도 그런 의문을 갖는 사람들이 적잖았을 것이다. 그러나 소크라테스가 어떤 사람인가! 그는 지적인 산파술의 선구자가 아닌가! 플라톤의 대화편들은 기본적으로 산파술적 일깨움의 성격을 갖거니와, 이 점은 이 대화편의 경우에도 예외일 수가 없다고 해야 할 것이다. 형상에 대해 제발 그런 식으로는 이해하지 말 것을 깨우치려는 의도도 숨겨져 있다고 보는 것이 옳을 것이다. 소크라테스의 형상에 대한 주장이 터무니없이 엉성한 것처럼 보이는 것은 그렇게 해석하려는 사람들의 그런 생각 때문이 아닐까? 물론 젊은 소크라테스이기에 논리적이고 체계적인 이론 보강이 더 요구된다. 그러나 이는 다름 아닌 형상들의 결합 가능성과 주로 관련된 것이다. 형상 결합의 문제와 관련된 플라톤 자신에 의한 최초의 시사에 대해서는 이 글의 1항에서 이미 언급했거니와, 바로 이 문제가 이 대화편의 제2부와 결부되어 있다. 이 문제를 다룬다는 것은 헬라스 철학사에 있어서 존재론의 대부(patēr)인 파르메니데스를 건드리는 짓이라 조심스럽기 그지없는 일이다. 그러나 "존재한다"고만 말할 뿐, 그 주어조차 입에 올릴 수 없어하는 저 완벽하고 충만한 '모두로서 그리고 유일한 것으로서' 존재하는 것[22] 즉 '일자'(一者: to hen)만으로는 철학적 논의도 할 수가 없고, 현상계는 물론 인간의 삶에 대해서도 아무런 의미를 부여할 수가 없다. 그 '일자'를 확보하기

---

22) 제4장 2의 1) 항을 참조할 것.

위해 삶도 세상도 철학조차도 모조리 버릴 수는 없는 일이 아닌가!
그래서 결국은 존재론과 관련되어 '친부(대부) 살해범'(patraloias)을
등장시킬 수밖에 없는 단계까지 가게 되는데, 정작 그런 판이 벌어진
것이 《소피스테스》편이다. 《파르메니데스》편의 제2부는 거기로 가는
길목에 놓인 몇 개의 징검돌인 셈일 것이다. 그 징검돌을 파르메니데
스가 스스로 놓지 않을 수 없게끔 제논조차도 나서도록 이 대화편의
진행은 짓궂게 짜여져 있다.

　플라톤의 이데아 내지 형상은 몇 가지의 기본적인 특성을 갖고 있
다. 그것은 무엇보다도 우선 참된 존재(to on) 즉 실재이다. 그리고
그것은 사물들에 대해 어떤 형태로건 원인적인(aition) 구실을 한다.
그래서 형상은 앎 즉 지식(epistēmē)의 대상(to noēton)이 된다. 또
한 플라톤 철학의 특성상 이런 형상은 특히 실천이나 기술적 제작의
문제와 관련될 때는 자연스레 본(paradeigma)의 성격을 갖게 된다.
그리고 마지막으로, 초기의 소크라테스적 대화편들은 물론이거니와
중기 및 후기의 일부 대화편들에 있어서까지 형상에 대한 의미 규정
(horismos)을 통한 접근은 그것을 자칫 개념 또는 보편자(to
katholou)에 불과한 것으로 여기게도 할 수 있다. 특히 금세기의 분
석철학적 관심은 이 마지막 것에서 그래도 플라톤 철학에서 건질 것
을 찾았다고 반긴다. 물론 그 반김은 그들의 철학적 관심이 플라톤의
아카데미아 시절에서부터 이어져 내려오는 유구한 역사적 전통을 확
보할 수 있다는 바람이 그 첫째 이유일 것이다. 그 둘째 이유는 그렇
게 해서라도 플라톤 철학을 그들 자신의 관심 영역으로 일단 편입시
키게 됨으로써 자신들이 엄청나게 많은 일감을 찾을 수 있게 되어서
일 것이다. 이런 생각을 하는 사람들의 선두에 섰던 이들 중에
Ackrill이라는 사람도 있는데, 그는 그가 발표한 한 글에서 이런 말을
하고 있다.[23] 그는 이데아 설이 호된 비판을 받기는 했지만, 그래도

'해난 구조를 받을 수는 있는'(being salvaged) 상태에 있다고 한다. 플라톤은 자신의 이데아 설을 완전히 포기하기를 제의하지는 않고, 그것을 '수정된 변형으로 수리하여 보존하기로'(as maintaining a revised version) 스스로 생각했을지도 모른다고 하면서, 이는 해난 사고를 당한 배를 구하기 위해 짐이나 장비의 일부를 버리는 행위를 그가 한 것으로(he jettisoned the theory) 말하는 것이 더 자연스럽다고 한다. 그리하여 존재(to on) 및 본(paradeigma)인 형상은 버리되, 그걸 개념(concept)으로서만 확보해 가짐으로써 '대화의 가능성(의의)'(tēn tou dialegesthai dynamin)도 확보하게 되었다고 한다. 따라서 《소피스테스》편에서 다루게 되는 '형상들의 결합' 문제도 '개념들의 한계와 상호 관계들'(the boundaries and inter-relations of concepts)을 다루는 것으로 보려 한다. 그러나 존재론이, 형이상학이 빠진 플라톤의 철학은 이미 그의 철학이 아닐 뿐만 아니라, 굳이 그런 구차한 모습으로 건질 해난 구조의 대상도 아니다. 그런 꼴을 한 플라톤 철학은 위대하기커녕, 고작 이류나 삼류의 철학 소설일 뿐이니, 구조하기보다는 아예 진작에 폐기했어야 옳다. 이들은 모의 해난 구조 훈련을 하고 있었던 것이다.

3. 형상들끼리의 결합

《파이돈》편(78d5)에서 그리고 《향연》편(211b1, e4)에서 볼 수 있듯, 대체로 중기에 있어서는 형상은 '한 가지 보임새인 것'(monoeides on)으로 다루어진다. '한 가지 보임새'(monoeides)는 불

---

23) Allen, R. E. (ed.), *Studies in Plato's Metaphysics*(R.K.P., 1965)에 실린 그의 글, *Symploke Eidon*을 참조할 것.

변성 및 실재성(ousia)에 그 초점이 맞추어진 표현이다. 다시 말하면, 각각의 사물들이 부단히 생성·소멸하는 한결같지 못한 다양한 (polyeides) 것인 반면에, 형상은 '언제나 똑같은 방식으로 한결같은 상태로 있는 것'임을 대조적으로 강조하려는 데서 쓰게 된 것이다. 그러나 같은 중기의 것이면서도 분명히 뒤에 저술된 《국가》편에서는 형상의 그런 측면이 강조되기도 하지만, 형상들끼리의 결합 관계를 또한 언급하고 있는 곳이 한 군데 있는데, 이는 앞의 1항 끝 부분에서 인용한 바 있는 것이다. 그러나 이 결합 관계를 이곳에서는 언급만 했을 뿐, 그 문제를 실제로 다루어 보이고 있지는 않다. 형상들의 상호 결합 관계를 본격적으로 다루고 있는 대화편들은 후기의 《소피스테스》편과 《정치가》편이다.

각각의 형상의 '한 가지 보임새'를 보게 하는 작업은 '언어를 통한 보여줌'(설명: apodeixis)[24]인데, 이것의 가장 간결한 형태의 의미 규정(horos)이 '의미 규정 형식'(logos)으로 나타난다. 이 작업을 우리는 흔히 정의(horismos)라 일컫는다. 플라톤의 많은 대화편은 실제로 이 작업 과정을 보여 주고 있다. 그래서 형상 인식은 '그것은 도대체 무엇인가?'(ti pot' esti;) 또는 '그것은 무엇인가?'(ti esti;)라는 물음에 대한 대답을 통해 얻어지는 것으로 기대된다. 비록 오랜 정의의 작업 과정을 거치나, 그 의미 규정 형식은 비교적 간단하다. 이를테면 《국가》편에서 나라(polis)나 혼(마음: psychē)에 있어서 '올바른 상태'(올바름, 정의: dikaiosynē)가 무엇인지를 알기 위한 논의는 장장 1권에서 4권에 걸쳐 진행되나, 얻어진 의미 규정 형식은 간결하기 이를 데 없다. 나라나 혼의 구성 요소들이 저마다 자신의 일 내지 구실(ergon)을 제대로 하는 데서 이룩되는 것이 '올바른 상태'라 하

---

24) 《정치가》편, 277a, 269c.

여 '제 할 일을 함'(자신에게 맞는 자신의 일을 함: oikeiopragia)으
로 표현된다.[25] 이에 비해 사람의 구실과 관련된 '훌륭함'(aretē)이
무엇인지를 다루는 《메논》편에서 본보기로 제시된 '모양'(schēma)에
대한 정의는 지극히 간단하게 이루어진다.[26] 《라케스》편에서 용기
(andreia)를 다루는 과정에서 해 보이는 '빠름'에 대한 정의의 경우
도 역시 간결하다.[27] 《테아이테토스》편(147c)에서 언급된 질흙(pē-
los)의 경우에도 아주 간결하게 정의된다. 그러나 이런 정의의 시도
들은 형상의 '한 가지 보임새'에 우리의 관심이 머물러 있을 때의
일이다. 후기 대화편들인 《소피스테스》편이나 《정치가》편에 이르면,
형상은 이미 '한 가지 보임새'로 나타나지 않고, 결합 형태로 나타난
다. 하지만, 이에 관한 논의를 진행하기에 앞서 먼저 정의와 관련지
어 형상을 개념으로 또는 단순한 보편자로 치부해 버릴 가능성에 대
한 예방적 언급을 거듭 해둘 필요성을 느낀다. 단적으로 말해, 이데
아 내지 형상은, 비록 앞에서 말했듯 개념적 특성을 갖기는 하나, 그
저 개념인 것이 아니다. 그것은 존재 또는 실재(to on)이고, 더 정확
히 말해서, 존재의 보임새이다. 다시 말해서 우리의 지성(nous)은 보
되(idein, katidein), 즉 '지성에 의한 앎'(noēsis)의 대상(noēton)이되,
육안으로는 보이지 않는(aides) 그런 보임새를 갖는 어떤 존재요, 이
에 대한 이름(onoma)이 '…의 형상' 내지 '…의 이데아'라 일컬어지
는 것이다.[28] 이런 관계를 가장 잘 말해 주는 것이 《일곱째 편지》

25) 《국가》편, 434c.
26) 《메논》편, 75b~76a.
27) 《라케스》편, 192a~b.
28) 원래 eidos나 이데아는 사물들이 보이는 공통성에 따라 사물들을 분류해서 한
   '종류'로 지칭할 때의 일상 언어였다. '부류'를 뜻하는 genos도, '부분'을 뜻하
   는 meros나 morion도, 또는 '형태'를 뜻하는 morphē나 skhēma(schēma)도
   그런 유의 일상 언어였다. 그렇기 때문에 eidos나 이데아는 같은 대화편 속에서

(342a~344c)이다. 74세 무렵에 씌어진 것으로 추정되는[29] 이 편지에서 플라톤은 존재하는 것들(ta onta) 각각에 대한 인식이 생기게 되는 것은 세 가지 것을 통해서라고 말하면서, 이 세 가지를 이름(onoma), 의미 규정 형식(logos) 및 상(像) 내지 모상(模像: eidōlon)으로 들고 있다. 그리고 넷째 것으로는 이 셋을 수단들로 이용하는 인식(epistēmē), 지성(순수 사유에 의한 직관: nous), 참된 의견(alēthēs doxa)이 있으며, 다섯째로 원(둥금) 자체(autos ho kyklos)가 있다. 어떤 '원'이 있고, 이를 우리가 '원'이라는 이름으로 일컫는다. 그 의미 규정 형식은 '모든 방향에 있어서 끝에서부터 중심에 이르기까지의 거리를 같이 갖는 것'이다. 모상이나 상은 그렸다가 지워버릴 수 있는 것, 선반으로 깎은 것, 따라서 소멸되는 것이다. 이에 비해 '원 자체'는 이런 일을 전혀 겪지 않는 것으로, 이런 유의 것들과는 전혀 다르다. 넷째 것들 중에서도 이 원 자체에 그 동종성 내지 친근성(syngeneia) 및 유사성(homoiotēs)에 있어서 가장 가까운 것은 지성(nous)이다. 이는 모든 형태의 경우에도, 좋음, 아름다움, 올바름 등의 경우에도, 모든 인위적인 산물이나 자연적인 산물의 경우에도, 물 및 불 등과… 모든 생물 그리고 성품들의 경우에도 마찬가지이다. 그 다섯 가지 중의 네 가지를 어떻게든 파악하지 못한다면, 다섯째 것의 인식에 완전히 이를 수는 결코 없을 것이라고 한다. 아울러 그는 이 인식에 이르는 과정이 오랜 세월에 걸쳐 이름들과 의미 규정 형식들, 시각 및 다른 감각들이 서로들 부딪치는 가운데, 선의의 논박들과 악

도 일상 언어로서 또는 플라톤적인 전문 용어로서 여기저기서 혼용되고 있음을 우리는 보게 된다. 다만 그것들이 사용되는 문맥에 따라, 우리는 그것들이 일상 언어적 의미의 것들인지 아니면 비유적 의미이거나 또는 전문 용어인지를 구별해서 이해해야만 된다.

29) 디온의 사망(BC 354) 이듬해에 디온의 동료들에게 보냈다고 볼 때.

의 없는 문답들을 거치는 등, 인간의 힘이 미치는 한도까지 진력한
다음에야, 불현듯 각각의 형상에 대한 깨달음(phronēsis)과 직관
(nous)이 겨우 이루어지는 것이라는 걸 밝히고 있다. 우리는 플라톤
이 디온의 동료들에게 보냈다는 이 편지에서 한 언급을 통해서도, 그
가 말하는 형상이 결단코 개념으로 치부해 버릴 성질의 것이 아님을
어느 정도는 짐작하게 된다. 그리고 이를 통해서 우리는 플라톤이 말
하는 이데아들의 종류의 윤곽을 어느 정도 잡을 수도 있을 것이다.
《파르메니데스》편에서는, 동일성, 하나, 여럿, 올바름, 아름다움, 좋음
등의 형상들처럼, 사람이나 불 또는 물의 형상도 또한 있는지에 대해
서는 소크라테스가 당혹감(aporia)을 가졌었다고 하였으나,[30] 이 편
지에서는 분명히 이런 것들의 형상들을 인정하고 있음을 보게 된다.
그러니까 그건 젊은 나이의 소크라테스가 형상의 주창자로 등장되고
있다는 대화편 구성상의 사정 때문일 뿐이었던 셈이다. 《파르메니데
스》편과는 10년 이상의 시간적 간격을 갖는 것이 《일곱째 편지》다.
《티마이오스》편에서도 물이나 불 따위의 것들, 이른바 4원소라는 것
들을 플라톤은 정삼각형의 반쪽 및 정사각형의 반쪽인 두 유형의 3
각형의 입자들이 이루는 상이한 다면체적 구조(systasis)들에 의해 설
명하고 있기 때문이다. 사람의 형상의 경우에도 틀림없이 형상이 인
정되고 있기는 마찬가지이다. 이 편지에서 보듯, 모든 생물의 형상이
언급되고 있는 터이니 말이다. 그게 어떤 것인지에 대해서는 앞 항목
에서 이미 언급했다. 사람 자체가 아닌 특정한 기능을 갖는 사람들의
경우는, 이를테면 소피스테스는 《소피스테스》편에서, 치자(治者)는
《정치가》편에서 그 구실이 무엇인지를 밝히는 것(apodeixis)을 그 작
업 과제로 하고 있다. 어떤 것의 구실 내지 기능은 그 모든 존재의

---

30) 《파르메니데스》편, 130c~d.

존재 이유(raison d'être)이다. 이는 자연적 산물이나 인위적 산물의
경우나 다 마찬가지이다. 《국가》편(596a～597a)에서 보듯 침상(klinē)
이나 식탁 같은 가구가 그걸 만드는 이(dēmiourgos)의 제작물
(ergon)로 되는 것은 그 기능 내지 구실(ergon) 때문이며, 이것이 그
존재 이유이다. 각각의 가구(skeuos)의 제작자는 '침상 자체'와 같은
이데아를 만드는 게 아니라, 이 '이데아를 바라보면서' 그 기능을 수
행할 가구를 만든다. 이때의 이데아 내지 형상은 바로 그 가구의 본
(paradeigma)이요, 이 본은 그 제작자가 그걸 바라보고 만들게 되는
것, 즉 다름 아닌 그 가구의 구실 내지 기능이다. 그런 예를 우리는
《크라틸로스》편(389a～c)에서 든 북의 경우에서 이미 보았다.[31] 효과
적인 설명을 위해서, 비록 플라톤이 든 것은 아니지만, 당연히 인위
적인 산물들 중의 하나라 할 집을 예로 들어보자.[32] 태고적부터 인간
은 주거 공간을 가져왔다. 그러나 그들이 처음부터 집은 물론 집이라
는 이름을 갖고 있었던 게 아닐 건 분명한 일이다. 비나 바람, 추위나
더위 따위와 관련하여 있음직한 자연적인 피해에서 자신들을 보호하
기 위해서, 다른 동물이나 타인들한테서 자신의 생명을 보전하며 충
분히 잠을 잘 수 있기 위해서, 또는 가족 단위의 안전하고 단란한 생
활 공간을 확보하기 위해서 사람들은 태고적에 동굴이나 바위틈에
일종의 차폐 공간을 마련하여 가졌을 것이다. 그러나 그들의 생활 방
식이 채집 수렵 시대에서 농경 사회로 변화함에 따라, 찾아서 가지는
거주 공간에서 지어 가지는 거주 공간으로 생각을 옮겨갔을 것이다.
이렇게 해서 인간들은 본격적인 거주 공간을 스스로 축조하여 마련
했을 것이다. 움집 형태의 수혈식(豎穴式) 주거 시대로부터 오늘날에

---

31) 제3장 2의 2)항 (3)에서 이와 관련된 언급을 참조할 것.
32) 아리스토텔레스는 《형이상학》, 1080a5～6에서 사람들이 집이나 반지의 형상은
    없는 것으로 말하고 있다고 했다.

이르기까지의 다양한 축조 기술에 따른 다양한 거주 공간들, 그리고 지역적인 자연 조건에 따른, 또는 이용할 수 있는 재료에 따른 다양한 거주 공간들, 이것들에 우리는 집·가옥·주택이라는 이름들을 훗날에야, 그것도 우리말로 붙이게 되었고, 이 집들은 세월의 경과와 더불어 허물어지고 또 수없이 새로이 축조된다. 그러나 기능성 주거 공간인 집의 기능은 아득한 태고적 인간에 있어서나 오늘날의 우리에게 있어서나 본질(ousia)에 있어서는 같다. 집은 바로 그 기능(ergon) 때문에 생긴 축조물 즉 그런 제작물(ergon)이다. 먼저 이 기능 내지 구실(ergon)에 사람들의 생각이 직관적으로 미치었을 것이고, 이것이 원인이 되어 집이 축조되기 시작하였을 것이다. 이름은 이 단계에서야 붙여질 필요성이 있었을 것이다. 집의 이 기능이, 즉 이런 기능을 갖는 존재가 곧 플라톤이 말하는 집의 이데아요 형상이다. 이것이 감각적 지각의 대상(to aisthēton)이 아님은 분명하다. 건축가는 이 이데아를 그 시대, 그 환경 속에 사는 인간의 삶과 관련지어 마음속으로 바라보면서 설계를 한다. 그러나 건축가는 집의 기능을 한 가지 측면, 즉 '한 가지 보임새'에 있어서만 바라보는 게 아니라, 여러 측면에서 바라볼 것이다. 이런 이유로 집의 기능은, 인간의 삶이 그러하듯, 다면성을 갖는다. 형상 내지 이데아를 결합(koinōnia) 관계에 있어서 보지 않을 수 없는 까닭이 바로 여기에 있다.

이제 다시 형상들끼리의 결합 문제를 다루기 위해 《소피스테스》편, 및 《정치가》편에서 하는 논의로 돌아가자. 《소피스테스》편은 '소피스테스'라는 부류(genos) 내지 무리(phylon)가 보이는 다양한 기능(ergon)을 작업 대상(일거리: ergon)으로 삼고서, 이를 여러 측면에서 접근하여서 보는 작업 끝에, 이들 여러 측면, 즉 보임새를 하나로 결합하여 인식하는 과정을 아주 잘 보여 주는 대화편이다. 소피스테스들은 어떤 기술(technē)을 행사하는 사람들이요, 이들의 기술은 소피스테스 술(術)(sophistikē)이다. 그래서 플라톤은 이 소피스테스 술의 정체를 밝히기 위해 여러 가지 기술을 분류해보면서, 이 기술이 다른 기술들과 구별되는 면모가 어떤 것들인지를 하나씩 점검해 간다. 이 점검을 위해서 그가 사용하는 방법은 소위 이분법(二分法: temnein dikhē, dichotomein)[33]에 의한 나눔(diairesis)의 방법이다. 이 '나눔'에 있어서 형상들끼리의 결합을 다루는 방법상의 특성이 드러난다. 사물들 내지 현상들과 형상의 관계를 다룰 때는 개별자들과 형상의 관계가 문제되기 때문에 그 방식이 상향적인 귀납(epagōgē)적 특색을 갖는다. 이에 비해 형상들끼리의 결합 관계를 다루는 것은 하향적인 분석적 성향을 지닌다.[34] 이 하향적인 나눔은 문제되는 형상이 관계됨직한 최상위의 유적 형상(類的形相)에서 시작해서 최하위의 종적 형상(種的形相)에 이른다.[35] 우리가 찾는 특정한 그러나 복합적인 형상의 한 면모, 즉 하나의 보임새를 확보하는 것으로 한 차례의 작업이 끝난다. 그러나 이 작업은 여러 차례에 걸쳐 수행됨으로써, 찾고 있는 형상이 보이는 여러 면모, 즉 보임새를 최대한으로 다각적으로 드러낸다.[36] 앞서 말했듯, 소피스테스 술도 기술이기 때문에 먼저 기술의 나눔에서 시작한다. 소피스테스는 어느 날 '아고라'에 나타나 '뽐내면서 선보이는 연설'(epideixis)을 한바탕 하고서 청중들의 질문에 응한 다음, 그들로 하여금 자신에게서 많은 것을 배울 수 있을 것이라는 기대를 갖도록 한다. 그렇게 함으로써 젊은이들을 많이 모아 되도록 많은 보수를 받고서 가르친다는 사실에서 소피스테

---

33) 《소피스테스》편, 219e 및 《정치가》편, 302e.
34) Cornford, F. M., *Plato's Theory of Knowledge*, 184~186면.
35) 이 아래에는 개별자들만이 있다.
36) 《소피스테스》편, 231b~d에서 paraphanenti 또는 pephanthai(나타났다)란 표현이 보인다.

210

스의 기술을, 획득적 기술의 한 줄기인 포획술에서 수렵술로 내려가
서는, '돈에 팔려 부유한 젊은이들을 낚는 사냥꾼'의 면모에 있어서
드러낸다. 다음에도 역시 획득적 기술의 다른 한 줄기인 교환 기술로
내려가서 배움과 관련되는 교역인 및 소매상, 자신의 지적 생산품을
파는 자로서 소피스테스를 드러낸다. 그러나 이런 것들은 소피스테스
의 진면모가 아니라, 피상적인 면모들이다. 이제부터 소피스테스 본
연의 면모가 드러나는 단계로 진입한다. 획득술 중의 남은 줄기인 포
획술 중의 싸움의 줄기로 내려가서 말다툼, 특히 논쟁술(eristikē)에서
또한 소피스테스의 한 면모에 접한다. 이어 전혀 갈래를 달리하는 분
리 기술의 줄기로 내려가서 논박(elenchos)의 기술에 이른다. 그러나
소피스테스의 논박은 소크라테스의 경우처럼 '배움에 방해가 되는
의견들'[37]을 근본적으로 제거해서 참된 지식(앎: epistēmē)을 낳도
록 하려는 것이 아니라, 실은 남의 의견(doxa)을 폐기케 한 다음 자
신의 의견으로 대치하는 것일 뿐이다. 다시 말하면, 논쟁술의 연장일
뿐이다. 이제 남은 또 하나의 기술의 갈래인 제작술을 따라 최종적으
로 그리고 소피스테스의 최대의 진면모를 드러낼 참이다. 소피스테스
의 활동 영역은 바로 지식(앎: epistēmē) 아닌 의견(doxa)의 세계이
기 때문에, 소피스테스가 그의 정체를 숨기고 있는 은신처는 바로 이
곳이다. 아이들에겐 화가가 회화의 기술 하나로 모든 것을 만들고 행
할 수 있는 것처럼 보이듯, 소피스테스는 '사물들의 진실에서 아직은
먼 거리에 떨어져 있는 젊은이들한테' 자기가 못하는 일이, 그리고
모르는 일이 없는 것처럼 보이게 만든다. 소피스테스는 말로써 영상
들(eidōla)을 보여줄 뿐이면서도 진실을 말하는 것처럼 믿게끔(alēthē
dokein legesthai) 만들고, 따라서 자신이 모두 가운데서도 모든 것에

37) 같은 책, 231e.

있어서 가장 지혜로운 자인 것처럼 믿게끔 만든다.[38] 그래서 소피스 테스의 기술은 영상 제조술(eidōlopoiikē)에서 우선 그 계보를 더듬 을 수밖에 없게 된다.

그러나 영상(eidōlon)을 진실인(alēthes) 것처럼 '보이게끔' 또는 '믿게끔'(dokein) 만드는 자, 그러면서도 아예 처음부터 진실 내지 진리(alētheia)란 따로 없기 때문에 그게 바로 진리라고 말하는 자, 그래서 진리 인식(epistēmē)이란 애당초에 없고 각자가 갖는 의견 내지 판단(doxa)만이 있다고 믿는 자가 소피스테스이다. 그리하여 누구나 갖는 의견만이 있고 각자가 갖는 의견은 모두 옳다고 믿는 소피스테스에게 있어서는 '거짓'(pseudos)이란 당초부터 성립하지 않는다. 도대체 거짓이란 없다는 소피스테스의 가장 고약한 생떼를 무릅쓰고 '거짓이 실제로 있음'을 반증하기 위해 그들의 존재론적 은신처를 폭로하는 일이 요구된다. 사실(pragma)이 '그러하지 않은 것'(to mē on)을 '그러한 것'(to on)이라고 할 때, 거짓이 성립한 다.[39] 그런데 이 'to mē on'은 플라톤 이전의 헬라스 철학사를 통해 이처럼 '…이지 않은 것'이란 일상적 의미로 쓰이기보다도, 오히려 존재론적인 의미로, 즉 '있지 않은 것'이란 뜻으로 쓰여온 말이다. 그 래서 플라톤은 파르메니데스가 설정해 놓은 금역(禁域)으로 서슴없 이 들어선다.[40]

파르메니데스는 to mē on을 '전적으로 있지 않은 것'(to mēdamōs on)으로만 해석함으로써, 생성의 세계를 근원적으로 부인하게 되었

38) 같은 책, 234c.
39) 같은 책, 237a 참조.
40) 같은 책, 237a 및 파르메니데스의 토막글 7을 참조할 것. 같은 책, 241d에서는 엘레아 출신의 손님으로 하여금 그런 일을 저지르게 하면서, 그가 사상적인 친부 살해범(patraloias) 노릇을 하는 것으로 말하고 있다.

지만, 플라톤은 to mē on이 '…이지 않은 것'으로서 '있는 것'(to on)임을 입증할 뿐만 아니라, 오히려 '있는 것들 모두에 두루 흩어져 있는 것'(kata panta ta onta diesparmenon)임을 밝힌다.[41] "만약에 이것(to mē on)이 의견(판단: doxa)이나 주장(진술: logos)과 섞이지 않는다면, 그 모두가 참일 것이 필연적이지만, 만약에 섞인다면, 거짓된 의견(판단)과 주장(진술)이 성립할 것이다. '사실이 아닌 것들'(…이지 않는 것들: ta mē onta)을 생각하거나(doxazein) 말하는 것(legein), 이것이 아마도 생각(dianoia)과 주장들(진술들: logoi)에 생기는 거짓(pseudos)이겠기 때문이다."[42] 이 to mē on에 대한 논의는 이 대화편의 절반을 훨씬 넘는 분량을 차지하고 있다. 이 논의에는 어쩔 수 없이 '존재하는 것', 즉 '있는 것'(to on)에 대한 탈레스 이래의 싸움에 휘말려들게 할 위험성이 도사리고 있다. 이른바 존재(실재성: ousia)와 관련된 '거인족(Gigantes)과 신들 간의 싸움'(gigantomachia)[43]이 바로 그 싸움이다. 여기에서 거인족으로 비유된 존재론자들은 무조건 '물질적인 것'(sōma), 즉 감각에 지각되는 것만을 실재하는 것으로 고집하는 쪽이요, 반면에 신들로 비유된 존재론자들은 '지성에 알려지고 비물질적인 어떤 형상들'(noēta atta kai asōmata eidē)만을 실재하는 것으로 고집하는 사람들이다. 플라톤은 물질론자들에 대해서는 사멸하는 존재(thnēton zōon)가 있음을 시인받은 다음, 이는 혼 즉 생명(psychē)을 지닌 것이요, 따라서 혼은 존재하는 것들(ta onta) 중의 하나이고, 어떤 혼 즉 마음(psychē)은 올바르되 어떤 혼은 올바르지 못하며, 어떤 혼은 슬기롭되 어떤 혼은 무지하다는 점까지 시인하게 만든다. 더 나아가 "이들 혼, 즉 마음이

---

41) 같은 책, 260b.
42) 같은 책, 260c.
43) 같은 책, 246a.

각기 그렇게 되는 것은 올바름의 소유(hexis)나 올바름의 '나타나 있게 됨'(parousia)에 의해서이고, 또한 그 반대로 되는 것은 반대되는 것의 그것들에 의해서일 것이며",⁴⁴⁾ 이처럼 어떤 것에 '나타나 있게 될'(paragignesthai) 수도 또한 어떤 것에서 '떠나게 될'(apogignesthai) 수도 있는 것은 '전적으로 있는 것임'(pantōs einai ti)을, 그리고 이런 것들은 '눈에는 보이지 않는 것들'(ta aorata)이라는 데 대한 동의도 마침내 얻어낸다. 여기에서 더 나아가 플라톤은, 물질적인 것들이든 비물질적인 것들이든 간에, 존재하는 것들에 공통되게 '본디 함께 있게 된 것'(to symphyes gegonos)⁴⁵⁾은 '디나미스'(dynamis: 힘, 능력)이라고 했다. 그리고 이 '힘'은 능동적으로 '작용하는'(poiein) 쪽의 것일 수도 있고 수동적으로 '겪는'(pathein, paskhein) 쪽의 것일 수도 있으며, 아주 미약할 수도 있는 것이겠으나, 어쨌든 이 '힘'이야말로 '있는 것들'(ta onta)을 '있다'(einai)고 말할 수 있게 하는 표지(기준: horos)라고 한다.⁴⁶⁾ 이 표지(기준)에 의해 이른바 순수한 '형상론자(形相論者)들'(hoi tōn eidōn philoi)⁴⁷⁾에 대한 플라톤의 비판이 시작된다. 이 형상론자들의 무리에서 자신을 단연코 제외시킨 플라톤은 자신이 제외되는 이유까지도 이제부터 밝히게 된다. 우리는 생성(genesis)에 대해서는 몸(sōma)에 의한 감각(aisthēsis)을 통하여 관계를 맺지만, '참 존재'(hē ontōs ousia)에 대해서는 혼(마음: psychē)에 의한 논구(論究, 추론: logismos)를 통하여 관계를 맺는다. 이런 양쪽의 '관계 맺음'(koinōnein)이 다름 아니라 앞서 말한 dynamis, 즉 '힘'(능력, 작용)이다. 능동적 작용으로

---

44) 같은 책, 247a.
45) 같은 책, 247d.
46) 같은 책, 247d~e.
47) 같은 책, 248a.

214

서의 '인식함'(to gignōskein)이 성립하려면 '인식되는 것'(to gignoskomenon)이 있어야만 하고, 이 관계가 성립되는 한, 인식되는 것은 어떤 걸 겪게(paskhein) 마련인데, 그런 한에서 어떤 운동(kineisthai) 관계가 성립한다.[48] 이렇게 해서 '언제나 똑 같은 방식으로 한결같은 상태로 있다'[49]고 우리가 말하는 것, 즉 '정지하여 있는 것'(to ēremoun)[50]인 형상에 운동과의 관계가 성립하게 되었다. 그뿐더러 운동(kinēsis), 삶, 혼, 지혜, 이해함, 지성(nous) 등이 '확실히 있는 것'(to pantelōs on)에 포함되지 않을 수는 없다. 지성을 지닌 것은 살아있는 것이며, 지성·삶·생명을 지닌 것이 전혀 운동을 하지 않고 정지하여 있을 리가 만무하다. 그러므로 운동하게 되는 것도, 운동도 있다. 모든 것이 운동하지 않는 것이라면, 삶도 방금 말한 관계맺음도 없을 것이니, 지성 또한 어디에도 어떤 것에도 없을 것이며, 어떤 것과의 관계도 가지지 못할 것이다. 반면에 모든 것이 운동하고 있을 뿐이라면, 역시 우리는 지성을 존재하는 것들에서 제거하게 된다. '정지'(靜止: stasis) 없이는 '동일한 것과의 관계에 있어서 똑같은 방식으로 한결같은 상태로 있는 것'이 도대체 있을 수가 없고, 이런 것들이 없다면, 이것들을 인식하는 지성 또한 어디에서도 찾아볼 수가 없게 되기 때문이다. 따라서 인식(epistēmē)과 지혜(phronēsis) 및 지성(nous)을 귀히 여기는 철학자는 모든 것을 정지시키는 사람의 주장이나, 존재를 모든 면에서 운동하는 것으로 보는 사람의 주장 중의 어느 한 쪽만 받아들이지 말고, 존재(to on)는 그리고 일체(to pan)는 양쪽 다라고, 즉 운동하지 않는 것들(akinēta)과 운동하게 된 것들, 그 모두라고 말해야만 한다고 한다.[51] 그리하여

48) 같은 책, 248a~e.
49) 같은 책, 248a.
50) 같은 책, 248e.

'운동'도 '정지'도 성립하는 것, 즉 '있는 것'(to on)이다. 운동도 '실재성'(존재: ousia)에 관여하고, 정지도 '실재성'에 관여(koinōnein)한다. 즉 운동도 정지도 실재성과 결합(koinōnia) 관계에 있다. 그러나 '있는 것'(to on)은 실상 운동도 정지도 아니며, 이들과는 다른 어떤 것이다. 따라서 이들 각각은 서로 다른 것으로서 '타자성'(他者性: thateron)과 결합 관계에 있을 뿐만 아니라, 각기 자기 동일적인 것으로서 '동일성'(tauton)과도 결합 관계에 있다. 반면에 '운동'과 '정지' 사이에는 결합 관계가 성립하지 못한다. 이렇게 해서 어떤 것들은 서로 결합하되, 어떤 것들은 서로 결합할(epikoinōnein) 수 없다는 것이 밝혀졌다. 이 결합 관계를 metalambanein(관여함), methexis(관여), koinōnia, epikoinōnia(결합), symmeixis, meixis(섞임, 혼합), (sym)meignysthai(섞이게 됨), symphōnein(조화됨) 등의 여러 가지 용어로 표현한다. 이처럼 어떤 형상들은 서로 섞이되, 어떤 것들은 서로 섞이지 않는지를, 어떤 형상은 모든 형상과 결합하고 또 어떤 형상은 모든 것을 통해 분리(diairesis)를 가져오는지를, 어떤 형상들이 소수의 경우에 결합되고, 어떤 형상들이 많이 결합하는지를 구별할(diakrinein) 줄 아는 학문이 바로 변증술(dialektikē)이다. 철학자를 찾는다면, 아마도 이런 데서 찾아야만 할 것이다. 그런데 운동은 존재(to on)에 관여함으로써 '있으면서도'(on) 존재와는 다른 것, 즉 존재 자체는 '아닌 것'(to mē on)이다. 각자의 형상은 물론 '있는 것'(…인 것: to on)이지만, 무수히 많은 경우에 있어서 '…이지 않은 것'(to mē on)이다. 이렇게 해서 '거짓'(pseudos)을 성립케 하는 to mē on의 존재 가능성이 밝혀진다.

다시 영상(eidōlon)의 문제로 돌아가서, 이 가닥에서 소피스테스의

---

51) 같은 책, 249a~d.

나머지 한 가지의 중요한 모습을 마저 보도록 하자. 이처럼 거짓이 성립하므로 영상(eidōlon)도, 모사물(eikōn)도, 유사 영상(phantasma)도 있게 마련이며, 따라서 모방물들(mimēmata)을 만들어내는 기술도, 그리고 이런 마음을 바탕으로 한 기만술(apatētikē)도 있을 수 있다. 소피스테스의 기술이 일종의 기만술임에는 틀림없겠는데, 그것이 어떤 것인지를 이제 밝힐 단계가 되었다. 아울러 이른바 이분법(dichotomia)이 어떤 진행을 거쳐서 찾고자 하는 것에 이르게 되는지를 시범적으로 알아볼 겸 《소피스테스》편 264d~268d에서의 논의를 좇아가 보도록 하자. "제기된 부류를 이제 다시 둘로 나눈 다음, 언제나 이 나뉜 것의 오른쪽 부분을 따라 나아가도록 하세. 소피스테스가 관여하는 바(koinōnia)를 꼭 붙들고서, 소피스테스가 남들과 공유하는 것들(ta koina)을 죄다 벗겨내게 되기까지 그렇게 함으로써, 그에게 고유한 본성(hē oikeia physis)만을 남겨서는, 이를 맨 먼저 우리 자신에게 드러내 보여 주도록 하세."52) 이 인용구에서 볼 수 있듯, 이분법은 찾는 바의 것이 지니고 있는 고유한 면모를 드러내기 위해 그것이 다른 것들과 공유하는 면모들을 제거하는 절차이다. 소피스테스의 정체를 밝히기 위해 영상(eidōlon)의 부분에 이르기까지 앞서 이미 사용한 이분법에 따르면, 소피스테스도 어떤 기술을 사용하기에, 그와 관련되는 기술을 먼저 제작 기술과 획득 기술로 나누고, 획득 기술 중에서도 사냥 기술과 싸움 기술, 상거래 기술 그리고 이런 유의 어떤 종류(eidos)들에서 그의 모습을 드러내게(ephantazeto) 했다. 그런데 소피스테스는 현자를 흉내내는 자이기도 하기 때문에 흉내내는 기술(mimētikē technē)의 측면에서 그를 또한 보도록 해야만 한다. 모방(mimēsis)은 실물들 아닌 영상들(eidōla)의

---

52) 같은 책, 264d~265a.

제작(poiēsis)이기 때문에, 제작 기술을 나눠볼 필요가 있다. 제작술 (poiētikē technē)에는 두 종류가 있다. 신적인 것과 인간적인 것이 그것들이다. 이른바 자연적인 것들(ta physei legomena)은 신적인 기술(theia technē)에 의해 만들어지는 것들이고, 이것들로 인간에 의해 짜 맞추어지는 것들(ta synistamena)은 인간적 기술(anthrōpinē technē)에 의해 만들어지는 것들이다. 이 횡적인 분류에서 종적인 분류를 각각에 대해서 하게 되면, 네 가지의 제작 기술을 얻는다. 인간 쪽에서 둘, 신 쪽에서 둘인데, 이 둘은 각각에 똑같이 '원래의 실물 제작부분'(autopoiētikon)과 '영상 제작 부분'(eidōlopoiikon)이다. 신적인 제작(theia poiēsis)의 산물들(erga)은 실물들로서는 우리 자신을 포함한 동물들이나 식물들 그리고 물·불 등이요, 모상들로서는 꿈속의 영상이나 그림자들이다. 인간 쪽의 실물(auto)은 건축술에 의해 만들어진 집이요, 영상(eidōlon)은 그림 기술에 의해서 그려진 집이다. 이렇게 해서 실물 제작술(autourgikē)과 영상 제작술(eidōlopoiikē)의 구별이 이루어지고, 다시 영상 제작술은 실물을 그대로 모사한 '모사물'(eikōn)을 만드는 것과 외관상 유사해 보이는 '유사 영상'(phantasma)을 만드는 것으로 나뉜다. 이 유사 영상을 만드는 경우에도 그림이나 음악 또는 조각처럼 도구(organon)를 써서 하는 경우가 있는가 하면, 자기 자신을 수단(organon)으로 쓰는 경우가 있다. 이를테면 자신의 몸을 써서 또는 목소리를 써서 남을 흉내내는 경우이다. 이 모방의 부분(to mimētikon)은 다시 두 부분으로 나뉜다. 한쪽은 모방의 대상들(ta mimoumena)을 '아는 자들'(hoi eidotes)로서 모방하는 경우이고, 다른 쪽은 '알지 못하는 자들'(hoi ouk eidotes)로서 모방하는 경우이다. 가령 올바름(dikaiosynē)이나 훌륭한 상태(훌륭함, 덕: aretē) 일반에 대한 인식은 없이 어떤 형태의 의견(doxa)만을 가졌을 뿐이면서도, 그나마 그렇게 생각되는 것을 언행을 통해서 최대한으로 흉내내며 그것이 자기들 속에 실현되어 있게끔 열의를 쏟고 있는 듯이 보이려고 하는 사람들이 그런 사람들이다. 이처럼 지식(앎: epistēmē)은 없이 의견(doxa)만을 갖고서 하는 모방(mimēsis)의 기술을 '의견에 의한 모방술'(doxomimētikē)이라 부르겠는데, 이 경우에도 역시 두 종류로 나뉜다. 그 한쪽은 자기가 의견만 갖고 있을 뿐인 것들에 대해 인식하고 있다고 믿는 순진한 사람이요, 다른 한쪽은 논의에 있어서의 닳고닳음(kylindēsis) 때문에 자기가 남들 앞에서 아는 자(知者: ho eidōs)로서 행세하는 그런 것들에 대해서 모르고 있다고 남이 단정하기를 주저하게 만드는 사람이다. 앞의 경우는 '단순한 모방자'(ho haplous mimētēs)요, 뒤의 경우는 '시치미떼는 모방자'(ho eirōnikos mimētēs)이다. 이 시치미떼는 모방자의 경우에도 두 종류가 있다. 대중을 상대로 공공연히 긴 연설로 시치미를 뗄 수 있는 사람과 사사로이 짧은 논의로 상대방을 자가당착으로 몰고 가는 사람이 있다. 앞의 경우는 민중 선동가(dēmologikos)요, 뒤의 경우는 소피스테스이다. 그러나 이 사람은 지자(知者)가 아니고, 현자(ho sophos)의 모방자(mimētēs)이기 때문에, 그 이름을 따서 진짜 '소피스테스'(sophistēs)라 불러 마땅하다. 이리하여 마침내 '소피스테스'의 정체가 드러났다. 이제까지의 논의를 통해 드러난 면면들을 우리가 하나로 엮어서(symplexantes) 결합하여 가지면(syndēsomen), 우리는 '소피스테스'라는 족속(genos)이 갖는 가계(genea)와 혈통(haima)을 정확히 알아볼 수 있게 된다. 한결 더 분명한 이해를 위해 하나로 결합해 보자. 지자(知者)가 아니면서 지자의 흉내를 내는 짓, 사사로이 논의를 통해 상대를 자가당착으로 몰고 가는 짓, 올바름 따위의 훌륭함(덕: aretē)에 대한 지식(앎)도 없으면서 의견만 갖고서 시치미떼고 그런 인격을 지닌 듯이 흉내내는 짓, 실물 아닌 영상, 그나마도 말로써 유사 영상을 만들어내는 요술을 부리는 짓, 지식은 없이 남의 의견을 논박을 통해 폐기케 한 다음에 자신의 의견으로 대치하는 짓, 배움과 관련되는 상거래를 하는 짓, 돈에 팔려 부유한 젊은이들을 낚는 사냥질, 이런 짓들이 '소피스테스' 라는 부류가 갖는 기능(ergon)의 면면들이다. 이처럼 이미 소피스테스가 관여하는 관계(koinōnia)[53]들 중에서 다른 것들과 공유하는 것들을 한 단계씩 제거해 가는 절차인 이분법에 의한 나눔(diairesis)을 통하여 그때마다 마침내 고유한 것들로서 남은 것들만으로 하나의 새롭고도 고유한 '결합 관계'(koinōnia)로 재구성함으로써, '소피스테스'에 대한 인식을 마침내 확보하게 되었다. 이는 이미 이전의 '한 가지 보임새'를 통한 인식이 아니라, '소피스테스'가 보이는 '여러 가지 보임새'를 그 기능에 있어서 결합 관계(koinōnia)로 재구성함으로써, '스피스테스'에 대한 인식을 마침내 확보하게 되었다. 이는 이미 이전의 '한 가지 보임새'에 있어서의 인식이 아니라, 소피스테스가 보이는 '여러 가지 보임새'를 그 기능에 있어서 결합(koinōnia)한 형태로 인식하게, 즉 보게(idein) 되는 것이다. 이런 결합은 곧 '형상들의 엮음'(tōn eidōn symplokē)이기도 하다.

　이 형상들끼리의 결합을 다루는 또 하나의 대화편인 《정치가》편의 경우도 마저 다루어 보기로 하자. 플라톤은 이 대화편의 탐구(zētē-sis) 의도가 바로 '모든 것과 관련하여 한결 더 변증술(dialektikē)에 능하게 되도록 하는 것'에 있음을 밝히고 있으나, 사실은 변증술, 나아가서는 결합 방법의 응용에 의한 치자(治者)의 기능에 대한 인식을 아울러 유도하는 데 더 큰 의도가 있다고 보아야 할 것 같다. 이 대화편은 얼른 보아 《소피스테스》편의 경우와는 대조를 이루는 것 같은 인상을 준다. 왜냐하면 《소피스테스》편의 경우에는 낚시꾼의 예가

---

53) 같은 책, 264e.

220

소피스테스의 한 면모를 성공적으로 보게 하여 주나,《정치가》편에서
는 치자를 목자(牧者: nomeus)와의 유사성에서 우선 찾아보려던 시
도가 실패하고 있기 때문이다. 이를, Cornford가 '모음과 나눔의 방법
들'이란[54] 항목에서 나눔의 출발점으로 삼는 "유적(類的) 형상은 아
무런 규칙도 제시될 수 없는 직관 행위에 의해 적중되어야만 한다"
고[55] 한 말과 관련짓는다면, 앞의 대화편은 성공했으나, 뒤엣것은 실
패한 셈이다. 그러나 이는 성급한 단정이요, 오히려 제거(除去:
aphairesis)를 통한 나눔(diairesis)의 참으로 탄복할 만한 본보기를
보여 주는 데 성공하고 있다고 말하는 편이 옳다. 플라톤이《정치가》
편에서 다루는 정치가(politikos)는 현실에 있어서의 정치가가 아니
라, 이른바 원론적인 의미의 치자(治者: ho politikos anēr) 내지 왕도
적 치자(basilikos anēr)이다. 치술(治術: politikē technē, politikē
epistēmē) 내지 왕도적 치술(王道的 治術: basilikē technē)의 기능
(ergon)이 무엇인지를 밝히려고 하는 이 대화편은 치자가 치술로서
의 기술 내지 지식을 가진 자라는 데서, 지식(앎: epistēmē)의 나눔
에서부터 시작한다. 철저한 이분법에 의해 진행된 이 나눔을 통해
'비교배종(非交配種)의 동물 양육의 지식', 그 중에서도 2족 동물인
'인간 양육술'(anthrōponomikē)이 치술로 남는다.[56] 그러나 '인간들
의 공동 양육(koinotrophikē) 지식'에 관한 한, 상인들도, 방앗간 주
인들도, 체육인들도, 의사들도 '인간사(人間事)와 관련된 목자들'을
자처하는 치자들에 못 미칠 것이 없다고 주장하고 나설지 모른다. 그
래서 이들을 근원적으로 따돌리기 위한 제거(aphairesis)의 구실을
'목자'의 폐기에서 찾는다. 목자 개념을 치자에 결합시키지 않기 위

54) 같은 책, 264e.
55) 같은 책, 186면.
56)《정치가》편, 267b

해 그는 거창한 이른바 대신화(大神話: megas mythos)를 원용한다.[57] 이 신화는 신이 인간들의 목자로서 인간들의 삶을 전적으로 배려하던 시대의 이야기인데, 정치 내지 치술의 필요성은 이런 신화 시대, 이른바 '크로노스 신의 치세'(hē epi Kronou basileia)의 종말과 더불어 대두된다. 즉 인간들이 인간들 자신의 삶을 스스로 경영하고 보살필 수밖에 없는 상황이 치술을 요구하게 된다. 그래서 목자 대신에 새로이 채택되는 것이 보살핌(therapeuein, epimeleia)[58]이다. 보살피는 기술(therapeutikē, epimelētikē) 또는 무리 보살핌(agelaiokomikē)이 치술일 것이라고 일단 보기로 한다.[59] 그러나 이 보살핌에도 마지못해 보살핌을 받는 경우도 있으니, 이는 참주적 치술(tyrannikē)이다. 이에 비해 '자발적인 2족 동물들의 자발적 무리 보살핌'을 치술이라 말하고, '이런 기술과 보살핌을 갖는 자'를 '참된 왕도적 치자 내지 정치가'로 제시할 수 있겠으나, 이것도 아직 '정치가에 관한 설명'(apodeixis)으로서는 완전한 것이 못 된다. 왜냐하면 보살핌의 방식 및 내용이 전혀 언급되지 않았기 때문이다. 그런데 결합을 위한 나눔으로서의 방법은 나눔(diairesis)을 통하여 제거(aphairesis)와 취택(hairesis)을 '끝까지'(ep'akron)[60] 수행하는 데 있다. 이 방법에 의해 왕도적 치술의 보살핌의 성격을 밝히기 위해 채택되는 본보기가 모직물의 직조술(hyphantikē)이다.

양모의 옷감을 갖기 위해서는 우선 모직물을 짜는 데 필요한 도구들을 만드는 기술들이 필요하다. 그러나 이들 기술은 모직물의 생산

---

57) 같은 책, 269c~274d.

58) therapeia에는 봉사의 뜻도 있음에 유의할 필요가 있겠다. 왜냐하면 플라톤에 있어서는 참된 治者는 자신의 개인적 이익을 희생하는 봉사자여야만 하기 때문이다. 《국가》편, 419a~c, 519e 참조.

59) 《정치가》편, 275e

60) 같은 책, 268e.

222

에 직접 관여하는 기술들은 아니다. 따라서 이런 것들은, 모직물의
생산에 직접 관여하는 기술들을 모직물 생산의 원인(aitia)이라 할 경
우에, 보조적·기여적 원인(synaitia) 노릇을 할 뿐이다. 따라서 직조
술을 찾는 과정에서는 제외되어 마땅하다. 이제 남은 것은 모직물의
생산 자체와 관련되는 기술들인 방적술과 직조술 자체이다. 방적술
(talasiourgikē)에도 모든 기술의 경우와 마찬가지로 두 공정이 있다.
분리 공정의 분리 기술(diakritikē)과 결합 공정의 결합 기술
(synkritikē)이 그것들이다. 방적 과정의 분리 공정은 일종의 제거 과
정이기도 하다. 소모사를 얻기 위한 소모 공정을 거쳐야 하기 때문
이다. 그 다음의 방적 공정은 이 소모사에서 실을 잣는 과정이다. 물
레를 돌려 소모사를 꼬아가며 실을 뽑아내되, 이 경우에도 두 가지
의 기술이 동원된다. 그 하나는 실을 단단하게 꼬아서 잣는 '날실
(stēmōn)을 잣는 기술'이요, 다른 하나는 느슨하게 그리고 날실과 알
맞게 엮어질 수 있게끔 부드럽게 '씨실(krokē)을 잣는 기술'이다. 진
짜 직조술은 이 단계에 있어서 비로소 작용한다. 방적술의 성과로 얻
어진 양모의 날실과 씨실을 고르게 엮어서 짠 것이 모직물이기 때문
이다. 이제서야 우리는 모직 옷감을 얻게 된 것이다.
　이 직조술의 예를 치술, 특히 왕도적 치술에 주도 면밀하게 적용시
켜 가며 논의하는 것이 287b 이후의 고찰이다. 이를 되도록 간략하게
다루어 보기로 하자. 물론 일차적 작업은 왕도적 치술이 아닌 것들을
제거하는 것이다. 나라나 치술이 성립하기 위해서는 없어서는 아니
될 보조적 원인들(synaitiai)의 구실을 하는 것들이 많이 있겠으나, 이
것들은 '왕도적 치술의 기능'(basilikēs ergon technēs)이 아니기 때
문이다. 그래서 도구, 그릇, 운반 수단, 놀이나 오락, 광물 및 목재 등
의 재료 생산, 영양 및 양육과 관계되는 모든 기술은 일단 제외된다.
그리고 노예나 농공업 및 상업에 종사하는 사람들, 전령, 성직자들,

소피스테스들도 마땅히 이 기술 분야에서는 제외된다. 특히 "모든 소
피스테스 중에서도 제일 가는 마술사 그리고 이 기술에 있어서 가장
경험이 풍부한 자, 이 자를, 비록 제거하기가 지극히 어려울지라도,
우리가 찾고 있는 것을 명확하게 보고자(idein) 한다면, 참으로 치자
들이며 왕도적 치자들인 자들한테서 어떻게든 떼어내어야만 한다"고
강조한다.[61] 그 다음으로 할 일은 왕도적 치술을 행사할 수 있는 정
치 체제(politeia)에서 그렇지 못한 정치 체제들을 떼어내는 것이다. 1
인 정체(monarchia)로 참주 체제(tyrannis)와 왕정(basilikē
monarchia)이, 소수 정체로는 과두 정체(oligarchia)와 최선자[들의]
정체(귀족 정체: aristokratia)[62] 그리고 다수 정체로 민주 정체(dē
mokratia)가 있고, 또 이것들은 준법적이든가 무법적이든가이다. 이들
정체들의 기준(horos)은 그 통치가 1인에 의한 것이냐, 소수나 여럿
에 의한 것이냐, 또는 부에 의한 것이냐 가난에 의한 것이냐, 아니면
강제에 의한 것이냐 자발성에 의한 것이냐, 또는 성문법을 갖고서 하
느냐 갖지 않고서 하느냐 하는 것이다. 그러나 '왕도적 통치'(basilikē
archē)의 기준은 지식(epistēmē), 즉 지혜(phronēsis)요, '인간들의 통
치'(anthrōpōn archē)와 관련되는 지식이다. 의사들이 우리를 치료함

---

61) 같은 책, 291c.
62) aristokratia에는 실제 역사상의 정치 체제로서의 귀족 정체(the rule of the
    best-born or the rich)가 있지만,《국가》편(445d)에서 언급하고 있듯 원론적인
    의미에서의 '최선자(最善者)들(hoi aristoi = the best)의 정체(政體)'(the rule
    of the best)가 있다. 여기에서는 이 둘 중에서 어느 것을 가리키는지가 분명하
    지는 않지만,《국가》편의 언급으로 미루어 볼진대, 아마도 '최선자들의 정체'를
    염두에 두고 있는 것으로 보는 게 옳을 것 같다. "통치자들 가운데서 특출한 한
    사람이 생기게 될 경우에는, 왕도 정체(王道政體: basileia)라 불리겠지만, 여럿
    이 그럴 경우에는, 최선자들의 정체(aristokratia)라 불릴 것이니까." 그리고 과두
    정체(oligarchia)가 '부유한 소수에 의한 지배 체제'라면, '귀족 정체는 귀족인
    소수에 의한 지배 체제'란 의미에서 구별이 되겠다.

에 있어서 우리가 원하든 원치 않든, 수술을 하든 소작(燒灼)을 하든
또는 어떤 고통을 가해서건 간에, 성문법에 준하건 또는 이를 떠나서
건 간에, 가난하건 부유하건 간에, 그가 의술에 따라서 치료하는 한,
우리는 그를 의사라 믿는다.[63] 이는 치자(治者)의 경우에도 그대로
적용되어 마땅하다. "모든 정치 체제 중에서도 특히 그리고 유일하게
'바른 정치 체제'(orthē politeia)는, 그 안에서 참으로 지자들인, 따라
서 보기에 그럴 뿐인 자들이 아닌, 통치자들(hoi archontes)을 누군가
가 발견할 수 있는 그런 것이다. 그들이 통치를 함에 있어서 법률에
따라서(kata nomous) 하는가 아니면 법률 없이(aneu nomōn) 하는
가, 자발적인 사람들을 통치하는가 아니면 비자발적인 사람들을 통치
하는가, 그들 자신이 가난한가 아니면 부유한가, 이런 따위의 것들은
어떤 정당성과 관련해서도 결단코 전혀 고려되어서는 아니 된다."[64]
여기에서부터 '법률 없이 통치하는 이들의 정당성'과[65] 관련된 언급
이 상당한 분량으로(294a~300e) 계속된다. 이 문제와 관련된 상반된
견해들의 요지는 이러하다. 한쪽은 입법술(nomothetikē)을 왕도적 치
술(basilikē)의 일부로 보고서, "최선의 것은 법률(nomoi)이 우세한
것이 아니라 지혜(phronēsis)를 갖춘 왕도적 인간(basilikos anēr)이
우세한 것(iskhyein)이다"[66]라고 보는 쪽이요, 다른 쪽은 "그 어떤 것
도 법률보다도 더 지혜로워서는 아니 된다"[67]고 하며, 모든 것은 법
령에 따라서 이루어져야지, 기술에 따라서 이루어져서는 아니 된다고
보는 쪽이다.[68] 그래서 플라톤은 왕도적 치술이 제대로 행사되는 '일

---

63) 《정치가》편, 293b
64) 같은 책, 293c~d.
65) 같은 책, 294a
66) 같은 책, 같은 곳.
67) 같은 책, 299c.
68) 같은 책, 299e.

곱 째의 바른 정체'를 나머지 정치 체제들에서 따로 떼어낸다. 마치 신을 인간들에서 따로 떼어내어야 하듯.

이렇게 해서 나머지 정치 체제들에 관여하는 '이른바 정치가들' (hoi politikoi legomenoi) 모두는, 지자(知者: ho epistēmōn)를 제외하고는, 정치가들이 아니라 당파적인 '당인들'(stasiastikoi)이요, 진실 아닌 엄청난 영상들(eidōla)의 지도자며 사기꾼들(goētai)이니, 그리고는 마침내 '소피스테스들 중에서도 으뜸가는 소피스테스들'[69]로 되는 자들이니, 이들은 진정한 치술(politikē technē)에서 모두 떼어내야만(chōristeon) 한다고 말한다. 그러나 그렇게 하더라도 참된 치술은 자신의 고유한 기능을 아직도 드러내지 않고 있다. 그건 이제까지와는 다른, 따라서 치술과 선별하여 알아보기에는 한층 더 힘든 전문적 분야들이 있기 때문이다. 치술과 다른 것들, 이질적인 것들 그리고 친근하지 않은 것들은 이미 다 제거되었으나, 치술과 밀접한 관계에 있을 뿐만 아니라 귀한 것들이 아직 남아 있다. 그건 지휘술 내지 전술(stratēgia)과 재판 기법(dikastikē) 그리고 변론술(수사술: rhētoreia)이다. 이것들이 나라 경영에 있어서 없어서는 아니 될 것들이긴 하지만, 그러나 그것들은 치술을 도우는(hypēretoun) 것들일 뿐이다. 따라서 방금 "언급된 모든 전문 지식(epistēmē)을 보게 된 사람은 바로 이 점을, 즉 이것들 중의 어느 것도 어쨌든 치술은 아닌 것으로 드러났다는 사실을 깨달아야만 한다. 왜냐하면 '참된 왕도적 치술'(hē ontōs ousa basilikē)은 그것 스스로 행하는(prattein) 것이 아니라, 실제로 행할 수 있는 기술들을 통할(archein)해야만 하기 때문이다. 그것이 나라들에 있어서의 중대사들의 시작과 추진을 적기(適期: enkairia) 및 적기 아님(akairia)과 관련하여 판단하지만, 다른 기

<hr>

69) 같은 책, 303c.

술들은 각기 지시 받은 것들을 행하여야만 하기 때문이다."[70] 이 다른 기술들은 각기 특정한 어떤 행위 또는 실천(praxis)과 관계하기 때문에 특정한 이름을 갖는다. 이에 비해 "이것들 모두를 관할하고 법률과 나라에 있어서의 일체의 것을 보살피며 그리고 모든 것을 함께 엮는(synyphainousa) 기술은 이들 모두의 공동의 명칭에 의해 … 치술(politikē)이라 불러 지당할 것이다."[71] 이렇게 해서 치술은 성질상 다시 직조술과 연관된다. 그렇다면 이 '왕도적 엮음'(hē basilikē symplokē)[72]은 어떤 것이며, 우리에게 어떤 직물(hyphasma)을 어떤 방식으로 엮어서 제공해 주는가? 그것은 물론 훌륭한 시민들을 소재로 한 조직체(systēma)이다. 훌륭한 모직물을 얻기 위해서는 먼저 훌륭한 소모사를 얻어야만 하는데, 이를 얻는 과정에 있어서 중요한 작업은 쓸모 없는 것들을 없애는 제거 공정이다. 무릇 구성적인 전문 지식(synthetikē epistēmē)은 제작물을 만드는 데 있어 나쁜 재료들과 좋은 재료들을 마구잡이로 써서 결합하거나 조립하지는 않는다. "그런 모든 전문적 지식은 쓸모 있고 좋은 것들을 취해서, 그야 그것들은 유사한 것들도 있겠고 유사하지 않은 것들도 있겠는데, 이것들 모두를 하나로 모아서 하나의 어떤 성능과 특성을 갖는 것으로 만든다(dēmiourgei)."[73] 마찬가지로 '참으로 자연의 이치에 따르는(성향에 따르는: kata physin) 치술(politikē)'은 훌륭한 사람들과 나쁜 사람들을 가리지 않고, 선뜻 이들로써 '아무 나라나 구성하려고'(systē-sētai polin tina)는 하지 않을 것이니,[74] 먼저 여러 단계의 선발 과정

---

70) 같은 책, 305c~d.
71) 같은 책, 305e. 치술(politikē)은 나라(polis)를 다스리는 기술이기 때문이다.
72) 같은 책, 306a.
73) 같은 책, 308c.
74) 같은 책, 308d.

을 거치게 할 것이다. 훌륭한 자질을 가진 자들을 선발하되, 이 선발
에 있어서 유의할 점은 한 가지 성향 내지 자질(physis)이 있는 사람
들만 모으면 안 된다는 것이다. 왜냐하면, 앞서도 말했듯, 치술은 스
스로 행하는(prattein) 것이 아니라, 다른 기술들의 행함을 통합하는
것이 그 고유의 기능이기 때문이다. 다시 말해서, 치술의 기능은 나
라를 다스리는 실무자들을 제대로 선발하여 각각의 성향 내지 자질
에 맞는 일들을 하도록 조직화하고 통합하는 것이다. 같은 성향의 사
람들만으로 나라를 구성할 수는 없는 일이다. 사람들의 성향에는 두
가지 대립되는 것들이 있다. 그 한 가지는 온건하고 절제하며 신중하
고 조용하며 순종하는 성향이고, 다른 하나는 날래고 전투적이며 담
대하고 억센 것이다. 온건한 성향을 또는 용감한 성향을 지녔으되,
장차 능히 훌륭하게 교육의 성과를 올릴 수 있을 뿐만 아니라, 대립
되는 것 같은 다른 성향과도 서로 기술적으로 섞임(symmeixis)이 가
능한 자들을 골라서, 한층 더 그들의 성향을 발양한 다음, 한쪽은 강
인한 성품의 날실 같은 것들로서 그리고 다른 한쪽은 온건한 성품의
보풀보풀하고 부드러운 씨실 같은 것들로서 이용하여, 이들을 '함께
묶고 엮는'(syndein kai symplekein)[75] 일이 치술의 할 일이다. 이제
남은 일은 이들 상반되는 성향의 사람들을 어떻게 '함께 묶고 엮는
가' 하는 방식의 문제만 남았다. 무엇보다도 중요한 것은 교육
(paideia)의 문제다. 그들이 아름다운 것들과 올바른 것들, 그리고 훌
륭한 것들, 그리고 또 이것들과 반대되는 것들에 대한 참된 판단(alē-
thēs doxa)을 확신과 함께 그들의 마음속에 지니도록 교육받아야만
한다. 치술은 제대로 교육받은 자들에게 이를 마음 '속에 생기게 만
들어야'(empoiein) 한다. 용감한 마음(andreia psychē)이 이런 진리

---

75) 같은 책, 309b.

228

를 취하지 아니하고 올바름에 관여하지 않으면, 순화되지 못하고 짐승의 성향으로 기운다. 반면에 온건한 성향(kosmia physis)이 이런 판단들을 나누어 갖지 못하면, 절제 있고 분별 있게 되지 못하고 어리석게 되고 만다. 이 두 부류가 다 '훌륭하디훌륭한 것들'(아름답고 좋은 것들: ta kala k'agatha)에 관해서 '하나의 판단(의견)'(mia doxa)을 가질 때, 이들을 '함께 묶고 엮는 일'이 가능해진다. 왕도적 치술(basilikē technē)이 이들 용감한 자들의 성품과 절제 있는 자들의 성품을 서로 멀리하게 하지 않고, '한 마음' 내지 '한 생각'(homonoia)과 우애(philia)에 의해 이들의 삶을 공동의(koinon) 삶으로 통합할 때, 직조술로 비유된 치술은 모든 직물 중에서도 가장 장대하고 훌륭한 직물인 나라를 만들게 된다. 그리하여 나라 안에 살고 있는 다른 모든 노예나 자유민을 이 엮음에 의해서 포용하게 되고, 행복한 나라에 어울릴 그런 것들에 있어서 부족함이 없이 다스릴 수 있게 될 것이다. 이렇게 해서 우리는 '왕도적 치자'의 기능이 어떤 모습들을 보이는 것인지를 여러 측면에서 그리고 가장 그 핵심에 있어서 밝힌 셈이다. 이제 굳이 할 일이 남아 있다면, 그것은 소피스테스의 경우처럼, 치술의 기능을 결합 형태로 정리하는 일이다. 이는 능히 각자가 스스로 해 볼 수 있는 일일 것이기에, 이제 다음 논의로 넘어가기로 하자.

4. 자연적 결합

전하는 바에 의하면, 이 우주(to pan, to holon)를 최초로 '코스모스'(kosmos)라 일컫기 시작한 철학자는 피타고라스라 한다.[76] 그런데 이 낱말은 헬라스인들에게 있어서 무엇보다도 두 가지를 연상케 하는 것이다. 그 하나는 질서요, 다른 하나는 아름다움, 이를테면 여인의 치장 같은 것이다. 그런데 누구보다도 플라톤에게 있어서 우주는 하나의 아름다운 질서 체계이다. 《티마이오스》편에서 세 사람의 대화자들 중에서 우주의 생성 과정에 관한 이야기를 해 보도록 종용받은 티마이오스는 이 우주의 창조자로 가정된 '데미우르고스' (dēmiourgos)가 맨 먼저 한 일은 "우주를 무질서 상태(ataxia)에서 질서 있는 상태(taxis)로 이끈"[77] 것이었다고 말한다. 역시 이 대화편에서는 인간이 누리는 큰 혜택의 원인으로 시각을 들고 있는데, 그건 이것으로 말미암아 우주와 별들, 태양, 밤과 낮, 연월이나 지일(至日)의 주기 등을 관찰할 수 있게 되었을 뿐만 아니라 철학까지 하게 되었기 때문이라고 한다.[78] 이는 눈이 우주 내지 자연의 현상들을 보고서 그 속에서 무엇보다도 우주적 질서를 읽게끔 해 주기 때문이다. 그리고 우주는 바로 이 질서 때문에 아름다운 것이다. 플라톤은 이 아름다운 질서 체계인 우주의 신비를 설명해 보기 위해 '그럼직한 설명들'(eikotes logoi)을 《티마이오스》편에서 시도해 보이고 있다. 그것이 '그럼직한 설명'(eikōs logos)이건 또는 '그럼직한 이야기' (eikōs mythos)이건 간에, '그럼직할'(eikōs) 수밖에 없는 것은 현상들이 본(paradeigma)이 아니라 본의 모상(eikōn)일 뿐이기 때문이다.[79] 이 설명에 따르면, 데미우르고스는 '언제나 같은 상태로 있는 것'(to aei kata t'auta on)을 본으로 삼아 이 우주를 아름다운 것으로 만들었다고 한다. 그런데 '언제나 같은 상태로 있는 것'인 이 본은, 감각적 지각을 동반하는 판단(의견: doxa)에 의해서는 포착될 수 없

---

76) Liddell and Scott, *Greek-English Lexicon*을 참조할 것.

77) 《티마이오스》편, 30a.

78) 같은 책, 47a~b.

79) 같은 책, 29c.

230

고 '지성에 의한 이해(앎)' (noēsis)에 의해서만 포착될 수 있다고 한 말을 미루어 볼 때, 바로 이데아 내지 형상을 가리키는 말이다. 이를 본으로 한 창조자는 선하고, 따라서 그가 만든 이 우주는 생성된 것들 중에서도 '가장 아름다운 것' (ho kallistos)이라 한다. 그런데 아름다운 이 우주의 창조자(poiētēs)를 '데미우르고스' (dēmiourgos)라고도 말하지만, '결합한 이' 또는 '구성한 이' (ho synistas)로 또는 목수 같은 제작자 또는 조립자(ho tektainomenos)로 말하기도 한다. '데미우르고스'를 위시한 이런 말들은 주어진 소재로 무언가를 만드는 장인(匠人)을 가리키는 낱말이다. 이는 플라톤이 우주를 질료적인 것들과 정신적인 것의 결합물 내지 구성물로 보는 데서 기인된다. 이런 관점에서 서술된 우주의 생성 과정이 《티마이오스》편에 '그럼직하게' 기술되어 있는 것이다. 그러기에 플라톤은 이 기술은 어디까지나 '그럼직한 이야기'일 뿐이라는 점을 몇 번이고 상기시키는 일을 잊지 않고 한다. 이 이야기에 따르면, 요컨대 "이 우주(kosmos)의 탄생이 실은 필연과 지성의 결합으로 해서 혼성된 결과의 것이다. 그러나 지성은 필연으로 하여금 생성되는 것들의 대부분을 최선의 것(to beltiston)을 향해 이끌고 가도록 설득함으로써 필연을 다스리게 되었으니, 이런 식으로 그리고 이에 따라서 필연이 슬기로운 설득에 승복함으로써 태초에 이 우주(to pan)가 이렇게 구성되었다."[80] 물론 필연(anankē)은 어디까지나 필연이기 때문에 지성(nous)의 설득에는 한계가 있다. 이 필연의 측면에서 다루어지는 것이 생성(genesis)의 수용자(受容者: hypodochē)로 비유된 공간(chōra)과 이른바 4원소들을 비롯한 원초적 물질들(prōta sōmata)이다. 물, 불, 흙, 공기도 처음에는 흔적(ichnē) 상태로만 있었을 뿐, 물질로서 어떤 구체성을 가진

80) 같은 책, 47e~48a.

것들이 아니었으나, 형태와 수적인 요소가 개입됨으로써[81] 비로소 그 특성을 갖게 된 구성물 내지 결합물이다.

이러한 우주 이해는 기본적으로 다른 대화편의 경우에 있어서도 마찬가지이다. 가령 《정치가》편(269d)에서 보면, "천구(ouranos) 그리고 우주(kosmos)라고 우리가 일컫는 것이 그것을 창조한 자한테서 많은 복된 것을 받아 갖게도 되었지만, 그러나 물질(sōma)과도 결합되어 있다(kekoinōnēke)"는 말이 있다. 우주에 대한 이러한 이해는 다른 대화편 《필레보스》편(28c)에서 "우리에게 있어 정신(지성: nous)이 하늘과 땅의 왕이다"라는 현자들의 견해에 편드는 것으로 나타난다. "만유와 이른바 이 우주는 비이성적(alogos)이고 맹목적인 힘(dynamis)과 우발적인 것이 지배한다고 우리가 말해야 할까? 아니면 반대로 … 정신(지성: nous)과 어떤 놀라운 규제하는 지혜(phronēsis)가 조종한다고 해야 할까?"[82] 이 물음에 대해 대화편 속의 상대자는 "정신(지성)이 모든 것을 질서 잡히게 한다고 말하는 것이 우주(kosmos)와 태양, 달, 별들 그리고 모든 회전 운동의 광경에 대해 합당할 것이다."[83]라고 대답하는데, 이는 곧 플라톤 자신의 우주관이요 자연관이다. 왜냐하면 이 대목에 이어 "연월과 계절을 질서 잡히게 하고 규제하는 것이 하찮은 원인(aitia)일 수는 없고, 지혜와 정신(지성)이라 말하는 것이 지당할 것이다."[84]라고 소크라테스의 입을 빌려 말하고 있기 때문이다. 똑같은 생각을 우리는 《국가》편(530a)에서도 찾아볼 수 있겠다.

이제까지 하게 된 우주 및 자연과 관련된 플라톤의 언급들 중에서

---

81) 이것도 필연에 대한 지성 쪽의 설득의 한 형태이다.
82) 《필레보스》편, 28d.
83) 같은 책, 28e.
84) 같은 책, 30c.

232

우리는 무척 마음에 거슬리는 표현들에 접했을 것이다. '데미우르고스'(창조자)나 '정신'(지성) 또는 '지혜'의 인격화 같은 것들이 그랬을 것이다. 물론 이는 당시의 철학적 논의의 상황이 그런 언어를 구사하도록 만든 데서 비롯된 것이겠으나, 그런 언어들은 곧 비유적인 상징어들일 뿐이다. 그러면 우리도 쉬 납득할 언어로 그의 이야기 내용을 들어보기로 하자. 앞서 말했듯, 플라톤은 우주를 아름다운 질서 체계로 보고서 kosmos라 일컬었다. 그리고 실제로 그것을 아름답다(kalos)고 했다. 그런데 헬라스어로 '아름답다'는 말은 단순히 아름다움만을 가리키는 말이 아니라, 거기엔 훌륭하다(agathos)는 뜻도 내포되어 있다. 그래서 《티마이오스》편(87c)을 보면, "모든 좋은(훌륭한) 것(to agathon)은 아름답고(kalon), 아름다운 것(to kalon)은 불균형하지(ametron) 않다"라는 표현에 접하게 된다. 또한 여기에서 볼 수 있듯, '아름다움'이나 '좋음'(훌륭함)은 플라톤의 경우에는 언제나 척도(metron) 내지 적도(適度: to metrion) 개념과 연관된다. 그래서 플라톤은 좋은 것의 첫째 서열을 척도, 적도, 시중(時中: to kairion) 등에 부여하고 있다.[85] 이런 모든 것은 우리의 지성의 대상이요, 또한 그것을 알면 우리는 지혜를 얻는다. 이렇게 볼 때, 자연은 그 자체가 지혜로운 창조물처럼 보일 수 있다. 이제 이 항목에서 다루고자 했던 내용의 골자를 어쩌면 집약적으로 담고 있다고 할 수 있는 한 대목을 인용하고서 다음 항목으로 넘어가도록 하자. 이 인용구는 《필레보스》편의 64d에서 65a까지에 걸친 것이다. "어쩌면 이를 모르는 사람은 아무도 없을 것이다. … 어떤 혼합이건, 어떻게 이루어졌건, 모든 혼합은, 적도(適度: metron)와 균형(symmetron)의 본성(physis)에 적중하지 못한 것이면, 그 혼합(synkrasis)을 이루고 있는

---

85) 같은 책, 66a.

것들(그 혼합의 실물)은 물론이거니와 무엇보다도 그 혼합 자체를 맨 먼저 필연적으로 망가뜨린다. 왜냐하면 그것은 혼화(混和: krasis)가 아니라, 혼화되지 못한 채 모이기만 한 것으로서 그런 불행은 이런 결합 상태에 있는 것들에 실제로 그때마다 일어나고 있기 때문이다. … 이제 막 우리에게 있어 좋음(to agathon)의 특성(dynamis)은 아름다움의 성질로 피해버렸다. 왜냐하면 적도 상태(metriotēs)와 균형(symmetria)은 모든 경우에 아름다움(kallos)과 훌륭함(훌륭한 상태, 덕: aretē)으로 될 게 틀림없겠기 때문이다. … 그리고 더 나아가 혼화(krasis)에는 진실성(alētheia)이 이것들과 섞여 있다고 우리는 말했다. … 그러니까 만약에 우리가 좋음(to agathon)을 하나의 보임새(성질: idea)에 의해서는 추적할 수 없다면, 세 가지에 의해서, 즉 아름다움과 균형 그리고 진실성에 의해서 포착한 다음, 이들을 하나처럼 간주하여, 이를 혼화(symmeixis) 상태에 있는 것들의 원인으로 주장함이 지당하다고 말하며, 또한 좋은 것인 이것으로 말미암아 그 혼화도 그와 같은 것으로 되었다고 말하도록 하는 게 … 전적으로 지당할 것이다." 여기에서 말한 '혼합' 또는 '혼화'는 다름 아닌 자연적 결합을 가리키는 하나의 표현이다.

5. 인위적 결합

1) 기술에 의한 결합

앞의 항 맨 끝에 인용한 장문의 인용구에서 잠시 보았듯, 자연은 전체적으로 아름다운 질서 체계요, 그 속에 있는 하나하나의 사물은 그 나름으로 혼화(混和: krasis)를 이룬 좋은 상태에 있다는 것이 플라톤의 자연관이다. 이 '좋은 상태'는 다름 아닌 적도(適度: to metrion)와 균형(to symmetron)의 실현을 의미한다. 자연에 있어서 적도나 균형을 이루지 못한 것은 그 구조 자체가 먼저 붕괴되고, 그 구성 요소들마저 뒤따라 붕괴되게 마련이다. 적도의 실현 및 그 유지는 자연에 있어서의 사물 성립과 존속의 기본 조건이다. 그런데 이는 실로 놀라운 사상을 담고 있는 주장이기도 하다. 왜냐하면 사실상 이는, 이데아 내지 형상(eidos) 자체가 생물들의 경우에는 종(種)을 의미하는 것이기에, 그리고 앞서 보았듯, 모든 생물의 종(種)으로서의 형상의 존재를 주장하는 플라톤이기에, 현실적으로 이미 있는 종의 소멸은 물론 새로운 종의 현실적인 탄생은 언제나 가능하다는 주장이기 때문이다. 다만 '종'으로서의 혼화(混和: krasis)가 적도나 균형 등의 본성에 적중함으로써(tychousa) '좋은 상태' 즉 '좋음'(to agathon)을 실현했거나 유지하고 있는지가 현실적인 '종'의 탄생이나 존속의 열쇠일 뿐이라는 주장이다. 아닌게 아니라 우리가 '종'으로서 그 존재를 인정하고 있는 공룡이나 삼엽충은 현실적으로는 소멸된 '종'이지만, 저 다윈이 예언했다는 '프리딕타'(라틴어 발음으로는 '프라이딕타': Praedicta)[86]라는 나방은 하나의 현실로서 새로이 탄생된 종이다.

기술(technē)은 이런 자연에 있어서의 생성의 이치를 흉내내는 것이라는 것이 플라톤의 기술관이다. 기술 자체의 성격에 대한 아주 적절한 언급을 우리는 《정치가》편(283e~285a)에서 찾아볼 수 있다. 이 대화편은 기술의 생명이 바로 '적도(適度)의 창출(創出)'(hē tou metrious genesis)에 있음을 말하고 있다. 따라서 모든 기술은 적도에 그 존립 근거를 갖는다. 적도가 보전될 때, 기술이 존립한다. 이 경우

---

86) 제3장 1항을 참조할 것.

의 적도를 측정하는(metrein) 기술 자체를 플라톤은 측정술(metrē-
tikē)이라 말하고 있다. 이 측정술은 수, 길이, 깊이, 넓이, 속도 등과
관련하여, 이를 결정함에 있어서 상대적으로 견주어 하는 것과 이를
적도 자체나 적정(適正), 적기(適期) 등과 견주어 하는 것으로 나뉘는
데, 기술 영역에 속하는 모든 것은 어떤 방식으로든 측정(metrēsis)에
관여한다. 참된 기술은 상대적 측정과 함께 적도의 측정을 실현할 때
만이 성립하고, 적도를 없애면, 참된 기술 또한 사라진다. 그러나 이
경우의 적도는 질료를 매개로 하여 실현을 본다. 그런 의미에서 그것
은 인위적인 결합이다. 그러나 결합의 의미는 또한 제작자(dē-
miourgos)가 형상 내지 이데아를 본으로 삼아 '그걸 보면서'(pros
tēn idean blepōn)[87] 제품을 만든다는 데에도 있다. 측정술에 의한
적도의 창출이야말로 기술의 본령이요, 이는 곧 좋은 상태, 즉 하나
의 '좋은 것'의 실현이다. 좋음(善)의 형상이 모든 형상과 사물의 궁
극적 원리라고 하는 것은[88] 참된 기술의 경우에 있어서도 똑같이 적
용되는 것이다. 자연에 있는 모든 사물이 제나름으로 좋은 상태로서
의 적도를 '자연적으로'(physei) 실현하고 있듯, 기술도 바로 질료를
매개로 하여 인위적으로 그러한 적도를 실현하고 있기 때문이다. 그
렇다면 자연에 있어서도, 인간의 기술이나 행위들의 경우에 있어서도
좋음의 형상은 똑같이 원리(archē)로서 작용하고 있다고 말함이 옳
다. 물론 이는 각각의 형상을 매개로 해서이다.

 2) 개인의 행위를 통한 결합

 플라톤은 인격(ēthos)의 형성(plattein)도 주어진 것을 소재로 하는

---
87) 《국가》편, 596b.
88) 같은 책, 508e~517b~c.

만듦(dēmiourgia)의 행위(praxis)로 보고 있다. 이를테면, 이데아 내지 형상을 보며 관상(觀想)하는 사람이 개인적으로나 공적으로나 간에 인간들의 성품 속에 그것을 받아들이도록 단련받는다면, 그는 '자신을 형성함'(heauton plattein)에 있어서만이 아니라, '절제와 올바름 그리고 일체의 시민적 덕의 데미우르고스(匠人)로 됨에 있어서', 즉 그런 인격과 훌륭함(덕)을 구현(具現)하는 자로 됨에 있어서 잘못함이 없을 것이라는 아주 직설적인 표현을 우리는 《국가》편(500c~d)에서 찾아볼 수 있다. 인격 형성 내지 개인적 실천의 문제에 있어서 이데아는 그의 인격적 동화(同化: homoiōsis)의 본으로 되고 있는 것이다. 이 동화 욕구는 그 자신 속에 이데아 내지 형상(形相)을 '심는'(empoiein) 결합 행위를 유발하는 요인이기도 하다. 그는 그것들을 바라보며, "이것들을 본받으며(mimeisthai) 최대한으로 닮느라(aphomoiousthai) 여념이 없을 것이다."[89]라고 한다. 이 동화의 실현을 위해서는 무엇보다도 좋음(善)의 이데아에 대한 인식이 궁극적으로 요구된다. 그래서 《국가》편에서는 치자(治者)로 될 철학자의 교육 과정에 있어서 '가장 큰 배움'(to megiston mathēma)은 '좋음'(to agathon)에 대한 앎이라 한다. 이 좋음의 이데아를 일단 보게 되면, 그는 이런 결론을 내려 마땅하다고 한다. 바로 "이것이 모든 것에 있어서 모든 옳고 아름다운(훌륭한) 것의 원인(aitia)이라고, 또한 '가시적 영역'에 있어서는 빛과 이 빛의 주인을 낳고, '지성에 의해서[라야] 알 수 있는 영역'에서도 스스로 주인으로서 진리와 지성을 제공하는 것이라고, 그리고 또 장차 사적으로나 공적으로나 슬기롭게 행하고자(prattein) 하는 자는 이 이데아를 보아야만(idein) 한다"[90]고 말이다. "모든 것에 빛을 제공하는 바로 그것을 … 즉 '좋음(善) 자

---

89) 같은 책, 500c.
90) 같은 책, 517b~c.

체'(to agathon auto)를 일단 보게 되면, 이들은 그것을 본
(paradeigma)으로 삼고서, … 나라와 개개인들 그리고 자신들을 다스
리지 않을 수 없도록 만들어야만 한다"[91]고 말이다.

　그런데 우리의 도덕적 행위에 있어서 가치의 기준들은 훌륭함
(aretē), 즉 덕이다. 이것은 플라톤에 있어서 곧 이데아이기도 하다.
이 경우의 이데아는 윤리적인 의미의 적도(適度) 상태(metriotēs), 즉
흔히 말하는 아리스토텔레스적 의미의 중용(mesotēs, to meson)이다.
아리스토텔레스적인 의미의 중용은 적도(to metrion)의 윤리적 실현
이다. 그래서 적도의 본성을 언행에 있어서 어기는가 또는 어기지 않
는가가 "우리 가운데서 나쁜 사람들과 좋은 사람들을 특히 구별하게
한다."[92]는 주장도 하게 된다. 따라서 적도를 실현하는 것이야말로
플라톤적인 의미에 있어서 '훌륭하게 행함'(eu prattein)[93]이다. 그러
나 훌륭하게 행함을 위해서는 그 본이 되는 훌륭함(덕: aretē)에 대
한 앎이 전제되어야 할 것이다. "훌륭함(aretē)은 곧 앎(epistēmē)이
다"라는 소크라테스의 지론은 그래서 나온 것이다. 이를테면, 제화공
이 자기 일(ergon)과 구두의 기능(ergon)을 제대로 모르고서는 도대
체 훌륭한(agathos=good) 제화공으로 될 수가 없다. 제화공으로서
훌륭한 상태, 즉 훌륭함(aretē=goodness)은 이 앎에 근거한다. 이 앎
이 없으면 그는 나쁜(kakos=bad) 제화공으로 될 수밖에 없다. 그래
서 소크라테스에게 있어서 나쁜 상태, 즉 나쁨(kakia=badness)은 곧
무지(agnoia)이다. 무지하면, '나쁘게 행할'(kakōs prattein) 수밖에
없다. 이 말은 '나쁘게 삶' 즉 사람의 사람다운 구실과 관련해서는

---

91) 같은 책, 540a~b.
92) 《정치가》편, 283e.
93) eu prattein은 일상 언어로서는 '잘 삶'이나 편지 따위에서의 인사말인 '안녕'
　　(잘 지냄)을 의미한다. 제3장 2의 2) (1) 항을 참조할 것.

'잘못 삶'을 의미한다. 일상 언어로서는 '잘 삶'을 의미하는 eu prattein은 플라톤적 의미에 있어서는 사람 구실과 관련되어 '훌륭하게 삶'을 의미하고, '훌륭하게 삶'은 곧 '훌륭하게 행함'을 의미한다. 그러니 '훌륭함'이 무엇인지를 모른다면, 훌륭하게 행할 수가 없다. 본에 대한 앎을, 즉 본을 갖고서 그걸 바라보면서 행할 때에야, 훌륭하게 행할 가능성이 있다. 이는 행위를 매개로 형상을 실현하는 것이요(empoiein), 따라서 '훌륭하게 행함' 즉 '훌륭하게 삶'은 행위를 통해 형상과 결합을 이루는 삶이다. '올바른 마음(혼)이나 올바르지 못한 마음으로 되는 것은, 분별 있는 마음이나 분별 없는 마음으로 되는 것은'[94] 그것이 올바름이나 분별을 지니게 되거나 플라톤에 의해 형상들로 지칭되는 것들이 마음 안에 생기게, 즉 있게 되었기 때문이다(paraginesthai, engignetai). 다시 말해, 마음이 그것들을 지속적인 자신의 상태로 가짐(hexis)에 의해서, 따라서 그것들이 마음 안에 생겨서 '나타나 있게 됨'(parousia)에 의해서[95] 또는 마음과 이들의 '함께 함' 즉 결합(koinōnia)에 의해서이다. 이런 경우 이런 것들은 모두가 우리의 행위(praxis) 내지 행함(prattein)을 통한 형상과 마음의 인위적 결합을 가리키는 말들이다. 관여(methexis)라는 것도 이런 뜻의 것이기도 하다.

3) 사회적 제도화를 통한 결합

사람은 온갖 형태의 관계 속에 살고 있다. 인류가 언제부터인가 이 지상에서 한 부류의 생물로서 무리를 지어 살아오기 시작한 이래로 그 수적 증가와 함께 그만큼 더 많은 관계를 맺으며 살아왔다. 우주

94) 《소피스테스》편, 247a~b.
95) 같은 책, 같은 곳.

와 인간, 지구 내지 자연과 인간, 다른 생물들과 인간, 인간과 인간, 나라와 개인, 남자와 여자 사이에 수많은 관계를 맺으며 인간은 살아가고 있다. 나라도 관계의 산물, 즉 관계의 제도화이다. 그래서 사람들은 나라를 공동체라 말한다. 헬라스어로도 이 '공동체'를 가리켜 '코이노니아'(koinōnia)라 말한다. 하나의 '공동 관계' 또는 '결합 관계'를 이룬 공동체 또는 결합체란 뜻에서다. 사람들은 자신들이 이왕에 맺게 된 관계를 저마다 자기에게 이롭도록 이끌어 가려고 하지만, 그 구성원 전체의 생존이나 바람직한 관계를 때로는 다시 설정하고자 꾀한다. 플라톤은 자기 시대의 아테네와 헬라스 민족의 도시 국가들에 있어서 목격되고 있는 잘못된 나라의 경영 상태를 안타깝게 여기며 나라의 본(paradeigma)과 이 본의 현실적 적용의 규범을 두 편의 방대한 대화편을 통해서 제시했다. 《국가(정체)》(*Politeia*)편과 《법률》(*Nomoi*)편이 그것들이다. 그의 안타까움이 얼마나 현실적인 것이었던가는 두 개의 상징적인 사건들이 확인시켜주고 있다. 그것들은 그의 철학함의 동기를 유발했던 소크라테스의 죽음과 그의 사후 약 10년 뒤에 카이로네이아 전선에서 아테네와 테베의 연합 전선이 마케도니아의 필리포스에 의해 여지없이 무너졌다는 사실이다. 그뿐더러 그의 저술들의 거의 반의 분량에 이르는 것이 《국가》편과 《법률》편이고, 더구나 《법률》편은 만년의 최후 저술이다. 이러저러한 사정을 고려할 때, 인위적 '결합'(koinōnia)과 관련된 플라톤의 현실적 관심의 극치는 뭐니뭐니해도 '나라'(polis)의 문제일 것이다. 나라를 원론적 내지 이론적으로(τῷ λόγῳ) 수립한다(katoikizein)거나 조직화 또는 제도화한다(systēsōmetha)[96]고 할 때, 거기에는 반드시 어떤 기준(horos)이 있어야 할 것이다. 이 기준은 다름 아닌 어떤 가치(價

---

96) 《법률》편. 702d~e.

値) 또는 가치 체계의 확립을 의미하는 것일 것이다. 인간은 이 기준 내지 가치를 어떻게든 찾아서 제시하고, 이를 제도화한다. 이것이 인간들의 입법(nomothesia) 행위이다. 입법 행위를 통해서 우리는 이미 있는 관습들만이 아니라 새로운 관습들(ta nomima)을 제도화한다. 그래서 헬라스어로 법(nomos)은 원래 '관습'을 의미했다. 한 나라가 어떤 나라로 틀이 지어지는가는 바로 이 법이나 관습을 어떤 것에 '관련시켜서'(pros) 또는 '무엇을 위하여'(pros ti) 제도화하는가에 달려 있다. 그것에 따라 '나라의 성격 내지 관습'(poleōs ēthē)[97]이 형성된다. 스파르타의 입법가(nomothetēs)는 전쟁을 기준으로 삼고서 공사(公私)간의 모든 관습 내지 제도들(ta nomima)을 조직화(syntassein)했다. 다른 나라들과의 전쟁에서 이길 수 있도록 온갖 것을 조정했다. 따라서 스파르타인들의 덕목은 용기(andreia)로 된다. 이에 비해 민주화된 아테네는 자유(eleutheria)를 기준으로 입법했다. 어떤 나라가 어떤 한 가지의 덕목만을 바라보고 그걸 기준으로 입법하면, 그 나라는 그 한 가지 덕목의 나라로 틀이 지어진다.

플라톤의 《국가》편은 무엇보다도 두 가지 것에 초점이 맞추어져 있다고 말할 수 있을 것 같다. 그 첫째 것은, 궁극적으로는 지성(nous)이 지배하는 나라여야, 그 나라가 올바른 나라일 수 있다는 것이다. 그러기 위해서 강조되는 것이 교육이고, 이는 곧 최고 지성인들의 양성에 그 최대 비중을 두고 있다. 이 때문에 이 대화편 전체 10권 중에서 제2권부터 제7권 끝까지에 걸쳐 교육 문제가 다루어지고 있다. 지성이 지배하는 나라는 결국 '가장 큰 배움'(to megiston mathēma)에 이른 사람들, 즉 '좋음(善: to agathon)의 이데아'를 보게 된 가장 지혜로운 자들이 통치하는 나라이다. 이를 두고 흔히 철

---

97) 같은 책, 711b.

인 치자(哲人治者)의 사상이라고들 한다. 이와 관련된 대화 장면을
《국가》편(472e~474a)에서 그대로 옮겨와 보기로 하자.

"그럼 어떤가? 우리 또한 '훌륭한 나라'(agathē polis)의[98] '본'을
논의를 통해서 만들고 있었다고 말하지 않는가?"[99]

"물론입니다."

"그렇다면 자넨, 만일에 앞서 언급된 그대로 나라를 수립할 수 있음
을 우리가 입증할 수 없다면, 이 때문에 우리가 덜 훌륭한 말을 한 것
으로 생각하는가?"

"분명히 그러지 않습니다."

"그러니까 사실은 그러하다네. 그렇지만 자네를 위해서 굳이 그러한
나라가 어떻게 하면 그리고 어떤 조건하에서 가장 실현성이 많은지를
입증해 보이도록 해야만 된다면, 그 입증을 위해서 다시금 같은 것들
에 대해서 합의해 주게나."

"어떤 것들인데요?"

"어떤 것이 말대로 실천될 수 있는가, 아니면 실천(praxis)은 말보
다도, 비록 어떤 이에겐 그렇게 생각되지 않을지라도, 언제나 진실에
덜 미치는 본성을 지니고 있는가? 자네로선 그렇다고 동의하는가, 아
니면 동의하지 않는가?"

"동의합니다."

"그러니까 자넨 우리가 논의를 통해서 자세히 말한 그러한 것들이
완전히 실제로 실현되는 걸 보여 주어야만 된다고 내게 강요하질랑은
말게나. 오히려 자네로선 한 나라가 어떻게 하면 앞서 언급된 바에 가

---

98) 철인 치자(哲人治者)의 확보를 통해서만이 그 실현 가능성을 기대할 수 있다는
   이 훌륭한 나라를 7권 527c에서 kallipolis(아름다운 나라)라 일컫게 된다.
99) 369a~c 참조.

장 가깝게 다스려질 것인지를 우리가 발견할 수만 있다면, 이로써 자네가 보여 주기를 요구하고 있는 것들이 생길 수 있는 것들로 우리가 확인한 것으로 말하게나. 아니면 자네는 이렇게 되는 것으로는 만족하지 못하겠는가? 나로서는 실상 만족하겠네만."

"저도 실은 만족할 것입니다."

"그러면 그 다음으로 우리가 찾아서 보여 주도록 할 것은 오늘날 나라들에 있어서 잘못되고 있는 것이 도대체 무엇인지, 무엇 때문에 이들 나라들이 그런 식으로 다스려지지 못하고 있는지, 그리고 최소의 것으로 무엇이 변혁을 봄으로써 한 나라가 이런 형태의 정체(政體)로 옮겨갈 수 있을 것인지 하는 것일 것 같으이. 이 경우의 변혁으로는 한 가지 것이면 제일 좋겠으나, 그렇지 못하면 두 가지 것이나, 이로써도 안 된다면, 가능한 한, 수에 있어서도 적고 규모에 있어서도 작은 변혁들이면 좋겠네만."

"그야 전적으로 그렇습니다."

"한데, 내 생각으론 한 가지 변혁을 통해서도 나라가 바뀌는 것을 우리가 보여줄 수 있을 것 같으이. 그렇더라도 그건 작은 것도 쉬운 것도 아니나, 가능은 한 것일세."

"무슨 변혁인가요?"

"이제 나는 우리가 가장 큰 파도에 비유했던 바로 그 문제에 이르렀네. 그렇지만 비록 그것이, 영락없는 파도처럼, 나를 웃음거리로 폭소감이 되게 하고 나쁜 평판을 흠뻑 뒤집어쓰게 되는 한이 있을지라도, 말하게 될 걸세. 그러면 내가 말하려는 것을 생각해 보게나."

"말씀하세요."

"철학자(지혜를 사랑하는 이: ho philosophos)들이 나라들에 있어서 군왕들로서 다스리거나, 아니면 현재 이른바 군왕(basileus) 또는 '최고 권력자'(dynastēs)들로 불리는 이들이 '진실로 그리고 충분히 철학을 하게'(지혜를 사랑하게) 되지 않는 한, 그리하여 이게 즉 '정치 권력'(dynamis politikē)과 철학(지혜에 대한 사랑: philosophia)이 한데 합쳐지는 한편으로, 다양한 성향들이 지금처럼 그 둘 중의 어느 한쪽으로 따로따로 향해 가는 상태가 강제적으로나마 저지되지 않는 한, 여보게나 글라우콘, 나라들에 있어서, 아니 내 생각으로는, 인류에게 있어서도 '나쁜 것들의 종식'(kakōn paula)은 없다네.[100] 그렇게 되기 전에는, 지금껏 우리가 논의를 통해서 자세히 말해 온 그 정체가 결코 가능한 한도까지 성장하여 햇빛을 보게 되는 일은 결코 없을 걸세. 실은 이게 벌써부터 나로 하여금 발설하기를 망설이게 한 바로 그것일세. 그건 굉장히 역설적인 언급이 될 것이라는 걸 내가 알고 있었기 때문일세. 왜냐하면 다른 어떤 방책도 사적으로건 또는 공적으로건 행복하게 하지는 못할 것이라는 걸 깨닫기란 힘든 일이니까."

"소크라테스 선생님! 선생님께서 그런 말씀을, 그런 주장을 털어놓으셨는데, 일단 그런 말씀을 하셨으니, 선생님께서는 각오하시고 계셔야 합니다. 그야말로 많은 그리고 결코 만만하게 볼 수 없는 사람들이 이런 식으로, 이를테면 일제히 웃통을 벗어던지고서는 맨 몸으로 저마다 닥치는 대로 무기를 들고서 놀랄 짓들을 저지를 양으로 힘껏 달려올 것이라는 걸 말씀입니다.[101] 만약에 선생님께서 이들을 이론으로써 막으며 피하지 못하시면, 그땐 선생님께서는 정말 조롱을 당하는 벌을 받게 되실 겁니다."

---

100) 이 언급이 흔히 플라톤의 '철인 치자(哲人治者)' 사상을 단적으로 드러내는 구절로 알려져 있다. 똑같은 내용의 언급이 7권 540d~e 등에서도 반복되지만, 《일곱째 편지》 326a~b에서도 발견된다.

101) 이와 관련해서는, 철학에 대해 반감을 갖고 있는 당시의 사람들, 특히 정치하는 사람들의 반발이 얼마나 클 것이며, 아리스토파네스와 같은 희극 작가에게 얼마나 좋은 웃음거리를 제공하게 될 것인지를 염두에 두고, 그 타당성을 이론적으로 입증할 것을 주문하고 있다.

우리는 위에서 인용한 장문의 대화를 통해 당시 아테네의 정객들을 염두에 두고서 하는 조심스런 발언과 그것에 대한 예상되는 반응과 관련된 걱정스런 마음을 충분히 읽을 수도 있겠다. 비록 그렇기는 하나 지성이 그리고 지혜가 지배하는 나라에 대한 소크라테스나 플라톤의 단호한 마음이 느낌으로 와 닿는 것도 같다. 아테네의 민주정치가 마침내 민중 선동가들에 의해 중우(衆愚)정치로 전락해 버린 상황에서 모두의 어리석음이 몰고 올 사태에 대한 선언적 절망감이 진하게 묻어날 것만 같다.

그 다음 것은, 어떻게든 남보다 더 차지하려는 탐욕(pleonexia)이 나라를 휘젓는 상황을 허용해서는 아니 된다는 것이다. 이를 막으려면, 먼저 통치 집단이 사사로운 이익을 위해 권력을 남용할 가능성에 대한 원천적 차단 장치부터 먼저 마련할 것이 요구된다. 그래서 이들에 대해서 처자와 남편들의 공유(共有: koinōnia)를 통한 무산(無産) 상태의 실현이라는 극약 처방을 내리게 된 것이다. 가장 비현실적인, 따라서 아무도 원하지 않을 그런 체제의 나라는 '지상의 그 어디에도 존재하지 않을 것'인 '본'으로서 주어져 있을 뿐이다. 그러나 이 두 가지 것을 통해 나라의 잘못된 경영과 관련하여 문제의 핵심이 어디에 있는지가 극명하게 드러난다. 예나 지금이나 이 두 가지가 어느 나라에서나 가장 큰 핵심적인 문제가 아닌 경우가 있는가? 탐욕이 지배하는 사회의 근본적 대책으로서 통치 집단의 가족 공유와 무산 상태의 실현을 표방하느라 그가 원용한 것은 실은 헬라스인들이 익히 알고 있는 속담들 가운데 하나였을 뿐이다. 그것은 "친구들의 것은 공유의 것이다"(koina ta philōn)라는 것이다. 역시 이 문제와 관련된 대화의 일부분을 《국가》편(462a~e)에서 인용하기로 한다.

    "나라의 구성에 있어서 최대 선(最大善: to megiston agathon)이

도대체 무엇이며 또한 최대 악(最大惡: to megiston kakon)이 무엇이라고 우리가 말할 수 있을 것인지? … 나라를 분열시켜 하나 대신 여럿으로 만드는 것 이상으로 나라에 더 나쁜 것을 우리가 말할 수 있겠는가? 또는 나라를 단결시켜 하나로 만드는 것 이상으로 더 좋은 것을 말할 수 있겠는가? … 그러니까 동일한 일들이 생기거나 없어질 때, 모든 시민이 최대한으로 비슷하게 즐거워하거나 괴로워할 경우의 이 즐거움과 고통의 공유(함께 함: koinōnia)가 나라를 단결시키지 않겠는가? … 그렇지만 나라에 일어난 동일한 일들에 대해 그리고 일부 시민들의 일들에 대해 일부의 사람들은 몹시 상심하는 반면에 다른 일부의 사람들은 몹시 즐거워할 경우에, 이런 것들의 사유(私有, 달리함: idiōsis)야말로 나라를 해체시키겠지? … 이런 일은 이에서, 즉 그 나라에서 '내 것'(to emon)과 '내 것이 아닌 것'(to ouk emon)과 같은 말들을 모두가 일제히 함께 말하지 않을 경우에 생기겠지? 또한 '남의 것'과 관련해서도 이는 마찬가지이겠지? … 어느 나라에서건 '내 것'이니 '내 것이 아닌 것'이니 하는 말을 최대 다수가 동일한 것에 대해서 똑같이 쓰는 나라가 가장 훌륭하게 경영되겠지? … 그러면 한 사람에 가장 가까운 상태에 있는 나라야말로 그렇겠구면? 이를테면 우리 가운데 누군가가 손가락을 다쳤을 때, 혼에 이르기까지 전신에 걸친 전체적 공동 관계(koinōnia)는 거기에 있어서 지배적인 것이 주도하는 하나의 조직으로 뻗어 있어서, 그걸 지각하게 되거니와, 그 부분이 아파하는 것과 동시에 전체가 일제히 함께 괴로워하는데, 우리가 이 사람이 손가락에 통증을 느끼고 있다고 말하는 것은 바로 이렇게 해서이네. 그리고 이 설명은 사람의 어떤 부분의 경우에도, 또한 아픈 부분의 고통의 경우에나 고통이 덜어지고 있는 부분의 즐거움의 경우에도, 똑같이 적용되겠지? … '사실 똑같이 적용됩니다. 그리고 선생님께서 물으신 것입니다만, 가장 훌륭하게 다스려지는 나라는 그런 사람의 상태에 가장 가까이 있습니다.' … 그러니까 그런 나라는 시민들 중의 한 사람이, 좋은 일이건 나쁜 일이건 간에, 어떤 일을 겪게 되면, 그걸 겪고 있는 쪽이 자신의 일부이기도 하다고 무엇보다도 우선 말할 것이며, 또한 온 나라가 함께 기뻐하고 함께 슬퍼하게 될 것으로 나는 생각하네."

이런 나라를 가리켜 그는 진정으로 '하나인 나라' (mia polis)라 일컫는다. 그러나 이런 나라는 통치 집단이 자연인들로서의 개인적인 인간적 삶을 완전히 포기하는 희생 위에서만 가능하다. 플라톤이 말하는 '아름다운 나라' (kallipolis)는 무엇보다도 완벽하게 지성이 지배하고 진정으로 '하나인 나라' 이다. 그러나 그것은 '본' 일 뿐이다. '본' 이 곧 현실적 나라일 수는 없다. 기능이 곧 식탁이거나 북일 수 없듯이 말이다. 구체적 기능을 갖는 식탁이나 북이 현실의 식탁이거나 북이다. 그런 기능을 하는 나라의 본은 본으로만 있다. 이 본을 현실성 있게 적용할 경우의 또 하나의 규범을 그는 《법률》편에서 제시해 보이고 있다. 이 책에서는 《국가》편에서의 공유(共有) 국가를 공분(共分) 국가로 만드는 좀더 현실적인 처방을 쓰고 있다. 물론 처음에 정착(定着)하는 시점에서는 모두가 농토를 똑같이 할당받으며, 이 '할당받은 땅' (klēros)은 어떤 형태로도 다른 사람에게 양도하지 못하도록 제도화되어 있다. 그렇게 함으로써 최소한의 시민적 권리를 누리며 시민의 의무 또한 이행하도록 하고 있다. 비록 그렇게 해도 이런저런 사정으로 인하여 세월의 경과와 함께 어떻게 해볼 도리 없이 더 가진 자와 덜 가진 자는 생기게 마련이다. 그러나 이 나라에선 많이 가진 자가 적게 가진 자보다 네 배 이상의 자산을 갖는 걸 허용하지 않는다. 이는 '적도를 넘는 것들' (ta perigignomena tou metrou)이라 해서다. 따라서 초과분은 나라에 헌납해야만 한다. 이런 규제는 공동체(koinōnia)의 구성원들 간에 생길 수 있는 반목(stasis)과 분쟁(diastasis)의 국가적 질환을 예방하기 위한 장치이다.[102] 아울러 그는 이런 나라가 '자유(eleutheria)와 우애 내지 화목(philia) 그리고 지성(nous)[103]의 결합(koinōnia)'[104]으로 실현을 볼 수 있을 장치들을 제도화해 보이고 있다. 지성(nous)은 없이(aneu nou) 자유의 남용만이 판을 치는 아테네, 그리고 화목할 줄 모르는 헬라스의 도시 국가들이 아마도 그로 하여금 그런 기준들의 '결합'을 생각하게 했을지도 모른다. 이들 세 가지 가치의 현실적 결합을 통한 공동체(koinōnia)로서의 결합을 이루고자 했던 것이다. 그러나 플라톤에 있어서 이러한 결합의 최종적 기준은 '적도'(to metron)의 실현에 있음은 두말할 나위가 없다. 적도(適度)에 적중하는가 못하는가가 가치 선택과 그 실현의 요건이기 때문이다. 제도인 법이 적도를 기준으로 삼고, 그것을 최대한으로 구현하는 방식으로 입법되는 한, 법은 참된 기술과 함께 자연적인 것이요, "지성(nous)의 산물(gennēmata)이다."[105]

6. 맺음말

플라톤은 인간의 역사를 어느 시점으로부터 지성(nous)을 상실해

---

102) 《법률》편, 744b~745a.
103) 이 '지성'(nous)은 '지혜' 또는 '사려 분별' 등을 의미하는 phronēsis와 교대로 쓰이고 있다는 것에 유념해야 할 것이다. 따라서 오늘날 이성((logos)에 대한 불신이 이를 흔히 도구적 의미의 '이성'으로 치부해버리는 경향이 있듯, '지성'을 그런 식으로 치부할 것이 결코 아니다. 《법률》편, 693b~e를 참조할 것.
104) 같은 책, 694b.
105) 같은 책, 890d.

가는 과정, 즉 타락의 역사로 보고 있다. 이는 《국가》편(특히 제6권 및 제8권)에서도 그리고 《정치가》편의 크로노스 치세(Kronos 治世)의 신화(269c~274d)에서도 확인된다. 《티마이오스》편에서는 인간에서부터 시작하여 다른 하등 동물로 진행하는 순서에 따른 고찰 자체를 '지성'의 감소 현상과 연관지어서 한다. 이 타락의 현장은 아테네를 포함한 전 헬라스의 도시국가들에서 목격된다. 《일곱째 편지》 및 《여덟째 편지》에서도 개탄을 하면서 이에 대한 언급을 하고 있다. 그의 최대의 현실적 관심은 자나깨나 아테네의 현상 타파에 있었다고 보아 마땅하다. 왜냐하면 《국가》편이나 《일곱째 편지》에 보이는 절절한 현실 언급이 이 점을 웅변으로 말해 주고 있기 때문이다. 한마디로 '지성의 부재(不在)'(aneu nou)의 상황으로 진단된 현실에 대한 그의 처방은 병인(病因) 요법적인 것이었다. 그의 방대한 저술들은 다름 아닌 이 세기적(世紀的) 질병에 대한 처방전이었다. 이 처방전의 표지에는 "nous를 지니게!"(meta nou)라 적으면 아마도 가장 적절할 것이고, 그 안 표지 첫머리에는 "주어진 것을 선용할지니!"(to paron eu poiein)라 적으면 십상일 것이다. 뒤엣것은 헬라스인들의 격언이다.[106] 플라톤 철학은 이 격언의 구체적 실천 방안으로 제시된 하나의 거창한 이론 체계이다. 그리고 여기에서 다루어 본 결합 이론은 그러한 시각에서 본 플라톤 철학의 해독(解讀)을 위한 하나의 효과적인 설명 장치일 수도 있겠다는 생각을 하며 이 글을 끝맺는다.

---

106) 제4장의 4항을 참조할 것.

제6장 플라톤의 자연법 사상

1. 자연법 사상에 대한 플라톤의 관심의 발단

대화편 《법률》(*Nomoi*)은 여든의 인생을 살다 간 플라톤이 그의 생애의 마지막 수년에 걸쳐 저술하다가 미처 끝을 맺지 못한 것이지만, 그의 대화편들 중에서는 가장 방대한 분량의 것이다.[1] 다시 제대로 손질도 하지 못하고, 밀랍 서판에 원래 적힌 내용 그대로 파피루스 두루말이에 정서되어 전해진 것으로 알려져 온다.[2] 그러나 실제 내용에 있어서는 그로서 할 말은 거의 다 한 저술이라 말해도 좋을 것이라는 증거를 우리는 갖고 있다. 이는 이 대화편의 마지막 것인 제 12권의 3분의 2를 미처 넘기지 못한 곳쯤에서(960b) "우리에게 있어서 법 제정은 거의 끝맺음을 보기에 이르렀다"는 표현을 우리가 발

---

1) OCT(Oxford Classical Texts) 판으로 계산해서, 411면인 《국가》(정체)편보다도 12면이 더 많고, 책의 전체 권수도 2권이 더 많은 12권이다.

2) 그 저술 기간을 R. F. Stalley는 8년쯤[*An Introduction to Plato's Law*(Oxford, 1983), 3면]으로 잡으나, 대개는 10년 안팎으로 잡는다. 디오게네스 라에르티우스(III, 37)에 의하면, 밀랍 서판에 씌어져 있는 원고를 필리포스라는 제자가 파피루스 두루말이에 옮겨 적음으로써 출간된 것으로 전한다.

견할 수 있기 때문이다. 다만 끝 부분에 가서, 이 나라 지성(知性)의 총집합이라 할 '야간 회의'(nykterinos syllogos)³⁾의 구성 및 운영과 관련된 부분이 구체적으로 충분하게 언급되지는 못하고 있는 셈인데, 이 경우에도 그로서는 적극적인 의견 개진을 할 뜻이 그다지 없음을 은연중에 밝히고 있는 대목(968c~969b)을 우리는 발견할 수 있다. 이를테면, 그런 임무를 맡기에 연령, 학문적 능력, 성품 및 습성에 있어서 적합한 사람들의 목록을 작성할 수는 있겠으나, 그들이 무엇을 배워야 하고, 그것들을 배울 시기와 기간 등을 명문화한다는 것은 부질없는 일이라고 하며, 이런 것들을 "말할 수 없는 것들"(aporrhēta)이라고 말함은 옳지 않겠으나, '미리 말함으로써' 우리가 말하려고 하는 것들을 밝혀 줄 것은 아무 것도 없을 것이므로 '앞서 말할 수는 없는 것들'(aprorrhēta)이라고 말하고 있다. 그런 것은 가르침(didakhē)과 많은 교류(synousia)를 통해서 그 토대가 마련될 성질의 것이며, 일단 그 틀이 잡히게 되면(kosmēthēi), 그래서 그것이 '비범한 모임'(ho theios syllogos)이 된다면, 다 해결될 일로 말하고 있다. 플라톤의 이런 언급에는 시라쿠사이에서 일어난 사건 이래로 그가 체험에 의해 갖게 된 실제 인간들의 능력에 대한 회의와 조심성이 그 밑바닥에 깔려 있다고 볼 수도 있다. 어쨌든 그런 인물들을 먼저 확보한 다음에야 그들의 자질에 따라 거기에 맞춘 실제적인 양육과 교육이 진행되어야 한다는 것이 그가 새로이 갖게 된 확신이었던 것 같다.⁴⁾ 이런 확신은 《파이드로스》편 이래로 구체적으로 강하게 피력

---

3) 실은 동틀 무렵에서 해돋이까지 매일 소집되는 모임이므로 '야간 회의'보다는 '새벽녘 모임'이 더 적합할 것 같으나, 아무튼 원어로 표기된 명칭은 '야간 회의'이다.

4) Guthrie는 그의 *A History of Greek Philosophy*(Vol. 5, 373~374면)에서 이런 문제들에 관해서는 《국가》편 이래의 많은 대화편에서 이미 한 언급들로 충분하므로, 더 이상 반복할 필요성이 어디에 있겠느냐고 하면서 "지각 있는 독자라면,

되고 있는 것이라고 함이 옳겠으나, 어쩌면 그의 산파술적 대화 형식이 안고 있는 기본적 특성에서 비롯되는 것이라고 말할 수도 있을 것이다. 따라서 우리로서는 그의 이 최대 분량의 대화편이 법 (nomos)과 관련된 그의 사상을 충분히 알 수 있게 해 주는 것으로 보아도 좋을 것이다.

그런데 《법률》편에서는 겨우 3분의 1 정도의 지면의 분량이 정작 그 제목에 걸맞은 법률적인 문제들, 즉 관직들의 임명과 이에 따른 법률의 마련을 위해서 할당되고 있을 뿐이다. 그 나머지는 시민들로 하여금 '바른 삶'을 살도록 유도함으로써 마침내는 축복받은 나라를 이룩할 수 있도록 하기 위해서 입법자가 입법에 있어서 마땅히 그 기준으로 삼아야 될 것들이 무엇인지를, 그리고 그것이 기준으로 되어야 하는 타당한 이유를 이론적으로 밝히기 위한 여러 가지 철학적 문제의 논의에 할당되고 있는 셈이다. 이런 논의들을 그는 그의 법전에 있어서 머리말, 즉 전문(前文: prooimion)으로 다루고 있다. 열두 권으로 이루어져 있는 이 대화편의 다섯째 권에 한참 들어가서야 (734e) 겨우 법 제정의 운을 띄우면서, 이제까지의 언급들은 법률의 전문(前文)에 해당될 뿐이라며 이를 음악에서 본곡(nomos)에 앞서는 서곡에다 비유한다. 그러나 이 전문 또는 머리말에 해당하는 언급들은 이에 그치지 않고, 각 분야의 법률(nomoi) 제정에 앞서 그때마다 수시로 이어진다.

그는 이 머리말의 용도를 설득(peithō)을 위한 것으로 밝히고 있는데, 이에 반해 법률 자체는 강제성(bia)을 갖는 것이라 말하며, 이와 관련해서 그는 두 부류의 의사들의 예를 들어가며 언급하고 있다.[5) 한 부류의 의사는 노예들을 치료하는 노예 출신의 조수급 의사로서

그것의 완결성을 의심할 수 없을 것이다"라고 단언하고 있다.
5) 《법률》편, 720c~e, 722b~723b.

환자의 질환과 관련해서 환자와 아무런 이야기도 나누는 법이 없이 그저 자신의 경험을 바탕으로, 마치 자신이 정확하게 그 병을 아는 자처럼, 처방을 내리는데, 그 하는 짓이 꼭 참주의 통치 방식을 닮았다. 이에 반해 자유인인 참된 의사는 자유인인 환자의 질병에 대해 처음부터 자연적 순서에 따라 캐물어 들어가는데, 그는 환자 자신 및 친구들과도 이야기를 나눔으로써 그 스스로도 환자한테서 배우기도 하면서 환자에게도 가르침을 준다. 또한 그는 환자가 동의하지 않는 한 처방을 내리는 법이 없으며, 설득으로써 환자를 언제나 순응하는 상태로 만들어 놓은 상태에서 환자로 하여금 건강을 회복케 함으로써 소임을 다한다. 이처럼 설득을 병행시키는 의술이 곧 인술일 것이다. 법 제정(nomothesia)에 있어서 슬기로운 입법자(nomothetēs)가 취해야 할 태도도 바로 그런 것이어야만 된다는 것이 플라톤의 생각이다. 그러나 "이와 관련해서 일찍이 그 어떤 입법자도 이런 생각을 해 본 이가 없는 것 같다. 즉 … 설득과 강제라는 두 가지의 수단을 법 제정에 있어서 이용할 수 있는데도, 오직 한 가지만을 이용하고 있다는 사실을. 왜냐하면 입법자들은 통치권을 설득과 혼성시켜 입법하지 않고 순전히 강제만을 이용하기 때문이다."

시민들로 하여금 아무쪼록 진정으로 행복하고 훌륭한 바른 삶을 영위하도록 하기 위한 격려 내지 권고(paramythia)와 설득을 목표로 갖고 있는 부분들인 이들 머리말들의 내용들이 이제부터 우리의 관심사이다. 그 자신의 말대로, 일찍이 아무도 시도하지 않았던 일을 왜 그가 시도하고 있는가? 이의 발단은 아무래도 그가 처했던 시대적 상황에서 찾는 것이 옳을 것이다. 기원 전 5세기 말엽에서 시작해서 그가 살다 간 시대가 남달리 현실에 민감했던 그로 하여금 그런 문제를 근원적으로 생각하게 하는 실마리로 되었을 것은 분명한 일이다. 그러나 그 시대적 상황을 여기에서 장황하게 언급할 수는 없는 일이다. 그가 그의 《일곱째 편지》에서도 언급하고, 《고르기아스》편이나 《국가》편 등에서 격렬한 어조로 성토하고 있는 아테네의 상황 그리고 더 넓게는 헬라스의 상황이 그로 하여금 현상 타파를 위한 설득과 격려가 목적인 이 책의 머릿글들을 쓰게 한 것이겠기에, 여기에서는 문제 의식의 핵심과 관련해서만 언급하기로 하자.

흔히 이 시대의 사상사적 논란거리들 중의 하나로 법 또는 관습(nomos)과 자연(physis)이 서로 배치되는 것으로 볼 것인가 아니면 합치하는 것으로 볼 것인가 하는 문제와 관련된 것을 든다. 이 시대의 아테네는 살라미스 해전 및 포티다이아에서의 승전 이래로 누려온 그 영화를 이미 잃은 채 전쟁과 파쟁으로 영일이 없는 난세와 격동의 와중에 휘말려 든 상황에 처해 있었다. 이럴 때에 나타나는 사회 현상들 중의 하나는 전통적 가치 질서의 동요 또는 붕괴 현상이다. 법에 대한 근원적 물음의 제기도 이런 현상의 일환임은 두말할 나위가 없다. 이제껏은, 비록 법률의 개정은 있을지언정, 법 자체의 타당성(orthotēs)에 대한 근원적인 의문을 제기함이 없이 지내오던 사회였다. 법을 의미하는 nomos는 원래 관습이었고, 이 관습은 한 집단에서 불문율의 인습(agrapha nomima)으로 구속력을 갖게 되어 마침내는 이른바 '조상 전래의 율법'(patrioi nomoi)으로 굳어진 반면에, 사회 환경의 변화와 더불어 정치 체제의 변혁에 따른 실정법의 제정도 하게 되었다. 비록 법이 이처럼 상황의 변화에 따라 인위적으로 제정되기는 했지만, 법은 여전히 신성시되어 왔으니, 법과 관련된 헬라스인들의 정서는 이런 것이었다. 법의 제정과 더불어 올림포스 신들의 대변자인 아폴론의 델피 신전을 찾아 그 재가를 받는 형식적 절차도, 미노스 왕이 9년마다 크레테의 이다(Ida) 산에 있는 동굴을 찾아가서 법률과 관련된 제우스 신의 조언을 구했다는 전설도 법과 관련된 당시 사람들의 심성의 밑바탕을 잘 읽게 하는 것들이다. 그래

서 이 《법률》편 첫머리에서도 나오듯, 스파르타인들은 그들의 법률을
아폴론의 것으로, 크레테인들은 제우스의 것으로 각기 받아들였다.
또한 이 대화편은 아테네인과 스파르타인 그리고 마침 크레테의 새
로운 가상의 식민지인 마그네시아(Magnēsia)의 입법을 의뢰받은 크
레테인들 중의 한 사람이 어느 무더운 여름날 크노소스에서 만나, 세
사람이 함께 이다 산의 동굴을 찾아가면서 중간에 나무 그늘이나 풀
밭 등에서 충분한 휴식을 가지며 마그네시아의 이주민들을 위한 법
률의 제정과 관련된 대화를 나누는 형식으로 구성되어 있다. 이 대화
편은 이들이 이 새로운 식민지의 법 제정을 이럭저럭 끝맺는 것과
때를 맞추어, 더구나 국사와 관련해서 최고의 숙의(熟議) 기구인 야
간 회의의 구성을 끝맺는 것과 맞추어 밤늦게라도 제우스 신이 어렸
을 때 그곳에서 자랐었다는 전설이 어려 있는 이 동굴을 찾아들게
된다면, 그것으로 그들은 그들이 함께 제정한 법률에 대한 제우스 신
의 재가를 상징적 의미에서라도 받게 되는 것으로 짜여져 있다. 이것
이 플라톤조차도 심정적으로는 떨치지 못하고 있는 법에 대한 헬라
스인들의 종래의 기본 심성이었다고 보아야 할 것이다.

   그렇던 그들의 심성에 법의 타당성에 대한 근원적이며 본질적인
차원에서의 회의가 일게 되는 것은 시대의 변혁 때문이다. 헤로도토
스의 견문을 비롯해서 이른바 '양립하는 주장들'(dissoi logoi)에 이
르기까지 숱한 사람들의 주장들에 의해 서로 다른 관습(nomos)이
서로 다른 법(nomos)을 낳는다는 사실이 확인됨과 더불어, 그들은
법의 인위성도 새삼 깨닫게 된다. 법의 인위성을 강조한 사람들 중의
한 사람은 프로타고라스이다. 그는 페리클레스에 의해 남이탈리아에
아테네인들의 새로운 식민지로 세워지는 투리이(투리오이)의 입법을
의뢰받아 그 일을 수행함으로써 법의 인위성을 훌륭히 입증한다. 그
러나 법의 인위성의 부각이, 비록 법에서 그 신성을 박탈하는 결과를

가져온다 할지라도, 법 자체에 대한 파괴적 결과만을 초래한다고 볼
수는 없다는 것이 Kerferd의 프로타고라스에 대한 시각이다.[6] 그는
플라톤 자신의 대화편 《프로타고라스》가 보여 주듯, 인간은 자연 상
태로만 살 수는 없고, 어떻게든 인간 사회를 유지하며 살 수밖에 없
는 존재이기에 어쩔 수 없이 법을 제정할 필요성이 있게 된다. 이 경
우에 어떤 특정한 사회의 가치 기준들이 궁극적인 기준들로 될 수도
없지만, 그렇다고 해서 아무런 이론적 근거도 없는 전통적인 것들을
혼성시킨 것을 그 기준들로 삼을 수도 없다는 것이, 따라서 한결 더
우월하고 유익한 것을 기준으로 삼으려 한 것이 프로타고라스의 견
해라고 보고 있다.

   그런가 하면, 플라톤의 《고르기아스》편에 나오는 칼리클레스 같은
사람은 현실적으로는 많은 경우에 자연(physis)과 nomos(관습 또는
법)는 서로 대립되는데, '자연의 법칙'(nomos ho tēs physeōs)을 그
대로 따른다면, 자연과 관습 또는 법은 서로 대립되지 않는다는 주장
을 편다.[7] 그에 따르면, "자연에 의해서는 모든 창피스런 것이 곧 더
나쁜 것이기도 하나, 이를테면 해를 입는 것(adikeisthai)이 바로 그러
하나, 관습 또는 법에 의해서는 해를 입히는 것(adikein)이 그러하
다." 해를 입거나 모욕을 당하고도 어찌 해 볼 수 없다는 것은 사람
으로서 겪을 일이 아니다. 법률을 제정한 사람들은 다수자들인 약자
들이다. 이들은 자신들의 관점에서 자신들의 이익을 고려해서 법률을
정하고 칭찬도 비난도 한다. 남들보다 더 강하고 더 많은 것을 차지
할 수 있는 자들이 자신들보다 더 많은 것을 차지하지 못하게 하기

---

6) G. B. Kerferd, *The Sophistic Movement*(Cambridge, 1984), 125~130면 참조.
7) 여기에서의 '자연의 법칙'을 '자연 그대로의 법'으로 해석하면, 자연법으로 보아
   도 된다. 여기에서 문제삼으려는 칼리클레스의 주장은 《고르기아스》편,
   482c4~484c3에 나오는 것들이다.

위해서 남보다 더 차지하는 것은 창피스럽고 나쁜 것일 뿐만 아니라 남에게 해를 입히는 것이라 말한다. 반면에 약한 자들인 자신들이 동등하게 갖게 되면, 그들은 스스로 만족해한다. 이런 연유로, 관습에 의해서는 다수자보다 더 많이 차지하려고 꾀하는 것은 나쁘고 창피스러우며 남에게 해를 입히는 것이 된다. 그러나 자연 자체는 더 나은 자가 더 못한 자보다, 더 유능한 자가 더 무능한 자보다 더 차지하는 것이 옳음을 명시해 주고 있다. 이는 많은 경우에 그러함을 보여 주고 있으니, 다른 동물들의 경우에도 그리고 인간들의 나라들이나 종족들에 있어서도 더 강한 자가 더 약한 자를 지배하며 더 많이 차지하는 것은 옳은 것, 즉 정당한 것(to dikaion)으로 판가름나 있다는 것은 분명하다. 무슨 권리로 크세르크세스는 헬라스의 원정에 그리고 그 아버지는 스키티아의 원정에 나섰는가? 그들은 옳음의 본성(physis)에 따라, 즉 '자연의 법칙'에 따라 그랬다. 우리가 정하는 그 관습 또는 법에 따라서는 분명히 그렇게 하지 않을 것이다. 우리가 우리 가운데서 가장 강하고 훌륭한 자들을 어릴 때부터 붙잡고서는, 마치 사자를 길들이듯, 말하기를 누구나 균등하게 가져야 하며 이것이 공평하고 정당한 것이라고 주문을 외다시피 하여, 그들을 노예처럼 만들어낸다. 그러나 만일에 충분한 자질을 지닌 어떤 사람이 나타난다면, 그는 이 모든 것을 떨쳐버리며 타파하고서는, 우리가 문자화한 모든 것과 기만들, 주문들, 그리고 자연에 어긋나는(para physin) 일체의 법률을 짓밟아 버리고서는 우리의 노예가 반기를 들고일어나 우리의 주인으로 등장할 것이니, 이 경우에는 자연의 정당성(to tēs physeōs dikaion)이 빛을 발할 것이다. "열등하고 약한 자들의 모든 것은 우월하고 강한 자들의 것들인 것이 자연에 의한 정당성이다." 이러한 칼리클레스의 주장에 따르면, 우리의 관습이나 법이 이처럼 '자연을 거스르지'(para physin) 않고 '자연에 따른'(kata physin) 것일 경우, 자연과 관습 또는 법은 일치하게 된다는 자연법 사상이 성립하게 된다. 여기에서 우리는 정작 우리가 다루려는 플라톤의 자연법 사상과는 전혀 다른 의미의 자연법 사상을 먼저 만나게 되었다. 아직 우리는 플라톤의 자연법 사상의 내용에 대해서 전혀 언급하지 않았다. 이는 앞으로 하게 될 논의가 차츰 밝히게 되겠기에, 우선은 전혀 상반된다는 것을 전제로 하고서 우리의 논의를 계속하기로 하자. 왜 이들의 자연법 사상은 상반되는가? 그건 자연을 보는 시각이 전혀 다르기 때문이다. 칼리클레스의 그런 자연법 사상은 자연을 조화로운 질서 체계로서 거시적으로 보지 못하고, 약육 강식의 동물 세계, 특히 인간의 무한정한 이기적 욕망 충족의 관점에서만 보았기 때문이다. 칼리클레스의 주장과 비슷한 주장을 우리는 《국가》편에서 만나게 되는데, 그것은 "올바른 것(정의)은 강자의 편익이다"라고 한 트라시마코스와 의도적으로 이를 편들어 논의를 극단적으로 몰고 가보려는 글라우콘의 논변이다. 그러나 이 주장은 여기에서는 다루지 않기로 한다.

이제까지의 언급으로써도 법의 타당성 또는 정당성과 관련된 의문들이 제기될 수밖에 없었던 상황에 대한 언급은 어느 정도 된 것 같다. 이런 상황을 극단적으로 풍자하고 있는 것이 아리스토파네스의 《구름》이다. 아버지를 구타하는 자식한테 세상에 이런 법이 어디 있느냐고 하면서 야단을 치니, "이제부터는 이게 법입니다"라고 하는 자식의 강변이 나올 수도 있게 되었다고 개탄하며 사회 고발을 하고 있는 그다. 어쨌든 법과 관련된 이런저런 파괴적인 상황은 다른 한편으로는 법의 이론적 타당성의 확보와 함께 새로운 가치들을 수용하는 법률들을 과거의 것들과 대체하는 작업을 요구함직하다. 플라톤의 자연법 사상은 바로 이런 요구에 부응한 것이다. 그는 《법률》편(643e, 942c~d)에서 교육과 관련된 언급을 하면서, "올바르게 다스릴 줄

258

(archein)도 또한 다스림을 받을 줄(archesthai)도 알게 되어, 완전한 시민으로 되는 것을 갈망할 뿐만 아니라 또한 좋아하는 사람으로 만 드는 교육, 그래서 사람으로서 '훌륭한 상태' 즉 덕(aretē)과 관련된 어릴 때부터의 교육"을 시켜야 된다고 하면서, "무정부 상태 (anarchia)는 모든 사람의 삶에서 그리고 인간들의 보호 아래 있는 동물들의 삶에서도 제거되어야만 한다"고 단호히 말한다. 그러나 올 바르게 다스리고 다스림을 받는 합리적인 사회가 정작 가능하게 되 려면, 올바른 법률이라는 안전 장치가 마련되어 있어야 할 것이다. 이런 목적과 관련된 아카데미아 자체의 활동도 상당히 활발했던 것 으로 우리는 전하여 듣고 있다.[8] Klosko 같은 사람은 아카데미아의 설립 취지를 '정치가들을 위한 학원'으로 말하면서, 적어도 부분적으 로는 입법가 지망자들과 통치자들의 자문역 지망자들에게 실제적인 훈련을 제공하려 한 데서 찾고 있다. Barker 역시 "아카데미아는 입 법가들의 양성소였으며, 얼마간은 법률 학교였음에 틀림없다"고 말하 고 있다.[9] Morrow도 비슷한 말을 하고 있는데, 그건 이러하다.[10] "플 라톤은 자기 시대의 도시 국가를 개혁하고자 했다. … 플라톤은 자신 이 할 수 있는 최대의 기여는 그의 아카데미아를 통한 것이라 생각 했다. 왜냐하면 아카데미아의 더 중요한 기능들 가운데 하나는, 비록 플라톤의 견지에서는 그 주된 목적이 아니었다 할지라도, 정치가들

8) G. Klosko, *The Development of Plato's Political Theory*(Methuen, 1986), 188면, 243면 및 앞서 인용된 Guthrie의 책, 323, 335면 참조.
9) E. Barker, *Greek Political Theory*(London, 1957), 295면. 또한 G. C. Field, *Plato and his Contemporaries*(3rd ed), (Methuen, 1967), 44~45면을 참조할 것.
10) G. R. Morrow, The Demiurge in Politics: The *Timaeus* and the *Laws* [*Proceedings of the American Philosophical Association* 27(1953~4): 5~23], 9면.

또는 법률 고문들의 양성이었기 때문이다. 플라톤 생시에 아카데미아
의 일원으로서 이 나라 저 나라에 입법자 또는 입법 자문으로 간 사
람들의 수가 15명에서 20명인 것으로 옛날의 저자들에 의해 거명되
고 있다." 이들은《국가》편에서 말하는 '철인 치자'는 아닐지라도, 적
어도 '철인 입법자' 노릇은 하려고 했던 사람들로서, 플라톤이 생각
했던 현실 개혁에 그들 나름으로 동참했던 것 같다.

　그렇지만 아무리 훌륭한 법률이 마련되었다 할지라도, 일단 법 자
체에 대한 걷잡을 수 없는 근본적인 회의가 일기 시작한 이상, 그 법
률이 법다울 수 있기 위한 정당성 내지 타당성의 확보에 실패한다면,
그것은 법 구실을 제대로 할 수가 없게 되어 있다. 그래서 플라톤은
법률의 타당성(orthotēs) 및 잘못됨(hamartia)과 관련해서, "도대체
그것이 본질적으로(physei) 무엇인지"를 묻고 있다.[11]

2. 자연법 사상가로서의 플라톤에 대한 몇몇 견해

　Leo Strauss는 "자연법(natural law)이란 옳고 그른 것을 결정하며,
본질적으로(by nature, inherently), 따라서 언제 어디서고 힘을 지니
거나 또는 타당한 법을 뜻한다. 자연법은 더욱 고차적인 법이지만,
그렇다고 해서 모든 고차적인 법이 자연적이지는 않다"고 말하고 있
다.[12] 자연법에 대한 규정을 이렇게 내세운 그는 자연법 사상가들의
계열 속에 플라톤을 분명히 포함시키기는 하나, 그것이 하나의 철학
적 주제로서 정식으로 다루어지게 된 것은 스토아 철학에 있어서 비
롯된다고 말한다.[13]

---

11)《국가》편, 627d.
12) L. Strauss, *Studies in Platonic Political Philosophy*(Chicago, 1983), 137면.

이에 비해, John Wild는 대부분의 참고 문헌들이 자연법 이론의 창시를 스토아 학파로 시사하거나, 아니면 그 선구자들이 모호하거나 불확정적이라 시사하지만, 자기로서는 "적어도 서양에 있어서 플라톤은 정밀하고 일관된 자연법 이론을 완성한 최초의 철학자였다"고 본다고 단언하고 있다.[14] 이 책의 다섯째 장의 제목은 "도덕적 실재론 및 자연법 철학의 창립자로서의 플라톤"인데, 여기에서 그는 플라톤 철학을 상당히 심도 있게 다루고 있다. 그는 플라톤을 그렇게 보는 근거로서 플라톤이 자연법 철학의 세 가지 기본적인 주장을 확고히 내세우고 있음을 그의 원전들이 보여 주고 있다고 하면서, 다음과 같은 세 가지 것을 들고 있다. 첫째, 자연법에서 요구되는 덕행의 일반적 유형이 어디에서나 모든 사람에게 있어서 똑같다. 둘째, 어떤 덕행의 방식들은 인간성에 근거를 두고 있다. 셋째, 인간의 목적은 이 인간성의 실현에 있다. 그의 이런 주장은 플라톤이 입법자가 입법에 있어서 기준으로 삼아야 할 덕목들을 제시함에 있어서 자연법이 요구하는 바에 부합하고 있다고 본 데서 나오는 것이다.

그런가 하면, Stalley는 "플라톤이 언제나 모든 사람에게 있어서 타당하고 이성에 의해서 알 수 있는 객관적인 도덕적 원리들이 있다는 신념을 자연법 철학자들과 공유하고 있으며, 또한 이러한 도덕적 원리들과 하등 동물들의 행태 및 생명이 없는 것들의 움직임을 지배하는 자연 법칙 사이에는 하나의 근본적인 통일성이 있다는 신념과 어떤 법이든 순수한 법의 목적은 사람들을 유덕하게 만드는 공동선(共同善)이라는 신념도 공유하고 있다."고 말한다. 그러나 그는 플라톤이 자연법 전통에 영향을 미친 것은 직접적이라기보다는 아리스토텔레

13) 같은 책, 140면.
14) J. Wild, *Plato's Modern Enemies and the Theory of Natural Law*(Chicago, 1971), 155~156면.

스를 통한 간접적인 것이라고 하며, 역시 스토아 사상이 자연법 사상에 미친 영향이 큼을 말한다. 자연법 이론들(natural-law theories)이 실제적인 정치에 있어서 개혁 또는 반동의 방향으로 영향을 미쳐 온 것이 사실이나, 그것과는 상관없이 그것들은 한결같이 그 이론적 토대에 있어서 하나의 약점을 공유하고 있는데, 그 점에 있어서 플라톤도 예외는 아니라고 하면서, 그건 그가 제시하는 어떤 특정한 법적 규정들이 그의 일반적인 법 개념에서 당연히 나오는 것임을 보여 주려는 진지한 시도를 하지 않고 있다는 점이라 말한다.[15]

　이 항목에서 이제까지 우리는 자연법 사상과 관련된 플라톤에 대한 몇몇 학자의 평가를 간략히 정리해 보았다. 이는 이 논문에서 필자가 제시해 보이려고 하고 있는 플라톤의 자연법 사상의 핵심과는 그것들이 다소 빗나가거나 어딘지 미진하다는 것을 밝히기 위한 선행 작업이었다.

3. 플라톤의 자연법 사상

　앞서 잠깐 말했다시피, 《법률》편에서 대화를 나누는 세 사람은 아테네인과 크레테인 그리고 스파르타인이다. 다른 두 사람의 경우에는, 이들이 실존 인물이든 아니든 간에, 그 이름이 밝혀져 있으나, 아테네인은 무명인 채 대화를 주도해 간다. 이 아테네 노인이 곧 플라톤의 사상을 기본적으로는 대변하고 있다고 보고서, 우리는 이 논의를 진행시킬 것이다. 크레테인들은 그들의 법이나 관습을 전쟁을 기준(horos)으로 하여 정했다. 이는 스파르타의 경우에도 마찬가지이

---

15) R. F. Stalley, *An Introduction to Plato's Laws*(Oxford, 1983), 33~34면.

262

다. 그러나 다른 나라와의 전쟁만 막으면 되는가? 전쟁 중에서도 제일 몹쓸 것이 내란(stasis)이다. 그렇다면 전쟁과 내란을 막는 것으로 족한가? 어떤 사람이 배탈이 났을 경우엔, 의술에 의한 치료를 받는 것이 좋다. 그러나 그런 치료가 아예 필요하지 않은 몸의 상태에 대해서는 왜 그의 생각이 미치지 못하는가? 마찬가지로, 전쟁도 내란도 염려할 필요가 없는 상태를 만들도록 하는 것이 더 나은 대비책이다. 더구나 전쟁을 기준으로 하였을 때의 사람의 '훌륭한 상태'(훌륭함: aretē) 즉 그 덕목은 용기(andreia)요, 이는 그 가치 서열상 넷째 것에 불과할 뿐만 아니라, 부분적인 것이다. 입법에 있어서 기준으로 삼아야 할 '훌륭함' 즉 덕은 부분적인 것이 아닌 '전체적인 훌륭함'(pasa aretē)이다. 이렇게 해서 플라톤은 그가 《국가》편에서 제시했던 이른바 네 가지 덕목들을 잠시 비치나, 이어서 그는 이와 관련해 상당히 긴 언급을 한다.[16] 많은 사람이 좋은 것들로 손꼽는 것들 가운데, 첫째가 건강이고, 둘째는 준수함이요, 셋째는 힘셈, 그리고 넷째가 부다. 그러나 좋은 것들에는 두 부류가 있으니, 그 하나는 방금 든 것들로 '인간적인 것들'(ta anthrōpina)이고, 다른 한 부류는 '신적인 것들'(ta theia)이다. 앞엣것들은 뒤엣것들에 의존한다. 한층 더 큰 것들을 얻게 되면, 더 작은 것들도 갖게 되나, 그렇지 못하면 양쪽 다를 잃게 된다. 신적인 것들 가운데 으뜸으로 좋은 것은 지혜(phronēsis, sophia)요, 둘째는 지성(nous)을 동반한 절도 있는 마음의 상태, 셋째는 이들 둘과 혼화(混和)를 이루고 아울러 용기를 동반한 올바름 즉 정의이며, 넷째는 용기이다. 이것들 모두는 '인간적인 것들'보다 본성상 그 서열이 앞선다. 따라서 입법자도 이 가치 서열에 유의하여 법률과 법령들을 제정해야만 한다. '인간적인 것들'은 '신적인 것들'

16) 《법률》편, 624a~632c.

을, '신적인 것들'은 모두 그 선도자인 지성(nous)을 우러러야 한다. 이런 언급을 통해서 우리는 플라톤이 법이나 한 나라가 무엇을 제일 우선적으로 지향해야만 한다고 말하고 있는지를 알게 된다. 나라이건 개인이건 궁극적으로는 지혜를 갖추고 지성을 지니도록 하는 것이 결국 플라톤이 생각하는 바요, 따라서 법률도 궁극적 목표는 거기에 두어야만 함을 그는 말하고 있다. "나라도 우리 개개인도 지성을 지니도록 기원하고 노력해야만 한다."고 한 것이나, "입법자로서는, 가능한 한, 나라들에 지혜가 생기도록 하되, 어리석음은 최대한으로 제거하도록 노력해야만 한다."고 한 것도 다 그 때문이다.[17]

헬라스인들이 신화 시대로부터 공유하는 역사관들 중의 하나는 이른바 황금 시대 이래로 인간들은 점점 타락해 가는 역사를 밟아 왔다는 것이다. 크로노스 신이 인간의 목자이던 시절엔 모든 것이 풍족하고 나날이 잔칫날 같은 삶을 살았고, 따라서 걱정도 고통도 슬픔도 없었으며, 일할 필요도 없었다. 사람들은 평화스럽게 낙원 속에서 살았다. 그러나 제우스 신의 시대를 거치며 모든 것을 신들이 보살펴 주던 시대는 가고, 마침내 인간이 스스로 모든 것을 챙겨야만 하는 시대가 도래한 이래로, 비록 인간이 프로메테우스 신화가 말해 주듯 지능적으로는 발달해 갔지만, 심성적으로는 오히려 타락해 가는 과정을 밟게 되었다는 것이다. 플라톤도 이 역사 의식을 공유하고 있다. 그는 더 나아가 그 타락상이 이제 자기 시대에 와서는 지극히 위험한 상황에 이르렀다고 진단하고, 이 상황을 사람들에게 깨우쳐 극복하도록 하고 있다. 앞서서도 말했지만, 어느 의미에 있어서 그의 대화편들은 그런 노력의 산물들이라고 말해도 좋을 것이다. 그는 자기 시대의 이 위기 상황을 한 마디로 '지성이 없는'(aneu nou) 시대라

---

17) 같은 책, 687e, 688e.

264

고도 지칭하면서, 어떻게든 나라나 시민들을 최소한 전체적으로는 지성이 이끌어 가는 그런 상황의 조성을 위한, 말하자면 '지성을 갖춘' (meta nou) 사회의 구현을 위한 그 나름의 이론적 토대 정립에 혼신의 힘을 다했다고 보아야 할 것이다.

그렇다면 이런 '지성 부재'의 상황은 도대체 어떻게 해서 빚어졌는가? 이에 대한 플라톤의 병인(病因) 요법적 진단 결과는 대체로 다음의 두 가지로 내려지는 것 같다. 첫째 원인은 사람들의 이기적인 탐욕, 즉 '제 몫보다 더 차지하려는 마음'(pleonexia)이다. 이것이 원인이 되어 전쟁도 내란도 일어난다. 한 나라(polis)가 '시민들의 나라'(politeia)[18]로 되지 못하고 '파당의 나라'(stasiōteia)로 되는 것은, 그래서 겉으로는 하나이면서도 하나 아닌 여럿인 나라로 되는 것도 그 때문이다.[19] 플라톤은 《국가》편에서 나라의 본(paradeigma)을 제시함에 있어서 제일 중요한 것들 중의 하나로 이 이기심의 근원적 차단 대책을 꼽고 있다. 그는 지배 계층이 사리 사욕을 위해 권력을 남용하는 길을 근원적으로 차단하는 방책으로 개인적인 가족을 갖지 못하게 하는 극단적인 처방을 내리는데, 이는 비록 지극히 비현실적이기는 하나, 문제의 핵심이 어디 있는지를 원론적으로는 극명하게 보여 주는 것이다. 이 극약에 가까운 처방에 대해서는 《법률》편 (739b~e)에서 재론하되, 그것이 비현실적이기 때문에, 다만 이를 '나라 체제의 본'(paradeigma politeias)으로 삼아 분배와 관련된 법률을 제정함으로써, 법률이 한 나라가 최대한으로 '하나의 나라 체제'(mia politeia)를 이루어 갖도록 하는 데 기여해야 함을 강조하고 있다.

'지성 부재' 상황의 둘째 원인으로 진단된 것은 자기 시대의 젊은 이들의 마음을 사로잡고 있는 잘못된 자연관이라는 것 같다. 그러나

---

18) politeia에는 '시민 정체'의 뜻도 있다.
19) 같은 책, 715b.

그 잘못된 자연관이 그런 원인으로 작용하는 것은 직접적이지 않고, 어디까지나 간접적인 것이다. 우선 그의 이야기를 들어보기로 하자.[20] 어떤 사람들은 이미 생성되었거나 이제 생성되고 있는 것들 그리고 장차 생기게 될 모든 것은 자연적으로건 기술에 의해서건 또는 우연에 의해서라고 말한다. 이런 것들에 대해서 현자들이라는 사람들이 하는 주장이 어떤 것인지 보자. 이들은 말하기를 그런 것들 가운데 가장 중대하고 아름다운 것들은 자연(physis)과 우연(tychē)에 의한 것들이지만, 사소한 것들은 기술에 의한 것이라 한다. 기술은 자연에서 크고 일차적인 산물을 받아서, 이에서 이른바 기술의 산물들이라고들 말하는 사소한 모든 것을 만들어낸다. 다시 말해서, 물, 불, 흙, 공기 등은 모두 자연과 우연에 의한 것들이고, 이들 생명 없는 것들에서 지구니 태양이니 또는 달이니 하는 물체들이 생겼다. 이 원소들은 우연적으로 운동을 하다가 서로 부딪치게 되었는데, 이때 이것들이 각기 지닌 성능에 의해 서로 조화를 이루게 된다. 이를테면, 뜨거운 것들은 찬 것들과, 건조한 것들은 습한 것들과, 부드러운 것들은 딱딱한 것들과 그리고 그 밖의 모든 것이 이런 식으로 서로 대립되는 것들과의 우연적인 혼화에 의해 필연적으로 결합을 보게 되어, 온 삼라 만상이 생기게 되었다고 말한다. 따라서 동물이나 식물을 포함한 온갖 것이 자연과 우연에 의해서 생긴 것이지, 결코 '누스'(지성, 정신: nous)나 신 또는 기술을 통해서 생기게 된 것이 아니다. 기술이란 후발적인 것으로서 그 자체가 사멸하는 것들의 속성을 지닌 것으로 진실성은 그다지 없는 것이다. 그나마 의술이나 농사 또는 체육 등이 자연에 관여할 뿐이다. 치술(治術)이란 것도 자연에는 극히

---

20) 《법률》편 제10권의 전체 내용이 거의 신의 존재, 혼 및 자연 등에 대한 철학적 논의에 할애되고 있다. 그러나 여기에서는 자연과 관련된 그의 언급(888e~890d)에 대해서만 논급하기로 한다.

266

부분적으로 관여할 뿐, 대체로 기술에 관여한다. 마찬가지로 입법은 자연에 관여하는 것이 아니라, 기술에 관여할 뿐이며, 그 전제들은 진실성이 없다고 한다. 그래서 그들은 말하기를 신들은 자연적으로 존재하는 것이 아니라, 인위적으로 즉 관습 또는 법률에 의해서 존재한다고 한다. 곳에 따라 다르며, 부족마다 자기들끼리 합의해서 제정한 법률에 의해서 말이다. 더 나아가 그들은 자연적으로 아름다운 것들과 관습에 의해서 아름다운 것들은 서로 다르나, 올바른(정의로운) 것들이란 전혀 자연적인 것이 아니어서, 사람들이 끊임없이 그것들에 대해 논쟁을 하며 언제나 바뀌 가는 것들이요, 일단 바뀌게 되면, 그 바뀐 것이 올바른 것의 구실을 하게 된다. 이런 것들은 모두가 젊은 이들 사이에 현자들로 알려진 사람들, 즉 산문가들과 시인들의 주장들이니, 이들은 또한 주장하기를 힘으로써 이기면, 그것이 가장 올바른(정의로운) 것이라고 한다. 불경한 마음이 젊은 사람들한테 엄습하게 되는 것은 이 때문이며, 한 나라 안에서의 내분(stasis) 또한 이로 인한 것이니, 이는 그들이 말하는 바 '자연에 따른 바른 삶', 즉 법에 따라 남들한테 노예로 되지 말고 진실로 남들을 지배하는 자로서 사는 삶으로 젊은이들을 이끌어 감으로 해서다.

  우리는 이런 주장이 정확히 누구누구의 것이라고 꼬집어 말할 수는 없다. 플라톤이 여기에서 밝히고 있는 사람들은 막연히 '젊은이들 사이에 있어서 현자들인 사람들, 즉 산문가들과 시인들'로만 지칭된 사람들이고, 이들의 주장들은 부분적으로는 과거의 자연 철학자들에 이르기까지 실로 광범위하게 적용될 수도 있으나, 딱히 누구에게 그대로 적용된다고 보기도 힘든 복합적인 표현이다. Guthrie의 표현대로, 플라톤은 "많은 독창적인 사상가의 작업에 의해서 형성되어, 재능이 못하거나 또는 주도 면밀한 추종자들의 무리들에 의해 이용된 전반적인 사상적 풍조를 묘사하고 있다"고 볼 수도 있겠고, 또는 "확

실히 우리는 누구를 찾을 필요가 없다. 플라톤은 다만 그 가능성들을
다 나열하려고 하고 있을 뿐이다."라는 그의 견해에 수긍할 수도 있
겠다.[21] 어쨌거나 분명한 것은 플라톤이 자기 시대의 그런 풍조가 젊
은이들의 마음을 좀먹어 가고 있고, 이것이 자칫 젊은이들로 하여금
'제 몫보다 더 차지하려는 마음'(pleonexia)을 갖는 영악한 사람들로
성장토록 부채질하거나, 아니면 그들로 하여금 허무주의적이고 무원
칙한 이른바 무정부 상태(anarchia)의 심성을 갖도록 조장할 수 있다
는 사실에 대해 어떤 위기 의식을 갖고서 이에 대비하려 했다는 점
이다.

우리는 이에 대한 플라톤의 장황한 반론을 여기에 다 나열할 수는
없겠다. 이와 관련된 그의 기본적인 생각을 우선 밝히는 것으로 우리
의 논의의 맥을 이어가도록 하자. 플라톤은 《법률》편의 이 대목에서
그 대비책을 묻는 아테네인에게 크레테의 클레이니아스로 하여금 이
런 제의를 하게 한다. 그건 "법 자체와 기술이 당신이 말하려는… 바
른 주장에 따르면, 지성(nous)의 산물(nou gennēmata)일진대, 그 둘
이 자연적이거나 자연 못지 않다는 것을 들어, 그것들을 옹호해야만
한다."(890d)는 것이다. 기술이 자연적인 것일 수 있다거나 또는 자
연 못지 않게 지성적인 산물이라는 것은 《법률》편보다는 플라톤의
다른 대화편들, 이를테면 《티마이오스》편이나 《정치가》편이 충분히
밝히고 있는 바다. 그는 《티마이오스》편에서 우리가 하나의 완벽하게
조화를 이룬 '아름다운 질서 체계'인 우주(kosmos)를 제대로 이해할
수 있기 위해서는 도저히 감각적 지각(aisthēsis)에만 의존할 수는 없
고, 우리가 지닌 또 다른 비감각적인 능력 즉 지성(nous) 또는 지성
에 의한 앎(noēsis)에 의존해야만 하는데, 이에 의해서 알게 되는 그

21) 앞서 인용된 Guthrie의 책, 361~362면.

268

런 것들을 플라톤은 지성의 산물이라 말한다. 그래서 그는 거꾸로 우주를 지성과 필연(anankē)의 합작에 의해서 이루어진 것으로 설명하는데, 이때 그는 데미우르고스(dēmiourgos)라는 장인의 성격을 갖는 창조자를 상정하여, 우주의 생성 과정을 기술적 관점에서 설명해 보이고 있다. 《정치가》편(284)에서도 진정한 기술 성립의 요건을 그는 '적도(to metrion) 창출'로 보고 있는데, 자연이 적도 창출을 스스로 하고 그래서 조화를 이루는 데 비해, 인간이 비록 인위적이긴 하나 적도 창출에 성공하는 한, 그것이 기술의 산물이건 또는 법률이건 간에, 그것은 '자연적'이거나 '자연 못지 않은' 지적인 것이라 한다.

이렇게 해서 우리는 법이 '자연을 거스르는'(para physin) 것이 아니라 '자연에 따른'(kata physin) 것일 수 있는 요건을 찾게 된 셈이다. 다시 말해서, 법이 인간의 행위와 관련해서 자연적인 '적도'에 입각한 지적인 산물일 때, 그것은 플라톤적인 의미에 있어서 진정으로 자연적인 것이다. 이러한 플라톤의 법에 대한 생각이 자연법의 요건을 그 극치에 있어서 선명하게 보여 주는 것을 우리는 《법률》편 (714a)의 다음 구절에서 확인할 수 있다. 그것은 "지성의 규정 또는 배분(dianomē)을 법(nomos)이라 부르고"라는 짧은 표현인데, 이는 nous(지성)에 의한 법의 규정이 이루어졌을 경우에만, 즉 법규(法規) 하나하나에 지성을 배분하여 반영하였을 경우에만, 우리는 그것을 진정한 의미에 있어서 법이라 불러야 한다는 것이다. 그리고 이런 법을 가짐으로써 우리는 이른바 황금 시대였던 '크로노스 시대의 삶'을 흉내낼 수도 있다고 말한다.

그렇다면 이 '지성의 규정 또는 배분'은 구체적으로 무엇을 의미하는가? 그것은 요컨대 법다운 법은 지성의 산물이란 뜻이며, 적도에 적중된 것이란 뜻이다. 플라톤 자신도 그것이 세상 사람들의 조롱과 비난거리로 될 것임을 알면서도, 《국가》편(473c~474a)에서 철인 치자

(哲人治者) 사상을 펼친 것도 실은 이 적도에 대한 철학적 인식이 치자의 기본 요건임을 강조하기 위한 것이었다고 보아야 할 것이다. 왜냐하면 그는 철학자가 궁극적으로 이르러야 되는 인식의 경지를 좋음 즉 선(善: to agathon)의 형상에 대한 인식으로 밝히고 있는데, 이 좋음의 본질적 규정을 그는 《필레보스》편(64c~66b)에서 '적도'와 관련시켜서 하고 있기 때문이다. 이 '좋음'이 기술이나 실천(praxis)에 있어서 구체적으로 드러난 것들이 다름 아닌 적도가 구현된 것들이다. 《법률》편에 있어서 구체적 법 제정의 척도가 되는 것은 바로 '적도'(適度: to metrion) 또는 중용(to meson)이다. 그것은 정치 형태의 선택(701d~e)에서부터 무덤의 크기를 정하는 데(719d~e)까지 두루 적용되고 있는 척도이다. 이를테면 플라톤이 《법률》편에서 구상하고 있는 마그네시아(Magnēsia) 시민들의 나라는 자유롭고 지혜로우며 서로에 대한 우애가 있는 나라이다. 입법자가 한 나라에 자유(eleutheria)와 우애(philia) 그리고 지혜(phronēsis) 또는 지성(nous)이 있도록 하려면, 동시에 피해야 할 두 극단이 있다. 페르시아인들의 경우와 같은 극단적인 일인 통치와 아테네인들의 경우와 같은 극단적인 민주 정치는 적도에 맞는 것들(ta metria)이 아니다. 한쪽은 최대로 독재적이고, 다른 한쪽은 최대로 자유로운데, 우리는 이들 두 극단을 피하고 '적도 상태'(metriotēs)를 취해야 한다는 것이 그의 주장이다.[22]

또한 관직의 배분과 선출에 있어서도, 재산의 배분과 보유 한도를 정함에 있어서도, 서로의 배필을 정함에 있어서도, 그리고 쾌락과 고통에 관련된 바른 마음의 상태를 유지하도록 교육시킴에 있어서도 적도는 언제나 그 척도로 적용되고 있다. 만약에 누군가가 적도를 무

---

22) 《법률》편, 693b~694b, 701d~e.

시하고서 어린 사람들에게 분에 넘치는 권력을 준다면, 어떻게 될 것
인가? 그것은 마치 작은 배에 넘치는 돛을 다는 격이며, 작은 신체에
과한 음식을 주는 꼴이 될 것이다. 모든 것이 뒤집어질 것이며, 교만
(오만 무례함: hybris)이 지나쳐 질병으로 치닫거나 교만(오만 무례
함)의 소산인 불의로 치달을 것이다. 관직의 임명에 있어서 선출
(hairesis)과 추첨(klēros)의 방법을 그 나름으로 적절히 활용하는 방
법을 그가 제시해 본 것도 앞서 말한 양 극단을 피하되 최대한의 평
등(isotēs)을 실현할 수 있도록 하기 위한 것이었다. "적도를 알고 이
런 것에 대비하는 것이 위대한 입법가(megas nomothetēs)들의 일이
다."[23] 그래서 심지어 그는 신한테 바치는 제물의 규모를 정함에 있
어서도 인간보다는 마땅히 "신이 우리한테는 모든 것의 척도
(metron)일 것인데", 이 신의 마음에 드는 것은 자기와 같은 적도에
맞는 것일 것이라고 말한다.[24] 이 구절에서 신은 적도의 상징처럼 언
급되어 있음을 우리는 발견하게 된다.

   시민들의 재산 정도와 관련해서는, 처음에는 균등한 배분을 하더
라도, 세월의 경과와 더불어 이런저런 까닭들로 인해서 어쩔 수 없이
개인마다 그 규모를 달리 갖게 된 상황에서, 시민들 간의 갈등 요인
을 제거하기 위해 할 수 있는 조치를 그 나름으로 강구하여 제시한
다. 그것은 가진 자와 갖지 못한 자의 자산 규모 차이를 4배수까지만
허용하고, 적정 한도를 초과하는 것들은 나라에 반납하는 절차를 밟
게 하는 것이었는데, 이는 '적도를 넘는 것들'이라 해서다. 자녀들의
결혼과 관련해서도 법으로 정할 필요까지는 없지만, 기질이 급하고
격한 혈통은 기질이 가라앉은 더딘 혈통과 짝짓도록 설득하는 것이
좋은데, 그것은 마치 나라가 '포도주 희석 용기'(kratēr)의 구실을 하

---

23) 같은 책, 691c~d.
24) 같은 책, 716c~d.

는 것과도 같다. 처음에 이 그릇에 쏟아졌을 때는 미친 듯이 부글거리던 포도주가, 주기 없는 물이 뒤에 들어오매, 이와 혼화(混和)를 이루게 되어 거품도 잦아지고 마시기에 적절한 훌륭한 포도주로 됨과 같은 이치이다.

더 나아가 그는 쾌락 및 고통, 즐거움 및 슬픔과 관련해서도 어린이들의 심성을 바로 갖도록 교육함으로써 바른 삶을 살 수 있게 될 것임을 또한 강조한다. 쾌락만을 추구하는 것도, 고통은 무조건 피하는 것도, 그래서 다른 한 쪽이 전혀 섞이지 않은 삶을 살려는 것은 결코 바른 삶이 아니다. 그 중간 것 즉 "중용을 반기며"(aspazesthai to meson), "언제나 중용을 취할 것이니"(meson tina temnein aei), 이 경우에 그것은 '심기가 편한 상태'(hileōn)이다. 이런 기분 상태는, 신탁의 표현대로, 신의 마음 상태라 함이 옳을 것인데, 특히 임신부가 태교를 통해서 아기에게 그런 훈련을 시키는 것이 좋을 것이라 말한다.[25]

그래서 그는 교육(paideia), 특히 초기 교육의 중요성을 강조할 뿐만 아니라, 교육 전반을 관장할 관직은 나라의 최고위 관직들 중에서도 제일 중요한 관직임을 애써 강조한다. 모든 식물의 새싹이 잘 돋아야 그 본연의 생장을 볼 수 있듯, 인간의 경우에도 초기 교육의 중요성은 심대하다. "우리가 말하듯이, 사람은 길들인 동물이다. 그렇기는 하지만, 바른 교육을 받고 좋은 천성을 타고난다면, 신과도 아주 같으며 온유한 동물들로 되기가 십상이지만, 충분히 그리고 훌륭하게 양육되지 않으면, 대지가 산출하는 모든 것 가운데서도 제일 사나운 동물로 되기가 십상이다."[26] "교육이란 법에 의해서 그리고 또 가장 합리적이고 가장 원로들인 사람들의 경험에 의해서 바른 것으로 공

---

25) 같은 책, 792c~793a.
26) 같은 책, 765d~766a.

인된 원칙(logos) 쪽으로 아이들을 이끌고 인도하는 것이다."[27] 이 원칙이 적도와 관련될 것임은 이제까지의 논의로도 충분히 입증된 것일 것이다. 플라톤의 자연법 사상에 따르면, Guthrie의 말대로,[28] 중용의 원칙이 입법자로 하여금 그의 혼합 형태의 나라 체제를 구상하는 데 길잡이가 되고, 또한 그것이 시민 생활의 모든 면에 두루 확산되어 적용되어야만 할 것이다.

그런데 플라톤의 경우, 법이 나라 경영을 위한 수단으로서 최선의 것일 수는 없다. 그것이 아무리 적도를 두루 잘 반영하려 한 것일지라도, '대개의 경우'를 고려한 것이지 모든 경우에 적절한 것일 수는 없다. 그래서 그는 《정치가》편(295b~e, 300c~d)에서 이런 말을 하고 있다. 가령 의사가 여행을 하게 되어 환자 곁을 오래도록 떠나 있게 되었을 때, 자기의 환자가 자신의 지시 사항들을 기억하지 못할 것으로 생각하고서, 유의 사항들을 적어 준다고 가정해 보자. 그러나 예정보다 집으로 일찍 돌아오게 된 의사가 여러 가지 이유로 인해서 병세가 예상과 달리 많이 호전되어 있음을 확인하게 되었을 경우, 이처럼 상황이 바뀌었는데도, 이 의사나 환자가 이미 적힌 대로의 치료만 고집한다면, 그것은 오히려 웃음거리가 될 것이다. 이는 참된 치술을 포함한 다른 분야의 기술들에서도 일어날 수 있는 일이다. 그가 이처럼 스스로 《정치가》편에서 피력한 왕도적 치자의 경지가 적어도 이론상으로는 여전히 가능성을 지닌 것이기는 하겠지만, 어쩔 수 없이 불완전한 것일 수밖에 없는 법률에 따른 나라 경영을 강력히 권유하는 이유를 그의 《법률》편(874e~875d)에서 대충 들어보기로 하자. "사람들로서는 법률을 정하여 법률에 따라 사는 게 불가피하다. 그렇지 않으면 사람이 모든 면에서 가장 사나운 짐승들과 다를

---

27) 같은 책, 659d.
28) 앞에서 인용된 책, 376면.

것이 하나도 없다." 그 이유인즉, 그 어떤 인간의 자질(physis)도 나라와 관련해서 인간들에게 유익한 것들을 알기에 충분하지 못하며, 설령 알더라도, 최선의 것을 언제나 행할 수 있기에는 또 그렇게 하려고 들기에는 충분하지 못하다. 그건, 첫째로, 참된 치술(治術)이 사적인 것을 돌보지 않고 필연적으로 공적인 것을 돌본다는 것을 알기가 어렵기 때문이다. 치술이 그럴 수밖에 없는 것은 공적인 것은 나라를 뭉치게 하지만, 사적인 것은 나라를 흩어지게 하기 때문인데, 사적인 것보다는 공적인 것을 잘 처리할 때 양쪽 다를 이롭게 한다는 사실을 알기는 어렵다. 둘째로는, 그게 그 기술 자체의 성질상 그러하다는 것을 충분히 알게 되더라도, 이후에 그가 문책을 당하는 일이 없이 '절대권을 행사하는 자'(autokratōr)로서 나라를 다스리게 된다면, 이런 생각을 지속적으로 갖지도 못할 뿐만 아니라, 나라에 있어서 공적인 것을 앞세워 돌보면서 사적인 것을 이에 종속시키며 일생을 살아 갈 수도 없을 것이기 때문이다. 그렇게 하기보다는 사멸하는 자의 인간성이 오히려 그를 탐욕(pleonexia)과 사익의 추구로 몰고 갈 것이니, 그는 턱없이 고통은 피하면서 쾌락을 추구할 것이며, 한층 더 올바른 것이나 더 나은 것보다도 쾌락과 고통을 앞세우게 되고, 어느 결에 그의 인간성에 어둠이 깃들어, 마침내는 그의 인간성과 온 나라를 온갖 악으로 가득 차게 할 것이다. 그러나 언제고 어떤 사람이 이런 면에서 섭리에 의해 충분히 자질을 타고난다면, 그에게는 자신을 지배할 그 어떤 법률도 필요하지 않을 것이다. 왜냐하면 앎(epistēmē)보다 더 우월한 그 어떤 법(nomos)이나 법령(taxis)도 없으며, 지성(nous)이 모든 것의 지배자로 되지 못하고 어떤 것에 종속된다는 것은 부당하기 때문이다. 그러나 현실적으로는 그 어디에도 그런 자는 단연코 없거나, 아니면 드물다. 이런 탓으로 둘째 것, 즉 차선의 것을 택할 수밖에 없는데, 그게 법령과 법이다.

이것들이 차선의 것들인 것은, 그게 '많은 경우를'(epi to poly) 내다 보고 고려하는 것이지, '모든 경우에'(epi pan) 대비한 것은 아니기 때문이다. 사람 아닌 법이 지배하게 하되, 법 조항들에 최대한의 '지성의 배분'이 이루어져 있도록 하는 방책이 입법자들로서 그 다음으로 최선을 다해서 할 일이다.

그러나 비록 법률에 '지성의 배분'을 최대한 했다고 할지라도, 예상치 못한 경우나 사태 그리고 학식과 견문의 부족 등으로 인한 그런 법 제정의 한계는 있게 마련이다. 이에 대한 보완책으로 강구된 것이 이 글의 첫머리에서 말한 '야간 회의'[29]의 구성이다. 이 회의는 일종의 법률 감시인들의 모임으로, 원로들과 이들보다 젊은 30에서 40세 사이의 장년(壯年)들로 혼성되며, 반드시 동틀 무렵부터 해가 뜰 때까지 날마다 갖는다. 그 구성원들은 첫째로는 공로상을 받은 성직자들, 둘째로는 37명의 '호법관(護法官)들'(nomophylakes) 중에서 원로 10명, 여기에 신임 총교육 감독관 및 그 전임자들이다. 그리고 이들은 각기 자신의 마음에 드는 장년 한 사람씩을 대동하고 회의에 참석한다. 이들이 갖게 될 교류(대화: synousia)와 논의(logoi)는 법률(nomoi) 및 자신들의 나라에 대한 것이다. 또한 이 회의에는 명망 있고 전공을 세운 자들로서, 50세에서 60세 사이에 오랜 기간 외국 시찰을 하고 견문을 넓히도록 보냈던 '시찰관'(theōros)이 귀국했을 경우에는 그 길로 참석토록 한다. 시찰관이 혹시 다른 곳에서 자신들의 것들과는 다른 것이라도 알게 되었다면, 특히 학문들과 관련해서 알게 되었다면, 이런 것들이 논의거리가 된다. 그것들을 배우게 되면, 법률과 관련된 것들에 대한 고찰에 있어서 한결 밝게 해 주는 데 기여하게 될 것이지만, 배우지 못하게 되면, 한결 더 캄캄해지고 불분

---

29) 이와 관련된 다음의 언급은 《법률》편. 951c~952b의 내용을 대강 정리한 것이다.

명해질 것이다. 이들 중에서 연장자들이 수용키로 한 것들은 연소자들이 열심히 배워야 한다. 대동한 장년의 젊은이들 중에서 혹시 누군가가 무자격자로 판단되면, 그를 대동한 사람이 전체 회원의 비난을 받을 것이로되, 그 반대로 평판이 좋은 사람들은 나머지 시민들이 그들을 보호할 것이다. 물론 이들이 옳게 처신할 경우에는 존경할 것이로되, 많은 사람보다도 못한 것으로 판명될 때는 다른 사람들보다도 더 멸시를 받을 것이다. 다른 고장 사람들의 법제(ta nomima)를 시찰하고 돌아온 시찰관이 혹시라도 법률 제정이나 교육 및 양육에 대해서 말해 줄 수 있는 사람들에 대한 소문을 들었거나, 아니면 스스로 이런 것들에 대해 생각해 보고 귀국했다면, 전체 회의에서 이를 공유하게 할 일이다. 그러나 만약에 그가 별로 더 나빠지거나 더 나아지지도 않은 것으로 판단된다면, 그것에 상응한 대접을 할 일이다.

이처럼 《법률》편은 현실의 인간 세계에서 한 나라가 최대한으로 그 시대의 지성을 결집할 수 있는 제도를 마련하는 것으로 그 끝을 맺고 있다. 《국가》편에서 말하는 '철인 치자들'의 지성이 한 나라를 다스리게 되는 그런 공동체, 그런 이들이 모든 것의 원리인 '좋음(善)의 형상'에 대한 '가장 큰 배움'에 이르러 그 원리에 따른 적도(適度)와 균형을 현실 속에 구현하는 그런 '최선자[들의] 정체(政體)'(aristokratia)는 현실적으로 실현을 볼 수 없는 '본'일 뿐이다. 그 '본'에 입각한 현실적이고 구체적인 대안으로 제시된 것이 이 '야간 회의'의 구성과 운영인 셈이다. 그래서 Morrow도 "이 야간 회의가 《국가》편의 철인 왕들의 닮은꼴(a reflection)이라는 걸 알아보지 못하는 플라톤의 독자들은 별로 없다"[30]고 말하고 있다.

---

30) 앞에서 밝힌 Morrow의 같은 글, 17면.

4. 그의 자연법 사상의 한계와 그 기본 정신

그 자신이 말하듯, 플라톤의 자연법 사상에 입각한 법조문들이 모든 경우에 대비한 것이 아니기에, 오늘날의 관점에서 본다면, 도무지 수긍이 가기 힘든 것들이 수두룩하다. 그는 남녀의 구별 없는 교육과 참여를 강조하고, 이와 관련해서 차별을 두는 것을 '무엇보다도 제일 어리석은 일'(pantōn anoētotata)로 말하며, 여성의 방임은 나라 전체로 보아 그 행복을 반감시키는 것으로까지 말하는데,[31] 이런 언급은 당시로서는 아무도 한 적이 없고, 아리스토텔레스도 상상조차 할 수 없었던 혁명적인 것이었다. 이 점에 대해서는 남녀 평등의 자연권이 자연스럽게 받아들여지기까지 플라톤 이후에도 얼마나 많은 세월이 소요되었으며, 지구상의 많은 부분에서는 아직도 이 평등권이 받아들여지지 않고 있다는 것을 고려하면, 쉽게 수긍이 갈 것이다. 그러나 그렇게까지 진보적이었던 그였지만, 노예를 도무지 평등한 인간으로 보지 않으려 한 것은 그의 시대가 갖고 있던 평균 감각의 한계를 그도 결코 완전히는 뛰어넘을 수 없었기 때문일 것이다. 아니 어쩌면, 그것은 시민들의 전적인 국정 참여를 위해 일부 분야에 시민들이 직접적으로 관여하는 것을 막은 데서 오는 귀결일 수도 있을 것이다. 그러나 이런저런 결함들이 있긴 해도 그의 자연법 사상이 적도 사상에 입각하고 있는 한, 그것의 기본 사상은 시대적 한계를 초월하는 타당성을 지닌다. 아니 오늘날에야말로 그것은 어쩌면 더더구나 요청되는 사상일 수도 있다. 인간들의 지나친 탐욕과 이기심이 그리고 무절제가 나라 안팎으로 얼마나 많은 문제를 일으키고 있는가? 한 나라 안에 사는 사람들 사이에 좀처럼 메울 수 없는 위화감을 조성시

---

31) 《법률》편, 804d~806c.

키며, 온갖 범죄를 유발하고, 갖가지 공해 사태를 일으키더니, 이것이 드디어는 지구 자체의 자정 능력까지 앗아가는 상황에 우리가 처해 있게 만들었다는 사실에 유의한다면, 우리는 이제 다시 그의 자연법 사상을 하나의 본으로서 재음미하여 현실에 맞게 두루 반영시킬 필요성을 절감하게 만들고 있다.

　이제 마지막으로 남은 문제 한 가지만 간단히 언급하기로 하자. 그것은 민주주의와 관련된 것이다. 도대체 오늘날 우리는 어떤 민주주의를 원하는가? 국정이 합리적으로, 순리적으로 운영되며, 국가의 합리적 운영과 존립에 지장이 없는 한, 그리고 타인의 권리를 침해하지 않는 한, 개인의 자유와 인권이 최대한으로 보장되고, 국민 모두가 자의 반 타의 반으로라도 좀은 절제하면서도, 그만하면, 그런 대로 살 만하다고 느끼며, 결코 살벌하지도 각박하지도 않는 그런 풍토에서 사는 것 이상으로 민주적인 국가가 어디 있겠는가? 그렇다면, 플라톤이 《법률》편에서 생각했던 것도 바로 그런 나라(polis)였다는 대답을 우리는 이미 앞서 얻었었다. 지혜롭고, 우애로우며 자유로운 나라가 그가 구상한 것이었으니 말이다. 그의 시대의 아테네의 민주주의는 인류사에 있어서 찬연한 이념의 이정표를 그은 초기의 순수한 민주주의가 이미 아니었다. 전쟁광이며 오로지 당파적 이기심에 사로잡힌 민중 선동가(dēmagōgos)들과 이들이 조종하는 대로 '흔들리는 군중'(ochlos)이 어울려 돌아가는 타락할 대로 타락한 '폴리스'를 두고서 제정신이 있고서야 누군들 개탄하지 않으며 비분 강개하지 않았겠는가? 그걸 그는 '무법의 민주 정체'라 일컬었다. 지성과 양식이라곤 찾아볼 수 없었던 상황, 도무지 합리적인 것이 통하지 않는 풍조가 만연된 상황이 '민주주의의 탈(prosōpeion)'을 쓰고 있었으니, 그게 그의 개탄과 매도의 대상이었을 뿐이다. 오늘날처럼 정치가들의 잘못에 대해 여론이 빗발칠 수 있고, 온갖 정보가 넘치고, 건실한 비판과 함께 합리적 대안의 제시가 가능하며, 분명히 책임을 물을 수 있는 그런 민주 정치는 그로서는 상상도 할 수 없었던 이상 국가적 민주주의였을 것임에 틀림없다. 그것이 현실적으로 가능하다고 판단했던들, 그는 틀림없이 민주주의 신봉자로 표변해 있었을 것이다. 그러나 이에 대한 언급도 이쯤에서 그치기로 하자.

제7장 대화편 《파이드로스》의 특이성

플라톤의 모든 대화편이 각각 그 나름의 특이성을 지니고 있다는 것은 두말할 나위도 없는 일이다. 그런데도 유독 《파이드로스》라는 한 대화편을 가지고 그 특이성을 언급하고자 하는 데는 그럴 만한 까닭이 있어서이다. 우선 모든 대화편이 각기 논제에 따른 특이성을 갖는다는 것은 그것들 모두가 공유하는 공통성일 수 있다. 그러나 이 대화편만은 그 논제가 갖는 특이성을 제쳐놓고라도, 다른 대화편들에서는 그 유형을 찾아볼 수 없는 독특함을 지니고 있다. 이 독특함은 대화편의 구성 면에서도 나타나지만 내용 면에서도 두드러져 보인다. 이 순서에 따라 그것을 살펴보자.

1. 구성적 특이성

아테네의 아크로폴리스를 중심으로 하여 아고라와는 정 반대편 남동 방향으로 그만큼 떨어진 거리에 제우스 신전이 있다. 이 신전은 '올림피에이온'(Olympieion)[1]이라 불리는데, 이는 '올림포스

280

(Olympos)의 제우스 신(ho Olympios Zeus, Zeus ho Olympios)을 위한 신전'이라는 뜻이다. 이 신전 건축은 참주 페이시스트라투스에 의하여 착수되어, 로마의 하드리아누스 황제에 의하여 완공되었다. 100개의 원형 기둥들로 이루어진 이 신전의 기둥들 중에서 오늘날 남아 있는 것은 15개뿐이지만, 그 규모를 짐작하기엔 이것들로도 충분할 것 같다. 이 신전에서 가까운 곳에 아테네의 외각을 에워싸고 쌓은 성벽의 일부가 있었고, 이 성벽으로부터 바깥쪽으로 또 그만한 거리에 일리소스 강이 흐르고 있었다. 이 신전으로부터 남쪽 방향으로 좀 떨어져 성벽에서 이 강으로 접근할 수 있는 길이 세 개가 나 있었던 모양인데, 성 밖으로 산책을 나가던 청년 파이드로스를 소크라테스가 만났던 것은 신전에서 제일 가까이 나 있었던 길에서였던 것 같다. 왜냐하면 판(Pan) 신의 돋을새김이 있는 바위를 비롯해서 이 작품 속에 나오는 지형적 언급이 이를 뒷받침해 주고 있기 때문이다.

그건 어쨌든 산보 길의 그를 만난 소크라테스가 이 청년이 '히마티온'(himation)[2] 속 왼손에 숨겨 가진 것이 당대의 이름난 문장가인 리시아스의 '에로스'(erōs)에 관련된 글이 적힌 두루말이 책인 것을 확인한다. 두 사람이 그걸 읽기에 알맞은 곳을 찾아 강을 거슬러 올라가는 데서부터 시작되는 맑고 아름다운 풍광에 대한 묘사와 정감이 넘치는 대화의 분위기는 너무도 목가적이며 서정적이다. 마침 맨발이었던 파이드로스는 언제나 맨발인 소크라테스를 저만치 보이는 키 큰 플라타너스가 있는 쪽으로 안내하기 위해 함께 냇물 속을 걷는다. 거기엔 나무의 그늘이 있을 뿐만 아니라 미풍이 불어오는 풀

1) 현대 헬라스어로 '올림삐온'으로 발음하며, 필사본들에서는 Olympion으로 오기되기도 함.
2) 몸에 두르는 식으로 해서 왼쪽 어깨에 걸치는 남자들의 옷이다.

밭이 있기 때문이다. 늦은 아침나절의 여름 날씨는 냇물에 발을 담그는 그들로 하여금 상쾌한 쾌감마저 느끼게 해 준다. 마침내 그들이 쉴 곳에 이르자, 그곳의 풍광에 대한 소크라테스의 찬탄은 다소 수다스럽다고 할 정도로 장황하다. 크고 가지가 무성한 플라타너스와 실버들, 그로 인한 녹음, 주변의 만개한 꽃들로 인해 절정을 이룬 향기로움, 게다가 플라타너스 아래로 맑은 냇물이 흐르니 발까지 적실 수 있는 곳. 또한 주변엔 님프들과 그들의 아버지라는 아켈로오스를 기리는 소녀상들과 석상들이 있는 성소(聖所). 이 상쾌하고 즐거운 곳에 매미들의 또렷한 합창이 퍼져 가니 분위기가 가히 아름답고 좋다고 할밖에. 그러나 무엇보다도 그들의 기분을 더없이 좋게 하는 것은 머리를 비스듬히 기대고 눕기에 족하게 완만하게 경사진 곳에 풍성하게 형성된 풀밭이다. 그런 곳에서 저마다 가장 편한 자세를 하고서, 한 사람은 책을 읽고 한 사람은 듣고, 그러다가 진지하고 긴 대화도 갖는 정경이 이 대화편에는 그려지고 있다. 소크라테스 자신이 고백하듯, "제 자신을 아는 것"(gnōnai emauton)을 급선무로 여긴 나머지 이 문제에 골몰하느라, 성벽 밖으로 나가 시골 풍경을 즐겨 본 일이라곤 한번도 없던 그는 굉장한 향응이라도 받는 기분이 된다. 마치 낯선 고장에라도 오기나 한 것처럼 이곳 풍광을 새삼스러워 하는 그를 보며, 파이드로스는 "선생께선 이토록 시내를 벗어나시는 일도, 시골로 가시는 일도, 아니 제가 보기엔 성벽 밖으로 나가시는 일도 전혀 없으신 것 같습니다" 하고 말한다. 이에 소크라테스는, 그건 자기가 배움을 좋아하기 때문이라 하며, 시골이나 나무들은 자신에게 아무 것도 가르쳐 주지 않지만, 시내에 사는 사람들은 자신을 가르쳐 준다고 말한다. 이날 모처럼 나들이를 하게 된 것도 실은 파이드로스가 책을 갖고 있어서이고, 그걸 읽기 위해서라면 마치 굶주린 짐승이 앞에서 먹이를 쳐들고 흔드는 사람을 따라가듯 자기도 어디든 이끌려 갈 생각이라는 것이다. 이리하여 이 날의 소크라테스의 화려한 외출도 결국 그의 한결같은 일상의 탐구 활동의 일부로 수용되고 만 셈이다.

이 대목(230d~e)에 이르러서야 우리는 플라톤의 탁월한 시적 재능이 여실하게 드러나 있는 화미한 표현들이 동원된 까닭을 어렴풋이 짐작하게 된다. 그러나 그의 대화편들에서와는 달리 그 유례를 찾아볼 수 없는 이런 유의 황홀한 시적 묘사에 의한 대화편 구성 의도가 본격적으로 드러나는 것은 대화가 좀더 진행되고 나서이다. 소크라테스는 자기가 그처럼 듣고 싶어한 리시아스의 '에로스', 특히 소년애(少年愛: paiderastia)와 관련된 글이 내용 면에서도 그리고 문장으로서도 별로 대단할 것이 없음에 실망한 나머지 주저 끝에 '에로스'에 관한 자신의 견해를 밝힌다. 리시아스는 사랑을 받는 소년이 정작 호의를 보여야 할 상대는 열을 올리며 자기를 사랑하는 쪽이 아니라, 오히려 그런 식으로는 자기를 사랑하지 않는 쪽이어야만 한다는 것을 납득시키려 한다. 이와는 반대로 소크라테스는 도대체 '에로스'의 본질(ousia)이 무엇이며 그것이 어떤 힘 또는 능력(dynamis)을 지니고 있는지를 밝힌 다음, 이에 비추어 그것이 해로운 것인지 아니면 이로운 것인지를 살펴보아야 할 것이라고 하면서, 먼저 그것의 의미 규정부터 한다. 소크라테스는 그것이 타고난 쾌락의 욕망이요, 특히 육신의 아름다움을 향한 것임을 열변으로 한달음에 밝힌다. 그러고서 그는, 자신의 범상한 달변에 파이드로스가 놀라워하듯, 스스로도 자신이 영감의 상태(theion pathos)를 겪고 있는 것 같다고 하면서, 아무래도 자기들이 있는 그곳이 신성한 곳이어서 그런 것 같다고 말한다. 따라서 자신이 앞으로 이야기를 진행하는 가운데 혹시 마음이 몇 번이고 그곳의 님프들에 잡힌 상태(nympholeptos)가 일어나더라도 놀라지 말 것을 당부한다.[3] 이런 대화편 구성은 언제나 무지자로 자처하는 소크라테스의 일관성 때문에 《향연》편에서는 디오티마라는 가공 인물을 내세워 이 인물한테서 '에로스'에 관해 그가 들은 것을 말하는 것으로 설정된 것과는 대조되는 경우가 되겠다. 이번에는 소크라테스로 하여금 자신의 생각을 적극적으로 개진하게 하되, 그 탓을 그를 덮친 어떤 영감의 엄습(to epion)에 돌림으로써 무지자(無知者)로서의 그의 일관성에는 손상을 입히지 않는다. 소크라테스의 소년애에 관한 일차 언급은 소년애가 앞서의 에로스의 의미 규정에 따라 결국 여러 가지로 해로운 것이지만, 특히 소년의 정신 교육을 위해서는 가장 해로운 것이라고 결론짓는다. 그러나 이 일차의 열변으로 자기의 이야기를 끝낸 것으로 하고 강을 건너 그곳을 떠나려던 소크라테스에게 파이드로스는 아직도 한낮의 불볕 더위가 가시지 않았다며 이야기를 더 계속할 것을 종용한다. 소크라테스도 마침 그에게 뭔가를 말릴 때만 나타난다는 예의 그 '다이모니온의 징후'[4]가 나타나 주저앉게 된다. 이 징후의 출현은 아무래도 신이거나 신적 존재인 에로스[5]에 대한 이제까지의 불경스런 비난이 하필이면 이 성스러운 곳에서 저질러진 데 대해 속죄의 발언을 할 것을 자기에게 타이르는 것으로 받아들여진다. 이렇게 해서 그의 기나긴 취소 발언(palinōdia)이 행하여지는데, 이의 실마리를 욕정에 사로잡힌 노예적 에로스가 아닌 자유로운 에로스(eleutheros erōs)가 또한 있다며, 이것을 마음 또는 혼의 상태와 연관짓는 데서 찾는다.

이후에 주로 혼과 관련된 장황한 언급이 있고 나서, 이제 이 대화

---

3) 《파이드로스》편, 238c~d.
4) to daimonion(영적인 것) 그리고 '그 익숙한 알림(징후)'(to eiōthos sēmeion) 또는 '영적인 알림'(to daimonion sēmeion)이라고도 한다. 이에 대해서는 필자의 역주서 《국가》(政體) 496c에 달린 각주에서 상당히 자세하게 언급하였으니, 이를 참조할 것.
5) Erōs는 '사랑의 신'이기도 하다.

편의 형식상의 주제라 할 수사술(修辭術)로 이야기가 접어들 단계에
이른다. 이때 소크라테스는 또다시 그들의 머리 위에서 지금은 합창
을 하고 있으나 그들 나름으로 전설을 갖고 있는 매미들이 자기들의
대화 자세를 지켜보고 있다면서, 게으름을 피우거나 조는 일이 없이
이야기를 계속하자고 다짐한다.[6] 이곳 말고 남은 부분에서 또 일리
소스 강변의 풍광과 전설에 관련된 언급이 나오는 것은 이 대화편
맨 마지막에 그곳의 '판' 신과 다른 신들에게 기원을 하는 장면에서
다. 이처럼 이 대화편은 한 특정한 곳의 풍광과 전설을 적절히 이용
해서 대화를 엮어 가는 유일하고도 특이한 구성을 보이고 있다.

2. 내용적 특이성

1) 첫머리에

플라톤이 스스로 그처럼 많은 저술을 했으면서도 진정한 철학자가
자신의 저술에 대해서 모름지기 취하여야 할 태도가 어떤 것인지를
밝히고 있는 것은 그의 《일곱째 편지》를 제외하고는 이 대화편이 유
일하다. 더구나 이곳에서 하고 있는 자기 저술에 대한 비판은 이 편
지에서보다도 훨씬 강한 어조의 것이다. 그런 점에서 이 대화편은 우
리가 플라톤의 대화편들을 도대체 어떻게 대할 것인지를 근본적으로
생각해 보게 만드는 특이한 내용을 담고 있다. 그뿐더러 이 대화편은
우리로 하여금 플라톤적인 의미의 철학자는 어떤 모습을 보이는 자
인지를 아울러 살필 수 있게 한다는 점에서도 주목할 만한 가치를

---

6) 《파이드로스》편, 258e~259a.

지닌다.

　앞에서도 말했지만, 이 대화는 연설문 작가(logographos)인 리시아스의 '에로스'에 대한 글이 발단이 되었다. 이 글을 읽고서 소크라테스가 한 일차 발언은 리시아스의 것에 대한 경합적 성격을 갖는다. 이렇게 해서 처음부터 파이드로스의 관심사였던 수사술(rhētorikē)이 이 대화편의 형식적 주제로서 제기된다. 그러나 수사술이 '말을 통해 마음 또는 혼(psychē)을 유도하는 것(psychagōgia)'(26la)이므로, 혼의 바른 인도와 진정한 수사술이 어떤 것인지에 대한 논의가 요구된다. 그러나 혼의 유도나 바른 인도를 위해서는 우선 혼 자체에 대한 고찰이 요구되며, 철학함을 통한 혼의 구원 가능성도 함께 제시된다. 이런 맥락에서의 논의를 위해 매개된 논제가 '에로스'인 셈이다. 그러나 이 글에서 이제 필자가 다루려는 것은 이런 맥락의 내용이 아니라, 앞서 밝혔듯이 이 대화편에서 찾아볼 수 있는 특이한 내용과 관련된 것이다.

　대화편 《정치가》(257a~b)와 《소피스테스》(216d~218b)에는 '철학자'를 따로 다룰 대화편에 대한 관심이 분명히 표시되어 있다. 그러나 《철학자》편은 끝내 저술되지 않았다. 소피스테스, 정치가 및 철학자라는 세 부류(genos)는 그들의 기능 때문에 부분적으로는 서로 공유하는 면모가 있어서 서로 닮아 보인다. 그러나 이들 세 부류는 그이름처럼 각기 그 고유의 기능(ergon)을 갖는 상이한 존재들이다. 그렇다면 이들이 각기 공유하거나 고유하게 지니고 있는 기능의 면모들 즉 보임새(eidos)들은 어떤 것들인가?

　《소피스테스》편과 《정치가》편은 각기 소피스테스와 정치가가 갖는 기능의 여러 가지 보임새를 체계적으로 드러내 보이고 있다.[7) 그러

---

7) 이와 관련해서는 제5장 3항에서 다루고 있다.

나 아쉽게도 '철학자'의 기능과 관련해서 그의 참모습을 체계적으로 보여 주는 대화편은 없다. 무슨 연유에서일까? 아니 어쩌면 그것에 대한 우리의 아쉬움 자체가 잘못된 것일지 모른다. 플라톤적인 의미의 철학자의 모습을 한편의 대화편을 통해 제대로 보여 준다는 것은 도대체가 불가능한 일이겠기에 말이다. '소피스테스'는 일정한 영역에서 하는 일들(erga)이 있다. 통치자의 경우에도 그 활동 영역이 정해져 있어서 그 영역 내에서 할 일들을 갖게 된다. 그들의 기능(ergon)은 그 테두리 안의 것이다. 그렇기 때문에 그들의 기능이 기본적으로 어떤 면모들을 갖는지를 체계적으로 규정한다는 것은, 비록 힘들기는 할지언정, 가능한 일이다. 원래 의미 규정, 즉 정의(定義: horismos)란 쓰고 있는 하나의 낱말에 대해 언어적인 경계 내지 한계(horos)를 정하는 것을 의미한다. 헬라스어 'horos'는 헬라스 사회에서는 일반적으로 토지의 경계 또는 그 경계를 표시하는 푯돌(標石) 및 푯말(標柱)을 의미했다. 그러나 플라톤적인 의미의 '철학자'에 대해 제대로 정의를 한다는 것은 도무지 가능한 일일 것 같지가 않다. 그에게는 '소피스테스'나 '정치가'처럼 특별히 한정된 활동 내지 관심 영역이 따로 없기 때문이다. 그가 보기에 철학자는 우주의 문제에서부터 인간의 일상사에 이르기까지 모든 영역의 모든 문제에 관심을 갖는 자이다. 그러면 도대체 그 활동 영역을 한정지을 수 없는 플라톤적 의미의 철학자는 제 모습을 어떻게 드러내는가? 그가 제 모습을 드러내는 것은 문제를 찾고 그것에 부딪치는 데서이다. 플라톤의 모든 대화편은 철학자가 그때마다 부딪친 문제들에 대해 어떻게 생각하고, 어떤 관점에서 어떻게 다루고 있는지를 보여 주고 있다. 용기, 절제, 우정, 경건, 혼, 즐거움, 에로스, 이름의 정당성, 준법, 인식, 존재, 법, 나라, 행복, 삶, 자연, 우주의 생성, 좋음 등등, 이런 온갖 문제에 접해서, 이런 문제들을 다루는 가운데 비로소 철학자는 제 모습을 드러낸다. 이런 문제들에 접근하고 이해하며 설명하는 방식에서 철학자는 다른 부류의 사람들과 구별되는 면모들(eidē)을 드러낸다. 그러나 그런 중에서도 그의 진면목을 드러내는 드문 경우들이 있다.

2) 직관과 관련하여

《파이드로스》편에서도 플라톤적인 의미의 철학자의 귀한 참모습을 두 가지 측면에서 볼 수 있게 하는 대목들이 있다. 그 첫째 것은 직관과 관련된 것이다. 두루 알려져 있듯이, 플라톤의 철학적 인식을 위한 방법적 체계는 변증술(dialektikē)이다. 이에 대해 플라톤은 그의《국가(政體)》편에서 긴긴 설명을 하고 있는데, 이에는 크게 두 단계가 있다. 그 첫 단계는 인식 주관이 그 대상들을 직관할 수 있도록 하기 위해 인식 주관, 즉 혼의 순수화(katharsis)를 꾀하는 것이다. 이 목적을 달성하기 위해 그는 수론(數論), 평면 기하학, 입체 기하학, 천문학 및 화성학 따위를 그 예비 교육(propaideia)을 위한 교과들(mathēmata)로 제시하고 있다. 이와 관련해서 그는 이런 말을 하고 있다.

"이 교과들을 통해서 각자의 혼의 어떤 기관(organon)이 순수화되어(ekkathairetai),[8) [그 동안의] 다른 활동들로 인해서 소실되고 눈멀어버린 이 기관이, 눈 만 개보다도 더 보전될 가치가 있는 이 기관이 다시 점화(點火)된다는 것을 말일세. 이것에[9) 의해서만이 진리가 보이

---

8) 이런 언급을 통해서 플라톤이《파이돈》편에서 말한 혼의 정화(katharsis)가 단순한 종교적인 의미의 것이 아니라, 인식 주관의 '순수화'를, 즉 nous(지성)의 능력을 확보하기 위한 준비 과정임을 확인하게 된다.

9) 순수화되고 그 기능이 점화된 기관을 가리킴.

기 때문이네.″10)

여기에서 순수화되는 기관은 물론 '지성'(nous)이다. 이렇게 해서 이르게 된 것이 그 둘째 것인 직관(katidein, kathoran)의 단계이며, 그 대상은 '언제나 똑같은 방식으로 한결같은 상태로 있는 것'11)이요, 따라서 부단히 변하는 모습을 보이는 감각 대상들(ta aisthēta)과는 대조적으로 '언제나 한 가지 보임새로 있는'(monoeides aei on)12) 것이다. 플라톤이 자기 철학의 핵심적인 문제들을 다루면서 곧잘 속담을 원용하듯, 이 인식론의 구도에서도 원리로 채택하고 있는 것은 "닮은 것에 닮은 것이"라는 속담이다. 후각의 대상은 후각에, 시각의 대상은 시각에, 청각의 대상은 청각에 각기 지각된다. 마찬가지로 감각(aisthēsis)의 대상들은 '감각에 지각되는 것들'(ta aisthēta)이요, 지성 내지 정신(nous) 또는 지적 직관 내지 순수 사유(noēsis)의 대상들은 '지성에 의해서 알게 되는 것들'(ta noēta)이어서, 이들을 서로 어긋나게 짝지을 수는 없다는 것이다

그러나 우리가 플라톤의 인식론을 말하면서 한 가지로 '직관'이라는 표현을 쓰기도 하지만, 여기에도 두 가지 용법상의 차이가 있다. 그 하나는 방금 언급했던 경우의 것으로서, 다만 우리가 다섯 가지 감각 중의 어느 것도 아닌 순수한 사유의 능력이라고 할 수밖에 없는 것에 의해서 그 고유의 대상을 바로 바라봄(kathoran, katidein)을 가리키는 것이다. 따라서 이때의 직관은 감각적 지각과 대조되는 관점에서 말하는 것일 뿐이다. 다른 하나의 경우는 《파이드로스》편에서 우리가 접하게 되는 것으로서, 이른바 '모음'(synagōgē)과 관계되는

---

10) 《국가》편, 527d~e
11) 《국가》편, 484b; 《파이돈》편, 78d.
12) 《향연》편, 211b, 211e; 《파이돈》편, 78d.

직관이다. 플라톤은 이 대화편에서 처음으로 인식 주관의 순수화에 이어지는 그의 '변증술'의 둘째 단계에서 행하여지는 직관과 관련하여 두 가지 구체적 절차를 밝히고 있다. '모음'과 '나눔'(diairesis)이 그것들이다. '모음'은 "여러 군데에 흩어져 있는 것들을 총괄하여 봄으로써(synorōnta) 하나의 이데아[13]로 모으는 것(eis mian idean … agein)"[14]을 가리킨다. 결국 '모음'은 '총괄하여 봄'(synoran, synidein)을 통해 달성되는데, 이는 곧 '총괄적 직관'을 의미한다. 어떤 것의 정의(定義)가 제대로 이루어지느냐 아니냐는 이 총괄적 직관, 즉 '총괄하여 봄'의 성패 여부에 일차적으로 달려 있다. 정의될 대상을 포섭하되, 즉 우리가 인식하고자 하는 형상 또는 이데아를 포괄하되 이 형상의 다면적 보임새들(eidē)을 가장 잘 드러내 줄 유적(類的) 형상을 직관적으로 포착하는 것은 제대로 이루어지는 총괄적 직관에 전적으로 달려 있다.[15] 왜냐하면 이 총괄적 직관이 실패한 것일 경우에는 그 다음에 수행되는 '나눔'의 작업, 즉 우리가 인식하고자 하는 대상과 다른 것들을 단계적으로 분리해 감으로써 그 대상이 고유하게 갖는 참모습을 드러내는 작업은 당연히 헛수고가 되고, 따라서 그것의 정의 곧 인식도 실패하게 마련이기 때문이다.

이 대화편에서는 '모음'과 '나눔'의 두 절차들에 대해서만 언급했을 뿐 그 이후의 절차, 즉 '나눔'의 작업을 수행하여 얻은 결과들을 하나로 결합해서 보는 '형상들의 엮음'(tōn eidōn symplokē)의 최종적 절차에 대해서는 물론 전혀 언급을 않고 있다. 이 절차의 수행은 《소피스테스》편과 《정치가》편에서 좋은 본보기들을 찾아보게 되지만,

---

13) 이 경우의 이데아는 '유적(類的)인 형상'을 가리키는 것으로서, 종적(種的) 형상들이 이에서 나뉘게 된다.

14) 《파이드로스》편. 265d.

15) 형상의 다면성 및 이의 인식과 관련해서는 제5장 3항을 참조할 것.

290

반대로 이들 두 대화편에서는 '총괄적 직관'이라 할 이 '모음' 자체에 대해서 전혀 언급하는 일이 없이, 대뜸 유적 형상의 채택과 함께 '나눔'의 작업에 들어간다. 《파이드로스》편에서도 '나눔'의 방식에 대해서는 상당히 많은 구체적 설명을 하고 있으면서도, 이 총괄적 직관 곧 '총괄하여 봄' 자체에 대해서는 정작 별다른 언급을 하지 않고 있다. 고작 앞에서 '모음'과 관련하여 인용한 구절(265d)과 이에서 좀 지나 발견할 수 있는 구절(266b)에서 언급한 게 전부이다. 여기에서 소크라테스는 이렇게 말하고 있다.

> 물론 나 자신도 이들 나눔과 모음을 좋아하는 사람인데, 이는 내가 주장도 펴고 지혜롭게 생각도 할 수 있게 되었으면 해서일세. 누군가 다른 사람이라도 본성상 하나(hen)이면서 여럿(polla)인 것을 알아볼 수 있는 사람이라고 생각되기라도 하면, '마치 그가 신이기라도 한 것처럼, 그의 발자국을 뒤따라', 그 사람을 좋아갈 걸세. 그리고 더 나아가서는 이를 할 수 있는 사람들을 나로서는 이제껏은, … 변증술에 능한 이들(dialektikoi)이라 일컫고 있네.

여기에서 '본성상 하나이면서 여럿인 것을 알아볼 수 있는 사람'이란 모음과 나눔의 능력을 가진 사람을 가리키고 있다. 어쨌든 총괄적 직관 그리고 이를 근거로 한 나눔과 관련된 언급은 이게 전부이다. 플라톤의 인식론에서 가장 중요한 대목들 가운데 하나일 것이 분명한 이것에 대해서 그는 말만 끄집어 내놓고 그 이상 설명을 하지 않는다. 그러나 생각해 보면 이 대목이야말로 방법적인 설명이 거의 불가능한 부분일 것이다. 어찌 '총괄적 직관'이나 창조적 직관의 순간을 방법적으로 기술할 수 있겠는가? 그것을 위해서는 오직 오랜 수련이 선행되어야 할 뿐이겠는데, 어느 의미에서는 바로 그의 대화편들이 이 수련의 본보기들을 잘 보여 주고 있다고 할 수 있겠다. 실제로 아카데미아에서 젊은이들에게 이분법적 나눔의 수련을 끊임없이 시켰다는 이야기도 실은 같은 맥락에서 이해해야 할 것인 것 같다. 이 '모음'의 직관적 성격과 관련해서 콘퍼드는 이렇게 말하고 있다.

> "그런 봄의 목표는 그 다음에 이어지는 나눔의 선두에 서게 될 유적 형상을 '직관적으로 맞히는 것'(divine)이다. … 정확한 정의에 대한 모든 희망은 그 유(類)의 바른 선택에 달려 있다. 그렇지만 여기에는 아무런 체계적 모음도 없다. … 여기에는 어떤 방법적 절차도 가능하지 않다. 유적 형상은 아무런 규칙들도 제시될 수 없는 직관의 행위에 의하여 맞히게 되어야만 한다."[16]

그런가 하면 로빈슨은 이 직관이 얼마나 어렵게 얻어지는 것인지에 대해 이렇게 말하고 있는데, 무척 수긍이 가는 말이다. "플라톤에게는 직관(intuition)이 지름길로 질러가는 식의 편한 길은 아니다. 그것은 방법을 터득한 사람(master), 바로 이 사람을 위해 예약되어 있는 보답이다."[17]

비록 설명은 없지만 그나마 그 정도라도 언급된 이 총괄적 직관은 어떤 경지에 도달한 철학자의 한 면모를 엿볼 수 있게 해 준다는 의미에서도 이 대화편은 분명히 색다른 중요성을 지닌다. 물론 이는 《철학자》편이 저술되지 못했다는 이유 때문이다. 그러기에 총괄적 직관과 관련된 이런저런 사정을 충분히 짐작할 수 있는 우리지만, 저술

---

16) F. M. Cornford, *Plato's Theory of Knowledge*(London, 1970), 170~171, 186면.

17) R. Robinson, *Plato's Earlier Dialectic*(Oxford, 1984), 65면.

되지 못한 이 대화편에 대한 아쉬움은 여전히 떨쳐 버릴 수 없는 것
이다. 그리고 보면 콘퍼드의 다음과 같은 추측에 우리의 귀가 솔깃
해지는 것도 다 같은 마음에서인 것 같다. "만약에 《철학자》편이 저
술되었더라면, 이것은 아마도 변증술에 있어서의 종합적 또는 직관
적 계기를 인정함으로써 그의 철학적 방법의 설명을 완성했을 것이
다."[18] 아닌게아니라 총괄적 직관의 계기에 대한 설명이야말로 어떤
연유로든 플라톤의 인식론에서 빠져 있는 부분임에는 틀림없다. 그러
나 이에 대해서 기술한다는 것은 결국은 불가능할 수밖에 없다는 것
도 틀림없는 일이다.

 3) 글과 관련하여

 우리가 《파이드로스》편에서 접할 수 있는 철학자의 또 하나의 귀
한 참모습은 자기의 저술에 대한 마음가짐과 관련된 것이다. 이 대화
편 275d~278e에서 플라톤은 철학자가 자신이 아는 바를 문자화했을
경우, 그것이 갖게 되는 기능의 한계와 가치 그리고 그 성격이 어떤
것인지를, 따라서 되도록 죽은 말보다는 '살아 있는 말'을 해야 하며,
부득이 자기의 말을 문자화할 수밖에 없을 경우에는, 그것에 대해 어
떤 마음가짐을 가져야만 하는지를 밝히고 있는데, 이를 통해 우리는
철학자의 가장 고귀한 참모습의 한 면모를 보게 된다.
 그에 따르면, 글(graphē)은 그림(zōgraphia)과도 같단다. 그림이 살
아 있는 것처럼 여겨져 우리가 무언가를 물어 보면, 그것은 엄숙하게
묵묵부답이다. 문자화된 말들도 마찬가지여서, 표현된 것들 가운데
어떤 것을 알고자 해서 물음을 던지면, 그것은 언제나 같은 한 가지

---

18) Cornford, 앞의 책, 183면.

것만을 나타낼 뿐이다.

> "일단 문자화되고 나면, 그 모든 말은 그걸 이해하는 이들한테도, 전
> 혀 무관한 이들한테도 똑같이 어디고 굴러가게 되는데, 누구한테는 말
> 을 해야만 하고 누구한테는 하지 말아야만 하는지도 알지 못하네. 그
> 게 잘못 다루어지고 부당하게 욕을 얻어먹게 되었을 땐, 언제나 그걸
> 쓴 사람의 옹호가 필요하다네. 그야 그게 자기를 방어한다는 것도 옹
> 호한다는 것도 불가능하기 때문이지."[19]

　이처럼 말이 일단 문자화되고 나면, 그 말은 주인을 떠나게 되고,
따라서 어떤 대접을 받더라도 속수무책이 된다. 하지만 말이 스스로
이런 대접을 받지 않도록 하는 길이 없는 것은 아니다. "배우는 이의
혼에 앎(인식: epistēmē)과 함께 쓰인 말은 자기를 보호할 수도 있지
만, 누구를 상대할 때는 말을 하되 누구를 상대할 때는 침묵해야만
하는지를 알고 있다네." 알고 있는 자(ho eidōs)의 이런 말이야말로
'살아 있는 그리고 혼이 깃들어 있는 말'이요, 따라서 문자화된 말은
그런 말의 영상(eidōlon)일 뿐이라 한다.[20]

> "어떤 사람이 적절한 혼(혼을 가진 사람)을 택한 다음, 변증술을 이
> 용해서 그 혼에 앎(epistēmē)과 함께 말들(logoi)을 심고 그 씨를 뿌
> 린다면, 이것들은 자기들만이 아니라 이것들을 심은 사람까지도 능히
> 옹호할 수 있을 것이며, 그 열매 또한 거두지 못할 리가 없을 것인즉,
> 이것들은 씨앗을 품고 있어서, 이에서 또 다른 말들이 또 다른 성품들
> 에서 자라나 이 씨앗을 언제까지나 불멸의 것이도록 능히 해줄 수 있

---

19)《파이드로스》편, 275d~e.
20) 같은 책, 276a.

을 것이며, 또한 이 씨앗을 지닌 이로 하여금 인간으로서 가능한 한
최대한으로 행복하게끔 만들어 줄 걸세."[21]

앎을 동반한 철학적 대화는 바로 그런 말들일 것이고, 소크라테스
야말로 그런 말들을 하는 것을 일삼다가 일생을 마친 사람이다. 사람
들과의 대화를 일과로 삼은 그는 스스로 정신적인 산파로 자처한 터
였으니, 그 자신이야말로 그런 씨앗을 열심히 뿌렸던 사람이다. 그렇
게 뿌려진 씨앗들 중의 한 알이 플라톤이라는 한 젊은이의 혼을 만
나 그 성품 속에서 자랐던 것이 아니겠는가? 그런 의미에서 소크라
테스가 어느 날 무릎 위에 안고 있던 새끼 백조가 곧바로 날개가 돋
아서 즐겁게 소리를 지르며 날아오른 꿈을 꾼 다음 날 플라톤을 소
개받고서, 그가 바로 그 백조라고 말했다고 전하는 이야기[22]는 《파이
드로스》편에서 하고 있는 이런 언급에 아주 적절하게 적용되는 사례
인 셈이다. 더구나 이 대화편에서는 하나의 혼이 철학을 향한 '에로
스'(사랑)를 통해 날개가 돋아나게 된다는 긴 신화적 설화를 이야기
하고 있으니 말이다. 그러고 보면 플라톤은 어쩌면 자기의 경우를 그
실증적 사례로 삼고서 이런 언급을 하고 있는지도 모르겠다.

우리가 능히 짐작할 수 있다시피, 그는 '아카데미아'라는 학원을
세워 장래가 촉망되는 많은 젊은이를 모아서 그들의 혼을 상대로 지
적인 훈련을 시키고, 때론 강론(scholē)을 통해 철학적인 말의 씨앗
을 뿌리고 그것을 가꾸어 가는 한편으로 그 많은 대화편도 썼을 것
이다. 그리고 일단 문자화된 대화편들은 처음에는 그 학원 안에서만
읽혔을 것이며, 하나 둘 필사됨으로써 학원 밖으로도 유출되었을 것
이다. 플라톤이 자신의 저술을 대화 형식으로 한 것도 실은 간접 대

---

21) 같은 책, 276e~277a.
22) 제5장 1항의 각주 2를 참조할 것.

화를 위한 한 방편이었을지도 모른다. 이미 혼자서는 감당할 수 없을
만큼이나 불어난 수의 제자들로 하여금 우선은 스스로 대화편들을
읽게 함으로써 지적 이해와 단련의 기회를 체계적으로 그리고 여럿
이 함께 갖도록 도왔을 것이며, 이 효과는 마침내 학원 밖으로까지
확산되어 갔을 것이다. 그럴뿐더러 대화는 일회성을 갖는 것일 뿐이
나, 대화의 문자화는 그것이 갖는 한계성이 있긴 하지만 그 대화의
장(場)과 내용을 확보해 주는 그 나름의 결정적 이점이 있다. 대화의
문자화가 갖는 이러한 이점과 살아 있는 직접적 대화가 갖는 이점
즉 지적인 산파적 효과, 이 둘을 최대한으로 겸하여 갖도록 도모하고
있는 것이 플라톤의 대화편들이 갖는 형식인 것 같다. 우리가 그의
많은 대화편에서 "바로 이것이다" 하고 어떤 분명한 결론을 섣불리
내리지 못하는 것도 실은 그의 대화편이 본질적으로 갖는 산파술적
특성 때문일 것이다. 소크라테스의 대화 정신의 산물이라 할 이 산파
술적 특성을 염두에 두지 않는 한, 우리는 그의 대화편들을 제대로
이해하는 길로 끝내 들어서지 못하고 말 것이다.

　따라서 우리가 문자화된 말과 관련된 플라톤의 언급을 그 자신의
대화편들에 적용시켜 이해하고자 할 때도, 우리는 방금 말한 이 이중
적 이점들을 고려하지 않으면 안 될 것이다. 그러면 우선 문자화된
말에 가장 가혹하다는 인상을 주는《파이드로스》편(278c~e)의 비판
을 보자.

　　"참된 것이 어떤 것인지를 알고서 이를 글로 지었다면, 그리고 자기
　　가 쓴 것들이 논박당할 경우에 이를 옹호할 수 있을 뿐만 아니라, 또
　　한 자기가 쓴 것들을 하찮은 것들이라 스스로 말하고 이를 입증해 보
　　일 수 있다면, 그런 사람은 그의 저술에서 따온 이름으로 부를 사람이
　　아니고 그가 열중하고 있는 일에서 따온 이름으로 불러 마땅한 사람일

세. … 내 생각으론 그런 사람을 '현자'(sophos)라 부르는 것은 지나
치거니와 이는 신께만 적절한 것 같으이. 하지만 '지혜를 사랑하는
이'(철학자: philosophos)[23]나 또는 그런 어떤 사람이라 일컫는 것이
이 사람에게는 오히려 어울리며 한결 더 적절할 걸세. … 그런 반면에
오랜 동안 요리조리 맞추어 보고 서로 붙였다가 떼어 냈다 하면서 짓
거나 쓴 것들말고는 이보다 더 값진 것들(timiōtera)을 갖지 못한 자
는 어쩌면 시인이나 연설문 작성자 또는 법조문 작성자 따위로 부르는
게 옳지 않겠는가?"

이 구절에 따르면 지혜를 사랑하는 이, 즉 철학자에게는 그가 글로
표현한 것 이상의 값진 지혜가 있으나, 글이 갖는 한계성 때문에 그
만큼만 표현되었을 뿐이다. 그렇다면 문자화된 것 이상의 것에 우리
는 어떻게 해서 이를 수 있는가? 흔히 우리는 "행간을 읽는다"는 표
현을 쓴다. 더구나 플라톤의 대화편들은, 앞서 말했다시피 치밀한 산
파술적 효과를 염두에 둔 상태에서 쓰인 것으로 보아야 할 것들이겠
기에, 이 행간을 읽는다는 것은 그의 대화편들에도 그대로 적용된다
고 볼 수 있겠다. 그렇다고 해서 문자화된 말에 대한 플라톤의 이러
한 혹평을 그의 대화편들에 액면 그대로 적용시켜서는 안 되며, 제대
로 알려지지도 않은 이른바 '문자화되지 않은 설(說)들'(ta agrapha
dogmata)에 지나치게 중요성을 부여하는 그럴싸한 주장들을 펴는
사람들의 말에 우리가 넋을 잃고 솔깃하여서도 안 될 일이다.[24] 글에
대한 플라톤의 이러한 언급을 우리가 그 자신의 대화편들에 적용시

---

23) 제4장 3의 1)에서 각주 67을 참조할 것.
24) 이른바 '문자화되지 않은 설들'의 전거로 되고 있는 아리스토텔레스의 언급과
　　관련해서는 제8장 3의 2b항의 각주 46 및 6b항 그리고 7b항에서 다루고 있으
　　니, 이를 참조할 것.

킬 경우에 언제나 유념해 마땅한 것은 그에게는 문자화된 글이 모두가 아니라는 점이다. 그 글들이 담고 있는 행간의 의미들과 산파술적 효과를 통해 이르도록 하려는 참된 깨달음이 정작 중요할 것이다. 그러나 그런 것들도 결국은 그의 대화편을 매개로 해서만 우리에게 알려지고 있으며, 그걸 읽는 사람에 따라 그의 중요하고도 핵심적인 철학 사상이 알려질 가능성은 얼마든지 열려 있다. 더구나 그렇지 않고서는 《파이드로스》편 이후에도 계속된, 아니 오히려 원숙한 단계에서 본격적으로 추진된 후기 대화편들의 저술 이유를 달리 찾을 길이 없다. 이 대화편의 저술은 아무리 늦게 잡아야 《소피스테스》편 이전의 일이라는 데에는 의문의 여지가 없다. 왜냐하면 이 대화편에서는 《소피스테스》편에서 보이는 변증술의 방법적 절차들의 전 단계의 것들만 언급되며, 그나마도 약식 형태로 수행되고 있기 때문이다. 게다가 《소피스테스》편 이외에도, 《정치가》, 《티마이오스》, 《필레보스》 그리고 《법률》 등의 중요한 대화편들이 그 후로도 저술된 것을 우리는 알고 있다. 80세로 죽는 날까지 그는 결코 글쓰는 것을 그만두지 않은 사람이다. 자기 생각을 문자화하는 것을 철저하게 우습게 아는 사람이 설마 자기 생애의 마지막 순간까지 그토록 지극 정성으로 글쓰는 일을 멈추지 않는 부질없는 짓을 하지는 않았을 것이다. 따라서 우리는 어쩔 수 없이, 아니 당연히 그의 주요 철학 사상들을 그의 저술들을 통해서 접할 수밖에 없다. 그의 대화편들과 관련된 이런 판단은 그의 《일곱째 편지》(341c~344d)에서 하고 있는 '언어의 허약함'(to tōn logōn asthenes)과 관련된 언급들의 경우에도 그대로 적용할 수 있을 것 같다. 이 편지가 그의 진짜 편지라는 전제 아래서 말한다면, 이게 쓰인 것은 디온이 암살당한 해를 기준으로 산정할 때, 그의 나이 74세 무렵의 일로 추정되기 때문이다.[25] 이 경우에도 우리는 그 이후의 계속된 그의 저술 활동을 달리 설명할 길이 없다. 아니 그보다도 앞서 시라쿠사이의 참주 디오니시오스 2세와의 관계가 완전한 파탄으로 끝난 67세 무렵부터 그가 본격적으로 열중했던 일은 오히려 저술 활동이었음은 그의 사상적 원숙을 보여 주는 많은 후기 대화편이 실증적으로 입증하고 있다. 더구나 우리는 이 편지에서 철학적 인식의 직관적 성격에 관한 그 나름의 꽤 자세한 설명을 읽게 되는데, 이 설명은 우리로 하여금 앞서 인용한 로빈슨의 직관에 관한 언급이 실제로 어떤 형태로 이루어질 수 있는지를 어느 정도 짐작케 해 주고 있다. 그뿐더러 직관이나 인식이 바로 산파술적 효과와 밀접히 연관된 것임도 직감케 해 준다.

플라톤의 자전적인 내용을 담고 있는 이 편지에서 그가 문자화된 글과 관련된 언급을 하게 된 경위는 이러하다. 플라톤의 가르침을 제대로 받은 일이라곤 없는 디오니시오스 2세가 남들한테서 이것저것 주워 듣고서는 굉장한 거라도 아는 체하며, 자신의 해설서를 내놓았다는 말을 듣는다. 그뿐만 아니라 다른 사람들도 비슷한 내용의 것들을 쓴 사람들이 있다는 걸 그는 알게 된다. 모두들 플라톤이 무슨 문제들에 열중하고 있는지를 알고 있다며 그렇게들 하는데, 자신으로서는 이미 그런 글을 썼거나 앞으로 쓸지도 모를 사람들에 대해 자신의 생각을 분명히 밝혀 두겠다는 뜻에서 이런 말을 한다.

"적어도 내 판단으론 이들이 이 문제에 대해 이해한다는 것은 전혀 불가능하오. 어쨌든 이것들에 관한 나의 저술은 없으며 앞으로도 결코 없을 것이오. 이는 어떤 식으로도 다른 학문들의 경우처럼 그게 말로 표현할 수 있는 것이 못 되고, 그 문제 자체와 관련해서 여러 차례에 걸친 '학문적 대화'(synousia)와 '함께 지냄'(syzēn)으로 해서, 마치

---

25) 박종현 편저, 《플라톤》(서울대 출판부, 1987), 6면 참조.

튀는 불꽃에서 댕겨진 불처럼, 불현듯 그 혼에 불이 댕겨져 어느새 스스로 타오르게 되기 때문이오. 그렇다고 한다면, 나는 적어도 이만큼은, 즉 그걸 글로 쓰거나 말로 하기로 하면, 나에 의해서 되는 것이 제일 낫다는 것은 알고 있소. 더 나아가서는, 그게 잘못 씌었을 경우에, 제일 괴로워할 사람이 나라는 것도 알고 있소. 그렇지만, 만약에 그게 많은 사람을 상대로 하여 충분히 글로 쓸 수도 있고 말로 표현할 수도 있는 걸로 내게 여겨졌다면, 사람들에게 크게 유익할 것을 글로 써서 근원적인 것(physis)을 모두에게 밝히는 것, 이것보다 더 훌륭한 일로 우리 생애에서 내가 무엇을 할 수 있었겠소? 그러나 이와 관련해서는 이른바 사람들을 위한 시도(epicheirēsis)라는 것도 나는 좋은 것으로 생각하지 않소. 조그만 시사(示唆)로도 스스로 그걸 알아낼 수 있는 소수의 사람을 위한 경우를 제외하고는 말이오. 다른 사람들의 경우에는, 나의 그런 시도는 어떤 사람들로 하여금 전혀 어울리지도 않게 당치도 않는 경멸감으로 꽉 차게 하겠지만, 어떤 사람들에겐 마치 자신들이 굉장한 것들을 배우기라도 한 것처럼 우쭐하고 공허한 희망으로 꽉 차게 할 것이오."(341c~e)

이런 말을 한 다음에 곧 이어 이와 관련된 한결 더 자세한 설명을 덧붙이고 있다. 이 부연적 설명에서 그는 참된 앎의 대상에 대한 인식(epistēmē)을 얻기 위해서는 우리가 우선 몇 가지 수단들에 의존할 수밖에 없다고 하며, 그런 것들로 그 대상의 이름(onoma), 그것의 의미 규정(logos), 그것의 영상이나 모상(eidōlon) 그리고 그것에 대한 인식 및 직관(nous) 등을 들고 있다. 그는 이것들을 매개로 하여 선의의 논박과 시기하지 않는 문답을 오랫동안 하다 보면, 모든 것에 관한 지혜와 인간 능력의 최대한에 이른 직관이 빛을 발하게 된다고 말한다. 이에 이어서 그는 또한 이런 말을 덧붙이고 있다.

300

"바로 이런 까닭으로 모든 진지한 사람은 중대한[26] 것들에 대해 글을 써서, 인간들끼리 시기와 당혹스러움에 빠지게 하는 일은 좀처럼 없을 것이오. 한마디로 해서, 이런 것들로 미루어, 누군가가 어떤 사람이 문자화해서 지은 것들을 보게 될 경우에는, 그게 입법자의 법률로 표현된 것들이건 또는 다른 형태의 것들로 된 어떤 것이건 간에, 비록 이 사람 자신이 진지한 사람이라 할지라도, 이 사람한테는 그것들이 가장 중대한 것들(가장 진지하게 대할 것들)이 아니라는 걸 알아야만 하오. 하지만 가장 중대한 것들은 그 사람에 속하는 것들 가운데서도 가장 훌륭한 곳[27] 어딘가에 자리잡고 있소." (344c)

플라톤의 문자화된 글에 대한 이런 언급을 다른 사람 아닌 그 자신의 저술 활동과 연관지을 때, 우리는 그의 자가 당착적인 발언에 당혹감을 갖지 않을 수 없을 것이다.[28] 도대체 이 당혹감에서 벗어날 길은 없는가? 언뜻 자가 당착적인 것으로 받아들여질 수밖에 없을 것 같은 이 문제에 대한 해답은 없는가? 이 해답은 다름 아닌 그의 저술 형식 자체에서 어쩌면 찾을 수 있을 것 같다. 그의 대화 형식의 저술은 일방적으로 제 말을 하고 끝나 버리는, 또는 어떤 가르침을 상대방의 이해와 관계없이 주어 버리고 마는, 그런 형태로 문자화된 것이 아니다. 각각의 대화편은, 그것이 무슨 문제를 주제로 할 것인지에 따라, 그런 대화에 가장 적합한 혼(psychē)을 지닌 대화자들을 등장시켜 그야말로 살아있는 대화를 갖게 한다. 대화편 하나하나는

---

26) 여기에서 '진지한'과 '중대한'은 다 같이 spoudaios의 역어이다. 사람의 경우에 이 말은 진지함을 뜻하는 말이 되겠지만, 사물의 경우에는 진지한 태도로 접근해야 할 대상이 되겠기에, 이런 역어를 택한다.

27) 사람의 혼 또는 머리를 가리킨다.

28) 이른바 '문자화되지 않은 설들'의 중요성을 강조하는 사람들에게 굉장히 힘을 실어주는 발언이기도 하다.

그런 구체적 설정에 의해 치밀하게 진행되는 대화의 장(場: topos)이다. 그러므로 《파이드로스》편(277b~c)의 다음과 같은 언급은 그의 대화편들이 갖는 이런 특성들을 잘 말해 주는 것으로 우리는 받아들일 수 있을 것 같다. "… 또한 혼의 성향(physis)에 대해서도 마찬가지로 간파를 하여, 각각의 성향에 어울리는 종류의 이야기(대화: logos)를 찾아내서 이런 식으로, 즉 다채로운 혼에는 다채롭고 두루 어울리는 이야기들을, 단순한 혼에는 단순한 이야기들을 정하여 조정해 가기 전에는" 그 대화가 다룰 문제를 체계적으로 다룰 수 없다. 그뿐더러 그의 대화편들 속에서는 좀 앞서 《일곱째 편지》의 내용으로 언급했던 것들, 즉 참된 앎의 대상에 대한 인식을 위해서 이용되는 수단들이 실제로 이용되며 논박과 문답이 수없이 수행되고 있는 것을 볼 수 있다. 물론 이 경우에도 결코 잠시나마 간과되어서는 안 될 것은 그의 대화편들이 갖는 산파술적 특성이다. 산파술은 출산할 산모를 도울 뿐이다. 출산하는 것은 산모요, 어떤 아이를 낳는가는 산모에 달린 것이다. 대화편은 정신적인 출산의 장(場)을 제공하는 것이다.

또한 플라톤의 저술 활동이 결코 자가 당착적인 것이 아님을 말해 주는 것으로 우리는 이런 설명을 덧붙일 수 있을 것 같다. 두루 알려져 있다시피, 그의 대화편들은 그 저술 시기에 따라 초기, 중기 및 후기의 것들로 크게 분류된다. 그리고 초기에서 중기로, 중기에서 후기로 넘어가되, 초기와 중기 사이의 과도기(이를테면 《메논》편의 경우), 그리고 중기에서 후기로 넘어가는 과도기(이를테면 《파이드로스》, 《파르메니데스》, 《테아이테토스》의 경우)를 거치도록 하는 대화편들의 존재, 이 전체 과정은 다양하고 치밀하기 그지없는 기나긴 총합적 과정이기도 하다. 이런 과정을 거치게 되는 진행은 그의 대화편들을 그 시기에 따라 읽게 되는 사람들로 하여금 각자가 소화해낼 수 있는 범위 내에서 철학이라는 이름 아래 주어질 수 있는 지혜를 깨치게 해 준다. 문자로 적힌 것들은 기본적으로 그 깨우침을 주기 위한 것이지만, 문자로 적힌 것들 이상의 산파술적 효과까지 얻는 것은 특히 각자의 몫일 뿐이다. 그의 대화편들은 어려운 철학적 문제들을 다루고 있는 후기 쪽으로 갈수록 '많은 사람을 상대로' 쓴 것이 아님을 우리는 확인하게 된다. 《파르메니데스》나 《테아이테토스》, 《소피스테스》, 《필레보스》 등의 대화편들이 그런 것들일 것이다. 따라서 그 진행이 후기로 갈수록 "조그만 시사로도 스스로 그걸 알아낼 수 있는 소수의 사람들을 위한" 것임은 어쩔 수 없는 일이라 할 것이다.

이 글에서 이제껏 다룬 문자화된 글들과 관련된 플라톤의 이런 언급을 통해서도 우리는 그가 끝내 글이나 말로는 제대로 나타낼 수 없는 어떤 궁극적인 깨달음의 경지에 스스로 이르렀던 것으로 짐작할 수 있다. 또한 다른 누군가가 그의 대화편들을 읽고서, 이를 기반으로 하여 그런 경지에 스스로 이를 수 있을 만큼 되었다면, 그에게도 더 이상 문자화된 글들이 필요 없기는 마찬가지일 것이다. 그러나 이런 경지에까지 이르게 되는 사람들이, 플라톤 자신의 그런 언급이 없더라도, 소수일 수밖에 없을 것이라는 것은 새삼 말할 필요도 없이 뻔한 이치이다. 하지만 비록 그렇더라도, 플라톤은 소크라테스의 뜻에 따라 사람들을 그런 경지로 조금이라도 가까이 이끌어 가는 일에 조금도 소홀하지 않았다. 그의 대화편들이 궁극적으로는 거기로 이끌어 가는 길잡이 노릇을 하고 있기 때문이다.

제8장 아리스토텔레스의 플라톤 비판

1. 아리스토텔레스를 통한 플라톤 이해의 문제점들

플라톤 철학의 이해에 관한 한 아리스토텔레스가 훗날 사람들에게 미친 영향은 참으로 지대하며 오랜 세월 동안에 걸쳐 지속된 것이다. 훗날의 철학사에 큰 영향을 미친 한 철학자에 대한 다른 한 철학자의 비판이 거의 아무런 수정도 거치지 않은 채로 그처럼 오랜 세월 동안[1] 훗날 사람들에게 일방적으로 받아들여진 경우는 이것이 유일한 것일 것이다. 그처럼 오래도록 플라톤이 그의 방대한 분량의 대화편들을[2] 통해서 훗날 사람들에게 직접적으로 알려지기보다도 그와는 다른 철학적 관심사에 골몰했던 아리스토텔레스를 통해서 그의 관점에서 오히려 더 알려지게 된 까닭은 도대체 무엇일까?[3] 그 까닭

---

1) 이를 아리스토텔레스의 학문적 활동기로부터 19세기 중엽에 이르기까지로 잡더라도, 이는 근 2200년에 가까운 세월이다.

2) *Oxford Classical Texts*판의 플라톤 전집(Platonis Opera)은 모두 5권이다. 여기에 수록되어 있는 현대 활자로 인쇄된 헬라스어 원문의 대화편들 중에서 플라톤 자신의 것들로서 가장 신빙성이 큰 것들은 대체로 27편의 대화편들과 《일곱째 편지》를 합치면, 그 전체 면수는 약 2.256면이다.

으로 추정될 수 있는 것들에는 여러 가지가 있겠으나, 그 중에서도
가장 그럼직한 몇 가지로 다음과 같은 것들을 들 수 있을 것 같다.
우선, 한편으로는 플라톤 자신이 남긴 저술들의 내용 및 특성 자체를
통해서, 그리고 다른 한편으로는 아리스토텔레스의 플라톤 비판을 통
해서 그런 이유들로 손꼽을 수 있는 것들을 찾아볼 수 있겠다.

첫째로, 플라톤의 대화편들은 많은 경우에, 특히 초기 및 중기의
것들에 있어서는 그의 스승 소크라테스가 대화를 주도하기에, 태생적
으로 소크라테스적인 산파술의 특성을 지니고 있다는 점이다. 그의
대화편들은 결코 단순한 가르침(didakhē, didaskalia)을 위한 것이 아
니라, 철저한 철학적 수련을 거쳐 스스로 참된 앎에 이르도록 하려는
것을 그 기본 방식으로 삼고 있다. 플라톤의 철학은 일방적으로 가르
쳐질 수 있는 성질의 것이 아니라, 궁극적으로는 큰 깨우침을 통해서
이해해야 할 성질의 것이요, 대화편 형태의 저술은 이에 이르는 과정
을 거치도록 인도하기 위한 방편이라 할 것이다. 그가 《국가》(政體)
편에서 '가장 큰(중요한) 배움'(to megiston mathēma)[4]이 진리 인식
의 여정(poreia)에 있어서 최종적으로 이르게 될 단계의 배움이라 한

---

3) 이들 두 철학자의 주된 관심사가 각각 무엇인지를 간단히 밝히는 것은 그리 쉬
운 일은 아니다. 그러나 대체로 무난한 관점에서 말한다면, 아리스토텔레스는 존
재들에 대한 인식과 이를 통한 관상(觀想: theōria)의 문제에 주된 관심을 보인
반면에, 플라톤은 존재들에 대한 인식만이 아니라, 이를 근거로 한 행위(praxis)
의 문제에 오히려 더한 관심을 보였다고 할 수 있을 것 같다. 이와 관련해서는
제4장에서 특히 4항을 참조하는 게 좋겠다. 또한 이와 관련된 언급으로서
Guthrie가 플라톤에 있어서 철학은 '훌륭함(훌륭한 상태: goodness)의 본성과
그 조건들의 발견'을 유일한 목표로 삼고 있으나, 아리스토텔레스에게 있어서는
"무엇이 훌륭함인가?"가 아니라, "reality(to on: 實在)는 어디에 있는가?"가 지속
된 의문이었다고 한 말도(A History of Greek Philosophy V. 445면) 실은 필자
의 견해와 내용에 있어서는 맥을 같이하는 것이라 하겠다.
4) 제3장 2의 2)(2)항 및 제5장 5의 1)항을 참조할 것.

것도 그 때문이었을 것이다. 그러니 그가 하나의 대화편을 통해서 독자로 하여금 궁극적으로는 스스로 깨닫거나 인식하도록 하려는 것 자체가 직접적인 가르침에 익숙한 사람들에게는 오히려 하나의 당혹스러움을 느끼게 하는 것일 수 있다. 특히 초기의 대화편들이, 먼저 소크라테스의 대화 상대자가 얼치기 앎의 상태에서 철저한 무지의 상태로 전락하게 하여 한결같이 당혹스러움을 느끼게 한 다음에야, 새로운 마음의 자세로 공동 탐구(syzētēsis)에 임하도록 하는 것이 그 때문일 것이다. 그의 대화편들이 갖는 이러한 기본적 특성을 고려에 넣은 충분한 이해와 주의 없이 그저 표현된 대화만을 따라 가다보면, 한 대화편의 출발점에서 부딪친 '아포리아'(aporia: 난문 또는 당혹스러움)는 한결 심화되었을 뿐인 '아포리아'로 바뀌어 있는 것으로 자칫 느끼게 한다. 그러나 그 대화편이 그것을 읽는 이로 하여금 정작 무엇을 깨닫도록 하려는 것인가는 이미 대화편 속에 어느 정도 또는 충분히 시사되어 있다는 것을 주의 깊고 통찰력 있는 독자는 능히 깨달을 수 있다. 그리고 그런 이만이 그 대화편을 통해 플라톤의 진정한 의도에 접하는 감복과 즐거움을 맛볼 수 있다. 단순한 일방적 가르침은 사람을 결코 지혜롭도록 만들어 주지 못한다고 생각하는 그이기 때문이다. 비록 하나의 대화편을 처음으로 읽을 때는 누구나 당혹스러움에 빠지기 십상이나, 그의 여러 대화편을 읽어감에 따라, 그리고 하나의 대화편도 반복적으로 읽어감에 따라 우리는 플라톤의 의중을 적어도 그 핵심에 있어서 차츰 확신을 갖고 읽어낼 수 있다는 것은 하나의 경험적 사실이다. 그런 점에서 플라톤의 대화편들은 철저하게 산파술적인 것들이다. 그의 사상은 쉽사리 드러나지 않는 깊이를 가진 심연이나 그 연안이 쉬 시야에 들어오지 않는 난바다를 닮았다고 해도 그다지 지나친 비유일 것 같지는 않다. 그러기에 하나의 대화편이 의도하는 것이 무엇인지를 읽어내는 것은 어느

306

의미에서는 그걸 읽는 사람의 능력이나 열성 또는 주의력에 따라 좌우되기도 하는 측면이 있기까지 하다. 이는 마치 인생의 한 장(場: topos)이 사람에 따라 달리 해석될 수 있는 경우와도 같다고 하겠다. 그러나 충분히 주의 깊고 열성 있는 그리고 통찰력 있는 이에게 플라톤은 자신의 이야기를 적어도 그 핵심에 있어서 암시하고 있다. 그처럼 방대하고 심오한 자신의 철학 사상을 한두 권의 논저 형태의 책으로 전달한다는 것은, 그것도 오늘날처럼 철학적 언어를 아무런 제약 없이 자유로이 사용할 수 있는 철학적 논의의 장이 마련되지 않았던 당시의 상황에서는, 도저히 불가능한 일이었을 것이다.[5] 자연, 인간, 법, 그리고 인식과 행위 등등 숱한 철학적 문제를 일관된 관점에서 다루고자 하는 그에게 있어서,[6] 그리고 그런 문제들을 50년이 넘는 세월 동안에 골똘히 생각하면서 다루어 온 그에게 있어서 그 대화편들은 그 하나하나가 그러한 사상 체계로 이끌어 가는 길잡이요, 그 핵심적인 것에 대한 깨우침을 위한 것이다. 더구나 언어의 한계를 늘 의식하고 있는 그이면서도, 그는 어쩔 수 없이 사용할 수밖에 없는 언어적 표현을 통해 그 이상의 것을 말할 수 있는 방법을 여러 가지로 강구했던 것 같다.[7] 비유와 산파술적 방법은 그 좋은 예들일 것이다. 그의 인식 이론이 곧잘 상기설의 형태로 언급되는 이유들 가운데 하나를 우리는 여기서도 찾을 수 있다. 왜냐하면 단순한 주입식 가르침이 아닌 깨우침으로서의 배움(mathēsis)을 상기(anamnēsis)로 말하기도 한 까닭들 중의 하나가 거기에 있기 때문이다. 그래서 "상기설은 사람들을 부지런하고 탐구적으로 만들어준

---

5) 이와 관련해서는 제1장 5항에서 상세히 언급했으므로, 이를 참조하는 것이 좋겠다.

6) 특히 이런 관점에서 다루어 본 것이 제5장이다.

7) 글과 관련된 플라톤의 언급에 대해서는 제7장 2의 3)항을 참조할 것.

다"[8]고 그는 말하고 있다.[9] 플라톤 철학은 표현된 언어의 틀 안에서만 머무르며 거기에만 의존하는 안이한 방식의 접근에 의해서는 그 깊이와 끝닿는 데를 알기 힘들다. 이에 비해 아리스토텔레스가 자신의 생각을 기술하는 방식은 상식적이고 경험적 내지 사실적인 것을 그 기본 바탕으로 하고 있다. 그가 남긴 글들은 산문 정신에 투철한 것들이다. 그러나 우리가 오늘날까지 온전한 형태로 물려받은 그의 논저 형태의 책들은 사실상 그 자신의 강의(akroasis)를 위한 노트들(grammata)이지, 남들이 읽도록 생전에 공개한 것들이 아니다. 그리고 이런 글들과 남들이 읽도록 생전에 공개한 대화 형태의 글들(exōterikoi logoi) 중에서 토막 형태로 남아 있는 것들을 다 합쳐도 그가, 단독으로든 또는 합작으로든, 실제로 썼던 것들의 1/5에 불과한 것으로 추정되고 있다. 이처럼 방대한 규모의 것들이기는 하지만, 그 내용에는 문자화된 것 이상의 다른 뜻까지는 없다고 해도 될 것이다. 따라서 플라톤의 대화편들보다는 아리스토텔레스의 논저 형태의 글들이 더 쉽게 접근할 수 있는 것들이다. 또한 그렇게 접근하는 이들에게 아리스토텔레스의 플라톤 비판은 분명한, 그러나 자칫 그릇된 판단을 경솔하게 갖게 할 위험성은 처음부터 그리고 충분히 도사리고 있다.

둘째로, 플라톤의 언어는 대화편들을 통해서 전개되는 논의들이기는 하지만 그 중요한 대목들에 있어서는 무척 종교적이며 신비적인 표현들을 담고 있다. 플라톤은 인류 역사상 드물게 방대하고 심오한 철학의 경지를 열었고, 따라서 헬라스 철학사에 있어서 지혜의 극치

---

8) 《메논》편, 81e1.

9) 그러나 플라톤이 상기설의 형태로 철학적 인식을 설명하는 가장 큰 이유는 감각적 지각(aisthēsis)의 한계를 넘어선 '지성에 의한 앎'(noēsis)을 말하기 위한 방편으로 종교적·신화적 표현들을 빌린 데서 비롯된다고 할 것이다.

에 이르렀던 철학자이다. 그렇지만, 그런 자신의 철학을 당시의 일상
적인 언어로 동시대인들에게 전달함에 있어서 그는 원초적인 어려움
을 겪게 된다. 소크라테스의 개념 정의를 통한 언어적인 작업이 소피
스테스들의 행각과는 근본적으로 왜 다른지에 대해, 플라톤을 제외하
고는, 거의 모두가 몰랐던 것이 당시의 지적 풍토였다고 해야 할 것이
다. 소크라테스의 죽음은 한 철학자의 일생에 걸친 철학적 작업에
대한 당대 사람들의 그런 몰지각이 정치 지도자들의 적개심과 영합
하여 빚은 결과일 뿐이다. 그런 상황에서 플라톤이 자신의 철학을 전
달하기 위한 언어로서 일상어 이외에 보완적으로 빌려다 쓴 것이 주
로 엘레우시스(Eleusis)의 비교 의식(秘敎儀式: mystēria)과 관련된
종교 용어였다. 원래는 독립된 나라(polis)였으나 기원 전 7세기에 아
테네에 통합된 엘레우시스는 농사를 관장하는 데메테르(Dēmētēr) 여
신과 그 딸 페르세포네(Persephonē)를 기리는 비옥한 곡창 지대였다.
이 비교는 디오니소스 비교와 오르페우스 비교의 요소들을 다 통합
하여 갖고 있었던 것으로 알려져 오는데, 해마다 열리는 이곳의 종교
행사는 마침내 아테네 시민들 전체가 참여하는 9월의 축제로 되었다.
아테네 시민이면, 누구나 한 번씩은 그 비교 의식 자체에 참여하는
행사였을 정도로 이 종교 행사는 일반화되어 있었으므로, 이와 관련
된 용어들은 당시의 사람들에겐 익숙한 것들이었다. 일상적인 감각적
경험의 울타리를 벗어나, 지성 또는 정신(nous)의 영역으로 들어서는
것을 비로소 '철학하는 것'(philosophein)으로 말하는 플라톤에게 있
어서 일상의 틀을 벗어나 색다른 세계에 대한 체험을 하게 하는 비
교 의식과 관련된 용어들은 자신의 철학 세계를 효과적으로 설명하
기 위해서는 차용 가치가 아주 높은 것이었다고 할 것이다. 그래서
그는 철학의 세계에 입문하는 것 자체를 종교적인 입문, 즉 입교(入
敎: myēsis, teletē) 행위로 비유해서 말한다.[10) 그런가 하면 종교적인

정화 의식(katharmoi)처럼 인식 주관의 순수화(katharsis) 과정을 거
쳐 참된 인식에 이르는 것을 엘레우시스 비교 의식의 최종적 단계인
비전(秘傳: epopteia)[11]에 빗대어 말하기도 한다. 감각적인 지각과
그 대상들만이 앎의 영역을 이루는 것으로 믿는 일반인들, 게다가 그
러한 앎만이 가능할 뿐임을 강하게 뒷받침하는 소피스테스들, 이들을
상대로 이성(logos)이나 지성(nous)의 영역이 있음을 강조하는 소크
라테스나 플라톤으로서는 생경할 것이 틀림없을 조어(造語) 사용을
피하는 유일한 선택이 종교 용어의 차용이었을 것이다. 이런 사정을
어느 정도 엿볼 수 있게 하는 표현들 가운데 하나를, 이를테면 《테아
이테토스》편(155e3~156a2)에서 우리는 찾아볼 수 있을 것 같다. "혹
시 교화되지 않은 자들(hoi amyētoi) 중에서 누군가가 엿듣지 않는
지 둘러보고 살피게나. 이들은 손으로 꽉 쥘 수 있는 것 이외에는 아
무 것도 존재하는(einai) 것으로 믿지 않는 자들일세. 이들은 행위들
도 … 그리고 눈에 보이지 않는 일체의 것(pan to aoraton)도 존재
(ousia)의 부류에 드는 것으로 받아들이지 않는 사람들일세. … 실로
이들은 아주 교양 없는 자들(amousoi)이지."[12] 이처럼 비록 자신이
뜻하는 것을 충족시키는 것들은 아니지만, 그러나 차선의 효과적인
방법으로 자신의 사상을 전달하기 위해서 그는 종교 용어를 빌려다
썼다. 오늘날의 우리 시대나 아리스토텔레스 시대의 사정과는 판이하
게 다른 철학 인구와 철학적 논의의 장에서 철학을 한 플라톤이었다
는 것을 결코 가볍게 간과해버려서는 안 될 일이다.[13] 그러나 사정이

---

10) 제1장 5항을 참조할 것.
11) 이 단계에 들어서는 것이 허용된 사람을 epoptēs라 하는데, 이는 epopteia와
    함께 이 종교 의식의 비밀스런 것들을 보게 됨을 의미한다.
12) 여기에서 hoi amyētoi는 입교(myēsis) 하지 않은 사람들(the uninitiated)을,
    그리고 amousoi는 '교양(mousai)이 부족한 상태(amousia)'의 사람들을 가리
    키는 말이다.

이러한데도, 아리스토텔레스는 플라톤의 이런 종교 용어나 비유적 언급에 대해서 거의 말꼬리를 붙잡는 식으로 일일이 트집을 잡는다. 그래서 Hackforth 같은 이는 "어떤 경우에나 아리스토텔레스의 비판은 그 정신보다도 오히려 글자에 반대하는 것이다"[14]라고까지 극언한다.

셋째로, 아리스토텔레스의 플라톤에 대한 철학적 비판이나 도전은 전적으로 일방적이다. 그건 마치 이런 상황과 같다. 플라톤은 이미 죽어서 말이 없고, 아리스토텔레스만이 목청껏 외쳐댄다. 그래서 많은 사람은 플라톤이 남긴 책은 충실히 읽지 않고, 아리스토텔레스의 목소리에만 귀를 기울인다. 플라톤 쪽에서는 아무런 응수도 없는데도 일방적 도전에 많은 사람이 감복하고 박수마저 아끼지 않는다. 그 상황을 달리 비유한다면, 플라톤 철학은 아리스토텔레스에게 있어서 마치 권투 연습용 모래자루 같은 것이었다. 치는 힘을 기르며 치는 법을 연습하기 위해 공중에 매단 샌드백 꼴이 된 것이 플라톤 철학의 처지였다. 모래자루 덕분에 어느 결에 자신도 모르게 커버린 권투 선수처럼, 아리스토텔레스도 플라톤이라는 모래자루 덕분에 어느새 스승에 맞서는 철학자로 성장해 버렸다. 그 결과 새로운 챔피언이 탄생하고, 플라톤의 저술들은 잔뜩 얻어맞은 모습으로 공중에 매달린 채로 있다. 그가 남긴 책들을 덮어두는 한, 죽은 자는 말이 없다. 그런 의미에서 플루타르코스의 *Moralia* 중의 하나에 나오는 다음 구절은 이와 관련해서 어쩌면 적잖이 공감이 가는 언급일 것 같기도 하다.

"이데아들과 관련해서 플라톤을 비난하는 아리스토텔레스는 그것들을 도처에서 들쑤시며, 그것들과 관련된 온갖 난문(難問: aporia)을

---

13) 이와 관련해서도 역시 제1장 5항을 참조할 것.
14) R. Hackforth, *Plato's Philebus*(Cambridge, 1972), 13면, 주 2.

제기한다. 즉 그의 윤리서들과 [《형이상학》], 《자연학》 및 공개된 대화편들에서 말이다. … 이런 견해들로 해서, 어떤 사람들이 보기에 그는 철학적이라기(지혜를 좋아한다기: philosophōteron)보다는 경쟁을 더 좋아하는(philoneikoteron) 것으로 판단되었다. 마치 플라톤의 철학을 전복하도록(hypereipein) 제의하기라도 하는 것처럼. 그는 이처럼 플라톤을 따르는 것에서 멀리 떨어져 있었다."[15]

그러니 이들 두 철학자와 관련해서 정말로 공정하려면, 아니 그보다도 학문적으로 한결 성실하려면, 플라톤에 관련되는 한, 아리스토텔레스의 눈을 더 이상 빌리지 않고서 플라톤을 보도록 해야만 한다. 그러기 위해선 무엇보다도 플라톤 자신의 저술들에 충실하도록 하는 것 이외에 최선의 지름길은 없다. 그러나 플라톤 철학의 이해는 유감스럽게도 몇 편의 대화편을 읽는 것으로 되는 일이 아니다. 아리스토텔레스 자신이 그랬듯이, 몇 편의 대화편을 통해서만 플라톤 철학을 이해하려 할 때, 플라톤 철학은 그 일면밖에 보이지 않는다. 플라톤 철학은 그야말로 다면체의 것이기 때문이다. 이 다면체의 사상에 제대로 접근하기 위해서는 최대한으로 그의 대화편을 읽지 않으면 안 된다. 그러나 이 최대한이란 말은 이중적인 뜻에서의 것이다. 그것은 최소한 그의 중요한 대화편들 대부분을 읽는 것뿐만 아니라, 수없이 반복해서 읽는 것을 의미한다. 이 반복의 필요성은 앞에서 말했듯, 특히 그의 대화편들이 갖고 있는 산파술적 성격 때문이다. 게다가 헬라스어라는 언어적 장벽마저 가로막고 있다는 것을 감안한다면, 플라톤 철학의 이해를 위한 난관은 참으로 첩첩산중인 셈이다. 이와 관련해서 플라톤 전집의 옥스퍼드 판 교정본을 낸 버넷이 20년 이상의 세월 동안 플라톤 공부를 했다는 것을 자랑삼아 실토하고 있다[16]는

---

15) Plutarch's *Moralia, Adversus Colotem*, 1115b8~c4.
16) J. Burnet, *Greek Philosophy*, 284~285면.

사실이 하나의 좋은 교훈으로 될 것 같기도 하다. 이 겹겹의 어려움을 헤치고 어느 정도의 총괄적 조명(synopsis)을 갖지 못하는 한, 플라톤 철학에 대한 아리스토텔레스적 이해는 아리스토텔레스 이래로 오늘에 이르기까지, 일부의 플라톤 연구가들의 경우들을 제외하고는, 사람들의 플라톤 철학의 해석에 지대하게 영향을 미치어 온 것이 사실이다. 어쩌면 이는 서양 철학사상 최대의 스캔들이라 할 수 있는 하나의 큰 역사적 사건일 것이다. 이 스캔들의 진원은 바로 아리스토텔레스이다. 이 스캔들의 와중에 휘말려들지 않도록 하려면, 플라톤 철학을 아리스토텔레스에게서 차단해서 보도록 해야만 한다. 더 이상 아리스토텔레스를 통하지 않고서 아무런 선입견 없이 차분히 플라톤을 읽는 것만이 최선의 방책이다. 그 길만이 2400년에 가까운 세월이 지나도록 그 영향력을 강하게 미치고 있는 그의 사상이 담긴 대화편들을 통해서 감동으로 와 닿을지도 모를 그의 목소리를 직접 들을 수 있게 해 줄 것이다.

넷째로, 아리스토텔레스는 전적으로 자신의 철학적 관심에서 이전의 철학들을 정리 검토하고 있을 뿐, 결코 검토의 대상으로 되는 철학자의 본래 의도는 전혀 고려하지도, 충분히 이해하려고도 하지 않는다. 각각의 논고의 주제와 관련되는 한, 그에 앞선 철학자들의 견해를 지루할 만큼 상론하고 있으나, 그것은 언제나 자신의 철학적 관심사에 입각하여 깎아 내리거나 거두 절미하는 식에 가까운 평가일 뿐, 평가되는 상대의 사상적 본의는 아랑곳없다. 가령 《형이상학》 A(1)권에서 해 보이는 그의 비판을 보기로 하자. 이 부분은 헬라스철학사 전반에 걸친 언급을 하고 있다. 따라서 이 부분은 그에 앞선 헬라스 철학사에 대한 요약으로 자칫 받아들여지기 쉽다. 그러나 이는 이른바 4원인설로 알려지고 있는 그의 현상 설명 도식의 관점에서 정리한 헬라스 철학의 사적 개괄이다. 선인들이 그 네 가지 원인

(aitia)들이나 원리(archē)들 중에서 몇 가지를 내세워 자연을 설명하고 있으며, 또 이에 있어서 얼마나 성공하고 있는지가 그들에 대한 평가의 잣대이다. 플라톤을 보는 눈길도 그 연장선상에 있음은 물론이다. 그는 단언적으로 말하기를,[17] 사물들을 설명함에 있어서 4가지 원인으로 충분하며, 일찍이 그 밖의 다른 원인을 제시한 사람은 없다고 한다. 그러면서 그는 "모두가 그 네 가지 것을 건드리기는 했으나, 분명하지 못하게 한 것 같다"거나, "어느 면에서는 네 가지 원인이 이전에 모두 언급되었지만, 어느 면에서는 전혀 언급되지 않았다. 실로 초기의 철학은 미숙하고 시작 단계에 있었기 때문에 말더듬이를 닮았다"고 비아냥거리는 투로 말하고 있다. 플라톤도 이 네 가지 원인과 관련해서 두 가지만 말했던 것으로 보아 폄하하고 있다.[18] 모두가 아리스토텔레스 자신이 자부하는 완결적인 철학에는 미치지 못하는 것으로 언급되기는 마찬가지이다. 그러나 과연 그러한지 아닌지는, 그가 판결할 것이 아니라, 두 쪽 다를 공평하게 말할 수 있는 사람이 할 일이다.

2. 아리스토텔레스의 플라톤 비판의 줄거리

이제부터 우리가 다루려는 것은 플라톤에 대한 아리스토텔레스의 비판 내용들 중에서도 《형이상학》, 《자연학》, 《혼에 관하여》, 《니코마코스 윤리학》 등을 중심으로 한 플라톤의 형상 이론과 관련되는 것들에 국한한다. 그의 플라톤 비판 내용은 자질구레한 것들까지 다 들먹인다면, 수없이 많다.[19] 그러나 이 글을 통한 논고의 목적은 플라

---

17) *Physica*, B3, 7 및 *Metaphysica*, A7, 988a 18~23, A10, 993a11~16.
18) 2항의 긴 인용문 끝 부분을 참고할 것.

314

톤 철학에 대한 아리스토텔레스의 비판이 플라톤 철학을 근본적으로
잘못 해석한 것과 관련된 중요한 몇 가지 점에 논의를 한정시켜서,
이를 우리가 바로잡아서 보도록 하자는 것이다. 플라톤의 이데아 설
에 관한 그의 비판의 주요 내용들은 《형이상학》 A(1)권 6장과 9장
그리고 M(13)권 4, 5, 9장에 집중적으로 나오는데, M권 4, 6, 9장은 A
권에서 이미 다룬 것들 중의 일부를 재론하는 것이다. 특히 A권 9장
에서는 플라톤의 이데아 설이 지니고 있다고 생각되는 난점(aporia)
들로 무려 23가지를 들고 있다. 이것들 중에서 주요 내용들을 우선
그대로 우리말로 옮기거나[20] 개략적으로 적어 보기로 한다. 먼저 《형
이상학》 A(1)권 6장(987a29~988a14)의 내용을 보자.

  "플라톤의 작업 결과(pragmateia)는 많은 점에서 선철(先哲)들을
따르고 있지만 이탈리아학파의 철학과는 구별되는 독특한 것들이 또
한 있다. 젊어서는 크라틸로스와 헤라클레이토스적인 설들에 친숙했
다. 이 설들은 모든 감각 대상이 언제나 흐름의 상태에 있어서 이것
들에 대해서는 인식(epistēmē) 또한 있을 수 없다는 것인데, 이런 견
해는 그가 훗날에도 그대로 간직하고 있었다. 그런데 소크라테스는
윤리적인 것들(ta ēthika)에 대해서 몰두했으되 자연 전반(hē holē
physis)에 관해서는 전혀 소홀했다. 그렇지만 그는 윤리적인 것들에
있어서 보편적인 것(보편자: to katholou)을 찾고, 처음으로 정의(定
義 의미 규정: horismos)들에 골몰했다. 플라톤은 그의 가르침을 받
아들여, 이는 감각 대상들(ta aisthēta)에 대해서는 불가능하고 다른

19) Harold Cherniss는 처음에 2권으로 기획되었으나 1권만을 내고 만 미완의 저
    서 *Aristotle's Criticism of Plato and the Academy*. Vol. 1.(610면, New York,
    1962)에서 아리스토텔레스의 플라톤 비판의 내용을 깡그리 파헤치고 있다.
20) 원문을 우리말로 그대로 옮긴 것은 따옴표(" ")로 표시했다.

쪽의 대상들에 대해서나 가능하다고 생각했는데, 그건 이런 이유로 해서였다. 즉 감각 대상들이 언제나 변화하고 있는 탓으로 이것들 가운데 어떤 것에 대한 공통된 정의(ho koinos horos)란 있을 수 없기 때문이라 해서였다. 따라서 플라톤은 그런 다른 쪽 것들을 이데아들이라 일컫고, 이것들 이외의 감각 대상들도 모두 이것들에 따라 부르게 된다고 했다. 형상(eidos)들과 같은 이름을 갖는 것들(ta homō-nyma)은 관여(methexis)로 해서 존재하기 때문이란다. 그러나 '관여'란 이름만 바꾼 것일 뿐이다. 왜냐하면 피타고라스 학파는 사물들 (ta onta)이 수들(arithmoi)에 대한 '모방'(mimēsis)에 의해서 존재한다고 말하는 데 반해, 플라톤은 이름만 바꾸어, 그것들이 관여에 의해서 존재한다고 말하고 있기 때문이다. 그렇지만 형상들에 대한 관여이거나 또는 모방이거나 간에, 이게 무엇인지는 함께 캐물어 볼 여지가 있는 것이다. 더 나아가 그는 감각 대상들과 형상들 이외에 이것들 사이에 수학적인 것들(ta mathēmatika)이 존재한다고 말하며, 또한 이것들은 영원하고 운동을 하지 않는 것들이라는 점에서 감각 대상들과 다르지만, 형상들과 다른 것은 그것들의 경우에는 닮은 것들이 여럿 있으나 형상 자체는 각각의 경우에 하나만이 있다는 점에서라 한다. 그리고 형상들은 다른 사물들에 대해 원인으로 되는 것들 (aitia)이므로, 형상들의 요소들(stoicheia)은 존재하는 것들(ta onta) 모두의 요소들이라고 그는 생각했다. 그러니까 질료(hylē)로서는 '큼과 작음' (to mega kai to mikron)이 원리들(archai)이고, '우시아' (ousia: 본질, 존재, 실체)로서는 '하나' (to hen)가 원리이다. '큼과 작음'이 '하나'에 관여함에 의해서 형상들[또는 수들][21)]이 있게 되

---

21) 텍스트 읽기에서 Jaeger 등은 '수들' (tous arithmous)을 배제하고 있는 반면에, Ross 등은 '형상들' (ta eidē)을 배제하고 있다. 이와 관련해서는 J. Annas, *Aristotle's Metaphysics: Books M and N*(Oxford, 1976), 64면 주석 79 및 66

316

기 때문이다. 그렇지만 그는 '하나'는 '우시아'이지, '하나'가 다른 어떤 것으로서 진술될 것은 아니라고 피타고라스 학파와 비슷하게 말했거니와, 또한 이들과 마찬가지로 수들을 다른 사물들의 '우시아' (존재)의 원인들이라 했다. 그러나 그는 '한정되지 않은 것'(to apeiron)을 하나로 보는 대신에 '둘인 것'(二元性: dyas)으로 본 것이, 즉 '한정되지 않은 것'을 '큼과 작음'으로 이루어진 것으로 보았다는 이 점이 독특하다. 그리고 더 나아가 플라톤은 감각 대상들 말고도 수들이 존재한다고 말하지만, 피타고라스 학파는 수들이 곧 사물들 자체(auta ta pragmata)라 말하고, 그것들 사이에 수학적인 것들을 놓지 않는다. 그러니까 피타고라스 학파와는 달리 사물들과 따로 '하나'와 수들을 상정하는 것은 그리고 형상들의 도입은 '로고스들에 있어서의 고찰'(hē en tois logois skepsis)로 인해서였다. (왜냐하면 이전 사람들은 변증술에 관여하지 않았기 때문이다.) 그리고 그가 ['하나' 이외에] 또 다른 근원적인 것(physis)으로 '둘인 것'(이원성)을 내세운 것은, 마치 일종의 새김 바탕(ekmageion)에서처럼, 이에서 … 수들을 생기게 하기에 십상이었기 때문이다. 그렇지만 어쨌든 사실은 그 반대이다. 그건 이처럼 이치에 맞지 않기 때문이다. 왜냐하면 그들(플라톤 학파의 사람들)은 질료에서는 여럿을 만들어내되, 형상은 한 번만 생기게 하지만, 한 토막의 질료(목재)로는 한 개의 식탁이 만들어지는 것 같으나, 형상을 적용하는 사람은, 한 사람인데도, 여럿(여러 식탁)을 만들어내니까. 여자에 대한 남자의 관계도 마찬가지이다. 여성은 한 번의 교접을 통해서 임신을 하지만, 남성은 여러 여성을 임신시키기 때문이다. 그렇지만 이것들은 저 원리들(archai)의 모방물들이다. 그래서 플라톤은 우리가 찾고 있는 것들

면을 참조할 것. 그러나 필자는 Simplicius의 *Physica* 주석(*Commentarius in Physica*) 503. 10~18에 나오는 내용을 근거로 둘 다를 살리는 쪽을 택했다.

과 관련해서 이렇게 밝힌 셈이다. 언급된 것들로 미루어 볼진대, 그는 두 가지 원인만을, 즉 본질([어떤 것의] 무엇임; to ti esti)로서의 원인과 질료적인 원인만을 이용한 것이 분명하다. (왜냐하면 다른 것들에 대해서는 형상들이 본질로서의 원인이지만, 형상들에 대해서는 하나(to hen)가 원인이기 때문이다.) 또한 기체(基體)로 되는 질료가 무엇인지도 분명한데, 감각적인 것들의 경우에는 이와 관련해서 형상들이 진술되나, 형상들의 경우에 있어서는 '하나'가 진술되니, 그것은 '둘인 것'(이원성: dyas), 즉 '큼과 작음'이다."

그런데 이 A권 6장의 내용 중에서 소크라테스와 관계되는 부분이 M(13)권, 4장 및 9장에 되풀이되면서, 소크라테스와는 달리 플라톤이 형상을 분리·독립시켰다고 하면서, 이에 대해 호된 비판을 덧붙인다. 그러면 이 덧붙여진 내용들도 함께 보기로 하자.

"소크라테스는 도덕적(인격적) 훌륭함(덕)들(ēthikai aretai)과 관련된 일로 바빴으며, 이것들과 관련해서 보편적 정의(보편적으로 의미 규정을 하는 것: to horizesthai katholou)를 최초로 추구했다. ··· 소크라테스의 공적으로 돌려서 옳은 것들이 두 가지가 있는데, 그건 귀납적 논구(hoi epaktikoi logoi)와 보편적 정의(보편적으로 의미 규정을 하는 것)이다. 이 둘은 실로 학문의 시작과 관련된다. 그러나 소크라테스는 보편적인 것들(ta katholou)도, 정의들(의미 규정들: horismoi)도 분리되는 것들(분리되어 있는 것들: chōrista)로 만들지 않았다. 반면에 다른 쪽 사람들은 이것들을 분리·독립시켜서는(chōrizein), 이런 존재들(ta onta)을 이데아들로 일컬었다."[22]

---

22) 《형이상학》, M(13)권, 4장, 1078b17~32.

"이데아론자들은 이데아들을 보편적인 것들로 간주할 뿐만 아니라
더 나아가 동시에 개체들에서도 분리되는 것들로 간주하고 있다. …
개별적인 감각 대상들의 경우에는 이것들이 흐름의 상태에 있으며
그 어떤 것도 그냥 머물러 있지 않으나, 이것들 이외에도 보편적인
것(to katholou)이 있고 이것은 다른 것이라 여겼다. 소크라테스는
정의들(의미 규정들)을 통해서 이런 생각의 실마리는 제공했지만, 이
것들을 개체들에서 분리시키지는 않았다. 이것들을 분리시키지 않음
으로써 그는 옳게 생각했다. 이는 사실들이 밝혀주는 바이다. 보편적
인 것 없이는 앎(지식: epistēmē)을 가질 수가 없지만, 이를 분리시
키는 것(chōrizein)은 이데아들과 관련된 못마땅한 결과들이 초래되
는 원인이기 때문이다."[23]

다시 A권 9장으로 돌아가서, 이 곳에서 지적된 23가지 난문
(aporia)들 중에서 이 논고와 관계됨직한 것들을 살펴보기로 하자.[24]
난문 1(990b1~8). 이데아들을 내세우는 사람들은 사물들(ta onta)
의 원인들(aitiai)을 포착코자 꾀하다가, 수적으로 사물들과 같은 수
의 또 다른 것들을 갖게 되었다. 이것들의 수는 사물들의 수와 같거
나 이보다 적지 않다. 왜냐하면 각각의 경우에 같은 이름의 이데아
가 사물들과 따로 있고, 개별적인 사물들 각각은 여러 가지 특성을
가지므로, 이것들에 따른 이데아들은 '하나와 여럿의 관계'(hen epi
pollōn), 즉 보편적인 것(to katholou)과 개별적인 사물들과의 관계에
따라 이데아들은 그만큼 있게 된다.

---

23) 같은 책, 같은 권, 9장, 1086a32~1086b7.
24) 여기에 정리해 놓은 난문(aporia)들의 번호는 Ross가 그의 주석서 *Aristotle's Metaphysics*, I(Oxford, 1953), 187~190면에 붙여 넣은 번호들이다. 필자도 편의
상 이 번호들을 그대로 이용하겠다. 따라서 중간에 빈 번호들이 나온다.

난문 2(990b8~17). 형상들이 존재한다는 것을 증명하는 방식들 중의 어느 것도 정작 그런 것 같지가 않다. 왜냐하면 어떤 경우들에서는 그 추론(syllogismos)이 이루어지는 게 전혀 필연적이지가 않고, 또 어떤 경우들에서는 그 형상들이 없는 것들로 생각되는 부류의 것들에도 형상들이 있게 되기 때문이다. 이를테면, 모든 학문(epistēmē)은 각기 그 대상들을 갖고 있고, 따라서 이들 대상들의 형상들 또한 있으며, 또한 '하나와 여럿'의 관계에 따라 부정(否定: apophasis)들의 형상들도, 소멸해버린 것들의 형상들도, 우리가 그것에 대해 생각이나 상을 갖는 한, 있다. 더욱 엄격한 논의를 하게 되면, 그 자체로는 성립할 수 없는 부류라 할 '관계들'(ta pros ti)의 이데아들도 있게 되겠고, 어떤 경우에는 '세 번째 인간'(ho tritos anthrōpos)도 주장하게 된다.

난문 3(990b17~22). 형상들을 내세우는 주장들은 그 이데아들이 존재하는 것(to tas ideas einai)보다도 더 존재하기를 우리가 바라는 것들을 대체로 없애 버린다. 왜냐하면 '둘인 것'(이원성: dyas) 아닌 '수'가, '자체'보다도 '관계'가 우선적인 것이 되기 때문이다.

난문 4(990b22~991a8). 이렇게 되면 구체적인 존재(ousia) 즉 개체들의 형상들만이 아니라, 다른 여러 가지 것의 형상들도 있게 된다. 단순한 하나의 '생각'(noēma)이나 그 밖의 여러 가지의 것들의 경우에도 형상들이 있게 된다. 그러나 이데아 설에 따르면, 형상들은 관여(關與)될 수 있는 것들(methekta)이라고 하므로, 관여할 수 있는 존재(ousia)들 즉 개체들의 이데아들만 있어야 할 것이다. 이치는 그러한데도 다른 많은 것의 이데아들이 있다. 그뿐 아니라 가령 어떤 것이 '두 배 자체'(autodiplasion) 즉 두 배의 이데아에 관여할 경우, 그것은 이 '두 배 자체'가 영원한 것이기 때문에 동시에 영원한 것에도 관여하게 된 것이 된다. 더 나아가 '하나와 여럿의 관계' 즉

'두 배'의 이데아에 관여하는 것들을 다 같이 포섭하는 또 하나의 '공통된 것'(to koinon)으로서의 형상도 또한 있게 될 것이다.

난문 5(991a8~19). 그러나 무엇보다 곤란한 것은 도대체 형상들이 천체들이나 생성 소멸하는 감각 대상들에 대해서 무슨 기여를 하는지에 대한 문제이다. 왜냐하면 형상들은 이것들에 있어서의 그 어떤 운동(kinēsis)이나 변화(metabolē)의 원인들도 되지 못하기 때문이다. 실상 형상들은 다른 사물들의 인식에도 아무런 도움을 주지 못한다. 그건 형상들이 사물들의 본질(ousia)로 되지 못하기 때문인데, 본질이려면 그것들 안에 있어야 할 것이다. 또한 형상들은 이들에 관여하는 사물들 안에 있게 되지 못하므로(mē enyparchonta) 그것들의 '있음에도'(eis to einai) 아무런 기여를 하지 못한다.

난문 6(991a19~991b1). 흔히 '어떤 것이 어떤 것으로 이루어져 있다(ex hou einai)'고 할 때의 그 어떤 의미로도 다른 사물들이 형상들로 이루어져 있지는 않다. 형상들이 본들(paradeigmata)이고 다른 사물들은 이들에 관여한다(metechein)고 말함은 공허한 주장을 하는 것(kenologein)이요, 시적인 은유들을 말하고 있는 것(metaphoras legein poiētikas)이다. 이데아들을 본으로 바라봄으로써 이루어지는 것이 도대체 무엇인가? 어떤 것을 본뜨지(eikazomenon) 않고서도 그것과 닮은 것이 있을 수도 그리고 생길 수도 있다. 이를테면 소크라테스가 있든 없든 소크라테스와 같은 사람은 있을 수 있다. 그뿐 아니라 동일한 것에도 본은 여럿이 있게 되어, 형상들도 여럿이 있게될 것이다. 이를테면, 사람의 경우에 '동물'과 '두 발' 그리고 또한 '인간 자체'(autoanthrōpos)가 그것들일 것이다. 더 나아가 형상들은 감각 대상들의 본들일 뿐만 아니라, 형상들 자체의 본이기도 하다. 이를테면 유(類: genos)는 종(種: eidos)들의 유로서 그 본이다. 이렇게 되면, 동일한 것이 본도 되고 그 모상(模像: eikōn)도 될 것이다.

난문 7(991b1~9). '우시아'(ousia: 본질)[25]와 이것이 어떤 것의 ousia(본질)로 되고 있는 그것이 서로 '떨어져 있다'(einai chōris)는 것은 불가능한 일로 판단된다. 이데아들이 사물들의 ousia(본질)들이면서 어떻게 그것들에서 떨어져 있단 말인가? 《파이돈》편에서는 형상들이 '있음'(einai)과 '생김'(gignesthai)의 원인들이라 말하고 있다. 하지만 형상들이 존재한다고 할지라도, 운동을 일으키는 것(to kinēson)이 없으면, 형상에 관여하는 것들이 생길 수도 없는 일이다. 그럴 뿐만 아니라 우리가 그 형상들이 없는 것으로 말하는 다른 많은 것도, 이를테면, 집이나 반지와 같은 것도 생기게 된다. 따라서 그 밖의 많은 것이 방금 언급된 그런 원인들[26]로 해서 있을 수도 또한 생길 수도 있다.

난문 15(992a24~29). 일반적으로 철학(sophia)은 가시적인 것들의 원인으로 되는 것(to aition)을 추구하는 것이지만, 우리는 이를 포기했다. 왜냐하면 변화의 시초가 되는 원인에 관해서 우리는 아무 말도 하고 있지 않기 때문이다. 우리는 가시적인 것들의 ousia를 말하고 있는 것으로 생각하고 있지만, 실은 다른 ousia들이 있다는 걸 말하

---

25) 아리스토텔레스에 있어서 '우시아'(ousia)는 여러 가지 의미로 쓰인다. 우선 《형이상학》 *Δ*(5)권 8장, Z(7)권 1, 3장 H(8)권 1장, *Δ*(12)권 3장 등에서 언급한 것들을 대충 정리하면, 다음과 같다. 난문 4의 경우에서처럼 감각적인 존재들(aisthētai ousiai)이나 이들을 구성하고 있는 단순한 물질들(ta hapla sōmata), 종개념(eidos)이나 유개념(genos) 따위의 이차적 ousia들, 논리적인 진술의 주어(to hypokeimenon: subject)로 되거나 변화 내지 운동의 기체(基體: to hypokeimenon: substratum)로서 질료(hylē)적 성격을 갖는 것, 그리고 마지막으로 어떤 것의 의미 규정(horismos)을 통하여 표현되는 그 본질(어떤 것의 '무엇임': to ti ēn einai), 즉 형상(eidos, morphē, idea) 등이다. 따라서 난문 7에서의 ousia는 마지막에 언급된 '본질'의 의미로 쓰인 것으로 보인다. '우시아'와 관련해서는 4장 2의 3)에서 각주 49, 50과 함께 본문에서도 많이 다루었으므로, 이를 함께 참고하는 것이 좋겠다.

26) 방금 말한 '작용인' 또는 '운동인'과 관련된 원인들을 가리키는 것으로 보인다.

고 있으니, 이것들이 어떻게 해서 가시적인 것들의 ousia들인지를 말한다는 것은 공연한 일이다. '관여함'(metechein)이란, 앞서도 말했듯, 아무 것도 아니기 때문이다.

난문 16(992a20~992b1). 모든 학문에서 보게 되는 목적으로서의 원인(목적인), 즉 그것 때문에 모든 지성 또는 정신(nous)과 온 자연(pasa physis)이 작용하게 되는 바로 그 목적으로서의 그 원인은 분명히 원리들 중의 하나인데, 형상들은 이 원인과는 전혀 상관이 없다. 오늘날의 그들에게는 수학이 철학으로 되어 버렸다. 비록 그들이 수학은 다른 것들을 위해서 연구되어야 한다고 말하긴 하지만.

난문 17(992b1~9). 질료로서 기체(基體) 구실을 하는 '우시아'(hē hypokeimenē ousia)는 오히려 수학적인 것으로 여겨짐직하다. 이를테면, '큼과 작음'(to mega kai to mikron)이 그러하다. 이는 질료라기보다도 질료를 진술하는 것인 셈이다. 그건 자연철학자들이 말하는 '엷음과 짙음'(to manon kai to pyknon)과도 같은 것이다. 일종의 '지나침과 모자람'(hyperokhē kai elleipsis)인 이것들이, 운동과 관련해서, 만약에 운동으로 된다면, 형상들은 운동할 것이 분명하다. 만약에 그렇지 않다면, 운동은 어디에서 왔는가? 운동을 설명할 수 없으면, 자연에 관한 전체적 고찰은 무너진 것이다.

난문 21(992b24~993a2) 어떻게 해서 모든 것의 요소들(stoicheia)을 알 수 있을까? 미리 알고서 시작한다는 것은 불가능한 일임이 분명하다. 기하학을 배우려는 사람이 다른 것들을 미리 알고 있는 것(proeidenai)이 가능하지만, 자기가 이제 배우고자 하는 학문, 즉 기하학이 다루는 것들에 대해서는 아무 것도 미리 알고 있지(progignō-skei) 못하듯, 다른 것들의 경우에도 이는 마찬가지이다. 그렇다면, 어떤 사람들이 주장하듯, 모든 것에 대한 어떤 학문이 있다 할지라도, 이 학문을 배우려는 사람은 아무 것도 미리 알고 있지 못할 것이다.[27] 하기야 모든 배움이 미리 알고 있는 것들, 즉 전제들을 통해서이기는 하다. 그게 논증(apodeixis)을 통한 것이든, 정의(horismos)를 통한 것이든 말이다. 왜냐하면 정의의 요소들은 미리 알고 있어야만 하는 것들일 뿐만 아니라 숙지하고 있는 것들이어야만 하기 때문이다. 귀납(epagōgē)을 통한 배움도 마찬가지이다. 그렇지만 만일에 앎(지식: epistēmē)이 함께 지니고 태어나는(生得的인) 것(symphytos)이라면, 모든 앎 가운데서도 가장 훌륭한 것을 우리가 어떻게 해서 모르고 있는지 이상한 일이다.

그런데 이 난문들 중에서 1번부터 7번까지는 M(13)권 4, 5장에서 거의 같은 문장들로 재론되고 있다. 이제까지 지적된 것들로 플라톤의 이데아 설 및 한정되지(한도지어지지) 않은 것에 대한 그의 비판의 주요 내용들은 거의 다 망라된 것으로 볼 수 있다. 그러나 그 내용들이 다소 중복될 뿐만 아니라 너무 산만하기 때문에 필자는 이것들을 분석하여 일곱 가지로 조목별로 세분하여 정리한 다음, 이에 대한 필자 자신의 반론을 플라톤의 대화편들을 논거로 하여 시도해 볼 생각이다.

이처럼 조목별로 세분하는 것은, 아리스토텔레스 자신이 《형이상학》 B(3)권 1장(995a27~31)에서 말한 것처럼, 난문들로서 제기된 것들을 해결할 방도를 찾으려는 사람들은 그것들을 제대로 점검하는 것이 도움이 될 것이라는 충고에 따르기 위해서다. 풀어야 할 매듭이 정확히 어디에 있는지를 모르고서는 그걸 풀 수가 없을 것이기 때문이라고 했으니 하는 말이다. 그리고 이에 대한 필자의 반론들은 다만

---

27) 모든 것을 다루는 하나의 학문으로 아리스토텔레스가 가리키는 것은 플라톤의 변증술(dialektikē)인 것 같고, 이런 언급은 모든 앎은 상기(anamnēsis)라는 상기설과 관련된 것이다.

아리스토텔레스의 플라톤 철학에 대한 이해와 플라톤 자신의 철학 사이에 벌어져 있는 거리가 실제로 얼마나 먼 것인지를 밝히어 보이기 위한 시도로서 하는 것일 뿐이다. 따라서 이 전체적 작업은 결코 아리스토텔레스 철학에 대한 비판이 아니라, 플라톤 철학에 대한 아리스토텔레스적 이해의 적절하지 못함을 드러냄으로써, 편견 없이 플라톤의 철학을 이해하도록 하는 데 보탬이 되었으면 해서 하는 것일 따름이다.

3. 비판 내용의 분석적 요약과 이에 대한 반론

1a. 이데아 설의 유래와 관련된 비판

아리스토텔레스는 플라톤이 젊었을 적에 크라틸로스 및 헤라클레이토스의 학설에 친숙했다고 한다. 이들은 만물이 끊임없는 흐름의 상태에, 즉 부단히 변화하고 있다고 했는데, 이런 대상들에 대해서는 인식이 불가능하다는 것이 플라톤의 생각이다. 인식의 대상은 순간마다 변하는 것이 아니라, 불변성을 지닌 것이어야만 하기 때문이라 해서다. 이 어려움에 대한 해결의 실마리를 제공해 준 이가 바로 소크라테스였다. 왜냐하면 그는 최초로 '보편적인 것'(to katholou)의 문제를 다루었기 때문이다. 그러나 소크라테스는 윤리적인 것들과 관련해서 이것들에 있어서 '보편적인 것'에 생각이 미치었고, 이의 의미 규정을 통해서 인식에 이를 수 있는 길을 트려고 했다. 소크라테스의 두 가지 업적인 귀납적 논구와 보편적인 것의 정의는 이 인식에 이르도록 하는 방법이며 과정이다. 그리고 이전 사람들은 '로고스들에 있어서의 고찰'로서의 문답법 또는 변증술(dialektikē)을 활용하지 않았기 때문에 형상(形相)들을 도입하지 못했다. 반면에 플라톤은 변증술을 통한 철학을 함으로써 소크라테스의 '보편적인 것'을 이데아 또는 형상(eidos)이라 부르게 되고, 이를 자신의 철학에 도입한다. 그리고 또 소크라테스는 자연 전체에 관한 탐구에는 전혀 소홀했지만, 플라톤은 이 이데아 설을 자연 전체에 적용한다.

1b. 이에 대한 반론

아리스토텔레스는 이데아 설의 유래를 소크라테스의 '보편적인 것'에서 찾고 있다. 아울러 자연에 대한 헤라클레이토스적인 이해가 젊었을 적의 플라톤에게 큰 영향을 주었다고 보고 있다. 잠시도 머무는 일이 없이 부단히 변화하는 개개의 사물들은 감각에 지각되는 것들(ta aisthēta)로서, 이것들에 대해서는 참된 앎(인식: epistēmē)을 가질 수 없고, 오직 그때마다 갖게 되는 감각적 지각(aisthēsis)만이 가능할 뿐이라는 생각을 플라톤이 하게 되었다고 한다. 그런 생각을 하게 된 그는 소크라테스가 인식 대상으로서 확보한 '보편적인 것'을 '의미 규정이 된 개념'의 차원에만 머물게 하지 않고, 이것이야말로 참으로 존재하는 것으로 보게 되었다. 그는 감각에 지각되는 것들(ta aisthēta) 앞에 '자체'(auto)란 말을 덧붙여서,[28] 이를테면 '사람 자체'(autoanthrōpos)라든가 '말(馬) 자체'(autoïppos)라는 식으로 말하며,[29] 이런 것들을 '이데아' 또는 '형상'(eidos)으로 지칭하게 되면서, 그의 독특한 이데아 설을 주장하게 되었다는 것이다. 개별적인 것들(ta kath' hekaston) 즉 사물들은 끊임없이 변화하지만, 그것들에

28) 《형이상학》, Z(7)권 16, 1040b33~34.
29) 《니코마코스 윤리학》 1096a35에서는 구체적인 것인 것을 대입하기 이전 상태의 표현으로 '각각(hekaston) 자체(auto)'(autoekaston)라는 용어를 쓰고 있다.

있어서 '공통된 것' (to koinon)인 '보편적인 것' 은 불변하는 것이기
때문에, 이에 대한 앎 즉 인식은 성립한다. 그래서 아리스토텔레스
자신도 전문가를 '보편적으로 아는 이' (ho katholou eidōs)로, 그리
고 학문은 '공통된 것에 관한 것' 이라고 말하면서 "전문가나 이론가
가 되고자 하는 이는 보편적인 것으로 나아가야만 하며(epi to
katholou badisteon) 또한 가능한 한 그것을 알도록 해야만 된다"고
했다.[30] 그런데 아리스토텔레스에 의하면, 플라톤의 형상 도입은
'logos들에 있어서의 고찰' 로 인해서라고 하면서, 이는 이전 사람들
이 변증술에 관여하지 않았기 때문이라고 말하고 있다. 문맥으로 보
아 이 경우 변증술은 'logos들에 있어서의 고찰' 을 의미하는 것이 확
실하나, '이전 사람들' 이 소크라테스까지 포함하는지는 분명하지 않
다.[31] 그런데 'logos들에 있어서의 고찰' 은 플라톤이 《파이돈》편
(99c~100a)에서 '원인 탐구' 를 위한 소크라테스의 이른바 '차선의
항해 방법(ho deuteros plous)'[32]으로 지칭하고 있는 것이기도 하다.
그것은 사물들을 감각적 지각(aisthēsis)에 의해 파악하려다가 자칫
혼이 눈멀어져 버릴 위험이 있다고 판단한 소크라테스가 '사물들의
진리를 로고스들에 있어서 고찰하기로' 한 것을 두고 한 말이다. 이
것의 정확한 의미가 무엇인지는 단언적으로 말하기가 어렵다. 모두가
저마다 해석을 달리 하기 때문이다. 그러나 그것은 무엇보다도 '의미
규정이 된 말들' (logoi)을 매개로 이성에 의해서 고찰하는 것을 의미
한다고 할 것이다. 이것이 곧 그의 문답법으로서의 dialektikē이다. 플

---

30) 같은 책, 1180b14~22.
31) Ross, *Aristotle's Metaphysics*, I, 173면, II, 422면 참조.
32) '차선의 항해 방법' 이란 '차선의 방법' 을 의미하며, 이 '차선의 방법' 과 사물들
　　의 진리를 '로고스들에 있어서 고찰함' 이 어떤 의미를 갖는 것인지에 대해서는
　　제4장 3의 2)항을 참조할 것.

라톤의 dialektikē는 소크라테스에 있어서 '문답법'인 그것을 계승한 것이다. 우리는 플라톤의 경우에 이를 편의상 '변증술'로 부르기로 하자. 소크라테스의 '문답법'은 논박(elenchos)과 산파술(maieutikē) 이라는 두 절차를 밟는 것이다. 이에 비해 플라톤의 그것은 감각에 의존하지 않게 하는 인식 주관의 순수화(katharsis)와 상기(anamnē-sis)로도 언급되는 '지성에 의한 앎 또는 이해'(noēsis)이다. 그런 점에서 이들에게 있어서 dialektikē는 유비(類比) 관계가 성립하는 하나의 계승된 형태의 것이라 보아 마땅하다.[33] 소크라테스는 최종적인 인식 주관을 이성(logos)으로 봄으로써 그 대상이 자칫 논리적 개념의 차원에 머물 뿐이기 쉬운 '보편적인 것'으로 된다. 그래서 그의 경우에는, 이를테면 초기 대화편인 《에우티프론》(5a~6e)에서 볼 수 있듯, idea나 eidos가 본질(ousia)적인 '특성'을 가리키는 말 정도로 쓰이지, 그것들이 플라톤에서처럼 '존재'(ousia)를 의미하는 뜻으로는 아직은 쓰이지 않고 있다. 반면에 플라톤은 그런 인식 주관을 이성(logos)의 연장선 위에 있는 지성 또는 정신(nous)으로 보고, 그것의 기능 또는 작용을 순수 사유 내지 지적 직관의 성격을 갖는 '지성에 의한 앎(이해)'(noēsis)이라 한다. 따라서 그 대상들도 '지성에 의해서[라야] 알 수 있는 것(to noēton)들'(ta noēta)인 게 당연한데, 이것들의 각각을 그는 '무엇(x)의 이데아' 또는 '무엇(x)의 형상'으로 지칭하게 된 것이다. 그런데 그는 이를 공식화한 표현들 가운데 하나로 '각각(x)인 것 자체'(auto ho estin hekaston)라고도 했는데,[34] 앞서 각주에서 밝혔듯, 아리스토텔레스가 '각각 자체'(autoekaston)라 한 것은 이를 지칭한 것이다.

이처럼 플라톤 철학은 소크라테스 철학의 연장선 위에 있는 것이

---

33) 제4장 2의 1)항에서 끝 부분을 참조할 것.
34) 이와 관련해서는 제4장 2의 2)항을 참조할 것.

다. 그런데도 아리스토텔레스처럼, 만약에 소크라테스를 dialektikē와 관련시키지 않는다고 한다면, 우리는 소크라테스의 주요한 철학사적인 의의를 말소시켜 버릴 위험성을 안아 갖게 된다. 물론 아리스토텔레스가 소크라테스에게 두 가지 업적을 돌리고 있다고 할지라도, 언어를 매개로 한 사유(思惟)의 학문으로서의 철학의 기반을 다지려 했던 너무나도 귀중한 그의 학문적 업적을 외면한다는 것은 헬라스 철학사를 '4가지 원인설'의 관점에서만 보려고 한 아리스토텔레스의 관심으로 인한 헬라스 철학사 전체의 왜곡이다. 직접 플라톤으로 이어지는 소크라테스의 철학사적인 의의를 소홀히 한 것은 플라톤 철학의 형성에 있어서 하나의 중요한 측면을 이루는 것을 간과해 버리는 어리석음을 저지르는 결과가 되기도 할 것이다.

2a. 형상의 분리에 대한 비판

플라톤은 이들 이데아들 내지 형상들을 소크라테스와는 달리 개별적인 사물들과 분리된 것들(chōrista)로서 독립적으로 존재하는 것들로 보았다. 즉 이것들은 감각(aisthēsis)에 지각되는 것들(ta aisthēta)인 사물들과 별도로(para, chōris) 존재하는 것들이요, 따라서 그러한 ousia들이다. 이렇게 형상들을 분리시키는 것(chōrizein)이야말로 플라톤 특유의 것이요, 이로 인해서 여러 가지의 못마땅한 결과들이 초래된다. 그뿐더러 플라톤은 감각에 지각되는 것들과 형상들 사이에 중간적인 것들(ta metaxy)로 수학적인 것들(수학적 대상들: ta mathēmatika)을 또한 상정한다.

2b. 이에 대한 반론

서양 철학사를 통해 플라톤과 관련해서 아마도 가장 큰 쟁점들로 되는 것들 중의 하나는 형상의 분리(chōrismos)와 관련된 것일 것이다. 아리스토텔레스의 플라톤 비판의 가장 핵심으로 되는 것도 실은 이 문제이다. 그는 플라톤이 소크라테스의 '보편적인 것들'을 이데아들 또는 형상들로 부름과 동시에 감각에 지각되는 것들(ta aisthēta)인 개별적인 것들(ta kath' hekaston)에서 분리되는 것들(chōrista)로 만들었다고 비난한다. 개체들에서 이데아 내지 형상을 분리시키는 것(chōrizein)이 이데아와 관련해서 일어나는 많은 문제점의 발단임을 그는 지적하고 있다.[35]

아닌게아니라 플라톤 자신의 대화편 곳곳에서 우리는 그러한 아리스토텔레스의 지적이 아주 거짓인 것은 아님을 확인할 수 있게 하는 표현들에 접한다. 더욱이 많은 종교적인 언어의 거리낌없는 사용은 한층 그런 판단을 굳히게 한다. 그래서 오늘날에 이르기까지 많은 철학자뿐만 아니라 고전 학자조차도 이데아의 초월성에 대한 확신을 플라톤이 가졌던 것으로 말하고 있다. Guthrie와 같은 이도 형상과 관련해서 아리스토텔레스와 플라톤이 근본적으로 다른 점을 '내재적 형상'(immanent form)설[36]과 '초월적 형상'(transcendent form)설에서 찾고 있다. 그러나 필자는 이 문제와 관련해서는 전적으로 의견을 달리한다. 이제부터 그 근거의 일단을 밝힐 참이다. 놀랍게도 아리스토텔레스가 플라톤의 이데아들이나 형상들을 비난하면서 그것들을 플라톤이 인식론적으로 으레 그렇게 지칭하듯, 그것들을 ta noēta, 즉 '지성(nous)에 의해서 알게 되는 것들'(또는 '사유되는 것들')이라

---

35) 《형이상학》, 1086a31~1086b7.
36) 내재적 형상과 관련된 언급은 다음 항, 즉 3b에서 따로 언급하게 될 것이다.

330

고 직접적으로 지칭하는 것을 우리는 유감스럽게도 《형이상학》이나
《자연학》의 어디에서도 찾아볼 수가 없다. 다만 《형이상학》 1043b23~
32에서 은과 같은 것을 정의할 경우에 그 일부분은 감각에 지각되는
질료에 대한 것이 되겠지만, 다른 한 부분은 사유(思惟)되는(noētē)
형태(morphē)에 대한 것이 될 것이라는 언급과 함께 1036a9~12에서
비슷한 언급을 하고 있는 것이 보이는데, 그 내용은 이러하다. "질료
(hylē)는 그 자체로는 알 수가 없다(agnōstos). 그 일부는 감각에 지
각되는 것(aisthētē)이지만 다른 일부는 사유되는 것(noētē)이다. 감각
에 지각되는 것은 이를테면 청동이나 나무 그리고 운동(변화) 가능
한 모든 질료이지만, 사유되는 것은 감각에 지각되는 것들 안에 …
있는 것, 이를테면 수학적인 것들(ta mathēmatika)이다."[37] 이 '수학
적인 것들'이란 플라톤이 넓은 의미에서는 '지성에 의해서 알 수 있
는 부류'(to noēton genos)에 들기는 하지만, 정확히는 '추론적 사
고'(dianoia)의 대상이라 한 것들이다.[38] 그러나 이 수학적인 것들에
관련된 언급은 바로 이 항목의 끝에 가서 다시 하기로 하고 일단 여
기서는 접어 두기로 하자. 그 밖에 사유되는 것과 관련된 집중적인
언급들이 《형이상학》 ⊿(12)권 7, 9장에 보이지만, 이것들은 모두가
'최초로 운동(변화)을 일으키는 자'와 관련된 것들일 뿐이다. 그 밖
에 '사유되는 것들'(ta noēta) 즉 '지성에 의해서 알게 되는 것들'에
대한 언급으로서, 그나마 형상들과 직접적으로 연관되는 것으로 찾아
볼 수 있는 것은 겨우 《혼에 관하여(영혼론)》의 제3권 8장(431b22~
432a5)에서다.[39] "있는 것들(ta onta)은 감각에 지각되는 것들(ta

---

37) 이런 내용을 가리키는 언급은 두어 군데(1037a4~5, 1045a33~4) 더 보인다.
38) 《국가》편, 제6권 509d~511e를 참조할 것.
39) 지성(nous) 및 그 대상과의 관계 등에 대한 언급은 같은 권 4, 5장에서 하고
있으나, 형상과 직접 관련지어 언급하지는 않고 있다.

aisthēta)이거나 지성에 알려지는 것들(사유되는 것들: ta noēta)이다. ··· 공간적인 크기를 갖는 것들(ta megethē)에서 분리되어 존재하는 것은 아무 것도 없으므로, ··· 지성에 알려지는 것들(사유되는 것들) 은 감각에 지각되는 형상(형태)들 안에(en tois eidesi tois aisthētois) 있다." 겨우 이 정도가 고작이다.

플라톤이 이데아 설을 본격적으로 내세우기 시작한 것은 《파이돈》 편에서부터이거니와, 이 대화편에서부터 그는 이데아 및 형상을 존재 (ousia)를 가리키는 전문 용어로서 적극적으로 사용하기 시작한다. 물론 이것들을 전문 용어가 아닌 '종류'나 사람 또는 사물의 '모습' 이나 '생김새'를 가리키는 일반적 용법으로 쓰는 것도 여전하다.[40] 동시에 이 대화편에서부터 이데아나 형상을 '지성에 의해서 알 수 있는 것'(사유되는 것: to noēton)[41]으로 지칭하기 시작한다. 제1장 5 항 및 제4장 2의 2)항과 3의 3)항에서 그리고 제5장에서도 이와 관 련된 언급은 충분히 했으니, 새삼스레 중언부언할 필요는 없을 것이 다. 그런데 《국가》편에 이르면, 이데아나 형상을 '지성에 알려지는 것', 즉 '지성에 의해서 알 수 있는 것'(to noēton)으로서 언급하는 빈도는 월등하게 높아진다. 아니 그 빈도는 형상 또는 이데아로 언급 하는 빈도와 거의 엇비슷하다고 할 수 있을 정도이다. 드디어는 '추

---

40) L. Brandwood, *A Word Index to Plato*(Leeds, 1976)의 도움을 받아가며 헬 라스어 원문을 확인해 본 결과, 《파이돈》편에서 eidos가 전문 용어인 '형상'의 의미로서 쓰인 경우가 네 군데(102b1, 103e3, 104c7, 106d6)이고, '종류'의 의미 로 쓰인 경우 또한 네 군데(79a6, 79b4, 98a2, 100b4)이며, '모습'이나 '생김새' 의 뜻으로 쓰인 경우가 압도적으로 많은 아홉 군데(73a2, 73d8, 76c12, 79d9, 87a2, 91d1, 92b5, 110d1, 2)이다. 반면에 idea가 전문 용어인 '이데아'의 의미 로 쓰인 경우가 여섯 군데(104b9, d2, 6, 9, e1, 105d13)이고, 어떤 것의 '생김 새'나 '모습'을 가리키는 게 두 군데(108d9, 109b5)이다.
41) 《파이돈》편에서 이데아나 형상의 부류를 가리키는 뜻으로 noēton이 쓰인 경우 는 세 군데(80b1, 81b7, 83b4) 있다.

론적 사고'(dianoia)의 대상인 수학적인 것들과 함께 그것들을 총칭해서 '지성에 의해서 알 수 있는 부류'(사유되는 부류: to noēton genos)라고 하면서, 더 나아가 이것들의 영역을 '지성에 의해서 알 수 있는 영역'(사유 영역: ho noētos topos)으로 언급한다.[42] 그렇다고 해서 이것이 물리적 공간을 의미하지는 않는다. 왜냐하면 '가시적(可視的) 영역'(ho horatos topos) 및 '가시적 부류'(to horaton genos)가 앞엣것들과 나누어지는 것은 공간적인 분리(chōrismos)에 의해서가 아니라, 앎과 관련된 명확성과 불명확성으로 인한 것이며,[43] 그것들이 존재하는 방식의 차이로 인한 것일 뿐이기 때문이다. 다시 말해, 한쪽은 '언제나 같은 방식으로 한결같은 상태로 있는 것들'인 데 비해 다른 쪽은 부단히 변하기 때문이다. 아리스토텔레스가 말하듯, 이 두 부류의 것들을 공간적으로 분리시키는(chōrizein) 식으로 말하는 일은 없다. 헬라스어 noēton은 transcendent(초월적) 아닌 transcendental(선험적 또는 초감각적: quod sensu percipi non potest)에 해당하는 말이다. 다시 말해, ta noēta(지성에 의해서 알 수 있는 것들, 사유되는 것들)란 '감각으로는 지각되지 않는 것들'(ta anaisthēta) 즉 '초감각적인 것들'(the supersensibles, the supra-sensibles)임을 강조하기 위한 지칭이다. 플라톤이 이데아나 형상을 가리켜, 그렇게도 입버릇처럼 noēton(지성에 의해서 알 수 있는 것, 사유되는 것)이라 말하는 것을 아리스토텔레스는 어쩌면 그토록 철저하게 외면했는지! 어찌 한 마디의 정직한 언급조차 하지 않을 수 있었단 말인가! 그러니 이는 단순히 소홀한 정도를 넘은 의도적 처사라고 말할 수밖에 없는 일이 아닐까? 그렇지만, 만약에 아리스토텔레스가 플라톤의 이데아나 형상을 언급하면서 이를 동시에, 플라톤이

---

42) 《국가(政體)》편, 508c~509d 참조.
43) 같은 책, 509d 참조.

했듯, noēton(지성에 의해서 알 수 있는 것, 사유되는 것)으로 지칭했다면, 어떻게 되었겠는가? 그것이 '초월적임'을 말하는 것이 아니라 '초감각적임'을 말하는 것이기에, 만약에 그가 그렇게 했다면, 그것과 개체의 분리를 그렇게도 애써 강조한 그의 플라톤에 대한 비판은 그야말로 공연한 것이 되었을 것이며, 그런 식의 플라톤과의 차별화도 불가능했을 것이라고 한다면, 지나친 추단일까? 그러나 역사의 가정은 언제나 부질없는 짓이다. 어쩌면 그는 실제 플라톤이 아닌 플라톤의 그림자나 허상을 상대로 자기 이야기를 하고 있었는지도 모른다. 플라톤이 자신의 이데아 설을 본격적으로 내비치기 시작한 대화편일 뿐만 아니라, 그의 부재 중에 아카데미아에 입문한 아리스토텔레스가 가장 감명 깊게 읽었을 것으로 추정되는 대화편인 《파이돈》편[44]의 다음 구절을 다시 한 번 확인해 두기로 하자. "존재하는 것들 (ta onta)에는 두 종류(eidos)가 있어서, 그 하나는 눈으로 볼 수 있는(可視的인: horaton) 것이고, 다른 하나는 눈에 보이지 않는(aides) 것이겠는데, … 이는 우리가 인간들의 본성(physis)에 대응하는 것들로서 하는 말이다."(79a~b) "눈에는 불분명하고 보이지도 않으나 (aides), 지성(nous)에 의해서[라야] 알 수 있는(noēton) 것이며 지혜에 대한 사랑(철학)에 의해 포착되는 것"(81b), 이런 것은 혼(psychē)이 감각적 지각의 힘을 빌리지 않고 자체의 힘으로 '보게 되고' (hora) '이해하게 되는' (noēsei) 것이다. 앞서 어딘가에서 말했듯, 이는 우리의 오관에 따라 그 대상들 또한 각기 나뉘는 것과도 같은 이치다. 포괄적으로 '감각에 지각되는 것들'(ta aisthēta)이라고는 하지만, 이것들도 우리가 지닌 감각 능력이 오관일 뿐이기 때문에 다섯 부류의 것들로 나뉘지 않는가? '보이는 것'과 '만져지는 것', '들리

---

44) Guthrie, *A History of Greek Philosophy*, VI, 247면, 21~22면 참조.

는 것' 등등으로 말이다. 그러나 보이는 것은 청각의 대상이 아니며, 들리는 것은 시각의 대상이 아니다. 그리고 보이기는 하되, 육안에는 바로 보이지 않고, 현미경을 통해서만 보이는 미시적 세계라는 게 있다. 또한 천체 망원경을 통해서라야 보이는 것들도 있다. "닮은 것에 닮은 것이" 지각되고 알려진다. 모두가 주관의 조건에 따른 대상들의 구분일 뿐이다. 그리고 《파이돈》편에서 가끔 불거져 나오는 종교적이며 신비적인 표현들에 대해서는 앞서 이미 언급한 터라 더는 말할 필요가 없을 것 같다.

　이왕에 아리스토텔레스가 공간적 분리를 강조하고 있는 터이니, 플라톤이 '공간'(chōra)에 대해 《티마이오스》편에서 어떻게 말하고 있는지도 알아보는 게 좋겠다. 여기에서 그는 공간을 생성되는 것 및 형상과 함께 이렇게 언급하고 있다.

　"여기에 들어오고 나가는 것들은 '언제나 존재하는 것들'(ta onta aei)의 모방물들(mimēmata)로서, 그것들한테서 설명하기 힘들고 놀라운 어떤 방식으로 그 형태들을 얻어 갖게 된 것들입니다. … 그야 어쨌든, 지금으로서는 세 가지 부류를, 즉 생성되는 것, 그리고 이 생성되는 것이 그 안에서 생성하게 되는 곳인 것, 그리고 또한 생성되는 것이 태어남에 있어서 닮게 되는 대상인 것을 염두에 두어야 합니다. 특히 받아들이는 것(to dechomenon)을 어머니에, 본받게 되는 대상인 것을 아버지에, 그리고 이들 사이의 창조물을 자식에 비유하는 것이 적절하겠습니다. 또한 새겨질 상이 온갖 다양성을 보이는 다양한 것이려면, 새겨지는 것이 그 안에 들어와 있게 되는 곳인 바로 이것은, 어딘가에서 받아들이게 될 그 모든 형태(idea) 중의 어떤 형태도 갖지 않는 상태로 있는 것 말고는, 달리 준비가 잘된 상태에 있게 될 수가 없을 것이라 생각하는 것이 마땅합니다. … 이 때문에 자신 속에 온갖 부류의 것들을 받아들이게 되어 있는 것은 모든 형태 (eidos)에서도 벗어나 있어야만 합니다. … 우리가 그것을 눈에 보이지 않고(aoraton) 형태도 없는(amorphon) 종류의 것으로서 모든 것을 받아들이는(pandeches) 것이지만, 어떤 점에서는 지극히 당혹스런 방식으로 '지성에 의해서[라야] 알 수 있는 것'(to noēton)에 관여하는 것으로서 또한 가장 포착하기 힘든 것으로서 말한다면, 우리가 잘못 말하지는 않게 될 것입니다. … 그러나 이제 다음과 같은 것을 더욱 명확히 하고서 그것들에 관한 고찰을 해야만 합니다. … '그 자체로 존재하는 자체의 것들'(auta kath' hauta onta)이라는 식으로 우리가 늘 말하고 있는 모든 것이 각각 존재하는지, 아니면 우리가 보기도 하는 바로 이것들 그리고 우리가 몸을 통해서 지각하게 되는 그 밖의 온갖 것, 이런 것들만이 그와 같은 실재성(진실성, alētheia)을 지닌 것들일 뿐, 이것들 이외에 다른 것들은 어떤 식으로도 어떻게도 있지 않고, 각각의 것에는 지성에 의해서[라야] 알 수 있는 어떤 형상(形相: eidos)이 있다고 우리가 매번 말하는 것은 공연한 일이요, 이건 결국 실제로 말일 뿐 아무 것도 아닌 것인지? … 저는 저의 판정을 다음과 같이 내립니다. 그건, 만약에 지성(직관: nous)과 참된 판단(의견)(doxa alēthēs)이 [별개인] 두 가지 종류라면, 이것들은, 즉 우리에 의해서 지각될 수 없고 단지 지성에[나] 알려지는(사유되는: nooumena) 형상들(eidē)은 전적으로 그 자체로(kath' hauta) 존재한다는 것입니다. 반면에 만약, 어떤 사람들에겐 그렇게 보이듯이, 참된 판단(의견)이 지성과 어떤 점에서도 다르지 않다면, 우리가 육신을 통해 지각하게 되는 그 모든 것을 이번에는 가장 확고한 것들로 간주해야만 합니다. 따라서 우리는 그것들을 두 가지로 말해야만 하는데, 이는 그것들이 생긴 유래도 다르고 닮지도 않았기 때문입니다. 이들 중 한쪽은 가르침을 통해서, 다른 쪽은 설득에 의

해서 우리에게 생기기 때문이죠. 그리고 한쪽 것은 언제나 참된 설명
(근거: logos)을 동반하나, 다른 쪽 것은 그게 없습니다(alogon). 또
한 한쪽 것은 설득에 의해 바뀌지 않으나, 다른 쪽 것은 설득에 따라
바뀝니다. 그리고 한쪽 것에는 모든 사람이 관여한다고 말해야겠지
만, 지성에는 신들이, 인간들 중에서는 소수의 부류가 관여한다고 말
해야만 합니다. 이것들이 이러하므로, 이 중의 한 가지가, 즉 '똑같은
상태로 있는 형상(形相)'이 있다는 데 동의해야만 하는데, 이것은 생
성되지도 소멸되지도 않는 것이며, 자신 속에 다른 것을 다른 곳에서
받아들이지도 않고 또한 자신이 그 어디고 다른 것 속으로 들어가지
도 않는 것이며, 그리고 눈에 보이지도 않지만 다른 식으로도 지각되
지 않는 것이니, 이것은 '지성에 의한 이해(앎)'(사유: noēsis)가 그
대상으로 갖게 되어 있는 것입니다. 반면에 형상과 같은 이름을 갖고
그것과 닮은 둘째 것은 감각에 의해 지각될 수 있고 생성되는 것이
며, 언제나 운동하는 것이요, 그리고 어떤 장소(topos)에서 생성되었
다가 다시 거기에서 소멸하는 것이며, 감각적 지각(aisthēsis)을 동반
하는 판단(의견: doxa)에 의해 포착되는 것입니다. 또한 이와 달리,
셋째 것은 언제나 존재하는 공간(chōra)⁴⁵⁾의 종류로서, [자기의] 소
멸은 허용하지 않으면서도, 생성을 갖는 모든 것에 자리(hedra)를 제
공하는 것이지만, 이것 자체는 감각적 지각을 동반하지 않는 '일종의

45) 헬라스어 chōra(khōra)는 '어떤 것이 그 안에 있는 공간 혹은 장소', '지역',
'나라', '나라가 차지하는 영토' 등을 의미하는데, 그 안에 아무 것도 없는 '빈
공간'(to kenon)을 의미하는 것은 아니다. 플라톤에 있어서 chōra는 아무 것도
없이 무한히 펼쳐져 있는 허공이 아니라, 마치 어머니의 자궁이 태아의 발생을
허용하는 터(hedra)를 제공하는 것처럼, 그 안에서 생성 소멸하는 것들이 나타
나는 '기반'으로서, 그것들의 '수용자'(hypodokhē) 또는 유모(tithēnē)로 비유
되고 있다. 그런 의미에서 이 대화편에서 말하는 '코라'는 《노자 도덕경》제6장
에서 언급되고 있는 곡신(谷神)을, 그리고 이것이 현빈(玄牝)으로 지칭되고 있는
것을 연상케 한다.

서출적 추론'(logismos tis nothos)에 의해서나 포착될 수 있는 것으로 도무지 믿음(확신)의 대상으로 될 수 없는 것입니다. 실은 이것을 바라보노라면, 우리는 꿈을 꾸고 있는 상태에 처하기도 하는데, 있는 모든 것은 어딘가 반드시 어떤 장소 안에 있으며 어떤 공간을 점유하는 게 필연적이지만, 땅에도 하늘 어디엔가도 없는 것은 아무 것도 아니라고 우리는 말합니다. 이 꿈꾸는 상태 때문에 우리는 이 모든 것을, 그리고 이것들과 유사한 것들을, 잠결이 아니고 진실로 있는 성질의 것과 관련해서조차도, 깨어 있는 상태로 구분해서 진실을 말할 수가 없게 됩니다. 즉 모상(eikōn)의 경우에는, 그것이 생김에 있어서 그 근거가 되고 있는 것 자체는 모상에 속하는 것일 수가 없고, 그것은 다른 어떤 것의 영상(phantasma)으로서 언제나 운동하고 있는 것이기에, 이런 까닭으로 그것은 어떤 다른 것 안에서 생기는 것이 합당한데, 이로써 그것이 어떤 식으로건 존재(ousia)에 매달려 있게 되거나, 아니면 그것이 전혀 아무 것도 아닌 것으로 되거나 한다고 말씀입니다. 반면에 '참으로 있는 것'(to ontōs on)의 경우에는 정확성으로 인한 참된 설명이 뒷받침하기를, 앞엣것과 뒤엣것이 서로 다른 것인 한, 이들 둘 중의 어느 것도 다른 것 안에 있게 되어, 이것들이 동시에 하나의 같은 것이면서 둘이 되는 일은 결코 없을 것이라는 것입니다."(50c~52d)[46]

---

[46] 아리스토텔레스는 플라톤의 공간과 관련해서 그의 《자연학》 제4권 2장에서 이런 언급을 하고 있다. "플라톤은 《티마이오스》에서 질료와 공간을 똑같은 것으로 말하고 있다. 왜냐하면 '관여하는 것'(to metalēptikon)과 공간은 똑같은 하나의 것(동일한 것: hen kai ta ton)이기 때문이다. 거기에서 '관여하는 것'에 대해서 그가 말하는 것과 이른바 '문자화되지 않은 설들'(ta agrapha dogmata) — 아마도 플라톤의 가르침과 관련해서 대화편들에서는 찾아볼 수 없는 설들이 따로 있음을 시사한 것으로는 이것이 그 전거가 되는 것 같다 — 에서 말하는 것이 서로 다르기는 하지만, 그렇더라도 그는 장소(topos)와 공간(chōra)을 똑같은 것으

그는 "우리에 의해서 지각될 수 없고 단지 지성에[나] 알려지는 (사유되는: nooumena) 형상들(eidē)은 전적으로 그 자체로(kath' hauta) 존재한다"고 거듭해서 말한다. 그리고 공간에 대해서는 이렇게 말하고 있다. "우리가 그것을 눈에 보이지 않고(aoraton) 형태도 없는(amorphon) 종류의 것으로서 모든 것을 받아들이는(pandeches) 것이지만, 어떤 점에서는 지극히 당혹스런 방식으로 '지성에 의해서[라야] 알 수 있는 것' (to noēton)에 관여하는 것으로서 또한 가장 포착하기 힘든 것"이라 한다. 또한 "이것 자체는 감각적 지각을 동반하지 않는 '일종의 서출적 추론' (logismos tis nothos)에 의해서나 포착될 수 있는 것"이라 하면서, '도무지 믿음(확신)의 대상' 즉 감각적 지각의 대상일 수 없는 것이라 말하고 있다. 형상들과 공간에 대한 이런 언급과 함께 이것들을 아버지와 어머니로 그리고 이들 사이에서 태어나는 창조물(physis)을 자식에 비유하고 있다는 것은 우리의 흥미를 끄는 것이기도 하지만 플라톤 철학의 이해와 관련해서 많은 시사를 하고 있는 것이기도 하다. 우리는 이곳에서 그가 말한 것 이상의, 어떤 공간을 플라톤과 관련지어서 언급할 수는 없다. 따라서 공간적 분리니 어쩌니 하는 식의 트집잡기 식의 시비는 접어버리기로 하자. 다만 헬라스어 chōrizein에는 '분리한다'는 뜻과 함께 '구별한다'는 뜻도 있다는 것을 우리는 염두에 두어야 한다는 걸 말해 둘 필요가 있을 것 같다. 아리스토텔레스도 자신의 이야기를 할 때는, 이 두 가지 뜻을 적절히 가려 가면서 쓰고 있으면서도, 플라톤에게는 '분리'의 뜻으로만 쓰는 이상한 고집을 부린다. 앞서 《파이돈》편의 인용구에서 밝혔듯, 엄연한 우리의 인식 주관의 조건 때문에 대상들도 상응해서 그런 식으로 나뉠 수밖에 없다는 것이 플라톤 존재론의

로 보여 주었다." 그러니까 아리스토텔레스는 플라톤이 공간을 질료(hylē)로 이해하고 있다는 이야기다.

기본 틀이다. 이 틀을 깨는 것은 그의 시대와 언어의 틀을 깨는 것이다. 그렇게 되면, 플라톤의 이야기를 하고 있는 것이 아니라, 그 틀을 깬 사람이 자신의 이야기를 하고 있는 것이다. 아리스토텔레스도 바로 그런 사람이었다. 그러므로 우리는 이 문제와 관련해서 플라톤이 선택한 언어의 울타리 안에 들어가 그의 철학을 이해하려는 성실성을 갖추어야 한다. 그런 노력은 게을리한 채, 마치 장애물이라도 되는 듯이, 이 울타리를 마구 짓밟아버리고 들어가서, 자신의 살림에 필요한 것들만을 전리품처럼 가로채 나온다면, 이건 무슨 꼴인가? 필요한 것이 있으면, 예의를 갖추어 빌려다 써야 옳다. 남의 집 살림을 가로채서 제 집 살림에 함부로 쓴다면, 이는 도리가 아니다. 플라톤이 이데아 또는 형상과 관련하여 그처럼 많은 종교적·신비적인 언어에 의한 비유를 하고 있기는 하지만, 그가 그것들을 지칭하는 기본 용어는 우리의 '지성(nous)에 의해서 알 수 있는 대상들'이라는 뜻의 'ta noēta'이다. 그리고 그것들이 이렇게 불리는 것은, 앞서 여러 차례나 밝혔듯, 그것들에 대응하는 우리의 인식 주관이 'nous'이고, 그 능력이 noēsis(지성에 의한 이해, 사유)이기 때문일 뿐이다. 이 사실을 외면하는 것은 플라톤 철학의 울타리 부수기다.

그리고 플라톤이 그런 대상(to noēton)과 관련된 자신의 이론을 펼쳐감에 있어서 큰 영향을 입은 또 한 사람의 철학자는 사유되는 (noein) 대상만이 참으로 '존재하는 것'(to eon)임을 말한 파르메니데스[47]이다. 아리스토텔레스가 플라톤 철학을 언급하면서 그런 면에서 파르메니데스가 미친 영향에 대해서 그다지 주목하지 않은 것도 결국 형상들이나 이데아들이 '지성(nous)에 의해서 알 수 있는 것들'(ta noēta)로 지칭되었다는 사실에 대해 철저하게 외면한 탓이라

---

47) 제4장 2의 1)항을 참조할 것.

할 것이다. 플라톤이 대화편 《파르메니데스》의 이른바 제1부에서 형상 이론과 관련해서 아카데미아 안에서 제기된 의문점들을 총망라한 것을 액면 그대로 플라톤의 자기 비판으로 받아들였을 뿐, 같은 대화편의 제2부에서 형상 이론의 심화를 위한 이른바 형상 결합(koinō-nia)과 관련된 문제 제기를 하고 있다는 사실에 대해서는 감도 잡지 못했다. 그러니 헬라스 철학사에 있어서 존재론의 분수령을 이루었던 파르메니데스 철학의 본격적 극복을 위해 플라톤이 《소피스테스》편을 썼다는 사실이 그에게는 별로 주목거리가 되지 못할 수밖에 없었다. 이런 관점에서 볼 때, Guthrie의 말마따나,[48] 형상 이론과 관련된 아리스토텔레스의 플라톤 비판의 전거는 대개의 경우에 《파이돈》편이 되고 있으면서도, 이 대화편에서부터 이데아나 형상이 동시에 '지성에 의해서 알 수 있는 것'(to noēton)으로 언급되고 있다는 사실에 대해서는 그가 철저하게 외면했거나 아니면 전혀 주목을 하지 못했다는 사실을 우리는 새삼 확인하게 된다.

이제 이 항목을 끝맺기 전에, 우리는 '지성에 의해 알 수 있는 것' (사유되는 것: to noēton)을 플라톤이 eidos, 또는 idea란 이름으로 부르게 된 까닭에 대해서 잠시 생각해 볼 필요가 있겠다. 이 또한 어쩌면 형상의 분리 문제를 근본적으로 되돌아보게 하는 것일 수 있겠기 때문이다. 이미 《파이돈》편에서 이 낱말들이 사용된 통계적인 용례까지 언급했다. 그리고 그것들이 일상적인 의미에서는 아무개 또는 어떤 것의 생김새나 모습 또는 외모를, 그리고 사물들이 공통되게 보이는 특성이나 형태 또는 본질적인 공통성을, 더 나아가 이에 따른 분류에 의한 부류(genos)나 종류(eidos, idea)를 가리킨다는 데 대해서도 앞서[49] 언급했다.[50] 그런데 플라톤은 이것들을 총칭적으로 '지

48) Guthrie, *A History of Greek Philosophy*, VI, 247면, 21~22면.
49) 제4장 2의 2)항을 참조할 것.

성에 의해서 알 수 있는 부류'(사유되는 부류: to noēton genos)라고 하면서, 이것들이 '지성에 의해서 알 수 있는 영역'(사유 영역: ho noētos topos)에 속하는 것들로 말하고 있다. 이는 무엇을 의미하는 가? 우리의 육안에 보이는 개별적인 북이나 침상 또는 아름다운 것이 아니라, 우리의 지성(nous)이 보게(katidein) 되는 '북인 것 자체'(auto ho estin kerkis)나 '침상인 것 자체' 또는 '아름다운 것 자체'(auto ho estin kalon)의 '참모습', 즉 각각(hekaston)의 to noēton(지성에 의해서 알게 되는 것, 사유되는 것)이 보이는 그 '본모습'을 지칭하는 것이라 할 것이다. 그러니까 엄밀한 의미에서 말한다면, '지성에 의해서 알 수 있는 부류'에 속하는 각각의 것, 즉 '각각(x)인 것 자체'(auto ho estin hekaston, auto hekaston to on)가 '참으로 존재하는 것'(to ontōs on)이고, 이데아나 형상은 그 각각의 것의 '참모습' 또는 '본모습'을 가리키는 것이라 함이 이 말의 진짜 쓰임새일 것이다. 말하자면, 아무개의 생김새나 모습 또는 얼굴처럼 말이다. 우리가 어떤 사람의 생김새나 그림 또는 사진을 보고, 그가 누구라는 걸 알아보기는 하나, 그렇다고 해서 그 생김새가 바로 그 사람인 것은 아니다. 그래서 이데아나 형상은 그냥 이데아나 형상이 아니고, '무엇(x)의 이데아' '무엇(x)의 형상'으로 불리는 것이 원칙이라고

---

50) idea는 idein(봄: to see)과, eidos는 eidō(보인다: I see)와 어원적으로는 각각 연관된다. 그리고 이 둘은 플라톤에 있어서 전혀 같은 의미로 교대적으로 쓰이고 있다. 그러나 Ross는 앞에서 언급했던 그의 *Aristotle's Metaphysics*, Vol. I, 160면에서 이런 말을 하고 있다. "우리는 어쩌면 그 차이를 이렇게 표현할 수 있을지도 모르겠다. 'idea'는 주로 인식론적·존재론적 측면에서의 '각각인 것 자체'(auto ho estin hekaston) 또는 ousia(존재)인 반면에, eidos는 주로 과학적인 측면에서 개별적인 것들의 원인으로서의(즉 기술과 그 산물들의 인과 관계에서 이해되는) '각각인 것 자체' 또는 '우시아'라고. 그래서 이데아들은 곧 수들이라는 설과 eidos는 아무런 관계도 없다.…" 다시 말해서 수와 관련해서는 idea라는 낱말을 쓴다는 말이다.

앞서 말했다. '아름다운 것 자체'(auto ho estin kalon, auto to kalon)
가 '아름다움의 이데아'(hē tou kalou idea), 즉 아름다움의 참모습
또는 불변하는 본모습을 지닌 것을 가리키는 것이다. 《국가》편
479a~e에는 'idea tis autou kallous'라는 표현과 auto to kalon라는
표현이 있는데, 뒤엣것은 '아름다운 것 자체' 또는 '아름다움 자체'
로 옮기면 되겠으나, 앞엣것은 문자 그대로 하면 '아름다움(kallos)
자체의 어떤 이데아'로 되는데, 이는 아무래도 어법에 맞지가 않다.
'아름다움 자체'가 곧 이른바 '이데아'이기 때문이다. 게다가 '아름
다움 자체의 이데아'도 아니고 '어떤' 이데아라니, 이는 아무래도 우
스운 표현이다. 그것은 '아름다움 자체의 어떤 본(참)모습'이라 하는
것이 자연스럽다. 같은 대화편 486d에 보이는 'hē tou ontos idea
hekastou'도 문자 그대로 옮기면, '각각의 실재(존재: to on)의 이데
아'가 되겠는데, 이 또한 어법에 맞지가 않다. 이데아 자체를 곧 존재
라는 식으로만 이해하면, 이 경우에 이 말은 '각각의 존재의 존재'라
는 식으로 되기 때문이다. '각각의 존재의 본(참)모습'으로 이해하는
게 자연스럽다. 그런 의미에서 Johannes Theodorakopoulos가 하고
있는 다음과 같은 말은 충분히 경청할 가치가 있다고 할 것이다. "플
라톤이 사유(Denken)를 봄 또는 직관(Schauen)으로 표현한 것과 같
은 근거에서, 그는 이 봄의 대상 또한 이데아라 부른다. 이데아나 에
이도스는 플라톤 시대에는 사람의 얼굴(Gesicht)을 의미하고 있다.
얼굴은 보이는 바로 그것이다. … 그러나 플라톤에 따르면, 이데아들
은 존재의 얼굴들(die Gesichter des Seins)이요, 존재의 본모습들
(Urbilder)이다. 사람이 그의 얼굴을 통해서 보이듯, 존재는 이데아들
을 통해서 보인다(erscheinen)."[51] 플라톤이 중기 대화편들에서 형상

---

51) J. Theodorakopoulos, *Die Hauptprobleme der Platonischen Philosophie*
(Heidellberger Vorlesungen, 1969; Martinus Nijhoff, The Hague, 1972.), 46면.

또는 이데아를 '한 가지 보임새인 것'(monoeides on)[52]으로 다루다
가, 후기 대화편들인 《소피스테스》편 및 《정치가》편에서 여러 형상의
결합 형태에 있어서 파악코자 한 것도 이런 맥락에서 이해될 성질의
것이다. 따라서 플라톤의 이데아나 형상은 지성이나 정신(nous) 또는
'지성에 의한 앎'이나 '지적 직관'(noēsis)의 '대상'이라는 의미에서
는 to noēton으로 우선적으로 지칭되어 마땅하다.

　그리고 아리스토텔레스는 또한 플라톤의 형상들과 사물들 사이에
도형이나 수와 같은 수학적인 것들(ta mathēmatika)을 중간적인 것
들(ta metaxy)로 상정했다고 비판한다. 이것들은 플라톤이 《국가(政
體)》편(제6, 7권)에서 이른바 이데아 또는 형상들에, 그리고 궁극적으
로는 '좋음(善)의 이데아'에 이르기 위한 앞 단계의 학문들에서 다
루게 되는 '추론적 사고'(dianoia)의 대상들로서 언급되고 있다는 것
을 우리는 익히 알고 있다. 플라톤이 이 대화편(509d~511d)에서 이른
바 선분(線分)의 비유를 통해서 넓은 의미에서 '지성에 의해서 알
수 있는 부류'(사유되는 부류: to noēton genos)라 했을 때, 그는 추
론적 사고(dianoia)[53]의 대상들인 이 '수학적인 것들'을 지성에 의한
앎(noēsis) 또는 인식(epistēmē)의 대상들인 이데아들과 함께 이 부
류에 포함시켰다. 그런데 이 '수학적인 것들'(ta mathēmatika)이라는
표현은 플라톤 자신이 쓴 게 아니라, 아리스토텔레스가 그의 《형이상

---

52) 《파이돈》편 78d 참조.

53) 여기에서 '추론적 사고'로 옮기고 있는 헬라스어 dianoia는 일반적으로는 '생
　　각', '의도', '사고', '마음' 등을 의미하지만, 플라톤은 이 말을 같은 대화편 제6
　　권 511a와 제7권 533d~534a에서 전문적인 인식론적 용어로 썼는데, 문맥에 따
　　라 '추론적 사고'로 옮겼다. '지성에 의한 앎(이해)'(noēsis)이 '직관' 또는 '사
　　유'의 성격을 갖는 데 비해, 이것은 '추론'(logismos) 또는 '추리'의 성격을 갖
　　기 때문이다. noēsis가 nous(지성)의 작용이라면, dianoia는 logos(이성)의 추리
　　작용일 것이다.

학》(A. 987b15, M. 1076a17)에서 이와 관련된 언급을 하는 중에 쓴 것이다. 그러나 그 표현의 유용성 때문에 우리도 그대로 쓰기로 하자. 《국가》편 511b에서는 '기하학이나 이와 유사한 학술들에 속하는 종류'라는 표현이 보이는데, '수학적인 것들'이란 이를 전체적으로 가리키는 것이 되겠다. 이 추론적 사고의 대상들은 그 명확성(saphē-neia)에 있어서 형상이나 이데아들에 비해서 한 단계 뒤지는 것들로 간주된다. 그러나 아리스토텔레스가 일괄적으로 '수학적인 것들'이라고는 하지만, 플라톤에 따를진대, 감각에 지각되는 것들과 이데아들 사이의 중간적인 것들(ta metaxy)로서 수학적인 것들(수학적 대상들: ta mathēmatika)도 있고, 이것들과는 달리 '수'나 '도형' 등의 수학적인 이데아들도 있다. 왜냐하면, 《파이돈》(101c~104d)에 보면, '셋인 것들의 이데아'(104d)란 표현이 있는가 하면, 사물들이 '둘(dyo)로 됨'은 '2의 이데아'(dyas)에 관여함(metaskhein)으로써 가능하고, '하나'(hen)로 되려면, '1의 이데아'(monas)에 관여함으로써 가능하다고 하기 때문이다.(101c) '1의 이데아'도, '2의 이데아'도, '3의 이데아'(trias)도, 그리고 '5의 이데아'(pemptas, pempas)도 있다. 이것들은 수학에서 말하는 1(heis, mia, hen), 2(dyo), 3(treis, tria), 5(pente)를 가리키는 것들이 아니다. 이들 이데아들은 각기 하나(hen)씩만이 있는 데 비해, 수학에서 말하는 1, 2, 3, 5는 각기 하나 아닌 여럿(polla)이다. 이를테면, 3은 5-2, 1+2, 1+1+1 등등, 여러 경우의 것들이다. 원의 경우에도 이는 마찬가지이다. 수학에서 다루는 원에는 반지름을 달리하는 무수한 것이 가능하기 때문이다. 《일곱째 편지》(342a~344c)에서도 원 또는 둥금 자체나 곧음 등의 이데아들이 다른 이데아들과 함께 지적되고 있음을 우리는 발견하게 되는데, 실제로 그리거나 원반 형태로 만들어진 것은 '원 자체'(autos ho kyklos)와는 달리 그것에 온갖 대립되는 성질들을 지니고 있다는 언

급을 하고 있다. 《파르메니데스》편(129d~131a)에서도 '하나' 또는 '단일성', '여럿' 또는 '다수성', '큼' 등의 형상들이 '올바름', '아름다움', '좋음' 등의 형상들과 마찬가지로 다루어지고 있다. 이처럼 플라톤은, 아리스토텔레스가 《형이상학》(987b, 1076a)에서 말하는 대로는 아닌 방식으로, '추론적 사고'(dianoia)가 관여하는 대상들인 이 '수학적인 것들'의 존재론적 지위를 분명히 밝혔다. 이와 관련해서 우리는 다음 두 가지 점에 각별히 유념할 필요가 있다.

첫째로, '추론적 사고'의 대상들은 결코 '감각에 지각되는 부류'가 아니고, 넓은 의미에서 '지성에 의해서[라야] 알 수 있는 부류'에 포함된다. 그러나, 그렇다고 해서 그것들이 바로 '지성(nous)에 의한 앎'(noēsis)의 대상들인 것은 아니다. 이 점은 당시의 인식론적 틀의 관점에서 볼 때는 중요한 의미를 갖는 것이다. 소크라테스는, 이미 앞에서 언급했듯,[54] 당시의 소피스테스들로 해서 풍미하게 된 회의론을 이성(logos)의 능력에 대한 확신을 통해서 극복하려 했다. 그러나 그의 인식론적 작업은 그 자체만으로도 그의 목숨까지 담보가 되었을 정도로 당시 상황에서는 개인의 힘에는 버거운 작업이었다. 게다가 그의 작업은 주로 윤리적 개념들의 의미 규정을 통한 행위 원칙의 추론(logismos)[55]에 그 궁극적 목표를 둔 것이었다는 한계가 있다. 플라톤은 이에서 더 나아가 '이성'의 극대화된 인식 주관을 '지성'으로 그리고 그 대상들을 '지성에 의해서라야만 알 수 있는 것들'로 확인하게 됨으로써 새로운 존재론적 지평을 열게 되었다. 이를 통해서 그는 감각적 지각의 대상들과 이데아 또는 형상들로 불리는 것들 사이에(metaxy) '추론적 사고의 대상들'이 개재함도 확인하게 된 것이다.

---

54) 제4장 2의 1)항을 참조할 것.
55) 《크리톤》편, 46b를 참조할 것.

346

둘째로, 아리스토텔레스에 의해 '수학적인 것들'로 지칭되며 못마땅한 것처럼 비판을 받았던 이 추론적 사고의 대상들이 오히려 플라톤 철학에 활력을 불어넣고 있는 핵심점이라는 것이다. 바로 이 점이 플라톤의 존재론을 특유한 것이게 만드는 것이며, 또한 존재론이 창조적 생성 이론과 접목되게 하는 것이기도 하다. 앞서 인용한 구절을 통해서도 밝혔지만, 아리스토텔레스는 '수학적인 것들'을 '사유되는 것'(noētē)으로서 말하기는 하나, 어디까지나 '질료'(hylē)로 보고 있다. 즉 '사유되는 질료'(hē noētē hylē)라 했다. 그리고 질료는 그 자체로는 알 수가 없다고도 했다. 그러나 플라톤에게 있어서는 물·공기 등이, 마치 분자 구조식에 의해서 설명되듯, 구조적으로 설명이 되고, 따라서 인식 가능한 것들로 된다. 이미 앞서[56] 형상과 추론적 사고의 대상 간의 관계를 다루면서, 《티마이오스》편 53a~b에 나오는 그 설명 방식의 일단을 보았기에, 그 구절을 한 번 더 읽어 보는 게 또한 좋을 것 같다. 우주에서 불·물·공기·흙이 처음에는 그것들의 어떤 흔적들(ichnē)을 갖고 있었을 뿐이나, 창조신인 데미우르고스가 최초로 도형(eidos)들과 수(arithmos)들로써[57] 형태를 만들어내기 시작하였다는 이야기다. 그는 이처럼 이른바 4원소를 도형적·수적 구조(systasis)에 의해 설명하고 있다. 또한 《필레보스》편(25a~e)에서도 '수학적인 것들'에 대한 중대한 언급을 우리는 찾아볼 수 있다. 여기에서는 모든 수적인 관계나 양적 관계를 한도 또는 한정짓는 것(peras)으로 보고서, '수를 개입시킴'으로써 온갖 자연적 또는 인위적 현상들이 생성되는 것으로 설명하고 있다. 플라톤에 있어서 '감각에 지각되는 것'과 '지성에 의해서 알 수 있는 것', 이 두 부류의 결

---

56) 제3장 2의 2) (4)항을 참조할 것.
57) 여기서 말하고 있는 도형은 4원소를 구성하는 기하학적 도형들을, '수'는 4원소를 구성하는 요소 삼각형들의 수를 가리키는 것으로 보인다.

합 관계를 가리키는 '관여'(methexis)나 '나타나 있게 됨'(parousia), '결합' 또는 '교합'(koinōnia)도 이 '수학적인 것들', 즉 수와 양 그리고 도형적 구조를 매개로 해서야 비로소 구체적 실현도 그 설명도 가능해진다. 이른바 '수학적인 것들'로 일컬어진 이 추론적 사고 대상들의 매개 없이 이 지상에서 이루어질 수 있는 것은 아무 것도 없다.[58] 플라톤이 감각적 지각의 대상들과 이데아 또는 형상들로 불리는 것들 사이에(metaxy) '추론적 사고의 대상들'이 개재함을 존재론적으로 확인하였다는 것은 그야말로 하나의 위대한 발견이라 할 것이니, 그는 이의 발견에 그치지 않고, 더 나아가 자신의 창조적 실천 사상으로까지 이를 발전시킨 철학자이다. 그런데도 아리스토텔레스가 이를 우습게 보았다는 사실이야말로 실소를 금할 수 없게 만드는 일이라 할 것이다. 그러나 이에 대한 언급은 제3장에서 플라톤의 기능 문제를 다루는 가운데 이미 어느 정도는 했으므로, 이 문제는 지금으로서는 이쯤에서 끝맺기로 하는 게 좋겠다.

3a. 형상과 사물들의 관계에 대한 비판

형상은 사물들에 대해 원인(aitia) 내지 원리(archē)인 관계에 있다. 이 원인적인 관계는 사물들이 형상에 관여하는(metechein) 방식의 것이다. 이 관여(methexis)로 인해서 사물들은 형상을 닮게 되고, 따라서 같은 이름으로 불리게도 된다. 그러나 형상이 본(paradeigma)으로 되고, 사물들이 이에 관여한다는 것은 공허한 주장이요, 시적인 은유이다. 본뜰 소크라테스가 있건 없건 그와 닮은 사람은 있을 수 있다. 형상은 사물들의 운동이나 변화 그리고 또 이것들의 인식과 존

---

58) 제5장 2항 및 제3장 2의 2) (4)항을 참조할 것.

립에 아무런 도움도 주지 않는다. 그런 것으로 되려면 사물들의 본질로서 사물들 안에 내재하는 것(enyparchon)이어야만 한다.

3b. 이에 대한 반론

아리스토텔레스에 따르면, 플라톤의 형상은 사물들의 본(paradeigma)으로서 개개의 사물들과 분리되어 존재하는데, 사물들이 어떤 형상을 닮고, 그것과 같은 이름으로 불리는 것은 사물 쪽에서의 형상에 대한 관여(methexis)로 말미암아서이고, 따라서 형상은 사물들에 대한 원인 내지 원리이다. 그리고 아리스토텔레스는 이러한 플라톤의 자연 현상 설명은 공허한 것일 수밖에 없는 것이라 하며, 형상이 정작 원인 구실을 하려면, 그것은 사물들의 본질로서 사물들 속에 내재하지 않으면 안 된다고 한다. 그러나 그가 형상과 관련해서 플라톤을 비판함에 있어서 전거로 삼다시피 한 바로 그 《파이돈》편(100c~103c)에서만 해도, 우리는 그가 미처 유의하지 못한 표현들에 접하게 된다. 여기에서 플라톤은 아름다운 사물이 아름다운 것은 아름다움(아름다운 것) 자체(auto to kalon), 즉 아름다움의 이데아에 그것이 관여(metechein)하거나, 그 사물에 그 이데아가 '나타나 있게 됨'(parousia)이나 그것들의 결합(어우러짐, 관여: koinōnia) 이외에 다른 것이 아니라고 하면서, '또는 그것이 어떤 방식으로 어떻게 이루어지건 간에' 그렇다고 단서를 달고 있다.[59] 그런데 여기에서 '나타나 있게 됨'으로 옮긴 parousia(presence)는 이를테면 아름다움의 이데아 또는 형상이 어떤 것에 어떤 형태로건 드러나 있음을 뜻하는 것이라 할 것이다. 그렇다면 이는 '… 안에 있음'을 나타내는

---

59) 이와 관련해서는 제5장 2항에서 이미 상당 부분 언급했다.

eneinai(enontōn), einai en …(103b, 102b)와 거의 같은 뜻으로 쓰이고 있다고 할 것이다. 그런데 이 대화편의 102b~103b를 보면 이런 내용의 언급이 있다.

심미아스가 소크라테스보다는 크지만, 파이돈보다는 작을 경우에, 심미아스 안에는(에게는: en) 큼(megethos)과 작음(smikrotēs) 둘 다가 있다(einai)고 할 것이다. 그러나 심미아스가 큰 것은 심미아스가 심시미아스임으로 해서가 아니고, 그가 갖게 된 큼으로 해서이며, 그가 소크라테스보다도 큰 것은 소크라테스가 소크라테스이기 때문이 아니라, 그의 큼에 비해서 소크라테스가 작음을 갖고 있기 때문이다. 심미아스와 파이돈의 경우에도 심미아스의 작음에 비해서 파이돈이 큼을 가졌기 때문이다. 이처럼 심미아스는 두 사람의 중간에 있는 탓으로 작기도 하고 크기도 한 것으로 지칭된다. 그런데 '큼 자체'(auto to megethos)는 결코 동시에 크기도 하고 작기도 한 것일 수 없다. 그뿐만 아니라 '우리 안에(에게) 있는 큼'(to en hēmin megethos) 또한 작음을 받아들이지도 않지만, 그것에 비해 낮추보이게 되지도 않고, 다음 두 경우 중의 어느 한 경우로 될 것이다. 그것에 그것과 대립되는 것(to enantion), 즉 작은 것이 다가가면, 그것이 물러나 자리를 내주게 되거나, 이것이 다가가게 되니 그게 사라지게 되거나 할 것이다. 하지만 그것이 그냥 남아 있으면서 작음을 받아들임으로써 그것 아닌 다른 것으로 되는 일은 없다. '우리 안에(에게) 있는 작음'(to smikron to en hēmin)의 경우에도 이는 마찬가지이다. 대립되는 사물(큰 것)이 그것에 대립되는 사물(작은 것)에서 생길 수는 있지만, 대립되는 것 자체(auto to enantion)는, 그것이 우리 안에(에게) 있는 것이건 또는 본질에 있어서의 것이건 간에, 그것에 대립되는 것으로 되는 일은 결코 없다.

여기에서 말하는 '큼 자체'란 물론 큼의 형상이나 이데아를 가리

350

킨다. 그러면 '우리 안에(에게) 있는 큼'이나 '우리 안에(에게) 있는
작음'은 무엇을 가리키는 것인가? 흔히 이해하듯, '내재하는 형상들'
(immanent Forms)이거나 내재하는 특성들(characters)인가? 그리고
이것들과 '큼 자체', 즉 '각각(x)인 것 자체'는 어떻게 다른가? 이 문
제야말로 플라톤 철학에 있어서 최대의 난제들 중의 하나이다. 칸은
'우리 안에(에게) 있는 큼'처럼 내재하는 형상들의 형적은 《국가(政
體)》편이나 그 이후의 다른 어떤 작품(《파르메니데스》편에서의 비판
적 논의의 경우를 제외하고는)에서도 찾아볼 수 없다고 단언하고 있
다.[60] 그러나 그의 단언은 아무래도 좀 성급하고 경솔한 것 같다. 이
를테면 《국가(政體)》편(518d~e)에는 이런 표현이 보인다. "혼의 이른
바 다른 '훌륭함'(덕: aretē)들은 신체적인 훌륭함들에 가까운 것들
인 것 같으이. 그것들이, 사실인즉, 이전에는 그 안에 있지 않았으나
(ouk enousai), 습관(ethos)과 단련(askēsis)에 의해 나중에야 생기게
되기(empoieisthai) 때문이지." 이 인용구에서 말하는 '훌륭함들', 즉
'사람으로서 훌륭한 상태(덕)들'은 플라톤이 형상들로 말하는 것들
이며, 이것들이 습관과 단련을 통해서 우리 '안에 생기게 된다'고, 즉
생겨나 있게 된다고 말하고 있다. 501b에서도 그것들이 인간들 '안에
생기도록 함'(empoiein)을 말하고 있다. 이 경우에는 그것들이 개체
들 안에 있게 됨을 말하고 있다. 그런가 하면, 《필레보스》편(16d)에서
는 이런 언급을 보게 된다. "우리는 늘 그때 그때마다 모든 것과 관
련해서 하나의 형상(形相: idea)을 상정하고서, [이걸] 찾아야만 한
다는 게야. 이는 그것이 그 안에 있는 걸 발견할 것이라 해서지." 이
경우에는 이데아가 각각의 부류 안에 있는 걸(mian idean …
enousan) 찾아볼 수 있다는 것이니, 이는 개체보다는 각각의 부류의

---

60) C. H. Kahn, *Plato and the Socratic Dialogue*(Cambridge, 1996), 358면을
참조할 것.

이데아를 가리키는 것이라 할 것이다.

그렇다면 개별자들인 우리 안에(에게) 있게 된 큼이나 작음은 무엇을 가리키는 것이라 해야 옳을까? '큼 자체'나 '작음 자체'는 물론 형상 또는 이데아이다. 그러나 이것들이 일단 개체 안에 있게 되면, 어떤 크기로 한정된다. 심미아스 안에(에게) 있게 되는 큼이나 작음은 수치화(數値化)되기 때문이다. 그의 큼이나 작음이 센티미터로 따져, 168로 수치화되었을 경우, 165(?)의 수치를 가진 소크라테스보다는 크되, 170(?)의 수치를 가진 파이돈보다는 작다. 이런 큼이나 작음은 추론적 사고의 대상들이다. '침상 자체'나 '집 자체'는 그 기능(ergon) 자체의 관점에서 말할 때는, 형상 또는 이데아이지만, 그것이 구체적인 하나의 침상이나 집으로 제대로 만들어지려면, 그것들이 질료를 갖추기 전에 먼저 설계의 단계를 거쳐야만 할 것이다. 이 설계의 단계에서 집의 기능이 수치화되고 도형화되어 어떤 구조를 갖게 된다. 목재 따위의 질료는 그 다음에야 선택되고 이용될 것이다. 제작자(dēmiourgos)에 의해서 개별적인 침상이나 집 등이 만들어지려면, 이 중간 단계인 추론적 사고와 이의 대상들을 매개로 하지 않을 수 없다. 우리의 실천적 행위(praxis)의 경우에도 이치는 마찬가지이다. 바로 앞에서 말한 '사람의 훌륭한 상태'(aretē), 이른바 '덕'이 어떤 사람에게 이전에는 없었지만, 나중에 생기게 될 경우, 이는 흔히 중용이라 일컫는 '적도(適度) 상태'(metriotēs)의 실현을 통해서이다. 그 모두가 수량적·질적·구조적 한정 또는 한도지음과 관련되는 것들이니, 바로 추론적 사고의 영역에 속하는 것들이다. 형상들 또는 이데아들이 개체들에게 있어서 찾아볼 수 있게 된 것들일 경우, 이것들은 모두가 어떤 수나 양, 정도, 형태 또는 구조를 갖게 된 것들이다.

이렇게 플라톤을 해석할 때, 형상이 사물의 본질로서 처음부터 내

재함을 말하는 아리스토텔레스의 주장과 어떤 차이가 있다고 할 것
인가? 아리스토텔레스에 있어서는 형상은 사물의 본질(ousia, to ti ēn
einai)로서, 처음부터 어떤 사물에 그 가능태(dynamis)로서 내재해
있다가 점진적으로 현실태 또는 활동태(energeia)로 변화해 가는 것
으로 말하고 있다. energeia란 'ergon(기능)이 실현되어 있거나 활동
하고 있는 상태'를 가리키는 말이다. 그러니까 '기능'이 곧 본질이다.
그리고 가능태란 기능, 즉 본질인 형상이 아직은 실현되지 않고 있는
질료의 상태를 가리키는 말이다.[61] 플라톤에게 있어서도 '기능'이 어
떤 것의 본질(ousia)이기는 마찬가지이다. 그러나 그에 따르면, 인위
적 산물이나 생물의 경우에는 그 기능 때문에 그런 구조를 갖고 그
런 형태로 존재하게 되지만, 4원소와 같은 물질들은 그런 구조를 갖
고 있기 때문에 그런 성능을 갖게 된다. 이를 잘 설명하고 있는 것이
바로 《티마이오스》편이다. 그리고 생물들의 경우에, 어떤 기관의 기
능 사용이 필요 없게 되면, 그 기관의 퇴화를 가져오는 반면에, 어떤
기능이 필요하게 될 경우에는, 이를 구조적으로 발달시켜 갖게 된다
는 사실을 우리는 알고 있다.[62] 아리스토텔레스의 가능태에서 현실태
로 이행한다는 운동 공식은, 얼른 보아, 특히 생물들의 성장이나 활
동과 관련시킬 때는 더 설득력을 갖는 것 같으나, 원소들과 같은 물
질들이나 기관의 퇴화 또는 새로운 기능을 위한 근본적 변형적 발달,
또는 새로운 종의 탄생 등에 대해서는 전혀 무용하거나 그다지 설득
력 있는 설명을 해 주지는 못할 것 같다. 오히려 이 점에서는, 그가
남긴 숱한 생물학적 업적들이 있는데도, 플라톤에서 후퇴한 셈이다.
이와 관련된 플라톤의 설명 방식은 생물이건 무생물이건 또는 추상
적인 것이건 간에 모든 것을 포괄할 수 있는 것이라 할 수 있을 것

---

61) 제3장 2의 3)항을 참조할 것.
62) 제3장 2의 2) (3)(4)항을 참조할 것.

이니, 이는 다름 아닌 추론적 사유와 그 대상들을 그의 존재론이 포용하고 있기 때문이다. 또한 이 때문에 그의 존재론은 생명력 있는 창조적 존재론의 성격을 갖게 된다. 그의 후기 대화편들, 즉 《티마이오스》편은 말할 것도 없고, 《정치가》편에서 적도(適度: to metrion) 창출의 문제와 관련해서 측정술(metrētikē)이 문제되는 것이나, 《필레보스》편에서 한도(限度, 限定者: peras)의 문제가 집중적으로 다루어지는 것도, 《법률》편에서 법률의 제정을 언제나 적도 또는 중용과 연관지어 하고 있는 것도, 모두가 추론적 사고와 그 대상들을 매개로 할 때 가능한 것들이다. 그런 의미에서 "법과 질서가, 수적인 성질에 의존하고 있지 않다면, 준(準)수적인 성질(para-numerical property)에 의존하고 있다는 의미에서 '한도(peras)를 갖는다'. 내가 준수적(準數的)이라 말하는 것은 무엇이든 훌륭한 것은 균형이 잡힌 상태(proportionateness)와 같은 그런 성질들에 의존하고 있다는 걸 플라톤이 우리한테 말하고 싶어하는 게 아닌가 하는 생각을 내가 하기 때문이다"[63]라고 한 크롬비의 주장은 법률 제정과 관련된 플라톤의 생각에 대해 거의 정곡을 찌르는 것이라 해도 좋을 것이다. 아리스토텔레스가 못마땅한 것들로 비판하고 있는 추론적 사고의 대상들이야말로 오히려 그 자신의 약점을 보완하고 있는 것들임을 그는 미처 깨닫지 못하고 있었던 셈이다. 이런 문제와 관련해서는 이미 제3장에서도 어느 정도 언급한 셈이니, 이쯤에서 그치기로 하자.

4a. '하나'와 '여럿'의 관계에 대한 비판

이데아와 개별적인 사물들과의 관계는 무엇보다도 우선 보편적인

---

63) I. M. Crombie, *An Examination of Plato's Doctrines*, II(London, 1963), 431면.

354

것과 이에 포섭되는 개별적인 것들의 관계이다. 이 관계는 '하나와 여럿'(to hen epi pollōn)의 관계이다. 그러나 이 관계를 이데아 설에 적용할 때, 몇 가지 문제점이 제기된다. 첫째로, '하나와 여럿'의 관계는 수없이 반복될 수 있다. 개별적인 것들과 보편적인 것, 다시 이 것들 모두를 포섭하는 또다른 보편적인 것, 그리고 다시 또 … 이런 식으로 끝없이 되풀이될 수 있다. 이렇게 되면, 사람들과 이들을 포섭하는 사람의 이데아, 다시 이 양쪽을 다 같이 포섭하는 이른바 '세 번째 인간'(ho tritos anthrōpos)과 같은 또 하나의 공통된 것(to koinon)인 형상이 존재하게 된다는 주장이 된다. 둘째로, 보편적인 것과 개별적인 것들의 포섭 관계는 종(種: eidos)과 유(類: genos)의 되풀이되는 관계로까지 나아간다. 더구나 이런 관계에서 볼 때, 개별적인 것들에 대해서는 종(種)이 본(paradeigma)으로 되나, 유(類)는 이 종(種)에 대해 본이 되니, 이번에는 종이 모상(模像: eikōn)으로 된다. 그런가 하면, 형상들은 다른 형상들에 대해 또한 본으로 된다. 결국 동일한 것이 본으로도 되고 모상으로도 된다. 셋째로, 동일한 것에 여러 형상, 따라서 여러 본이 있게 된다. 이를테면, 사람은 두 발 달린 동물이라고 할 때, 사람의 형상으로는 '사람 자체'(to autoanthrōpos), 동물, 그리고 '두 발'(to dipoun) 등이 있다. 넷째로, '하나와 여럿'의 관계는 그 존재(ousia)를 인정할 수 없는 것들의 형상을 있게 한다. 가령 여러 경우의 부정(否定)들을 포섭하는 '부정'(apophasis)의 형상이나, 여러 가지 관계 현상에 있어서 보편적인 것인 '관계'(to pros ti)의 형상 등이 있게 된다. 형상은 관여될 수 있는 것(methekton)인 존재(ousia)여야만 할 텐데, 이처럼 그렇지 않은 것들도 있게 된다. 그뿐 아니라 집이나 가락지 따위는 인간의 제작물들인데, 이런 것들의 형상들도 있다는 주장이 된다.

4b. 이에 대한 반론

　형상을 보편적인 것(to katholou)의 관점에서 볼 때, 형상은 사물들에 대해 '여럿(ta polla)에 대한 하나(to hen)'(to hen epi pollōn)인 관계에 있다. 이 관계가 빚는 여러 가지의 문제점을 아리스토텔레스는 지적하고 있다. 4a에서 우리는 그것들을 네 가지로 요약해 보았다. 첫째 것은 '하나와 여럿'의 관계는 반복되는 포섭 관계로 인해서 '세 번째 인간'의 경우처럼, 그리고 플라톤 자신이《파르메니데스》편 (132a~b, 133a)에서 제기될 수 있는 의문거리로 말하고 있듯, "새로운 형상(kainon eidos)이 언제까지나 생기기를 그치지 않을 것이다"[64]라는 비판이다. 그러나 이는 사유 대상과 감각적 지각 대상의 관계를 근본적으로 잘못 이해하는 데서 생기는 것이다. 그리고 사람의 본질은 사람 구실 즉 기능(ergon)일 텐데, 개별적인 인간들과 사람 구실을 포괄하는 또다른 사람 구실 즉 기능이란 있을 수도 없는 것이니, 이 비판은 사실상 황당한 것인 셈이다.

　둘째 것은, '하나와 여럿'의 관계가 개별적인 것들―종(種)―유(類)로 이어지고, 이것이 다시 종과 유의 반복되는 포섭 관계로 확장될 때, 제기될 수 있는 의문이다. 그래서 종과 유가 각기 동시에 본(paradeigma)도 되고 모상(eikōn)도 된다는 비판이다. 이런 수직 관계는 우리의 사고의 편의상 설정하는 수직 관계일 뿐이다. 하나의 사물은 종적인 형상만이 아니라 유적 형상에 동시에 관여하고 있다. 이 문제는 셋째 문제와 직결되는 것이기에, 바로 셋째 문제로 넘어가기로 한다.

　셋째 것은 '하나와 여럿'의 관계가 동일한 것에 형상이 여럿 있는

---

64)《파르메니데스》편. 133a.

우스운 결과를 낳는다는 비판이다. 예컨대, 사람의 형상으로는 '사람 자체', 동물, '두 발'(二足性) 등의 여러 형상이 있다니 우스운 일이라는 것이다. 그러나 실은 그것들만이 아니다. 사람의 형상은 동일성, 타자성, 단일성, 다자성, 존재, 운동, 동물성 등등 실로 다양한 형상이 또한 함께 결합 또는 교합(koinōnia)을 이루고 있는 것이다. 중기 대화편들까지에서는 형상이 그 단일성에 있어서, 즉 '언제나 같은 방식으로 한결같은 상태로 있는' 불변하는 '한 가지 보임새'(mono-eides)[65]에 있어서 논의되고 강조되었다. 그것은 하나의 형상과 이에 관여하는 동일한 종류의 여러 개체(ta metechonta)의 관계를 주로 강조하는 계몽적인 단계였기 때문이다. 그러나 형상 이론과 관련해서 계몽적인 작업의 단계가 끝나, 일단 형상들이 확보된 이후의 것들인 후기 대화편들에 있어서는 형상들이 자기들끼리 어떤 결합 관계(koinōnia, mixis, symmeixis, epikoinōnia, methexis)를 이루는지를 살피는 것이 오히려 중요한 과제로 되어 있다. 특히 《소피스테스》편과 《정치가》편은 그 대표적인 것들이다. 이 단계에서 형상을 보면, 각각의 형상은 이미 한 가지 보임새를 보이고 있는 것이 아니다. 따라서 여러 가지의 보임새 또는 모습의 결합 형태에 있어서 이해해야만 되는 것이다. 제5장에서도 말했듯, 《소피스테스》편은 '소피스테스'라는 부류(genos) 내지 무리(phylon)가 보이는 다양한 기능(ergon)을 작업 대상(ergon)으로 삼고서, 이를 여러 측면에서 접근하여 보는 작업 끝에, 이들 여러 측면, 즉 보임새를 하나로 다시 엮어서 인식하는 과정을 아주 잘 보여 주는 대화편이다.[66] 후기 대화편들을 통해서 우리는 각각의 형상이 실은 다면성을 지닌 결합 형태의 것임을 알게

---

65) 《파이돈》편, 78d.

66) 제5장 3항에서 형상들끼리의 결합 문제를 상당한 분량으로 이미 다룬 터이니, 이를 참조할 것.

된다. 이 점에 관한 한, 아리스토텔레스는 플라톤을 전혀 모르고 있다는 사실이 역설적으로 증명되고 있다. 처니스도 아리스토텔레스가 이 문제에 대해서 소홀했음을 지적하고 있다.[67)

'하나와 여럿'의 관계에서 넷째로 지적된 것은 형상을 인정할 수 없는 것에 대해서도 형상을 인정하게 되는 어리석음을 저질렀다는 것이다. 이를테면, 부정(否定)의 형상이나 집의 형상 따위가 있게 된다는 지적이다. 부정(apophasis)은 '…이 아님'(…이지 않은 것: to mē on)을 뜻하니, 이것은 《소피스테스》편(254d~e)에서 논의된 다름 아닌 다섯 가지 중요한 형상들 중의 하나인 '타자성'(thateron)이다. 그뿐더러 이 문제를 다루기 위해서 플라톤은 이 대화편의 절반이 훨씬 넘는 분량을 할애하고 있다. 이 문제는 헬라스 철학사에서 존재론적 논의의 이정표를 긋는 작업이다. 그는 플라톤을 몰라도 너무 몰랐다. 또한 아리스토텔레스는 인간의 제작물들은 본(paradeigma), 즉 형상을 갖지 않아야 될 것으로 말하나, 플라톤에 따르면, 그렇지가 않다. 직물을 짤 때 쓰이는 북의 형상도 있다. 북의 형상은 다름 아닌 그 기능(ergon)에서 찾아야만 할 것이니, 그것은 이 기능 때문에 만들어진 제작물(ergon)이다. 옛날부터 지금에 이르기까지 북의 소재는 달라져도, 아니 오늘날엔 북 자체가 사라졌는데도, 그 기능만은 변하지 않고 건재하고 있다.[68) 그 밖에도 제작물과 관련된 형상들에 대한 언급은 얼마든지 있다. 북과 함께 송곳 따위의 도구(organon)(《크라틸로스》편, 388a~399a)의 형상과 침상이나 식탁 같은 가구(skeuē)(《국가》편, 596a~b)의 이데아를 플라톤은 분명히 언급하고 있다. 또한 《일곱째 편지》(342d)에서는 아리스토텔레스가 이를 확실히 알았

---

67) 앞서 언급한 Cherniss의 책, 478면을 참조할 것.
68) 북의 경우를 예로 들어서 한 자세한 언급은 제3장 2. 2), (3)항에 있으므로, 이를 참조할 것.

던들, 아마도 어안이 벙벙했을 만큼 온갖 것의 이데아들을 언급하고
있다. 이를테면, 좋음, 아름다움, 올바름 따위의 경우와 곧음, 둥긂, 표
면 등의 경우, 그리고 모든 인위적·자연적 산물의 경우 및 불, 물,
동물, 마음의 습성들의 경우에도, 또한 능동적 행위들(작용: poiē-
mata)과 수동적 사태들(겪음: pathēmata)의 경우에도 이데아가 인정
되고 있다.[69] 어디 그뿐인가! 《티마이오스》편에서는 우주 창조자인
'데미우르고스'(dēmiourgos)가 온갖 형상을 본으로 삼아, 천체들과 4
원소 따위의 기본 물질들을 만들어내고 있는 것으로 그려져 있다. 목
수를 비롯한 장인(dēmiourgos)도 온갖 것의 기능(ergon)을 염두에
두고 자기의 제작물(ergon)을 만든다. 《국가》편(596a~597d)에서 언급
된 장인의 경우를 알아보는 것으로 이 항목을 끝맺기로 한다.

　　"우리가 같은 이름을 적용하는 각각의 [부류의] '많은 것'(ta
polla)과 관련해서 우리는 어쩌면 각각의 어떤 '한'(hen) '형상'(形
相: eidos)을 가정해(tithesthai) 버릇한 터이다. … 이를테면, 많은 침
상과 식탁이 있다. … 이 가구들과 관련해서는 어쨌든 두 '이데아'
(idea)가 있겠는데, 그 하나는 침상의 이데아이며, 다른 하나는 식탁
의 이데아이다. … 그런데 각 가구의 장인(匠人: dēmiourgos)은 그
이데아를 보면서 저마다 우리가 사용하는 침상들이나 식탁들을 만들
며 또한 여느 것들도 마찬가지 방식으로 만든다. … 그러나 침상 제
작자는 … 우리가 바로 [참으로] 침상인 것'(ho esti klinē)이라 말
하는 형상(形相)을 만드는 것이 아니라, 하나의 침상을 만든다. … 세
가지의 침상이 있다. 그 하나는 그 본질(본성: physis)에 있어서 침상
인 것으로서, 이는, 내가 생각하기로는, 신이 만드는 것이라고 우리가

---

69) 《일곱째 편지》가 플라톤의 것임은 오늘날 정설로 되어 있다. 누군가가 그렇지
　　않다고 말할지 모르겠으나, 이런 것들의 이데아들을 그가 아니고서는 감히 뉘라
　　서 말할 수 있겠는가?

말할 그런 것이다. … 다른 하나는 목수가 만드는 것이고, … 또 다른 하나는 화가가 만드는 것이다. … 그런데 신은 자신이 원했건 또는 자신으로서도 본질적 침상을 하나 이상은 만들 수 없는 어떤 필연성 때문이었건 간에, 저 ‘침상인 것 자체’를 하나만 만들었다. 신에 의해서는 둘 또는 그 이상의 그런 것이 만들어진 적도 없고 또한 없을 것이다. … 그건, 설사 신이 침상을 두 개만 만들더라도, 다시 하나가 나타나, 이것의 형상을 저들 둘이 다시금 가질 것이며, 또한 ‘침상인 것’[자체]는 그 하나이지, 이들 둘은 아닐 것이기 때문이다. … 신은 바로 이걸 알고서, 참으로 침상인 것의 참된 침상 제작자이기를 바랐지, 어떤 침상을 만드는 어떤 침상 제작자이기를 바라지는 않았기에, 본질에 있어서 하나인 침상을 만들었다. … 따라서 … 신은 이것이나 다른 모든 걸 진정 그 본질에 있어서 만들었으니, 그것의 ‘본질 창조자’(phytourgos)라고 부르겠고, … 목수는 침상의 장인이며, 화가는 목수에 의해서 만들어진 것의 모방자이다.”

5a. 형상 인식에 대한 비판

플라톤은 이데아의 인식을 선천적인 것, 즉 ‘함께 지니고 난’(생득적인: symphytos) 것으로 말하고 있다. 이를테면, 《파이돈》편(74b~75b)에서 동일한 사물들을 보고 동일하다고 판단하는 것은 ‘동일성 자체’(auto to ison)라는 이데아를 ‘미리 알고 있기’(proeidenai) 때문이라고 말한다. 그러나 사실은 그렇지 않다. 가령 기하학을 처음 배우는 사람은 기하학의 요소들, 즉 공리나 공준 따위를 앞서 알지는 못한다. 논증에 필요한 전제들을 앞서, 즉 선천적으로 알고 있는 것은 아니다. 그런데도 그러한 인식을 우리가 이 세상에 태어날 때, ‘함께 지니고 난’ 것, 즉 생득적(生得的)인 것이라고 주장한다. 그러나 그렇다고 한다면, 왜 우리는 우리가 그처럼 추구하고 있는 가장 훌륭한 앎을 갖지 못하고 있는가?

5b. 이에 대한 반론

플라톤의 이른바 상기(想起: anamnēsis) 설과 관련된 비판이다. 감각적 지각에 앞서 이미 '타고난'(symphytos) 지식으로 인해서 '미리 아는 것'(proeidenai)은 불가능하다고 한다. 이건 근세에 있어서 로크가 데카르트의 본유 관념설을 비판하는 것과 똑같은 형태의 것이다. 아리스토텔레스의 이 비판에 접하고 보면, 그가 플라톤을 이해하고자 조금이나마 애쓴 사람인지조차 의아스럽다는 생각이 절로 든다. 그는 스스로 이런 말을 하고 있다. "어려움에는 두 가지 형태가 있겠는데, 이 어려움의 탓은 대상들에 있는 게 아니라, 우리에게 있다. 왜냐하면, 마치 박쥐들의 눈이 낮의 광명에 대해서 가지는 관계처럼, 우리의 지성(nous)이 모든 것 가운데서도 본성상 가장 명백한 것들에 대해서 가지는 관계와도 같다."[70] 아리스토텔레스가 구사하는 언어의 한계 내에서 말할진대, 적어도 플라톤 철학의 이해에 관한 한, 아리스토텔레스는 자신의 말마따나 그 빛을 못 보는 박쥐의 눈을 가졌거나, 플라톤을 비판할 시간은 얼마든지 가졌지만 그를 이해하는 데 바칠 시간은 단 하루도 아까워한 사람이 아니었을까? 플라톤의 상기설은 기본적으로 감각적 지각의 대상이 아닌 지성의 대상, 즉 지성에 의해서 알 수 있는 것(to noēton)에 대한 앎을 두고 하는 말이다. 《파이드로스》편(249b~c)에 이런 언급이 있다. "사람은 많은(여러 차례의) 감각적 지각(polla aisthēseis)에서 나아가 추론(logismos)에 의해

---

70) 《형이상학》, 993b7-11.

하나로 모아진 형상(種: eidos)에 따른 표현을 이해해야만 한다. 이
것은 … 상기이다." 이 인용구에서 보다시피, 그것이 감각적 지각을
통한 것이건 아니면 지성에 의해 직접적으로 접하게 된 것이건 간에,
그 앎의 대상 자체가 비감각적인 것일 경우에, 그걸 상기라 말하고
있는 것이다. 그래서 플라톤에게 있어서 배움(mathēsis)은 상기요,[71]
이를 위해서는 감각적 지각에만 의존하는 버릇을 버리는 인식 주관
의 순수화(katharsis)가 선행 작업으로 요구된다. 지혜 자체를 일종의
정화(katharmos)라고 한 것도[72] 같은 생각에서일 것이다. "닮은 것에
닮은 것이"라는 인식 원리를 내세우는 플라톤에 있어서, 마치 후각
고유의 대상이 청각 고유의 대상으로 된다든가, 또는 시각 고유의 대
상이 후각이나 미각 고유의 대상으로 될 수 없는 일이듯, 지성의 대
상(to noēton)이 감각적 지각의 대상(to aisthēton)으로 될 수는 결코
없는 일이다. 플라톤의 상기설의 참뜻은 바로 이에 있지 않던가? 아
리스토텔레스는 이 점은 익히 알고 있는 사람이다. 왜냐하면 그는 지
성 내지 직관(nous)이나 사유(noēsis)와 그 대상들에 관한 언급들을
《형이상학》, Λ(12)권 제7, 9장 및 《혼에 관하여》(영혼론) 제3권, 제4,
5장에서 자기 철학의 가장 중요한 대목으로서 개진하고 있기 때문이
다. 그렇다면, 표현의 상징성이나 본의는 애써 마다하고 언어의 한계
성까지 강조하는 플라톤의 표현 자체에만 매달리는 이 트집은 도대
체 무엇 때문일까?

6a. 이데아 설에는 운동도 목적도 없다는 비판

플라톤은 《파이돈》(100b~e)에서 형상들을 사물들이 존재하고

---

71) 《파이돈》편, 72e.
72) 같은 대화편, 69c.

362

(einai) 생성하게 되는(gignesthai) 원인들로서 말하고 있다. 그런데 그에 의하면, 형상들은 사물들과 따로이 있지, 내재하여 있지는 않다. 그러한 형상은 운동의 원인으로 사용하지 못한다. 그는 형상으로서의 원인과 질료로서의 원인, 이 두 가지 원인만을 사용하고 있을 뿐이다. 달리 '운동을 일으키는 것'(to kinēson)이 없다. 그런데도 그는 사물들이 형상에 관여한다고 말하는데, 운동의 시초로 되는 원인이 없이는 관여의 실현이 불가능하다. 철학은 현상들에 대해 그 원인을 찾아서 설명하려는 것인데, 우리는 이를 포기한 채 다른 존재를 말하고 있을 뿐이다. 그뿐 아니라 우리의 모든 행위나 지적인 활동, 그리고 온 자연이 어떤 목적의 실현을 위한 것인데, 형상은 원리들 중의 하나인 이 목적으로서의 원인과는 아무런 관계도 없다.

6b. 이에 대한 반론

소크라테스는 자연 전반에 관해서 무관심했으나, 플라톤은 자연을 설명하려고 애쓴 사람이긴 하지만, 운동의 원인과 목적의 원인을 제대로 활용하지 않음으로써 자연의 설명에 실패했다는 것이 또한 아리스토텔레스의 비판이다. 아리스토텔레스의 4원인설의 관점에서 볼 때, 형상의 원인과 운동의 원인은 엄격히 구분되는 것이다. 사람을 낳는 것은 사람의 형상이 아니라 개인인 사람이요, 이것이 그 운동의 원인이다. 마찬가지로 집을 있게 하는 것은 집의 형상이 아니라 목수와 건축술이라는 주장이다. 아리스토텔레스에 의하면, '자연적으로 존재하는 것들'(ta physei onta)은 저마다 어떤 기능 또는 구실(ergon)을 실현시킬 수 있는 능력을 그 본성(physis)으로서 지니고 있다. 그 능력을 가능태(dynamis)로, 그 실현을 현실태 및 활동태(energeia: ergon의 실현 상태)로 부른다. 이 기능의 실현 또는 성취

(entelecheia)를 위해 나아가는 과정이 운동(kinēsis) 또는 변화(metabolē)이고, 이 운동은 그래서 목적(telos, to hou heneka)적인 것이다. 그리고 이 운동의 내적인 원인은 각각의 사물이 지닌 본성(physis)이고, 모든 외적 요인 중에서도 으뜸가는 초월적인 원인은 '최초로 운동을 일으키는 자'(to prōton kinoun)이다. 자연 속에 있는 이러한 사물들은 각기 제 나름으로 하나의 '좋음'(善: to agathon)을 위해서 제 구실을 함으로써 자연 전체는 질서(taxis)를 이루고, 전체적인 것으로도 좋음(善), 즉 좋은 상태의 실현을 본다. "자연은 그 어떤 것도 공연히 하지 않는다."[73] 자연에 있어서의 "모든 것은 하나로 향해 정렬된다."[74] "존재하는 것들은 나쁘게 다스려지기를 바라지 않는다. '왕이 여럿인 것은 좋지 않다. 왕은 하나이게 하라.'"[75]

아리스토텔레스의 이런 주장은 그의 철학이 전형적인 목적론적 철학 체계임을 말해 주는 것이다. 목적론적 철학의 성향에 관한 한 아리스토텔레스는 플라톤보다도 훨씬 극단적이고 낙관적이다. 그는 사물이 "무엇으로 이루어졌는가"(ex hou)보다 "무엇으로 향하고 있는가"(eis ho)에 압도적인 관심이 있다. 그것은 우선적으로는 형상이요, 종국적으로는 '하나인 왕' 즉 신(theos)이다. 각각의 사물의 기능 또는 구실(ergon)의 실현은 곧 형상의 실현이다.[76] 질료 상태의 가능성(dynamis)이 형상 실현을 통한 활동태(energeia)에 이르는 것이, 즉 제 기능(ergon)의 실현과 그것의 활동 상태에 이르는 것이 모든 사

---

73) *De Anima*, 434a31.

74) 《형이상학》, 1075a18~19

75) 같은 책, 1076a3~4, 이 인용문 중에 인용되어 있는 구절은 《일리아스》, 제2권 204행의 것임.

76) 같은 책, 1050a15~16, 1050b2~3.

물의 목적(telos)이다.

그런데 아리스토텔레스 철학에 있어서 중요한 요소인 이 기능
(ergon) 사상은 결코 아리스토텔레스 특유의 것이 아니다. 그것은 소
크라테스에게서부터 본격적으로 논의되기 시작하여, 플라톤 철학에
서 핵심적인 내용을 이루고 있던 것이다.[77] 아리스토텔레스는 자기도
모르는 사이에 이 사상을 자기 철학의 중심을 이루는 것으로 받아들
여 놓고서는, 그것이 자기 고유의 것인 줄로만 알고 있을 뿐만 아니
라, 더 나아가 그 사상을, 바로 앞에서 인용한 구절들이 보여 주듯,
억지스럽도록 목적론적으로 체계화했다. 소크라테스는 사람 구실
(ergon)이 무엇인지를 본격적으로 논의한 사람이다. 그는 사람 구실
을 이성(logos)에서 찾았고, 이성은 말(logos)을 쓰는 기능이요, '의
미 규정이 된 말들(logoi)을 매개로 이성에 의해 고찰함'으로써 인간
행위의 지표로 될 이치 내지 원칙(logos)을 찾으려 했던 사람이다.

플라톤이 그에게서 물려받은 것도 그 핵심은 바로 이 기능 사상이
다. 플라톤은 사람의 구실을 지성 내지 정신(nous)에서 찾았고, 이
지성은 그 고유의 대상들(ta noēta)을 갖는다는 데 생각이 미쳤으며,
자연 전체 및 사물들에 있어서 이것들이 작용하는 역할을 이해하여,
이 이치가 우리의 삶에 있어서도 구현되도록 함으로써, 합리적이고
자연의 이치에 따르는 삶을 살 수 있도록 하는 방도를 강구하여 제
시하려 했었던 사람이다. 물론 플라톤도 자연의 진행이 '아무렇게나'
(eikē) 되는 것이 아님을 철저히 믿은 사람이다. 그렇다고 해서 그가
아리스토텔레스처럼 '최초로 운동을 일으키는 자'를 내세우는 것과
같은 그런 식의 억지스런 목적론을 제시한 사람은 아니다. 그에 의하
면, 사물들은 각기 제 나름으로 '수학적' 접근이 가능한 구조

---

77) 제3장은 이 문제를 집중적으로 다룬 것이다.

(systasis)를 갖고, 적도(適度: to metrion)나 균형(to symmetron)을 실현한 것이다. 다시 말해, 그 나름으로 '좋음'(善: to agathon)을 실현하여 갖고 있는 것이다. 《티마이오스》편은 이 우주를 최선자(最善者: ho aristos)인 창조자(dēmiourgos)가 가장 훌륭한 것(to kalliston)으로 만드는 과정을 그럼직하게 기술하고 있는 것이다. 이 우주의 창조에는 '좋음'(善)이 처음부터 끝까지 원리로서 작용했다는 설명이다. 창조하는 자의 편에서나 창조되는 방식에 있어서나 그리고 그 결과에 있어서나 '좋음'이 원리로서 작용했다는 것이다. 우주를 의미하는 헬라스어 kosmos는 '아름다운 질서 체계'를 뜻하는 말이다. 우주가 그러하니, 우주 안에 있는 모든 것이 이루어지는 이치도 그 원리에 따르는 것일 수밖에 없다는 것이 플라톤의 기본적인 생각이다. 그래서 "모든 좋은 것(to agathon)은 아름답고(kalon), 아름다운 것(to kalon)은 불균형이지(ametron) 않다"(87c)고 말한다. 바로 앞에서도 말했듯, 사물들은 각기 제 나름으로 '수학적' 접근이 가능한 구조(systasis)를 갖고, 적도(適度: to metrion)나 균형(to symmetron)을 실현한 것인데, 이는 복합적이되 조화로운 혼합, 즉 혼화(混和: krasis)이기도 하다는 것이 그의 생각이다. 그러나 "어떤 혼합이건, 어떻게 이루어졌건, 모든 혼합은, 적도(適度)와 균형의 본성(physis)에 적중하지 못한 것이면, 그 혼합(synkrasis)을 이루고 있는 것들은 물론이거니와 무엇보다도 그 혼합 자체를 맨 먼저 필연적으로 망가뜨린다. 왜냐하면 그것은 혼화가 아니라, 혼화되지 못한 채 모이기만 한 것으로서, 그런 불행은 이런 결합 상태에 있는 것들에 실제로 그때마다 일어나고 있기 때문이다."[78] 그러니 모든 사물은, 그것이 존속하는 한, 그 나름으로 하나의 '좋음'(to agathon)을 실현

---

78) 《필레보스》편, 64d9~e3.

한 것이다. 그러나 이 때의 '좋음'은 인간의 관점에서 판단할 것이
아니라, 자연 전체의 차원에서 말하는 것임은 물론이다. 이처럼 사물
의 구조나 균형, 적도 등, 광범위한 의미에 있어서 이른바 '수학적인
것들'을 매개로 한 방식을 통해 '좋음'이 자연에 있어서 실현되듯,[79]
인간의 기술이나 행위들의 경우에도 '좋음'이 실현되는 방식은 똑같
다고 할 것이니, 그것들에 적용되는 원리 또한 같을 수 밖에 없겠다.
모든 사물이 저마다 자신의 기능(ergon)을 제대로 수행하기 위해서
는 그것이 처한 조건 아래에서 가장 좋은 상태에 있어야만 하겠고,
그러기 위해서는 구조적으로나 기능 수행의 방식에 있어서 적도(適
度)를 구현하여 갖지 않으면 안 될 것이다. 하나의 종(種: eidos)의
탄생은 '적도의 창출'(hē tou metriou genesis)을 통해서야 가능하고,
이 적도의 지속적인 유지가 그 사물과 그 종의 존립 조건이다. 자연
적 산물이든 인위적 산물이든 또는 인간의 행위이든, 모두가 이 원리
를 위배하고서는 종국엔 더 이상 존속할 수 없게 되겠기에, 결과적으
로는 그 지배를 받는다는 게 그의 생각일 것이다. 이 원리가 다름 아
닌 '좋음(善)의 이데아'라 하는 것이다. 그것은 어디까지나 사물들의
생성이나 존재 방식 또는 인간의 행동 방식이 그것에 따를 뿐인 것
이지, 그게 직접적으로 작용하거나 간섭하는 것은 아니다. 그것은 그
런 의미의 원리(archē)일 뿐, 인격적인 신과 같은 그런 존재는 아니
다. '원리'를 의미하는 헬라스어 '아르케'는 원래 '기원'이나 '시작'
을 의미하기도 하지만, '다스림'과 그 다스림이 미치는 '왕국' 내지
'영토'를 의미하기도 한다. 그것은 쉽게 말해서, 경기, 이를테면 축구
라는 경기와 축구장에서의 '규칙'(rule)과도 같은 것이다. 축구 경기
는 무형의 것인 이 규칙의 지배를 받거니와 경기장은 이 규칙이 적

---

79) 이와 관련해서는 제3장 2의 2) (4)항에서 애덤의 인용문을 중심으로 한 부분을
   다시 읽어 보는 게 좋겠다.

용되는 왕국이다. 이 규칙을 어기면, 처벌을 받게 되고, 옐로 카드 제
시를 두 번 받은 사람은 그 장에서 쫓겨나고, 선수들의 범칙이 전체
적으로 도를 넘기면, 그 장은 난장판이나 개판이 된다. 그리고 무엇
보다도 안타까운 것은 우리가 그 규칙을 모르면, 그 놀이판을 도무지
이해할 수가 없다는 것이다. 마찬가지로, 삼라만상이 따를 수밖에 없
는 이 원리를 아는 것이야말로 당연히 그리고 지극히 중요한 것일
것이니, 플라톤이 그 원리를 '좋음(善)의 이데아'라 일컫고, 그것에
대한 앎을 '가장 큰 배움'(to megiston mathēma) 또는 '가장 중대한
배움'이라 한 것은 그 때문이었다. 이렇게 볼 때, 플라톤의 자연관은
진화론적인 성향이 강한 것이라 할 수 있다. '적도'란 것 또한 적자
(適者: the fittest)와 같은 뜻이기도 하기 때문이다. 이에 비해,
Guthrie가 지적했 듯,[80) 아리스토텔레스의 자연관은 '반진화론적'
(antievolutionary)이다. 왜냐하면 아리스토텔레스에게 있어서 종(種),
즉 형상은 확정적인 것이지, 새로운 적도에 대한 구조적 적응과는 무
관한 것인 반면, 플라톤에 있어서 형상은 구조적으로 언제나 적도와
상관 관계에 있는 것이기 때문이다.[81) 따라서 아리스토텔레스에게서
는 존재론적 차원에서의 창조 사상을 찾아볼 수가 없다. 그가 말하는
'자연적으로 존재하는 것들'(ta physei onta) 중에서도 그 대표적인
것이라 할 모든 생물은, 이를테면 도토리가 다람쥐의 먹이로 되는 경
우와 같은 우연적인 사태가 발생하지 않는 한, 그것이 지닌 본성
(physis)대로 종(eidos) 즉 형상에 따른 운동을, 다시 말해 가능태에
서 현실태로 진행하는 고정적인 방식의 운동 내지 변화를 하는 것으

---

80) W. K. C. Guthrie, *A History of Greek Philosophy*, V1, 110면의 각주를 참조
  할 것.
81) 지성에 의해서 알 수 있는 것(to noēton)의 차원에서가 아닌 현실적인 종의
  탄생이나 소멸과 관련해서는 제5장 5. 1)에서 언급했다.

로만 보기 때문이다. 그러나 플라톤의 철학에는 창조 사상을 뒷받침
해 주는 생동하는 존재론이 있다. 기존의 종은 현실적으로 얼마든지
소멸할 수 있으며, 같은 이치로 새로운 형태의 기능을 갖는 새로운
종은 현실적으로 얼마든지 탄생할 수 있다. 적도나 균형 등에 적중하
느냐 못하느냐가 그 관건일 뿐이다. 자연에서는 이른바 저 '수학적인
것들'을 매개로 '적도의 창출'이 끊임없이 실현되고 있다. 인위적인
제작적 기술(technē)이나 실천적 행위(praxis)를 하는 인간도 '적도
창출'을 통한 창조적 작업을 할 수 있는 존재이다. 그 모두가 나름으
로 '좋음'(善)을 실현하는 것이다. 《국가》편에서 '좋음(善)의 이데아'
가 인식과 진리, 그리고 존재와 생성의 원인으로 된다고 한 것도
(508e~509b), 그리고 철인 치자(哲人治者)가 그것을 '본'(para-
deigma)으로 삼도록 해야 함을 그처럼 강조한 것도 그런 확신 때문
이었다고 할 것이다. 그러므로 우주의 탄생 과정을 장인(匠人)을 뜻
하는 '데미우르고스'(dēmiourgos)의 창조 행위(dēmiourgia)를 통해
설명해 보이려 한 것은, 인위적인 기술적 만듦(dēmiourgia)이나 행위
(praxis)도 모두가 '주어져 있는 것'(to paron)을 '선용함'(eu
poiein)으로써 되는 것이라는 걸 보여 주려는 거창한 이론적 뒷받침
이었다고 할 수 있을 것이다. 그런 우주론을 배경으로 하여 《필레보
스》편에서 하게 되는 논의나 《법률》편에서의 법 사상도 자신 있는
그 전개가 가능했던 것이라고 나는 생각한다.

  그런데 플라톤 철학의 가장 중대한 원리로 되고 있는 이 '좋음'
(善: to agathon) 또는 '좋음의 이데아'와 관련해서는 플라톤 생시부
터 전해져 오는 특별한 기록들이 있다. 이는 흔히 〈좋음(善)에 관한
강의(강연)〉(*Peri tdgathou akroasis* 또는 *Peri tdgathou synousia*)라
는 이름으로 전해져 오는 것으로, 플라톤이 언젠가 했다는 좋음(善:
to agathon)에 관한 공개 강의 내용에 대한 기록들이다. 이 강의 내

용에 대해서는 아카데미아 학원에 관계했던 많은 사람이 제나름으로 기술한 책자를 남겼던 모양인데,[82] 우리에게 전해지고 있는 것들은 모두가 토막 형태의 것들이고, 그 가운데서 '좋음'과 관련해서 그 내용을 극히 조금이나마 어림짐작이라도 할 수 있게 하는 언급을 들을 수 있는 것은 아리스토크세노스(Aristoxenos)를 통해서 전해지고 있는 것이다. 다음은 그 전문이다.

  "논구(pragmateia)의 방식이 도대체 무엇인지를 먼저 말해두는 것이 아마도 더 좋을 것이다. 이는 이를테면 우리가 가야 할 길을 미리 알고 있음으로써 이 길의 어디쯤에 우리가 와 있는지를 알면서 길을 수월하게 갈 수 있게 되기 위해서이며, 또한 우리 스스로 부지중에 사태를 잘못 짚게 되는 일이 없도록 하기 위해서이다. 플라톤한테서 '좋음에 관한 강의'를 들었던 사람들 대부분이 겪었던 것으로 아리스토텔레스가 늘 이야기해 주었던 것이 바로 그런 경우였다. 왜냐하면 그들은 저마다 세상 사람들이 좋은 것들로 믿는 것들 가운데 어떤 것, 이를테면 부, 건강, 체력, 요컨대 굉장한 행운에 대해 알게 될 것이라 여기고서 참석했기 때문이다. 그러나 이야기가 학문들(mathē-mata)과 수들, 기하학과 천문학에 관한 것임이, 그리고 마침내 '좋음

---

82) Simplicius, *Commentarius in Physica*, 151. 8~11를 보면, 아리스토텔레스뿐만 아니라 스페우시포스(Speusippos)와 크세노크라테스(Xenokratēs)도 이 강의에 참석해서, 그걸 기록하여 플라톤의 설을 보존해 가졌던 것으로 언급되고 있으며, 또한 같은 주석 453. 25~30에서도 헤라클레이데스(Hērakleidēs)와 헤스티아이오스(Hestiaios) 그리고 그 밖의 플라톤의 제자들이 이 강의에 참석해서 저마다 강의 내용을 적었는데, 그건 언급된 그대로 '수수께끼 식으로'(ainigmatō-dōs)였다고 한다. 한데 플라톤이 《일곱째 편지》(341b~c)에서 디오니시오스 2세가 이런저런 것들을 스스로 정리해 갖고 있는 것으로 말하고 있는 책자에도 아마 그런 유형의 것들이 수집되어 포함되어 있었을 것으로 짐작해 볼 수 있겠다.

은 하나이다'(hoti agathon estin hen)라고 하는 것임이 판명되었을
때, 그들에게 그것은 완전히 기대에 어긋난 것(paradoxon ti)으로 보
였던 것으로 나는 생각한다. 그 뒤에 이 일에 대해 어떤 사람들은 좀
경멸한 반면에, 어떤 사람들은 비난을 해댔다. 그러면 그 까닭은 무
엇이었을까? 그들이 미리 알지도 못하고서, 마치 논쟁적인 사람들이
그렇게 하듯, 그 이름(강의 제목) 자체를 보고 입을 벌린 채 접근했
던 것이다. 하지만 내 생각으론, 만약에 어떤 사람이 적어도 그 개요
를 미리 제시했던들, 청강하려던 사람이 그러길 포기했거나, 아니면
그것에 대해 만족했을 경우에는, 언급된 그 판단에 끝내 머물러 있었
을 것이다. 그래서 아리스토텔레스 자신도, 그가 말하듯, 그에게 청강
을 하고자 하는 사람들에게 그의 논구가 무엇들에 관한 것이며 또한
어떤 것인지를 미리 말하곤 했던 것은 바로 이런 이유들로 해서였
다.''[83]

이에 따르면, 플라톤의 이 강의는 실패한 강의의 한 사례로 아리스
토텔레스가 자주 언급했던 것 같다. 그리고 그 사단은 요즘 식으로
말해 강의 요강(강의 계획서: syllabus)을 미리 제시하지 못한 데서
찾을 수 있다는 이야기인 셈이다. 어쩌다가 이 강의가 그런 식의 공
개 강의의 형태로 진행되었는지를 우리가 확인할 길은 없다. 설마 연
회석에서 불시에 도금양 가지(myrrhinē)를 건네받고 그걸 들고서 노
래를 부르게 된 사람이 제일 좋은 것부터 순서대로 들며 부르기로
된 노래말의 내용에도[84] 나오는 그런 부나 건강 따위와 같은 것이

---

83) H. S. Macran(ed.), *The Harmonics of Aristoxenus*, II, 30. 10~31. 15(Oxford, 1902).

84) 이런 식으로 부르는 노래를 헬라스어로 skolion이라 했다는데, 《고르기아스》편 (451e)에 나오는 한 가지 것의 내용은 이러하다. '건강한 것'(hygiainein)이 제

좋은 것이라는 이야기를 듣기 위해서 그 자리에 사람들이 모였을까 싶다. 하지만 내용이 일반적이되 색다른 이야기를 듣고 싶어했음직한 사람들의 기대에는 사뭇 어긋난 실망스런 것이었던 것 같다. 그런 유의 평범한 내용의 것이었다기보다는 오히려 '좋음'과 관련된 그의 지론(持論)의 총괄적인 또는 개괄적인 강의였던 것 같다고 하는 게 옳을 것 같다. 왜냐하면 이 전언이 우리에게 알려 주는 내용이 그런 추측을 충분히 가능케 해 주기 때문이다. 그것은 "이야기가 학문들 (교과들: mathēmata)과 수(數)들, 기하학과 천문학에 관한 것임이, 그리고 마침내 '좋음은 하나이다'(hoti agathon estin hen)라고 하는 것임이 판명되었다"는 것이다. 그리고 이 인용문 가운데서도 제일 핵심이 되는 내용이면서, 또한 문제가 되는 부분은 "좋음은 하나이다" (hoti agathon estin hen)[85]라는 것이다. 반즈는 이 문장에서 agathon 을 tàgathon으로 읽고 있는데,[86] 나도 전적으로 공감한다. 다만 "[원

일 좋고(ariston), 둘째는 건장하고 보기 좋은 몸매를 갖게 되는 것(kalon genesthai)이며, 셋째는 정직한 방법으로 부유해지는 것(ploutein adolōs)이라는 순서로 부르게 하는 것이었다.

85) 이를 영어로 그대로 옮겨 놓으면, "… that good is one"이 된다. 바로 다음에서 언급하듯, 반즈의 텍스트 읽기를 따르면, 이는 "… that the good is one"으로 된다. 그러나 이의 해석에는 의견들이 분분하다. 이를테면, D. Ross 같은 사람은 아리스토크세노스의 전언이 정확하지 못하니, "… that there is one Good" 이라고 할 수도 있고, "… that the One is good"이라고도 할 수 있다고 말하고 있다. D. Ross, *Plato's Theory of Ideas*(Oxford, 1953), 244면을 참조할 것. 그런가 하면, 어떤 사람은 이를 갖고서, '좋음'과 '하나'를 동일한 것이라 말하는 것으로 해석하는 경우도 있다. 이런 해석은 '하나'(一者: to hen)라는 신비적 존재로까지 발전시킬 수 있는 해석을 낳을 수 있다. 앞에서 밝힌 J. Annas의 책, 214면을 참조할 것.

86) J. Barnes(ed.), *The Complete Works of Aristotle*, Vol. 2(Princeton U.P., 1984), 2397면. Macran도 그렇게 읽는 쪽을 택하겠다는 말을 하고 있다. 바로 앞에서 밝힌 그의 책, 256면을 참조할 것.

리인] 좋음은 하나이다" 또는 "[원리로서의] 좋음은 하나이다"로 괄호 안의 내용을 보완해서 이해해야만 이 구절을 말한 플라톤의 의도를 제대로 짚을 수 있을 것임을 나로서는 아울러 강조할 뿐이다. 왜냐하면 바로 그 앞에 "이야기가 학문들과 수들, 기하학과 천문학에 관한 것임이, 그리고 마침내 … "로 되어 있는데, 이는 논의 전개의 순서로 보아, 《국가(政體)》편 제6, 7권에서 원리로서의 '좋음의 이데아'에 마침내 이르게 되기까지의 진리 탐구의 여정(poreia)에 대한 언급과도 거의 부합하는 것이기 때문이다. 특히 521c에서 시작하여 532b까지에 걸쳐서는, 우리의 혼이 가시적인 것(to horaton)에서 실재(實在: to on)로 향하여 가는 등정을 말하면서, 학문들(교과들) 중에서 맨먼저 수 그리고 계산과 관련되는 산수와 수론(數論), 다음으로 기하학, 천문학과 화성학 그리고 마침내 '좋은 것 자체'(auto ho estin agathon)를 파악하게 됨으로써, '지성에 의해서 알 수 있는 것'(to noēton)의 바로 그 끝에 이르게 됨을 말하고 있기 때문이다.

그러나 '좋음'(善)과 관련해서 수적인 것들이 언급되었다면, 그가 전하는 내용만이 그 모두인 것은 아닐 게 분명한 일이다. 바로 이 점에서 아리스토텔레스의 《자연학》에 대한 주석을 한 심플리키오스(기원 후 6세기)가 이와 관련해서 언급하고 있는 것이 학자들의 비상한 관심을 끌게 되었다. 그는 이 강의를 이른바 '문자화되지 않은 설들'(ta agrapha dogmata)의 일부인 것으로 간주하고서, 앞에서 인용한 《형이상학》 제1권 제6장에 나오는 '한정되지 않은 것'(to apeiron) 등과 관련된 내용을 함께 다룬 것으로 말하고 있다. 만일에 이게 신빙성이 있는 것이라면, 그 강의에서는 《필레보스》편에서 다룬 내용과 관련된 언급도 있었다는 이야기가 된다. 그러나 이 문제는 바로 다음 항목에서 따로 다룰 것이므로, 여기에서는 이 '좋음'(善)의 문제에 대한 언급을 마저 하기로 하자.

　그런데 플라톤이 말하는 이 원리로서의 '좋음'(善)에 대해서 누구보다도 심한 반론을 편 사람은 바로 아리스토텔레스이다. 다음에서 이에 대한 그의 반론들을 그대로 인용해 가면서, 이와 관련된 비판을 그때그때 하기로 하겠다. 우선 《니코마코스 윤리학》에서 하고 있는 그의 비판 내용부터 보기로 하자.

　그는 "몇몇 사람은 이들 많은 좋은 것 이외에 그 자체로 좋은 것이면서 이것들 모두가 좋은 것이게 하는 원인 구실도 하는 다른 어떤 것이 있는 것으로 생각했다."(1095a26~8)고 하면서, '보편적인 좋음'(to katholou [agathon])에 대한 고찰과 난문(aporia)들에 대한 검토를 해 보는 게 좋겠다고 한다. 그런데 이 일을 하기에 앞서 그는 단호한 선언을 한다. "… 비록 이런 탐구가 우리의 친구들이 형상(eidos)들을 도입한 탓으로 거북하긴 하지만. 그러나 진리의 보전(保全)을 위해서는 친근한 것들일지라도 파멸시키는 것이 어쩌면 더 낫기도 하고 또한 마땅히 그래야만 할 것으로 생각될 것이다. 우리가 철학자들(지혜를 사랑하는 사람들)이고 보면 특히 그러할 것이다. 왜냐하면 둘 다가 친구이긴 하지만, 진리를 더 존중하는 것이 경건하기 때문이다."(1096a11~17)[87]

　이렇게 시작된 플라톤에 대한 비판에서 그는 이데아 설과 함께 이데아들 중의 하나인 '좋음'(to agathon)도 공연스런 것들이라 결론짓게 된다. '우시아'(실체: ousia)나 양(量) 그리고 관계의 경우에도 '좋음'(to agathon)이 진술된다. "그러므로 이것들에 공통되는 어떤 이데아(koinē tis epi toutois idea)는 없을 것이다. '좋음'(to agathon)은 '있는 것'(…인 것: to on)이 진술되는 것과 마찬가지로 진술되기에. ((신 및 지성과 같은 '무엇'(to ti), 즉 '우시아'[의 범주]에서도,

---

87) 이는 흔히 amicus Plato, sed magis amica veritas(플라톤은 친구이다. 그렇지만 진리는 한결 더 친구이다)로 요약된다.

374

덕들과 같은 질(質: to poion)에서도, 적도·적정함(to metrion)과 같은 양(to poson)에서도, 유익함 또는 유용함과 같은 관계(to pros ti)에서도, 알맞은 때(適期: kairos)와 같은 시간에서도, 거주지와 같은 장소 등등에서도 진술되므로)), 그것('좋음')은 '보편적이고 하나인 공통된(공동의) 좋은 (어떤) 것'(koinon ti katholou kai hen)이 아닐 것임이 분명하다. 왜냐하면, 그럴 경우에는, 그것이 모든 범주(katḗgoria)에서 진술되지 않고, 단 한 범주에서만 진술되었을 것이기 때문이다. 더 나아가 하나의 이데아와 관련된 것들에 대하여는 또한 하나의 학문(학술: epistēmē)이 있기에, 좋은 것들 모두에 대한 어떤 하나의 학문이 있을 것이다. 그런데 실은 하나의 범주 아래에 있는 것들에 대하여서조차도 많은 학문(학술)이 있다. 이를테면, 알맞은 때(適期)의 경우에는, 전쟁과 관련해서는 전술(전술학)이 있지만, 질병과 관련해서는 의학(의술)이 있고, 또한 적도(適度)의 경우에는, 음식과 관련해서는 의학이 있지만, 운동과 관련해서는 체육(체육학)이 있기 때문이다."(1096a22~34) 그러므로 좋음에 대한 하나의 학문이란 없고, 그런 이데아도 없다는 이야기인 것 같다.

"한데, 그들(플라톤 주의자들)이 '각각의 것 자체'(autoekaston)로 도대체 무엇을 말하고자 하는지에 대해서도 누군가가 의문을 제기함 직하겠다. 사람에 대한 설명(의미 규정 내용: logos)이 '사람 자체'(autoanthrōpos)나 사람에게 있어서 동일한 것일진대 말이다. 그들이 사람인 한에서는, 아무 것도 다를 게 없겠기 때문이다. 이게 이러하다면, 그것들(좋은 것 자체와 좋은 것)이 좋은 것인 한에서는, 아무 것도 다를 게 없다. 그러나 영원하다고 해서 더 좋을 것도 아니다. 하루살이인 것보다 더 오래 가는 것이라 해서 더 흰 것이 아닐진대 말이다."(1096a33~1096b5) "우리가 말한 것들에 대해 어떤 반론이 제기되겠는데, 그들의 주장은 모든 좋음에 대해서 한 것이 아니거니와,

그 자체로 추구되고 좋아하게 되는 좋은 것들은 한 종류로 말하게 되지만, 이것들을 어떻게든 생기게 하거나 지켜주는 것들은 또는 이것들(좋은 것들)과 반대되는 것들을 막아주는 것들은 이것들 때문에 좋은 것들로 그리고 다른 방식으로 좋은 것들로 말하게 된다. 따라서 좋은 것들이라 함은 두 가지로 말하는 것임이, 즉 일부의 것들은 그것들 자체로 좋은 것들이라 하나, 다른 것들은 이것들 때문에 좋은 것들이라 함이 분명하다. 그러면 그 자체로 좋은 것들을 유용한(유용해서 좋은) 것들에서 분리한 다음, 이것들이 하나의 이데아와 관련해서 [좋은 것들로] 말하게 되는지 고찰해보자. 어떤 것들을 그것들 자체로 좋은 것들로 볼까? 그것들 단독으로도 추구되는 것들, 이를테면, 슬기로움(phronein)이나, 봄, 어떤 즐거움들, 명예들일까? 이것들은, 설사 우리가 다른 것 때문에 추구한다 할지라도, 그렇더라도 그것들 자체로 좋은 것들에 속하는 것으로 볼 것이다. 아니면, 이데아 이외에 그 자체로 좋은 것은 아무 것도 없는가? 이렇게 되면, 형상은 공연한 것(mataion)이 될 것이다. 하지만 이것들(방금 초든 것들)도 그것들 자체로 좋은 것들에 속한다면, 좋음의 설명(의미 규정 내용)은 이것들 모두에 있어서 같은 것으로 나타나야만 할 것이다. 눈과 백랍에 있어서 흼의 설명이 같은 것처럼. 하지만 명예와 슬기(사려 분별) 그리고 즐거움의 설명들은, 이것들이 좋은 것들이라는 이 점에 있어서, 다른 것들이며 상이하다. 그러니 좋음(to agathon)은 하나의 이데아에 합치하는 공통된 어떤 것(koinon ti kata mian idean)이 아니다."(1096b8~26)

"비록 공통적으로 진술되는 좋음(to koin katēgoroumenon agathon)이 하나인 어떤 것(hen ti)이거나 또는 그것 자체로 분리될 수 있는 어떤 것(chōriston ti)이라 할지라도, 그것은 사람으로서는 실천할 수(prakton)도 획득할 수(ktēton)도 없는 것임이 분명하다. 그러

376

나 지금 추구하고 있는 것은 이런 것이다. 하지만 좋은 것들 가운데 획득할 수 있고 실천할 수 있는 것들을 위해서도 그것을 아는 것이 어쩌면 더 낫다고 누군가에겐 생각될 수도 있겠다. 그것을 이를테면 본(paradeigma)으로서 갖고 있음으로써 우리는 우리한테 좋은 것들도 더 잘 알게 될 것이며, 실제로 알고 있다면, 그것들을 얻게 될 수가 있을 것이기 때문이다. 따라서 이 주장은 어떤 설득력을 갖는 것 같지만, 학술들과 배치되는 것 같다. 왜냐하면 모든 학술은 어떤 좋음을 목표로 삼고서 부족한 것을 요구하고 있으면서도, 그것(좋음의 이데아)에 대한 앎은 제쳐놓기 때문이다. 그렇지만 그처럼 크게 도움이 되는 것을 모든 기술자(장인: technitēs)가 모르고 있고 또한 찾지도 않는다는 것은 이치에 맞지 않다. 직물을 짜는 사람이나 목수가 이 '좋음 자체'를 안다고 해서 자신의 기술과 관련하여 무슨 혜택을 입게 될 것인지, 또는 이 이데아 자체를 보게 된 사람이 어떻게 해서 더 의사다워지거나 장수다워지는 것인지 모를 일이다. 의사가 건강을 생각하는 것은 이런 식으로 하는 것이 아니라, 사람의 건강, 아니 그보다도 어쩌면 특정한 이 사람의 건강인 것 같기 때문이다. 그는 개개인을 치료하니까."(1096b32~1097a13)

아리스토텔레스가 플라톤의 '좋음의 이데아'와 관련해서 이런 말을 하고 있는 것은 바로 그 다음 장(제7장)에서 행복(eudaimonia)의 문제를 다루기 위한 정지 작업을 하느라 한 것이다. 우리가 찾고 있는 것은 '좋은 것'(to agathon)이다. 그러나 실천(행위: praxis) 및 기술(technē)에 따라 '좋은 것'은 다르다. 의술에 있어서 좋은 것과 전술에 있어서 좋은 것은 다르다. 의술의 경우에 그것은 건강이고, 전술의 경우에 그것은 승리이며, 건축술의 경우에는 집이 그것이다. 각각의 기술 또는 실천과 관련되는 모든 것은 이것들을 위한 것이니, 이것들이 각각에 있어서 목적(telos)이 되는 '좋은 것'이다. 목적이 여럿일 경우에, 이 중에서 어떤 것은 다른 것을 위한 것이다. 가장 좋은 것(to ariston)은 완전한(teleion) 것이다. 비교해서가 아니라, 조건 없이 완전한 것이 언제나 그 자체로 택함직한(haireton) 것이니, 이런 것은 결코 다른 것을 위해서 택하는 것이 아니다. 행복이 바로 그런 것이다. 다른 일체의 것은 이를 위한 것이다. 그러니 부족함이 없는 자족한(autarkes) 것이다. 여기에서 보듯, 그는 행복이야말로 좋은 것이라고 하면서, 그 이유로 행복은 '완전하며' '택함직하고' '자족하기' 때문이라고 말하고 있는데, 이는 플라톤이 이미 《필레보스》편(20d~22b)에서 '참으로 좋은 것'(to ontōs agathon)의 요건들로 내세운 완전함(teleon)과 충족함(hikanon), 택함직함(haireton)을 출처도 밝히지 않은 채로 그대로 가져다 쓴 것이다. 다만 '충족함'을 '자족함'으로 대체했을 뿐이다.

플라톤의 '좋음의 이데아'에 대한 아리스토텔레스의 이런 식의 비판 내용을 읽고 있으면, 참으로 답답하기 그지없다는 느낌을 갖게 되지 않을 수가 없다. 그런 끝에, 도대체 왜 이런 식으로 비판을 하는지에 대해 의구심을 갖게 되고, 마침내는 그가 자기 생각을 펴기에 급급한 나머지 플라톤을 제대로 이해하려는 생각은 털끝만큼도 가질 여유가 없었던 사람이라는 걸 안타깝게도 새삼 확인하게 된다. 철학자로서 진리의 보전을 위해서는 친구라 할지라도 '파멸시키는 것이 더 낫다'는 뜻의 지당한 말을 그는 했다. 그러나 그런 그가 과연 진리는 보전했는지 묻고 싶다. 그는, 적어도 이 문제와 관련되는 한, 친구도 진리도 함께 파멸시킬지도 모를 일을 서슴지 않은 사람이 아닐까 하는 의구심을 떨쳐버리기 힘들게 하고 있다. 비록 그런 오해를 하게 만든 그의 역사적 음모는 실패로 끝났지만 말이다. "직물을 짜는 사람이나 목수가 이 좋음 자체를 안다고 해서 자신의 기술과 관련하여 무슨 혜택을 입게 될 것인지, 또는 이 이데아 자체를 보게 된 사람이 어떻게 해서 더 의사다워지거나 장수다워지는 것인지" 모를 일이라니! 우리는 그에게 되물을 수 있을 것이다. 이른바 '최초로 운동을 일으키는 자'(to prōton kinoun)가 과연 그의 주장대로 존재한 다고 믿을 것인지 자체가 의문거리이기도 하지만, 이를 안다고 해서 의사가 더 의사다워지고 장수가 더 장수다워지며, 목수가 무슨 이득을 보는가? 왜냐하면 그는 인간을 포함한 모든 동물이나 식물은 끊임없는 운동을 하고 있고, 삶은 이 운동의 일환이고, 이 운동의 최종적 목표는 그런 것의 관상(theōria)이며, 이 관상 활동의 지속이 최고로 행복한 경지라 했기 때문이다. 스스로는 그런 말을 할 줄 알면서도, 도대체 그런 유의 물음을 다른 철학자에게, 그것도 스승에게 천연덕스럽게 할 수 있는 것일까? 어떤 원리를 안다는 것은 지혜를 사랑하는 사람들의 몫이다. 그게 현실적으로 유익하고 아니고는 별문제다. 그 자신이 《형이상학》 첫째 줄에서 말했듯, "모든 사람은 천성으로 앎에 이르고자 한다." 그래서 그도 '최초로 운동을 일으키는 자'에 대한 앎에 이르고자 했고, 플라톤 또한 '좋음의 이데아'에 대한 '가장 큰 배움'에 이르고자 했던 게 아니던가? 게다가 플라톤도 이른바 좋은 것들 또는 '좋음'에도 여러 가지가 있다는 것쯤은 보통 사람들처럼 일반론적인 차원에서만이 아니라, 아리스토텔레스 못지않게 체계적으로도 알고 있었다. 그래서 그는 《법률》편(1. 631b6~d6)에서 이런 말을 했다.

"많은 사람이 좋은 것들로 손꼽는 것들 가운데, 첫째가 건강이고, 둘째는 미모요, 셋째는 힘셈, 그리고 넷째가 부다. 그러나 좋은 것들에는 두 부류가 있으니, 그 하나는 방금 든 것들로 '인간적인 것들' (ta anthrōpina [agatha])이고, 다른 한 부류는 '신적인 것들'(ta theia)이다. 앞엣것들은 뒤엣것들에 의존한다. 한층 더 큰 것들을 얻게 되면, 더 작은 것들도 갖게 되나, 그렇지 못하면 양쪽 다를 잃게 된다. 신적인 것들 가운데 으뜸으로 좋은 것은 지혜(phronēsis, sophia)요, 둘째는 지성(nous)을 동반한 절도 있는 마음의 상태, 셋째는 이들 둘과 혼화(混和)를 이루고 아울러 용기를 동반한 올바름 즉 정의이며, 넷째는 용기이다. 이것들 모두는 '인간적인 것들' 보다 본성상 그 서열이 앞선다. 따라서 입법자도 이 가치 서열에 유의하여 법률과 법령들을 제정해야만 한다. '인간적인 것들' 은 '신적인 것들' 을, '신적인 것들' 은 모두 그 선도자인 지성(nous)을 우러러야 한다."

어디 그뿐인가. 《국가》편 2권 첫머리(357b~d)에서는 좋은 것들을 세 부류로 말하고 있는 것도 우리는 알고 있다. "좋은 것으로서 다음과 같은 것… 말하자면, 우리가 그 결과를 바라서가 아니라 오직 그 자체 때문에 반기며 갖고자 하는 그런 것, 이를테면 기쁨이라든가, 또는 즐거움들 중에서도 해롭지 않은, 따라서 이를 지님으로써 나중에라도 기쁨 이외에는 아무 것도 이로 인하여 생기지 않는 그런 것과 같은 좋은 것이 있습니까? … 또 다른 종류의 좋은 것으로서, 우리가 그 자체 때문에 좋아할 뿐만 아니라 그것에서 생기는 결과들 때문에도 좋아하는 그런 것이 있습니까? 이를테면, 슬기롭다거나 본다거나 또는 건강하다 따위와 같은 것 말씀입니다. 이와 같은 것들을 우리가 반기는 것은 아무래도 그러한 두 가지 이유 때문인 것 같기에 여쭙는 말씀입니다." "뿐만 아니라 선생님께서는 좋은 것의 셋째 종류가 있어서, 이에는 신체 단련이나 환자의 치료받음, 그리고 의료 행위나 기타 돈벌이가 속한다는 것을 아시고 계십니까? 우리는 이런 것들이 수고롭기는 하지만, 우리를 이롭게 하는 것들이라고 말하거니와, 우리가 이것들을 수용하려 하는 것도 그것들 자체 때문이 아니라, 보수라든가 그 밖에 그것들에서 생기는 결과 때문입니다."

그런가 하면 《고르기아스》편(499e~500a)에는 이런 구절 또한 보인다. "모든 행위(praxis)의 목적(telos)은 좋음(to agathon)이며, 그것 때문에(그것을 위해서: ekeinou heneka) 다른 모든 것이 행하여지는 것이지, 다른 것들 때문에 그게 행하여지는 것은 아니라는 데 동의하는가? … 그렇다면 좋은 것들 때문에 다른 것들도 즐거운 것들도 행하는 것이지, 즐거운 것들 때문에 좋은 것들을 행하는 것은 아니다."

그러면서도 그는 《국가》편(제6, 7권)에서는 '좋은 것 자체'(auto ho estin agathon), 즉 '좋음의 이데아'를 모든 존재와 인식의 궁극적 원리(archē)로서 제시하고, 이에 대한 앎을 '가장 큰 배움' 또는 '가장 중대한 배움'(to megiston mathēma)이라 여러 차례에 걸쳐 강조하고 있다. 그리고 이에 대한 앎을 변증술이 이르게 되는 여정의 종점으로 말하고 있다. 그리고 '좋음'이 좀처럼 포착하기 어려운 것이라는 걸 익히 알고 있는 터라, 그는 "만약에 우리가 좋음(to agathon)을 하나의 보임새(성질: idea)에 의해서는 추적할 수 없다면, 세 가지에 의해서, 즉 아름다움(kallos)과 균형(symmetria) 그리고 진실성(alētheia)에 의해서 포착한 다음, 이들을 하나처럼 간주하는"[88] 것이 하나의 방도일 것이라 말하기도 한다.

그런데 아리스토텔레스는 《자연학》(제2권 제3장, 195a)에서 원인으로 되는 것들(ta aitia)로 네 가지를 들면서, 목적인(目的因)으로 되는 것에 대해 이런 말을 하고 있다. "반면에 어떤 것들은 다른 것들의 목적(telos) 및 좋음(tágathon)으로서 원인인 것들이다."(195a23~4)

그리고 《형이상학》(제1권 제3장, 983a31~2)에서도 비슷한 내용의 말을 하고 있다. "원인들로 되는 것들이란 네 가지로 하는 말이다. … 넷째 원인을 우리는 … '위함인 것'(목적: to hou heneka＝the 'whose sake')과 '좋음'(tágathon)이라 말한다. (모든 생성과 운동의 목적은 이것이기 때문이다.)" 그런데 제2권 제2장(994b9~16)에서도

88) 《필레보스》편, 65a.

목적인과 관련되는 이런 말을 하고 있다. "'위함인 것'(to hou heneka)이 목적(telos)이므로, 이런 것은 다른 것을 위한 것이 아니라, 다른 것들이 이를 위한 것이어서, 이런 것으로서 최종적인 어떤 것이 있다면, 이게(이 진행이) 무한적이지는 않을 것이다. 그러나 만약에 이런 것이 없다면, '위함인 것'(to hou heneka)은 없을 것이다. 그러나 [목적의] 무한함을 내세우는 사람들은 부지중에 '좋음의 본성'(hē tou agathou physis)을 제거하고 있는 것이다. 그렇다면, 끝(한계: peras)에 이를 수가 없고서는, 아무도 무엇이건 하려 들지 않을 것이다. 또한 존재하는 것들에 지성도 없을 것이다. 지성을 가진 자는 언제나 무엇인가를 위해서 행하고 있기 때문인데, 이것이 끝이다. 목적(telos)이 끝(peras)이기 때문이다."

그렇다면 여기에서 말하는 '좋음의 본성(physis)'이란 무엇을 뜻하는 것인가? 다른 경우에는 그냥 '좋음'(tàgathon)으로 말하더니, 왜 여기서는 '좋음의 본성'으로 말하고 있을까? 그리고 이 경우의 본성(physis)은 도대체 무슨 뜻으로 쓴 것일까? 이에 대한 분명한 답을 우리는 제3권 제2장(996a22~29)에서 얻을 수 있다. 여기서는 운동의 원리(kinēseōs archē)와 그것이 동일시되고 있음을 확인할 수 있다. "그 자체로 그리고 그 자체의 본성으로 해서 좋은 모든 것이 목적이다"라고 말하는데, 이게 무한 소급될 수는 없고, 결국은 최종적으로 그런 것이 있다는 것이다. 그걸 아리스토텔레스는 신으로 말하고 있는 것이다. 그렇다면 신을 제외한 다른 모든 것은 '좋음'에 이르기 위한 운동 또는 변화를 하고 있고, 그 '좋음'에 이른 다음에는 그걸 누리는 활동을 하는 셈이다. 결국 '좋음'이 원리로 되고 있다는 것 자체에는 크게 다름이 없지 않은가?

이제 이 항목에서 다룰 것으로 남은 것은 운동 또는 변화의 문제이다. 아리스토텔레스가 말하는 네 가지 원인 중에서 플라톤에게서 찾아볼 수 없는 것이 목적과 운동의 원인이라 했는데, 목적과 관련해서는 방금 전까지 충분히 다루었기 때문이다.

플라톤은 《법률》편(894b~897b)에서 운동(kinēsis) 또는 변화(metabolē)와 관련해서, 다른 것들을 운동하게는 하되 자기를 운동하게 하지는 못하는 운동도 있고, 다른 것을 운동하게 하면서도 다른 것에 의해서 운동하게 되는 운동도 있지만, 운동들 중에서도 '자기 자신을 운동하게 하는 운동 또는 변화'가 으뜸인 것이라 하면서, 어떤 것에 그런 운동이 일어나고 있다면, 거기엔 '삶'(zēn), 즉 생명 활동이 있다고 한다. 그런 운동을 할 수 있는 것이 혼(psychē)이라 하면서, 혼의 의미 규정(logos)을 '스스로 저를 운동하게 할 수 있는 운동'을 하는 것이라 하고, '모든 것에 있어서 모든 변화와 운동의 원인'인 것으로 말하고 있다. 따라서 그것이 일체의 좋은 것과 나쁜 것, 아름다운 것과 추한 것, 올바른 것과 올바르지 못한 것의 원인임은 물론이라고 한다. 《파이드로스》편(245c~e)에서도 혼은 '언제나 운동을 하고 있는 것이어서 불멸하는 것'이며, '스스로 저를 운동하게 하는 것'(to auto hauto kinoun)인 혼이 '운동의 기원(起源)'(kinēseōs archē)이라 하고 있다. 그런가 하면 《소피스테스》편(248b~e)에서는 '존재하는 것들'(ta onta)의 징표(horos)로서 '힘'(dynamis)을 들고 있는데, 그 '힘'이 아무리 미소할지라도 그 '힘'을 지닌 것인 한, 운동을 갖는다고 보고 있다. 다만 혼은 이 힘을 스스로 행사할 수 있는 것임을 의미한다는 게 다를 뿐이다. 생명을 지닌 것은, 특히 '좋음'을 의식하는 인간의 경우에는 스스로 이 '좋음'을 적극적으로 실천하는 존재이니, 그에게서 어찌 운동의 원인을 찾을 수 없겠는가? 인간 아닌 다른 생물들은 어떤가? 이들도 '좋음'이나 '적도'의 실현을 위해서 개별적으로 그리고 종(種: eidos)의 차원에서 진력하고 있지 않은가! 그들의 생존을 위한 모든 노력이 그것들 나름으로 '좋음'과 '적

도'를 실현하기 위한 것이 아니고 무엇이란 말인가? 그리고 무생물
들의 경우에는, 비록 방금 든 《소피스테스》편의 언급을 무시해버린다
하더라도, 운동의 원인과 관련되는 한, 아리스토텔레스의 경우나 플
라톤의 경우가 어떻게 다른지 나는 도무지 모를 일이다. 나무로 식탁
을 만드는 것은 두 사람의 경우에 똑같이 목수이기는 마찬가지이니
말이다. 나무에 식탁의 형상이 미리 들어가 있지 않는 것도 마찬가지
이고. 오히려 4원소와 같은 원초적 물질의 경우에는 물질적 구조와
이에 따른 성질 또는 기능을 말하고, 따라서 이것들의 인식 가능한
형상까지도 말하는 것은 오히려 플라톤이 적극적이다. 반면에 아리스
토텔레스에게는 4원소와 같은 원초적 물질에 대한 인식은 처음부터
불가능한 것이다. 왜냐하면 4원소에 대해 구조적으로 접근할 줄 모르
는 그에게는 그것들이 아직은 아무 것으로도 형상화되지 않은 것, 즉
덜 형상화된 것일 뿐이기 때문이다. 그리고 그에게 있어서 인식은 형
상에 대한 것이기 때문이다. 자연적으로 존재하는 것들의 "본성
(physis)이 운동과 변화의 원리(archē)이다"[89]라는 그의 설명과 방금
언급된 플라톤의 운동과 관련된 생각 사이에 별다른 본질적 차이를
우리는 찾을 수 있을 것 같지가 않다. 다만 궁극적인 운동의 원리로
서 두 사람이 각기 제시하는 바가 다를 뿐이다. 아리스토텔레스는
'스스로는 운동하지 않으면서 [다른 일체의 것들을] 운동하게 하는
것'(ho kinei akinēton on),[90] 따라서 운동 계열에 있어서 '최초로 운
동을 일으키는 것'(to prōton kinoun)[91]이 모든 사물을 초월하여 있
고, 다른 모든 것은 이것이 누리는 활동태가 최선의 것이어서, 이를
운동의 궁극적 목적으로 갖는다고 한다. 그는 말하기를, 이것이 다른

---

89) 《자연학》 제3권 제1장 첫머리.
90) 같은 책, 256b24.
91) 같은 책, 256a20, 258b12, 267b18~26 및 《형이상학》, 1073a26~27.

384

것들의 운동을 일으키는 방식은 "욕구 대상(to orekton)과 사유 대상(to noēton)이 운동을 하게 하는 그런 방식으로 한다"[92]고 한다. 그런 존재를 그는 신(theos)이라고 하며, 이 신 자신은 운동 아닌 사유(思惟: noēsis)의 활동, 즉 '사유의 사유'(noēseōs noēsis)만을 한다고 말한다.[93]

어쨌든 두 철학자가 각기 운동의 원리들로서 제시한 것들 가운데 오늘날의 우리에게 어느 것이 더 설득력이 있는 것인지를 판단하는 것은 아무래도 아리스토텔레스 자신의 몫은 아닌 것 같다.

7a. '한정되지 않은 것'과 관련된 비판

이 비판은 2항 첫머리에서 인용한 《형이상학》 A(1)권 제6장의 인용문의 중간 부분쯤에서부터 끝에까지(그리고 형상들은 … '큼과 작음'이다)에 걸친 것 중의 일부분인데, 그 요지는 이런 것이다. 플라톤에게 있어서 형상들은 다른 사물들에 대해 원인으로 되는 것들이므로, 형상들의 요소들(stoicheia)은 존재하는 것들(ta onta) 모두의 요소들이다. 질료(hylē)로서는 '큼과 작음'(to mega kai to mikron)이 원리들(archai)이고, '우시아'(ousia: 본질, 존재)로서는 '하나'(to hen)가 원리이다. '큼과 작음'이 '하나'에 관여함에 의해서 형상들[또는 수들][94]이 여럿 있게 되기 때문이다. 또한 피타고라스 학파와 마찬가지로 수들을 다른 사물들의 '우시아'(존재)의 원인들이라 했다. 그러나 그는 '한정되지 않은 것'(to apeiron)[95]을 하나로 보는 대

---

92) 《형이상학》, 1072a25-27.
93) 같은 책, 제12권 7, 9장.
94) 2항에 인용된 《형이상학》 제1권 6장의 인용문 중에서 해당되는 사항에 대한 주석을 참조할 것.

신에 '둘인 것'(二元性: dyas)으로 본 것이, 즉 '한정되지 않은 것'을 '큼과 작음'으로 이루어진 것으로 보았다는 이 점이 독특하다. 그리고 더 나아가 플라톤은 감각적 지각의 대상들 말고도 수들이 존재한다고 말하지만, 피타고라스 학파는 수들이 곧 사물들 자체(auta ta pragmata)라 말하고, 그것들 사이에 수학적인 것들을 놓지는 않는다.

7b. 이에 대한 반론

이제 이 지루한 아리스토텔레스의 플라톤 비판의 마지막 항목에 이르렀다. 그러나 이 비판은, 엄밀한 의미에서 말할진대, 플라톤의 텍스트 어디에서도 찾아볼 수 없는 내용을 갖고서 하고 있는 것이다. 따라서, 누군가가 말했듯, 실체 없는 유령이나 플라톤 철학이 여러 입지에서 만들어낼 수 있음직한 그림자를 상대로 한 비판이라면, 좀 지나친 말일까? 형상들의 요소들이나 원리들, 따라서 그것들의 질료나 본질이란 것도 그의 텍스트에는 없는 말들이다. 질료(hylē)인 '큼과 작음'(to mega kai to mikron)이 '우시아'(ousia: 본질, 존재)인 '하나'(to hen)에 관여함에 의해서 형상들 또는 수들이 여럿 있게 되다니! 참으로 놀랄 일이다. 이 비판에서처럼 그 두 가지 요소 또는 원리로, 마치 일종의 새김 바탕(ekmageion)에다 온갖 모양의 것을 새김질해내듯이, 형상들도 수들도 요술을 부리듯 얼마든지 만들어낼 수 있다는 투다. 이는 아무래도 저 맹목적인 피타고라스 학파의 추종자들이나 아니면 플라톤 사후의 아카데미아의 수장으로서 수학적인 경향으로 기울었던 스페우시포스(Speusippos)나 크세노크라테스(Xenokratēs)를 겨냥한 비판이었던 게 아니고서야 그런 비판이 나올

95) 이 낱말은 동시에 '무한'을 의미하기도 하는데, 이 두 가지 뜻의 to apeiron과 관련해서는 아리스토텔레스가 《자연학》 제3권 4~8장에서 다루고 있다.

수도 없는 황당한 일이다. 도대체 플라톤의 대화편들 중에서 어느 대목에 그런 비판의 과녁이 될 만한 것이 한 줄인들 있다는 것인지, 도무지 납득이 가지 않는다.

그나마 다행히도 우리는 그의 이 비판문 속에 나오는 몇 개의 전문 용어가 플라톤의 텍스트에 있는 것임은 확인할 수 있다. 그러나 그 의미는 사뭇 다르다. 이를테면, '둘인 것'(二元性: dyas)은 이 비판문에서처럼 '한정되지 않은 것'(to apeiron)과 연관되어서 쓰인 것이 아니다. '둘인 것'(二元性: dyas)이 그의 텍스트에 나오는 것은 단 두 대화편에서이다. 《파이돈》편(101c5, 104c5, e10)과 《파르메니데스》편(149c4~d2)인데, 여기에서 그것이 사용되고 있는 의미도 전혀 그런 것이 아니다. 앞의 대화편에서는 둘인 것들이 관여하게 되는 '2'의 형상을 뜻하고, 뒤엣것에서는 '하나'만 있다고 볼 것인지, 아니면 '둘'이 있다고 볼 것인지 하는 변증적인 논의를 하고 있는 것이다. '한정되지 않은 것'(to apeiron)과 '큼과 작음'(to mega kai to mikron)이 그의 텍스트에 또한 나오는 것들이다. 비록 그 쓰임새는 많이 다르지만 말이다. 그런데도 이 비판의 건더기가 될 만한 것은 이것들이니, 이에 대해서나 언급해 보기로 한다.

플라톤의 이른바 〈좋음에 관한 강의〉와 관련해서 이것들에 대한 언급이 함께 전해져 오고 있는 터이니 말이다. 앞에서도 말했지만, 심플리키오스가 이와 관련해서 언급하고 있는 것이 학자들의 비상한 관심을 끌게 되었는데, 그는 이 강의를 이른바 '문자화되지 않은 설들'(ta agrapha dogmata)의 일부인 것처럼 간주하고서, '한정되지 않은 것'(to apeiron) 등과 관련된 내용을 함께 다룬 것으로 말하고 있다. 게다가 그는 포르피리오스(Porphyrios, AD 233~c. 305)가 플라톤의 《필레보스》편에 대한 그의 주석에서 이 강의 내용과 관련된 보완적인 언급을 한 것으로 말하고 있다. 만일에 이게 신빙성이 있는

것이라면, 그 강의에서는 《필레보스》편에서 다룬 내용과 관련된 언급
도 분명히 있었다는 이야기가 된다. 그보다도 앞선 기원 후 2세기 말
에서 및 3세기 초에 걸쳐 활동했던 아리스토텔레스의 주석가 아프로
디시아스(Aphrodisias)의 알렉산드로스(Alexandros)도 《형이상학》에
대한 주석에서 관련된 언급들을 하고 있다. 앞서 나는 플라톤의 '좋
음에 관한 강의'가 '좋음'과 관련된 그의 지론(持論)의 총괄적인 또
는 개괄적인 강의였던 것 같다고 하는 게 옳을 것 같다는 말을 했다.
그게 옳다면, 그 강의에서는 《필레보스》편에서 다루었던 내용의 일부
가 어떤 형태로건 언급되지 않을 수 없었을 것도 거의 틀림없는 일
일 것이다. 그렇다면 심플리키오스나 알렉산드로스의 언급은 충분히
주목할 가치가 있는 것들이라 할 것이다.

  편의상 로스가 편찬한 책[96] 속에 수록된 그들의 주석들에 의존하
여 언급하기로 한다. 알렉산드로스의 《형이상학》 주석에는 이런 언급
이 보인다. "플라톤과 피타고라스 학파는 수들을 존재하는 것들(ta
onta)의 원리들(archai)로 보았다. … 형상들은 다른 것들의 원리들이
지만, 이데아들의 원리들은, 이것들이 수들이므로, 수들의 원리들이
다. 그런데 플라톤은 수의 원리들을 '하나인 것'(monas)과 '둘인 것'
(dyas)이라 말했다. 왜냐하면, '하나'(to hen)와 하나 이외의 것, 즉
여럿이며 소수인 것, 수들에 있어서 하나 이외의 것으로는 처음인 것
이 있으므로, 그는 이것을 많은 것과 소수의 원리로 보았다. 한데 '둘
인 것'(dyas)은 '하나' 이외로는 처음 것이요, 저 안에 '많음'(to
poly)도 '적음'(to oligon)도 지니고 있다. 왜냐하면 두 배는 많은 것
이고 반은 작은 것인데, 이것들이 '둘인 것' 안에 있기 때문이다. 그
리고 '하나'는 나뉠 수 없는 것이나, 이것은 나뉘는 것일진대, 이것은

---

96) W. D. Ross, *Aristotelis Fragmenta Selecta*, Oxford, 1955. 이 가운데서 여기
   에서 인용하게 되는 것들은 *Peri tágathou*의 항목에 수용된 것들이다.

'하나'에 대립되는 것이다. … 그는 같음(to ison=equality)은 '하나인 것'에 귀속시키되, 같지 않음(to anison)은 지나침(넘침: hyperochē)과 모자람(elleipsis)에 귀속시켰다. '같지 않음'은 '둘인 것', 즉 큼과 작음에 있는데, 이것들은 지나친 것과 모자라는 것이기 때문이다. 그러므로 이것을 그는 '불확정적인 둘인 것'(aoriston dyas)으로 일컬었다. … 그것들은 불확정적이고(aoriston) 한정되지 않은(apeiron) 것이다. … 플라톤은 '하나'와 '둘인 것'(dyas)을 수들과 모든 존재의 원리들로 삼았다. 이는 아리스토텔레스가 〈좋음에 관한 논의〉에서 말하는 바다."[97]

그러나 우리가 관심을 갖고 있는 문제와 관련해서는 더 많은 정보를 심플리키오스의 《자연학》 주석[98]에서 찾을 수 있는데, 우선 503. 12~18의 내용부터 보자. "플라톤이 〈좋음에 관한 강의〉에서 '큼과 작음'(to mega kai to mikron)을 질료(hylē)라 말하고, 이 질료를 또한 한정되지 않은 것으로 말하기도 했는데, 모든 감각적 지각 대상(panta ta aisthēta)이 '한정되지 않은 것'(to apeiron)에 의해서 포괄된다고도 했을 때, … 이런 주장에는 다음 것이 따르는 것 같다. 즉 사유 대상들(ta noēta)의 경우에 있어서도 거기에서의 '큼과 작음'이, '불확정적인 둘인 것(二元性)'(hē aoristos dyas)인 바로 이것이 또한 '하나'(to hen)와 함께 모든 수와 모든 존재의 원리(archē)라는 것이. 수들과 이데아들은 [사유 대상들이니까.]" 이를 다시 정리하면, '하나'와 '불확정적인 둘인 것(二元性)'이 사유 대상들인 수들과 이데아들의 원리인데, '불확정적인 둘인 것'은 곧 '한정되지 않은 것'(to

---

97) Alexander Aphrodisiensis, *In Aristotelis Metaphysica Commentaria*, 55. 20-56. 35.

98) Simplicius의 관련 주석에 대한 라틴어 표기는 *Commentarius in Physica*. 또는 *In Aristotelis Physica Commentaria*이다.

apeiron)이니, 이는 '큼과 작음'이라는 질료의 성격을 갖는 것이어서 모든 감각적 지각의 대상을 포괄하는 것이기도 하다는 내용이다. 이에 앞서 453. 25~454. 19에서는 비슷한 언급을 더 분명한 어투로 이렇게 말할 뿐 아니라, 더 나아가 우리가 찾으려던 것에 대한 중대한 정보를 제공해 주고 있다.

"〈좋음에 관한 강의〉에서 하나와 불확정적인 둘인 것(이원성)이 감각적 지각 대상들의 원리이기도 하다고 플라톤이 말했다고 한다. 그는 사유 대상들의 경우에도 불확정적인 둘인 것(이원성)을 내세우면서 이를 한정되지 않은 것이라 말했으며, 또한 큼과 작음을 원리들로 내세우면서 이를 한정되지 않은 것이라 말했다고 한다. 이 강의에는 아리스토텔레스, 헤라클레이데스, 헤스티아이오스 그리고 그 밖의 플라톤의 제자들이 참석해서 언급된 것들을 적었는데, 언급된 그대로 수수께끼 투로 적었다지만, 포르피리오스가 이것들을 널리 알리느라고 보완해서, 이와 관련해서 다음과 같이 그의 《필레보스》 주석에 적었다. '그는 더함과 덜함(더와 덜: to mallon kai to hētton) 그리고 강렬함과 부드러움이 한정되지 않은 성질의 것이라 본다. 왜냐하면 이것들이 그 안에 있는 것에 증대(epitasis) 및 감소(anesis)에 따른 진행이 있게 되면, 이것들에 관여하는 것은 가만히 있지도 끝도 맺지 못하고, 끝없는 불확정 상태로 진입하게 된다. 이는 더 큼과 더 작음 그리고 이것들, 즉 큼과 작음 대신에 플라톤이 말하게 된 것들의 경우에도 마찬가지이다. 1완척[99]처럼, 한정된 어떤 크기의 것이 있다고 하자. 이를 둘로 나눈 다음, 그 한 쪽은 반(半) 완척으로 더 이상 자르지 않는 상태로 두되, 나머지 반 완척을 조금씩 잘라서 그 자르지 않는 쪽에다 보탠다면, 그 1완척에는 두 부분이 생길 것이니, 그 하나

---

99) 완척(豌尺: pēchys)은 길이의 단위로 팔꿈치 끝점부터 가운뎃손가락 끝까지의 길이이다.

는 더 작은 쪽으로, 다른 하나는 더 큰 쪽으로 끝없이 진행하는 것일 것이다. 왜냐하면 그걸 자른다고 해서 더 이상 나눌 수 없는 부분에 우리가 결코 이르게 되지는 않을 것이기 때문이다. 완척은 연속적인 것이기 때문이다. 그런데 연속적인 것(to syneches)은 언제까지나 나 눌 수 있는 것들로 나뉜다. 바로 이와 같은 끊임 없는 자름(tomē)은 완척 안에 한정되지 않은 것(apeiron)의 갇힌 상태로 있는 어떤 성질 (tis katakekleismenē physis)을, 아니 더 많은, 즉 큰 쪽으로 진행하는 성질과 작은 쪽으로 진행하는 성질을 드러내 준다. 그러나 이것들에 서 큰 쪽으로 그리고 작은 쪽으로 뻗친 단위(monas)의 합(合)인 불 확정적인 둘인 것(二元性)(hē aoristos dyas) 또한 보인다. 그리고 이 것들은 연속적인 물체들에도 그리고 수들에도 있다. … ' 이것들을 포르피리오스는, 〈좋음에 관한 강의〉에서 수수께끼 식으로 언급된 것 들을 널리 알리느라고 보완을 해서, 그리고 아마도 그것들이 《필레보 스》편에 적힌 것들과 합치하는 것이었기 때문에, 대략 이런 투로 말 했다."

그러면 이들이 초들고 있는 '한정되지 않은 것'(to apeiron)에 대 해서 정작 플라톤의 대화편들에서는 무슨 이야기를 하고 있는가? 바 로 이 문제를 집중적으로 다루고 있는 대화편이 《필레보스》이다. 이 대화편 23c~27b에서는 이 우주에 있는 모든 것을 '한정되지 않은 것'과 관련지어 나누어 본다면, 네 부류의 것들로 나뉜다고 하면서 이런 언급을 하고 있다. 그 네 가지란 문제의 '한정되지(한도지어지 지) 않은 것'(to apeiron)과 한도(한정: peras) 또는 '한도(한정)를 가진 것'(to peras echon), 이 둘이 하나로 혼화(混和)한 것(ti symmisgomenon) 즉 그 둘이 혼화하여 생성된 것, 그리고 이 혼화 및 생성의 원인(hē tēs mixeōs aitia kai geneseōs)이다. 계절을 비롯 하여 우리에게 생기는 온갖 훌륭한 것이 모두가 혼화의 산물이라는 것이다. 물론 이 혼화 및 생성을 가능케 하는 원인 작용을 하는 지혜로운 것이 있다는 데 대해 이 대화편은 긴 이야기를 담고 있다. 하지만 이 넷째 것과 관련된 언급은 또 다른 긴 이야기거리이니, 여기에서는 빼고서, 본론으로 들어가기로 하자. 그런데 정작 혼화가 가능하기 위해서는 우선 무엇보다도 '한정되지(한도지어지지) 않은 것'이 먼저 있고서야 가능한 일이다. 습기가 있고서야 비나 눈이 올 것이고, 습기의 많고 적음과 온냉의 고저 덕분에 혼화 현상들인 계절의 변화도 가능한 일이다. 이 습기 자체의 처음 상태는 한정되지(한도지어지지) 않은 상태의 것이다. 차가움과 뜨거움도 그 자체로는 한정되지 않은 것이다. 그저 '더 차거나 더 뜨겁거나' 할 뿐이다. 그래서 플라톤은 이런 '한정되지(한도지어지지) 않은 것'의 본성(physis)의 징표(sēmeion)를 '더함과 덜함'(더와 덜: to mallon te kai hētton)[100] 이라 하고, '더 차거나 더 뜨거움', '강렬함과 부드러움', '더 건조함과 더 습함', '더 많음과 더 적음', '더 빠름과 더 느림', '더 큼과 더 작음' 등등, 이 모두가 그것에 포함되는 부류라 한다. 이 부류의 것들과 '한도(한정: peras)의 부류'(hē tou peratos genna) 또는 '한도를 가진 것'의 부류를 혼합함으로써 온갖 혼화 현상이 생기게 될 수 있다는 것이다. 이는 거기에 '수를 개입시킴으로써'(entheisa arithmon) 균형과 조화를 이루게 되는 것이다. 우리는 여기에서 다시 한 번 추론적 사고의 대상인 '수'의 놀라운 구실을 확인하게 된다. 이 대화편에서 다루고 있는 '한정되지(한도지어지지) 않은 것'과 관련해서는

---

100) 아리스토텔레스는 이를 짓궂게도 '큼과 작음'(to mega kai to mikron)으로 대치했다. 이 용어는 물리적 크기 및 수의 대소와 관련해서나 쓸 수 있는 용어여서, 그 적용 범위가 제한적이고, 경우에 따라서는 억지스러움을 부각시킬 수 있는 것이다. 《자연학》, 187a17~18, 192a7~14, 203a15~16. 그러나 같은 책, 189b10 및 《형이상학》, 1008b32~33에는 모처럼 to mallon kai hētton이라는 표현이 보인다.

392

이미 제2장 2항에서 한 차례 언급을 했다. 여기에서는 이 논의가 대화편에서 실제로 어떻게 진행되고 있는지, 그리고 그것이 얼마나 중요한 것인지를 직접 확인해 보기로 하자. 여기에서 인용된 부분은 《필레보스》편 16c~18d에 있는 것이다.

소크라테스: 인간들에게 주어지는 신들의 선물이 어딘가 신들이 있는 데서 프로메테우스와 같은 이[101]를 통해 지극히 밝은 일종의 불꽃과 함께 던져진 것으로 어쨌든 내게는 보이네. 우리보다도 더 훌륭하고 신들에 더 가까이 살았던 옛 사람들이 이런 전설을 전해 주었네. '… 이다'(있다: einai)[102]라고 일상 말하게 되는 것들은 하나(hen)와 여럿(polla)으로 이루어져 있으며, 또한 이것들은 한도(한정자: peras)와 한도지어지지(한정되지) 않은 상태(apeiria)[103]를 자기

---

101) 여기에서 언급되는 내용으로 보아, 피타고라스를 가리키는 것으로 보인다. 피타고라스 학파에서 한도(한정자: peras=limit)와 한도지어지지(한정되지) 않은 것(to apeiron=the unlimited)에 관련된 언급을 했기 때문이다. 플라톤은 이 사상을 계승하여 발전시킨 사람인데, 그 일면을 우리는 이 대화편에서도 확인할 수 있다.

102) einai는 영어 be에 해당되는 것으로, 이에는 존재를 의미하는 '있다'는 뜻과 '이다'라는 계사적(繫辭的) 의미가 있다. 여기에서는 '일상 말하게 되는 것들…'과 연결되므로, 일단은 '이다'의 의미를 앞세워 이해할 것이지만, 결국은 15b에서 언급된 내용과 연결되는 내용이므로, '있다'는 뜻이 함께한다는 것을 유의하고 있어야 할 것이다.

103) apeiria는 'apeiron'의 명사형이며, 원래 peras가 없는 상태, 즉 '무한', '무한성'을 의미한다. 이 대화편에서는 수량적으로나 어떤 정도와 관련해서 '한도지어지지 않은 상태' 또는 '한정되지 않은 상태'를 의미하는 것으로 보면 되겠다. 또한 이 대화편에서는 'apeiron'과 'peras'가 변증술과 관련한 논의 부분(16b~19a) 및 네 부류의 존재들에 대한 논의 부분(23b~31b)에서 핵심 용어로 쓰이고 있다. 그러나 그 두 대목에서 그 용어들은 아주 다른 방식으로 사용되고 있는 것으로 보인다. 16b~19a에서는 peras가 수적으로 한정되어 있음을, 그리고 apeiron은 수적으로 한정되어 있지 않음 곧 수적으로 무한함을 나타내지만,

들 안에 본디 함께 지니고 있다는 전설일세. /d/ 따라서, 이것들이 이
와 같이 질서지어져 있으므로, 우리는 늘 그때 그때마다 모든 것과
관련해서 하나의 이데아를 상정하고서, [이걸] 찾아야만 한다는 게
야. 이는 그것이 그 안에 있는 걸 발견할 것이라 해서지. 그래서 우리
가 그것을 포착하게 되면, 그 하나 다음에는, 혹시라도 둘이 있을 경
우에는, 둘을, 그렇지도 않을 경우에는, 셋 또는 다른 어떤 수의 것들
을 우리가 찾아야만 한다는 게야.[104] 그리고 다시 그것들의 하나하나
를 각각 같은 방식으로 고찰해야 한다는 게야. 처음의 하나가 하나
(hen)이면서 여럿(polla)이며 한정 없다(apeira)는 것뿐 아니라, 몇
가지나(hoposa) 되는지도 누군가가 알아내게 될 때까지는 말일세.[105]
그리고 누군가가 한정되지 않은 [수의] 것(to apeiron)과 하나(hen)
사이에 있는 '다수'(plēthos)의 수를 모두 간파할 때까지는, /e/ 한정
되지 않은 것(한도지어지지 않은 것: to apeiron)의 성질[106]을 '다

　　23b~31b에서는 'peras'가 정도(程度)의 측면에서의 한정 또는 한도를, 그리고
　　apeiron은 정도에 있어 한정되지 않음, 즉 한도지어지지 않음을 나타낸다.

104) 이 구절은 모음에 의해 알게 된 하나의 형상(mia idea), 즉 유적 형상을 종
　　(종적 형상)들로 나누어야 한다는 것을 뜻한다. 플라톤은 하나의 유적 형상을 나
　　눔에 있어 주로 이분법(dichotomy)을 사용하지만, 이것이 언제나 가능한 것은
　　아니기에 실재가 지닌 객관적인 구조에 따라 둘 혹은 셋, 아니면 다른 어떤 수로
　　나누어야 한다고 역설하는 것이다. 이 점은 《파이드로스》편(265e1~3)과 《정치
　　가》편(287c)에서도 이미 강조되었던 것이다.

105) 이 구절은 애초의 하나, 즉 하나의 유적 형상이 얼마나 많은 종(종적 형상,
　　hoposa)을 가지고 있는지를 파악할 때까지 나눔이 이루어져야 한다는 걸 말하
　　고 있는 것이다. 다시 말해서 하나의 유적 형상을 나누어서 확보하게 된 종적 형
　　상들 각각을 "더 이상 나눌 수 없는 종(최하종)들에 이르기까지"(《파이드로스》
　　편, 277b7) 하위의 종들(sub-species)로 나누어서 그 종들이 얼마나 되는지를
　　파악해야 한다는 것이다.

106) '한정되지 않은 것의 성질'의 원어는 hē tou apeirou idea인데, 여기에서
　　idea는 내용을 고려하여 '성질'로 번역했다. 같은 뜻의 것을 18a8에서는

수'에다 적용시켜서는 아니 되고, 그때 가서야 모든 것의 하나하나를
한정되지 않은 것(한도지어지지 않은 것)으로 보내고서, 그만두어도
된다는 게야.[107] 그러니까 신들은, 내가 말했듯이, 이런 식으로 고찰
하고 배우고 서로 가르치기도 하도록 우리에게 위임했다는 걸세. 그
러나 오늘날의 현자들은, 되는 대로, /17a/ 정도(to deon) 이상으로
빨리 또는 더디게, '하나'라거나 '여럿'이라 해 버리는가 하면, '하
나' 다음에는 곧바로 '한정 없는 것들'(한정되지 않은 것들: apeira)
로 넘어가 버려, '그 중간 것들'(ta mesa)이 그들을 빗겨가 버리지.
다시 이 중간 깃들에 의해 우리는 서로 대화적으로(변증술적으로:
dialektikōs) 논의를 하는지, 아니면 논쟁적으로(eristikōs) 논의를 하
는지가 구별된다네.

프로타르코스: 소크라테스님, 저는 선생님께서 말씀하시는 것들
가운데 어떤 것들은 대략 알 것 같습니다만, 어떤 것들에 대해서는
한층 더 분명하게 듣기를 원합니다.

소크라테스: 프로타르코스, 내가 말하는 바는 문자들(grammata)의
경우에야말로 명확하다네. /b/ 자네도 교육받은 바 있는 바로 그 문
자들의 경우에서 내가 말하는 걸 이해하도록 하게나.

프로타르코스: 어떻게 말씀입니까?

소크라테스: 우리 모두와 각자의 입을 통해서 나오는 음성(phōnē)

---

apeirou physin이라 하고 있는데, 여기에서 idea 대신에 physis를 쓰고 있는 점
도 고려했다.

107) 하나(하나의 유적 형상)와 한정되지 않은 [수의] 것 사이에 있는 다수(종들)
의 수 모두를 간파한다는 것은 곧 최하 종에 이르기까지 나눈다는 것을 뜻한다.
그러니까 위의 두 문장은 더 이상 나눌 수 없는 최하 종에 이르러 나눔의 절차
가 종결된다는 것을 말하는 것이다. 이는 최하 종 밑에 있는 무수한 것은 학문의
영역에 속하는 것이 아니기 때문이다. 어디까지나 나눔의 방법은 하나의 유와 그
것의 여러 종만을 대상으로 하는 것이다.

은 어쩌면 하나이면서 또한 수적으로 한정되지 않은 것이기도 하네.[108]

프로타르코스: 물론입니다.

소크라테스: 그런데 이 둘 중의 어느 한쪽 것에 의해서는 우리가 결코 지혜롭게 되지는 못하네. 우리가 음성의 무한함(한도지어지지 않음: to apeiron)을 아는 것으로도 또는 음성의 단일함(to hen)을 아는 것으로도 말일세. 하지만 음성이 몇 가지나(posa) 되며, 그것들이 어떤 성질의 것들(hopoia)인지를 우리가 아는 것, 이것이 우리로 하여금 각자가 문자(문법)에 밝게끔(to grammatikon)[109] 만드는 것일세.

프로타르코스: 더 없는 진실입니다.

소크라테스: 그리고 실로 누군가를 음악에 밝게끔(to mousikon) 만드는 것, 이것 또한 같은 것일세.

프로타르코스: 어째서죠?

/c/ 소크라테스: 짐작컨대 음성이란, 문법의 경우에 있어서도 그렇지만, 음악에 있어서도 [그 자체로는] 하나일세.

프로타르코스: 어찌 그렇지 않겠습니까?

소크라테스: 그렇지만 그걸 우리가 낮은 것(bary)과 높은 것(oxy) 두 가지로, 그리고 고른 음(homotonon)을 셋째 것으로 볼까? 아니면 어떻게 볼까?

프로타르코스: 그렇게 보죠.

---

108) 음성(phōnē)은 음악적으로는 그 높낮이에 따라, 언어적으로는 발음 형태에 따라 크게는 몇 갈래의 종류로 나뉘지만, 작게는 수도 없을 정도로 다양할 것이다.

109) 'gramatikos'란 문법에 밝다는 것이고, 'grammatikē'(문법)란 일차적으로 읽고 쓰는 기술을 뜻한다. 플라톤은 이 기술을 《소피스테스》편(253a)에서 어떤 문자들이 어떤 문자들과 결합할 수 있는지를 아는 기술로 보고 있다.

소크라테스: 그러나 이것들만을 알고서는, 자네가 음악(mousikē)에 있어서 밝은 사람일 수는 결코 없겠지만, 이것들마저 모른다면, 자네는 이 점에서 실제로 아무 짝에도 쓸모 없게 될 걸세.

프로타르코스: 아닌게 아니라 쓸모 없게 되겠죠.

소크라테스: 그러나, 여보게! 음성의 높낮이와 관련하여 음정들(diastēmata)이 수에 있어서 얼마나 되며, 또 어떤 성질의 것들인지를 자네가 파악하고, /d/ 음정들의 경계(horos)들을 파악하며, 또한 이것들로 이루어지는 하고많은 음계(systēma)들을 파악할 때에야. —선인들은 이것들을 간파하고서 그들의 후손들인 우리에게 전하여 주되, 이것을 선법(旋法: harmonia)들로 부르게 하며, 또한 몸의 움직임(kinēsis)들 속에 생겨나 있게 되는 또 다른 그와 같은 상태들은 다름 아닌 수들에 의해 측정되는 것들로서, 율동(rhythmos)들과 박자(metron)들로 불리어 마땅하다고 그들이 말하면서, 동시에 모든 하나와 여럿에 대해서도 이와 같이 고찰해야만 하는 것으로 알아야만 한다고 그들은 말하는데,— 이것들 또한 이렇게 파악할 때, 그때에야 자네는 통달한 자(지혜로운 자: sophos)가 되어 있을 걸세. /e/ 그리고 다른 어떤 것이든 그 하나를 자네가 이런 식으로 고찰하여 이해하게 되었을 때, 자네는 그 하나에 대해 그만큼 지혜롭게(통달하게) 되어 있을 걸세. 그러나 각각의 것들의 무한 수량은 또한 자네로 하여금 각각의 것들에 있어서 그때마다 지혜를 터득하지 못하게[110] 하며 하찮고 고려할 가치도 없는 자로 만드는데, 이는 자네가 그 어떤 것의 경우에나 아무런 수(arithmos)도 간파하지 못했기 때문일세.

필레보스: /18a/ … 그렇지만 도대체 무엇 때문에 저희를 상대로

---

110) 원어는 apeiron … tou phronein로서, 여기에서 apeiros는 '경험하지 못한다' 또는 '체험하지 못한다'는 뜻이니, 다른 의미로 쓰인 apeiron과 연관지어 농언을 동시에 하고 있는 셈이다.

지금 하신 말씀들을 하시게 된 것이며, 그리고 도대체 무슨 취지로 하신 것입니까?

소크라테스: 프로타르코스! 필레보스가 우리에게 그걸 질문한 것은 물론 옳게 한 것일세.

프로타르코스: 그야 전적으로 그렇습니다. 그러니 선생님께서 그에게 대답하세요.

소크라테스: 그리함세. 바로 이것들에 관해서 좀더 말한 다음에 말일세. 누군가가 그게 무엇이든 '하나'(hen)를 붙잡았을 경우에, 우리가 말하고 있듯, 그는 '한정되지 않은 것'(한도지어지지 않은 것: to apeiron)의 성질(physis)로 바로 눈길을 주지 말고, '어떤 수'(tis arithmos)로 눈길을 주어야만 하는 것처럼, 그와 마찬가지로 그 반대의 경우에도, /b/ 즉 어떤 사람이 '한정되지 않은 것'을 먼저 붙잡지 않을 수 없게 될 때에도, '하나'(to hen)로 바로 눈길을 주지 말고, 이번에도 '어떤 수'에 눈길을 주되, 그 각각이 '얼마만큼의 다수'(plēthos ti)를 갖고 있는지[111] 깨달아야만 하며, 또한 이 모두로부터 하나에 이르고서야 끝을 맺도록 해야만 하네. 그러면 방금 언급된 것을 문자들의 경우에 있어서 이해하도록 하세.

프로타르코스: 어떻게 말씀입니까?

---

111) 어떤 수에 포함되는 각각, 즉 어떤 가짓수에 포함되는 각각이 저마다 갖는 다수를 뜻한다. 이를테면, 음성 자체는 '하나'(hen)이지만, 이를 문자들에 연관지어 보면, '어떤 수'의 가짓수로 이를 일단 나눠볼 수 있다. 즉 모음과 자음, 모음은 다시 단모음과 이중모음으로, 자음은 소리를 내는 자리에 따라 입술소리, 혀끝소리, 구개음 등으로, 그리고 소리를 내는 방법에 따라 마찰음, 파열음, 비음 등등으로 나뉜다. 이런 가짓수가 여기에서 말하는 '어떤 수'(tis arithmos)이다. 그리고 이 가짓수의 각각은 '얼마만큼의 다수'(plēthos ti)를 갖고 있다. 이를테면, 한글의 ㅅ, ㅆ, ㅎ은 마찰음이고, ㅂ, ㅃ, ㅍ, ㄷ, ㅌ, ㄱ 등은 파열음이며, ㄴ, ㅁ, ㅇ은 비음이다. 바로 이와 같은 예를 소크라테스가 헬라스어 문자의 경우와 연관지어 곧 이어 언급하고 있다.

소크라테스: 어떤 신이 혹은 신과도 같은 어떤 사람이—이집트에
는 그가 테우트[112]라는 분이었다는 이야기가 있듯이—음성(phōnē)
이 한정되지 않은 것임을 알게 되고서네. 그는 그 한정되지 않은 것
안에 모음들(phōnēenta)이 하나가 아니라 /c/ 그 이상이 있는 걸, 그
리고 다시 음성 구실을 제대로 하지는 못하나 어떤 형태의 소리
(phthongos) 구실은 하는 다른 것들[113]의 수가 또한 몇이나 있다는
걸 처음으로 알게 되었네. 그런가 하면 그는 문자들의 셋째 종류로서
오늘날 우리가 자음들(aphōna)로 부르게 된 것들을 구분해 냈네. 그
다음에 그는 묵음들(aphthonga)과 자음들 각각을 그 하나하나에 이
르기까지 나누었고, 모음들과 그 중간음들(ta mesa) 또한 같은 방식
으로 나누었네. 이것들의 수를 파악해서 하나하나에 대해 그리고 그
모두에 대해 자모(字母: stoicheion)[114]라는 이름을 붙여주게 되기까
지 말일세. 한데 우리 가운데 어느 누구도 자모 하난들, 이것들 모두
가 없이는, 그 자체만으로는 알 길이 없다는 사실을 그가 간파하고
는, 이번에는 이것들 모두를 '묶어주는 것'(desmos)이 하나 있어서
/d/ 이것들을 어떤 식으로 통합하게 되는 것이라는 결론을 얻고서,
이것들에 대한 것인 하나의 학문을 일컬어 문자학(문법: grammatikē
technē)이라 그 이름을 붙였네.

---

112) 《파이드로스》편, 274c~275b에서 이집트인들에게 문자가 주어지게 된 것과 관
  련된 전설이 언급되고 있는데, 이 대화편에서는 Theuth가 신으로 지칭되고 있다.
113) 아마도 '반모음들'을 가리키는 것 같다. 그리고 여기에서 "음성 구실을 제대
  로 하지는 못하나 어떤 형태의 소리(phthongos) 구실은 하는 …"이라고 한 부
  분은 직역보다도 의역을 했다.
114) stoicheion은 요소 또는 원소의 뜻을 지닌 말이니, 문자들(grammata)의 기본
  요소는 자모(字母)일 것이다. 그러나 헬라스어 문자는 한글의 경우처럼 여러 자
  모가 결합하여 한 글자를 이루는 것이 아니므로, 자모 하나하나를 문자라 해도
  무난할 것이다.

　어찌 '소리(음성)'의 경우뿐이랴. '즐거움'이라거나 '사랑'이라거나 '물'이라거나 '석유'라 할 때에도, 이는 그대로 적용되는 이야기일 것이다. " '… 이다'(있다: einai)라고 일상 말하게 되는 것들은 하나(hen)와 여럿(polla)으로 이루어져 있으며, 또한 이것들은 한도(한정자: peras)와 한도지어지지(한정되지) 않은 상태(apeiria)를 자기들 안에 본디 함께 지니고 있다는 전설"은 실은 전설이 아니라, 플라톤의 지론(持論)의 일부이다. 무지자를 자처하는 소크라테스의 입을 빌려 엄청난 진리를 직접 말하게 할 수가 없었기 때문에 전설인 것처럼 말한 것일 뿐이다. 이처럼, 알고보면 형상들이고 감각적 지각의 대상이고 간에 '한정되지(한도지어지지) 않은 것'의 상태로 있는 것은 수도 없이 많다. 각각의 것의 수를 찾아내고 한도짓거나 한정하는 데서 우리의 창조적 작업이나 행각이 가능할 것이다. 자연에서 이루어지는 이치 그대로 말이다. 실상 우리에게 '주어져 있는 것'(to paron)은 모두가 '한도지어지지(한정되지) 않은 것'이다. 그것을 어떻게 읽고 이해하는가가 우선 중요하다. 다음으로는 그것을 선용하는 것이 또한 중요하다. 헬라스인들의 옛말로 "주어진 것을 선용할지니라"(to paron eu poiein)는 격언이 있었다는 말은 이미 몇 번이나 했다. 바로 이 옛말의 실천을 위한 이론적 체계가 플라톤 철학이기도 하다. 그래서 그는 혼화 및 생성의 원인을 단순히 '만드는 것'(to poioun)이라고만 하지 않고, 주어진 것을 갖고서 무언가를 만드는 장인(匠人: dēmiourgos)의 제작 행위(to dēmiourgoun)[115]로 말하기도 한다. 우주 창조자의 창조도, 장인의 제작 행위도, 인격적 실현도 다 그런 '만듦'(dēmiourgia)으로 보기는 마찬가지이다. 그 모두가 '좋음'(善)의 실현 형태이다.

---

115) 《필레보스》편, 27a~b.

이렇듯 진지하고 중요한 내용의 것이었을 그 강의가 어찌, 아리스토크세노스가 전하듯, 실망을 안겨 주고, 경멸을 당한 이야기처럼 들릴 수 있었단 말인가? 《일곱째 편지》에서 플라톤이 피력했듯, '조그만 시사로도 스스로 그걸 알아낼 수 있는 소수의 사람'마저도 없었다니, 소수는커녕 아리스토텔레스조차도 그런 한 사람일 수 없었다니, 이 사태를 도대체 어떻게 이해해야만 한단 말인가? 한 철학자, 그것도 자기 스승의 사상 중에서도 가장 중요한 부분에 대해 이처럼 이해가 부족했다는 것은 무엇을 의미하는가? 그는 17세 때(367년) 아카데미아에 입문하는데, 이 해에 예순의 플라톤은 디오니시오스 2세와 디온 등의 간청과 주변의 성화로 시켈리아의 시라쿠사이로 철인 치자의 현실적 구현을 위해 갔다가, 그곳의 정치 현실에 대한 쓰디쓴 체험만 하고 이듬해 돌아온다. 아리스토텔레스는 그 동안 《파이돈》, 《국가(政體)》 등의 중기 대화편들을 읽으며 그 나름으로 감화를 받았을 것이다. 이 무렵에 플라톤의 이데아 설에 대한 비판적 내용들을 다 수록한 셈인 《파르메니데스》편이 나왔던 것으로 추정된다. 플라톤은 5년 뒤에 한 차례 더 시라쿠사이를 방문하지만, 먼저보다도 더 고약한 일만 겪고 돌아오는데, 이 해가 360년, 그의 나이 67세인 때였고, 아리스토텔레스는 24세이던 때이다. 《파르메니데스》편에서 형상 이론과 관련해서 제기되는 여러 가지 의문을 마음속으로 간직하기 시작한 아리스토텔레스는 이것들을 훗날 문자 그대로 고스란히 문제점들로 지적하게 되지만, 이 무렵부터 그의 플라톤에 대한 비판적 시각이 차츰 형성되기 시작하면서, 자기 철학의 구축에 관심을 갖게 되었을지도 모른다. 이데아 설과 관련된 이 비판적 시각과 함께 아리스토텔레스의 플라톤 철학과의 담쌓기가 시작되어, 차츰 자기 철

---

116) 299면을 참조할 것.

학의 구조물 축조에 마음이 급해졌을 것이다. 마침내는 단단하고 높은 자기의 성곽 축조에 성공하기까지, 아카데미아에서의 20년은 결국 그렇게 진행되어 가는 과정이었던 셈이다. 그리하여 이후의 플라톤 철학은 아리스토텔레스에게 있어서는 별로 알 필요성을 느끼지 못하는 성밖의 일이 되어 간 꼴이다. 그런 터에 그의 20대 말 무렵에서 30대 초에 나왔음직한 《필레보스》편이 그의 관심 영역으로 들어왔을 리도 없는 일이었을 것이다. 이 대화편은 플라톤의 마지막 대화편인 《법률》편 바로 앞에 저술된 것이라는 것이 오늘날 정설로 굳혀진 터이니, 플라톤이 70대에 쓴 것이라 할 것이다. 《필레보스》편은 읽지도 않고, 설사 읽었더라도, 마음은 이미 자신의 철학 세계로 가 있던 터에, 그게 제대로 읽혔을 리도 만무했을 것이다. 그런 상황에서 플라톤의 개괄적인 또는 총괄적인 그 강의를 들었다 한들 제대로 들렸을 리가 없었을 것이다. 그러고 보면, 프레데의 다음과 같은 말에 솔깃해지는 것도 자연스런 것 같다는 생각이 든다.

"만약에 아리스토텔레스가 우리에게 필요한 것으로 보이는 만큼의 시간을 《필레보스》편을 파고드는 데 보냈다면, 그의 생애는 달라졌을 것이다. 그는 아리스토텔레스가 되지 않고 플라톤의 주석가가 되었을 것이다. 자기들 자신의 과제들을 가진 철학자들은 결코 선인(先人)들에 대한 훌륭한 주석가들이 아니다. 이는 철학사가 확인해 주는 바다. 자신들이 갈 도끼를 가졌을 경우에는, 그들이 언급하는 텍스트를 읽는 데에 충분히 몰두할 시간과 인내심을 갖기 힘들다. 많은 역사적인 잘못된 설명이 선인의 저서에 대한 성급함에서 비롯된 것이라는 게 밝혀지고 있다. … 《필레보스》편은 '아카데미아의 수수께끼'를 그리고 또한 수수께끼였던 플라톤의 〈좋음에 관한 강의〉를 알기 위해서는 실로 결정적인 텍스트이다."[117]

4. 맺음말

플라톤이 사망한 해(347)에 아리스토텔레스는 아테네를 떠났다가 12년 뒤인 335년에 돌아온다. 이때 그의 나이는 49세였고, 그 동안에 아카데미아 학원의 수장은 8년 간 수장 노릇을 했던 스페우시포스 (약 407~339)에서 크세노크라테스로 바뀌어 있었다. 이제 더 주저할 필요가 없게 된 터라, 아리스토텔레스도 자신의 '리케이온'(Lykeion) 학원을 세우게 되는데, 이 해는 플라톤이 아카데미아 학원을 세운 지 50년이 되는 해였다. 두 학원은 십 리쯤의 거리를 두고, 서로 반대 방향에 위치하게 되었다. 그는 자신의 학원을 수립한 이후로 언제나 플라톤을 그리고 아카데미아 학원 사람들을 의식하면서 강의와 논의를 했던 사람이라는 것은 그가 남긴 강의안들을 통해서 곳곳에서 확인되는 일이다. 그가 17세에 아카데미아에 입문해서 향후 20년간 과연 플라톤의 가르침을 얼마 만큼 직접적으로 받았는지를 우리는 모른다. 플라톤의 철학적 방법으로서의 변증술이 철학적 수련 자체를 중시했던 점을 고려한다면, 대부분이 간접적이거나 그의 대화편들을 통한 것이었을 것이라는 점은 능히 짐작할 수 있는 일이다. 그 중에서도 《파이돈》편이 그에게 미친 영향이 지대했다는 것도 분명한 일이다. 입문 이후의 그와 플라톤의 행각 간의 추측 가능한 연관 관계에 대해서는 바로 앞의 항목에서 이미 언급했다. 그런데 이제껏 우리가 지루하리만큼 확인한 바 있는 아리스토텔레스의 플라톤 철학에 대한 비판은 참으로 우리를 착잡한 심정으로 몰아 넣었다. 게다가 가장 심한 경우로, 《분석론 후서》(83a33)에서 그가 플라톤의 형상들을 가리켜 제비 따위의 '조잘거리는 소리들'(teretismata)일 뿐이라고 말하기

---

117) D. Frede, *Plato: Philebus*(Hackett, 1993), lxxix~lxxx.

까지 했다는 발언까지 확인하게 되면, 우리는 참으로 하릴없는 처지가 되고만다. 그런데도 그는 플라톤한테서 어떤 형태로든 지대한 영향을 받았었다. 그 영향들 중에서도 그가 사상적으로 가장 빛을 많이 지고 있는 것들에 대해서는 그는 한결같이 솔직하게 시인하는 일이 없다. 하기야 그런 것은 어쩌면 자신의 마음에 너무나 쏙 들어서, 자신도 모르는 사이에 자기의 것으로 삼아버렸기 때문일 것이다. 반면에 그가 플라톤의 이름을 들먹거리는 것은 그를 비판하거나 아니면 별로 대단하지도 않은 것들을 언급할 경우가 대부분이다. 따라서 우리는 아리스토텔레스를 플라톤 철학의 이해를 도와주는 안내자로 삼아서도, 또한 그의 철학의 바른 비판자로 알아서도 아니 된다. 플라톤 철학과 관련되는 한, 이제 우리가 할 일은 플라톤을 제 목소리로 듣도록 하는 일이다. 이것이야말로 서양 철학사를 통해서 플라톤 철학과 관련되어 저질러진 어처구니없는 짓들을 더 이상 되풀이하지 않도록 하는 길을 트게 하는 것이다. 또한 그럴 때에야 우리는 그의 철학을 제대로 이해하는 바른 길로 접어들 가망이 있다.

제9장 헬라스 비극에서의 상황과 행위

1. 비극적 상황과 행위

모든 생물이 그렇듯, 사람이 살고 있다는 것은 어떤 환경이나 조건 속에 처하여 있음을 말한다. 다시 말해서, 사람은 어떤 조건들 아래에서 그리고 어떤 환경 속에서 여러 가지 일을 겪으면서 살고 있다는 말이다. 이런 '겪음'인 일이나 사건, 불행이나 재난, 처지 및 조건 따위를 헬라스어로 통틀어 일컫기를 '파토스'(pathos)라 한다. 물론 이에는 한 인간의 기질이나 감정과 같은 정서적 조건들도 포함된다. 아리스토텔레스는 그의 《시학》(제11장)에서 플롯(mythos)의 두 부분으로서 급전(急轉: peripeteia)[1]과 '알게 됨'(anagnōrisis)[2]을 먼저 든 다음, 셋째 부분으로서 '파토스'를 들고 있다. 그리고 이를 "무대에서

---

[1] '급전'은 사태가 이제까지와는 반대 쪽으로 바뀜(metabolē)을 의미한다.
[2] '알게 됨'은 문자 그대로 모름(agnoia)의 상태에서 앎(gnōsis)의 상태로 바뀜을 의미한다. 아리스토텔레스는 '급전'과 함께 일어나는 '알게 됨'이 가장 훌륭한 것이라 한다. 소포클레스의 《오이디푸스 왕》에서 오이디푸스가 자기의 부모에 대해서 알게 되는 경우가 바로 그런 것이라 한다.

의 죽음과 극심한 고통 그리고 부상 등과 같은 파멸적이고 고통스런 행위이다"라고 규정하고 있다. 그래서 《시학》의 이 대목에서 말하는 'pathos'를 영어로는 'suffering'으로 옮기고 있다. 그러나 필자가 여기에서 쓰고자 하는 '파토스'는, 이미 밝혔듯, 이보다도 훨씬 넓은 의미의 것이다. 또한 여기에서 '파멸적이고 고통스런 행위(praxis)'라는 것도 비극이 '모방'(mimēsis), 즉 묘사해 보이는 사건을 뜻한다. 따라서 필자가 여기에서 '파토스'라는 말로 나타내고자 하는 말뜻을 가장 포괄적으로 나타내는 말은 '상황'이라는 낱말일 것 같아, 이를 쓰기로 한다. 그러나 비극에서 문제되는 상황은 모든 상황이 아니고 오직 "비극적 상황"만이다. 그리고 어떤 상황이 비극적일 수 있는 것은 어떤 주인공, 즉 행위자와의 관계에 있어서이다.

그런데 어떤 상황에서 어떤 생각을 갖는 한 인간이 해 보이는 '행위'를 헬라스어로는 drama 또는 praxis라 한다. 희곡을 드라마라 함은 어떤 주인공이 어떤 처지에서 어떤 생각으로 어떤 행위를 하는지를 무대 연출을 통해서 묘사 내지 모방해 보이고 있기 때문일 것이다. 그러나 비극이 묘사 또는 모방하는 행위는 역시 비극적인 것이어야만 한다. 그렇다면 비극적 행위는 어떤 것인가? 이에 대한 설명으로 가장 적절한 것은 아리스토텔레스의 다음과 같은 언급일 것 같다. 그는 《시학》 제6장에서 비극의 본질을 정의하는 가운데, "비극은 진지하고 일정한 길이를 갖는 완결된 행위의 모방(mimēsis)이요, … 애련(eleos)과 공포(phobos)를 통하여 이러한 감정들(pathēmata)의 카타르시스(katharsis)를 성취한다"고 했는데, 이에 대한 그의 설명을 《시학》 제13장에서 마저 알아보기로 하자. 그에 의하면, 가장 훌륭한 비극이 되도록 하기 위해서는 그 '플롯'의 구성이 단순하지 않고 복잡하되, 공포와 애련의 감정을 불러일으키는 행위들을 모방하는 것이어야만 한다. 따라서 마땅히 피해야 할 세 가지 플롯이 있다. 첫째,

분별 있고 훌륭한 사람들(hoi epieikeis)이 행복하다가 불행하게 되는
것을 보여서는 안 되는데, 이는 그런 일이 공포나 애련의 감정을 불
러일으키기는커녕 말도 안 되는 일(miaron)이라는 느낌을 갖게 할
것이기 때문이다. 둘째, 불량하고 비열한 사람들(hoi mochtheroi)이
불행한 상태에 있다가 행복하게 되는 것을 보여서도 아니 되는데, 이
는 그런 일이 가장 비비극적일 뿐만 아니라 인간에게 공포나 애련의
감정도 일게 하지 않기 때문이다. 셋째, 지극히 못된 사람이 행복한
상태에서 불행한 상태로 변화를 겪는 것도 보여서는 아니 되는데, 이
는 그런 일이 공포나 애련의 감정을 전혀 일게 하지 않기 때문이다.
애련은 부당하게 불행하게 된 사람에 대해서 갖게 되는 감정이요, 공
포는 우리와도 '같은 사람'(ho homoios)이면서 불행하게 된 사람에
대해 갖게 되는 감정이다. 따라서 남은 것은 분별 있고 훌륭한 사람
과 지극히 못된 자 사이에 있는 사람이다. 사람으로서 훌륭한 상태
(덕: aretē) 또는 올바름에 있어서 남다르지도 않지만, 불행한 상태에
빠진 것이 악덕이나 못됨으로 말미암은 게 아니라 어떤 과실 내지
실수 또는 잘못(hamartia)으로 말미암은 그런 사람인데, 그는 대단한
명망과 행운을 누리고 있는 자여야만 한다. 그런 자가 큰 실수
(hamartia megalē)로[3] 인해 행운의 상태에서 불행한 상태로 전락하
게 되는 게 제대로 된 비극의 플롯이다.

　비극은 기본적으로 이들 두 가지, 즉 비극적 상황과 비극적 행위자
의 상관 관계 속에서 빚어진다. 비극적 파토스와 진지한 행위, 이 둘
의 함수 관계 속에서 비극은 전개된다. "무엇을 내가 겪을 것인
가?(나는 어찌 되는가?: ti pathō;) 그러면 나는 무엇을 행할 것인
가?(ti de drō;) 또한 나는 무엇을 꾀할 것인가?(ti de mēsōmai;)[4] 이

---

3) hamartia는 던진 창이 목표물에 대해 빗맞음을 원래는 뜻한다.
4) 아이스킬로스의 《테베를 공격하는 일곱 장수》, 1063.

런 잇따르는 물음들 속에 비극은 예상되고 있다.

2. 비극적 상황의 일반적 성격

비극의 주인공, 즉 인간이 겪게 되는 상황들은 어떤 존재나 원리 또는 이법(理法)의 지배를 받고 있다는 생각은 비단 헬라스 비극에 있어서만이 아니라 역사 시대 이래의 기록들에서도 얼마든지 찾아볼 수 있다. 올림포스의 12신을 중심으로 하여 체계화된 헬라스 신화는 바로 그런 존재들이나 원리들의 신격화이며, 헬라스 철학 또한 그런 것들에 대한, 신화와는 전혀 다른 차원에서 진행된, 탐구의 기록들이다. 헬라스 비극은 물론 헬라스 신화를 배경으로 형성된 상황 속에서 표출되는 인간의 언행을 그려 보인다. 그러나 비극은 그 기본 바탕이 운명극이기 때문에 인간의 비극적 운명과 관계되는 신들을 중심으로 하여 상황이 조성된다. 올림포스의 신들 중에서도 특히 주신인 제우스와 몇몇 신 그리고 정의의 여신(Dikē)과 운명의 여신들(Moirai) 및 복수의 여신들(Erinyes)이 주로 인간의 운명에 관여한다. "인간들과 신들의 아버지(patēr)"로[5] 불리는 제우스는 인간과 신들의 세계에 있어서 가부장(pater familias)적 존재이다. 그래서 그는 인간들에게 있어서는 가정과 '폴리스'(polis)의 수호자이며, 이들이 준수해야 할 율법의 수호자이다. 아이스킬로스의 《아가멤논》(525~537)에서는 트로이아에 파멸을 가져다 준 것은 제우스의 뜻이 아가멤논을 통해 실현된 것임을 밝히고 있다. 그것은 프리아모스의 아들 파리스가 손님의 도리를 어긴 잘못(hamartia)에 대해 그것을 지키는 제우스(Zeus

---

5) 호메로스 《일리아스》. 1. 544; 4. 235, 508: 《오디세이아》 8. 137 등등.

Xenios, Zeus Herkeios)가 어김없이 "정의를 실현하는 제우스"(ho dikēphoros Zeus)로서 내린 벌이다. 그래서 파리스는 자기가 한 '짓'(drama)에 대해 갑절로 '당함'(pathos)을 피할 길이 없게 된 것이다.

> 제우스께서 보좌에 계시는 한 지켜지리라.
> 행한 자는 당하게 마련이고, 이는 율법에 맞기 때문이로다.[6]

　헬라스인들의 이런 신화적 사고는 호메로스의 《일리아스》(I, 5)에서 볼 수 있는 "이리하여 제우스의 뜻(boulē)이 이루어졌도다"라는 표현 속에서도 극명하게 드러나 있다.

　비극적 종말을 가져다주는 정의의 여신과 복수의 여신들은 각기 어떻게든 끝끝내 '목적을 달성하는 디케'(telesphoros Dikē)[7]와 복수할 것을 '언제까지나 기억하는 에리니스들'(mnēmones Erinyes)[8]로 언급되고 있다. 운명의 여신 '모이라'도 '어떻게든 목적을 달성하는 모이라'(Moira pōs telesphoros)[9]이기는 마찬가지이다. 그러나 인간에게 비극의 상황을 가져다주는 것은 이들 신만이 아니다. 어떤 신도 어떤 계기만 주어지면, 인간에게 비극의 상황을 안겨준다. 이를테면 소포클레스의 《아이아스》에서 보면, 전사한 아킬레우스의 무장을 두고, 서로 갖기를 원하다가, 아카이아(헬라스) 군대의 지휘관들에 의해 이것이 달변인 오디세우스의 차지로 결정되자, 아이아스는 분별을 잃고 만다. 아이아스의 방자함을 유의해오던 아테나 여신이 그로 하여금 환각을 일으키게 하여 아카이아의 장수들을 해치게 하나, 정작

---

6) 《아가멤논》, 1563~4.
7) 소포클레스의 《아이아스》, 1391.
8) 같은 곳 및 아이스킬로스의 《결박당한 프로메테우스》, 516.
9) 《프로메테우스》, 511.

그가 해친 것들은 가축들일 뿐이다. 이 광경을 목격하게 된 오디세우스와 아테나는 다음과 같은 대화를 나눈다.

> 아테나: 오디세우스여, 신들의 힘이 얼마나 큰지를 보고 있는가? 일찍이 그대가 이 사람보다도 더 조심스럽고 때맞추어 행동함에 있어서 더 뛰어난 이를 본 적이 있는가?
>
> 오디세우스: 그만한 이 아무도 모릅니다. 하지만 그를 동정합니다. 비록 적대하던 자이긴 하나, 비참하게 된 그이기에. 불운의 멍에와 짝이 되어버린 것이 이 사람의 처지로만이 아니라 제 처지로도 생각되어섭니다. 우리가 아무 것도 아님을 알아보겠군요. 살아있다는 우리가 환영(幻影)이나 공허한 그림자에 불과할 뿐이니.
>
> 아테나: 그러니 이런 일들을 거울 삼아 도를 넘는 말일랑은 행여 신들을 향해 그대 스스로 하는 일은 없도록 할 것이오. 결코 거만을 떨지 말 것이오. 설령 그대가 어떤 자보다 팔 힘이나 엄청난 부로 압도한다 할지라도. 단 하루가 모든 인간사(t' anthrōpeia)를 기울게도 하고 되 치올리기도 하오. 신들은 절도 있는 자들은 사랑하나, 못된 자들은 혐오한다오. (118~133)

또한 에우리피데스의 《히폴리토스》에서는 히폴리토스가 사냥의 여신 아르테미스는 경배하면서도 사랑의 여신인 아프로디테를 경멸하는지라, 아프로디테는 그의 아버지 테세우스가 새로이 아내로 맞은 젊은 파이드라를 통해 그의 파멸을 꾀한다. 아들로 된 히폴리토스에 대한 사랑의 열병을 앓게 된 파이드라는 결국 뜻을 이루지 못하자, 오히려 그의 아들이 자기를 겁탈하려고 했다는 내용을 적은 서판을 쥔 채 자결한다. 이 거짓말을 그대로 믿은 테세우스는 아들을 죽게 한다. 일을 저지르고서 뒤늦게 아들의 결백을 알게 된 테세우스는 죽어 가는 아들 앞에서 비탄하나, 아들은 과실(hamartia)을 저지른 아버지를 위해 슬퍼한다. 이 모두가 "못하는 짓이 없는 Kypris(아프로디테)가 일을 이렇게 꾸몄기 때문이야"(1400)라는 아르테미스의 귀띔을 받고서, 히폴리토스는 "사멸하는 인간의 종족이 신들에게 저주를 내릴 수 있었으면"(1415) 하고 말한다. 그러나 아르테미스는 그에게 이렇게 이른다.

> 인간들로서는 일단 신들이 정해 주면 잘못을 저지르기 십상이지.
> 또한 충고하건대 그대의 부친을 미워 말라, 히폴리토스여.
> 그렇게 파멸하는 게 그대의 운명이니라. (1434~6)

여기에서 우리는 "일단 신들이 정해 주면"(theōn didontōn)이라는 표현에 새삼 주의를 환기할 필요가 있다. 똑같은 표현이 아이스킬로스의 《테베를 공격하는 일곱 장수》(715)에도 나온다. "일단 신들이 정해 주면 그대는 재난을 피할 수 없을 것이오." 호메로스의 《일리아스》(I, 96)에는 아폴론의 사제 크리세스가 딸의 몸값을 받고 딸을 돌려줄 것을 간청함에도 모욕과 함께 이를 단호하게 거절한 아가멤논의 처사 때문에, 아폴론이 아카이아(헬라스)군에 "고통을 주었을 뿐만 아니라 앞으로도 줄 것이다"라는 표현을 찾아볼 수 있다. 호메로스에서는 신들이 인간들에게 승리나 명성 또는 재앙 등을 안겨주는 장면이 여러 군데서 발견되는데, 신이 그렇게 결정해서 인간이 고통이나 승리를 안게 된다는 생각을 나타내는 말임에는 앞의 경우와 다를 것이 없다. "실로 모두가 신을 따라 웃기도 하고 비탄해하기도 한다."(《아이아스》, 383) 기원 전 7세기의 아르킬로코스가 남긴 토막시 70에서도 우리는 비슷한 생각을 엿볼 수 있다.

렙티네스의 아들 글라우코스여, 사멸하는 인간들에게 있어서 마음이
란
제우스께서 그날그날 인도하시는 대로 되는 그런 것이며,
또한 생각하는 것들도 그들이 부딪치는 그런 일들이라오.

인간인 우리 자신이 하루살이(ephēmeroi) 목숨일 뿐만 아니라, 그
날그날(eph' hēmeren) 제우스가 이끄는 대로 희로애락 겪으며 생각
하며 살아갈 수밖에 없다는 헬라스인들의 생각을 이 시는 잘 나타내
보이고 있다. 이 시의 앞쪽 두 줄은 《오디세이아》(18, 136~7)의 번안
이다. 《오디세이아》 130행부터 이 대목에 이르기까지의 내용은 이러
하다.

땅이 부양하는 것으로 인간보다 나약한 것은 아무 것도 없습니다.
땅 위에서 숨쉬며 오가는 온갖 것 중에서도 말씀입니다.
신들이 번영을 허락하여 스스로 무릎을 세우고 다니는 동안은,
이후로 불행한 일 겪는 일이 결코 없을 것이라 생각하죠.
하지만 축복받은 신들이 그에게 고난이라도 치르게 할 때는,
이 또한 어쩌지 못해 참을성 있는 마음으로 견디어내니까요.
지상의 인간들의 마음이란 것이 인간들과 신들의 아버지께서
그날그날 이끄는 대로인 것이기 때문이죠.

이는 꾀 많은 오디세우스가 페넬로페의 구혼자들 중에서도 그나마
제일 분별이 있는 암피노모스에게 떠날 것을 암시하기 직전에 들려
준 말이다.
"일단 신들이 정해 주면," 어쩔 도리가 없다. 오이디푸스가 겪는 고
통은 신들이 정해 준 운명을 어떻게든 피해보려다 당하게 된 것이다.

테바이의 라이오스 왕은 소생이 없이 죽어야 왕국을 살릴 수 있을 뿐만 아니라 그 아들한테 살해되지 않을 것이라는 델피 신탁을 통한 아폴론의 경고를 세 번이나 받고서도, 기어이 이오카스테한테서 오이디푸스를 얻는다. 그렇더라도 액운은 피해야겠다는 생각으로 두 발을 꿰어 목자를 시켜 키타이론산에 버리게 하나, 엉뚱하게도 코린토스 왕가로 입양된다. 왕자로 성장하였으나, 어느 날 술취한 친구가 그를 왕의 친자가 아니라고 내뱉은 말이 미심쩍어, 델피로 찾아가 그 진위 여부를 듣고 싶어한다. 그러나 그의 질문도 듣지 않은 채로 무녀는 그를 신전 밖으로 내쫓으며 그가 아버지를 죽이고 어머니와 혼인할 것이라고 말한다. 몹시 충격을 받은 오이디푸스는 그런 패륜을 저지르는 일을 피하기 위해, 코린토스로 돌아가지 않고, 길을 떠났다가, 오히려 삼거리에서 자신의 친부와 시비가 붙어, 결국 예언대로 운명의 고삐에 매이게 된다.

그러나 운명을 피할 수 없는 것은 인간뿐만 아니라 신들의 경우에 있어서도 마찬가지이다. "제우스조차도 정해진 운명은 피할 수 없다."[10] 하물며 인간임에랴! 그래서 운명은 필연(anankē)과 결부되어 있다. 《프로메테우스》(515~6)에서 이런 구절을 찾아볼 수 있다. "누가 필연의 조종자인가요? / 세 모습의 모이라(운명의 여신)들과 언제까지나 기억하고 있는 에리니스(복수의 여신)들이요." 이들이 조종한다는 필연은, 적어도 헬라스 비극을 통해서는, 그 자체가 신인 것은 아니다. 필연이 한 개인, 한 집단에 대해 개별적인 것으로 한정될 때, 운명이 되겠는데, 이에 비해 필연 자체는 포괄적이며, 원리나 이법 또는 질서에 가까운 것이다.[11] 따라서 신들조차도 그 울타리를 벗어

---

10) 같은 작품, 518.
11) 플라톤의 《향연》편, 195c, 197b에서는 '필연'이 상징적 의미로 신격화되어 있다. 그리고 《국가》편, 616c에서도 '아낭케'가 여신으로 신격화되어 있다. 그의

414

날 수는 없다. 필연과의 싸움은 처음부터 가망이 없는 헛된 싸움
(dysmacheteon)[12]이다.

　그렇다면 필연은 인간에게 있어서 어떤 의미를 갖는 것인가? 그것
은 상징적으로 말해서 고삐 또는 굴레(lepadnon)이다.[13] 그것은 인간
생존의 기본적인 틀이며 조건이다. 인간이 생물로서 자연 속에 살며
또한 폴리스 또는 사회 안에서 살 수 밖에 없는 한, 그것들은 그의
생존을 위한 기본 틀이요, 그 틀 안에서 주어지는 일정한 조건, 즉 여
건들에 기반을 두고서야 인간으로서 살아갈 수 있다. 그것은 개개인
이 스스로도 따르고 지켜야 되고 또한 그럴 수밖에 없는 기본 틀이
지만, 자연과 사회도 그의 존속과 존립을 위해서는 스스로 지킬 수밖
에 없는 기본 틀이다. 이 기본 틀의 준수를 헬라스인들은 dikē라는
말로 표현했던 것 같다. 이 말의 사전적 뜻 풀이로, 관습, 방식, 질서,
이치나 도리, 옳음, 정의, 판단, 판결, 소송, 재판, 보상, 벌, 죄값 치름
(벌금, 보복, 응보) 등등이 있는데, 이것들은 곰곰 생각해보면, 모두가
위에서 말한 기본 틀의 준수와 관계된다. 왜냐하면 이들 여러 가지
뜻은 크게 두 갈래로 나뉘는데, 한 갈래는 그 틀의 준수 쪽에 관계되
고, 다른 갈래는 그걸 준수하지 않은 데 대한 사후 조처와 관계되기
때문이다.

　헬라스 비극은 거의가 어떤 형태로든 이 '디케'(dikē)가 실현되는

《티마이오스》편에서는 필연이 Nous(지성, 정신)와 상반되는 것으로서, 지성이 개
입하기 이전의 물질의 상태를 지칭하는 데 쓰이고 있다. 아리스토텔레스의 《형이
상학》(5권 5장)에서는 to anankaion의 의미를 필수적인 것, 필요한 것, 강제적인
것, 불가피함, 다를 수가 없는 것, 논리적 필연성, 논증 등으로 분석해 보이고 있
다.
12) 《안티고네》, 1106에 "하지만 anankē와 헛된 싸움을 해서는 안 되지"라는 구절
이 보인다.
13) 《아가멤논》, 218에 "아낭케의 고삐에 매이게 되었다"는 표현이 보인다.

사건을 소재로서 다룬다. 그런 관점에서 본다면, 헬라스 비극의 공통된 기본 주제는 바로 '디케'라 말할 수 있겠다. 그러나 헬라스 비극에 있어서 그 의미는, 방금 그 사전적 의미의 가지 수가 말해 주듯, 한두 가지가 아니기 때문에, '디케'의 실현도 여러 가지로 나타난다. 하지만 분명한 것 한 가지는 저지른 짓에 대한 책벌 형태로 그것이 실현된다는 점이다. 그것은 주인공의 과오 내지 실수(hamartia)에 대한 응보이기 때문이다. 그래서 "행한 자는 당하기(겪게) 마련이다." (pathein ton erxanta : drasanta pathein)[14)

3. 비극적 상황 전개의 계기

　어떤 일이 정작 벌어지는 데에는 반드시 어떤 계기가 있기 마련이다. 그렇다면 비극적 상황이 벌어지게 하는 계기들은 어떤 것들인가? 물론 과오 또는 실수(hamartia) 탓이다. 그렇지만 이 과오나 실수를 범하게 된 한층 더 근원적인 탓(aitia)[15)이 있을 것이다. 크게는 주인공의 오만(오만 무례 : hybris)이나 그에게 내린 저주(ara)가 탓일 수도 있으나, 때로는 주인공 또는 그와 관계되는 인물의 경솔함이나 격정, 판단 착오 또는 무지 등이 탓일 수도 있다. 이제 구체적으로 몇몇 경우를 예로 들어보기로 하자.

　신화에서 소재를 얻어오지 않고, 유일하게 역사적 사실, 그것도 불과 몇 년 전의 자기 시대가 겪었던 감격적인 승전을 소재로 택한 비극《페르시아인들》에서 아이스킬로스는 살라미스 해전 및 플라타이

---

14) 아이스킬로스의 《아가멤논》, 1564 및 《코에포로이》, 313.
15) 여기에서 '탓'으로 옮긴 헬라스어 aitia는 흔히 '원인'으로 옮기는 것이기도 하다.

아 전선에서의 페르시아의 패배로 인한 비극적 사태의 탓을 페르시
아의 황제 크세르크세스의 오만에서 찾아, 이를 직설적으로 밝히고
있다. 다음에 인용되는 구절은 살라미스 패전 이듬해에 마르도니우스
지휘하의 페르시아 정예군이 다시금 헬라스를 침공하려는 시도를 하
자 선왕 다레이오스의 유령이 나타나 경고하는 예언 내용이다.

거기에는 최대의 불행한 일들을 겪을 일이 그들을 기다리고 있다.
오만과 불경한 생각들에 대한 보상이야.
그들은 헬라스 땅으로 가서는 신들의 목상(木像)들을 약탈하고
신전들을 불태우는 짓을 꺼려하지 않았다.
제단들은 보이지 않게 되고, 신상들 또한
밑동 채로 완전히 뽑아 어지럽게 해놓았다.
그러니 못된 짓들 저지른 터라 못지 않은 불행한 일들 당하고 있지
만,
앞으로도 당하게 될 뿐만 아니라, 불행의 샘 또한
마르지도 않고 아직도 샘솟고 있다.
엉기는 피 엄청나리니,
도리스 창에 의해 플라타이아 땅에 흘리는 피 때문이로다.
하나 시체들의 산더미는 삼 세대까지도
사람들의 눈에 소리 없이 알리어 주리니
사멸하는 자로서 지나친 생각 말고.
오만이 꽃피면, 재난의 이삭 여물게 하여
이로 해서 가장 비통해 할 수확 거두게 될 것이기 때문이로다.

저지른 짓들에 대한 벌이 이런 것들임을 보고서는
아테네와 헬라스를 기억할지어다.

누구도 지금의 운을 업신여기고서
다른 것들을 더 탐하여, 큰 복을 낭비치 말라.
실로 제우스는 지나치게 도를 넘는 생각들을 책벌하는 이로서
군림하시면서, 무겁게 벌주시는 이로다. (807~828)

그런가 하면 역시 아이스킬로스의 비극인 《테베를 공격하는 일곱 장수》에서 이야기되는 골육 상잔의 비극적 종말의 탓은 가깝게는 두 자식들의 홀대에 대한 오이디푸스의 저주(ara, 838)이고, 멀리는 라이오스가 신탁의 예언을 무시한 잘못 때문이다. 아니 어쩌면 그가 신세 졌던 피사 왕가에서 크리시포스를 유괴해 왔던 게 더 먼 탓일 수도 있다.

또한 아이스킬로스의 남아 있는 3부작 《오레스테스 이야기》(Oresteia)는 아트레우스 가문의 기나긴 복수 극의 반복과 이의 종식을 다루고 있다. 제1부라 할 《아가멤논》은 그 절반의 분량에 해당하는 854행까지가 트로이아 원정과 관계된다. 아이스킬로스는 이 부분에서 이 원정을 오만에 대한 징벌로 규정하고 있다. 이에 대해서는 앞서 이 글의 2항 첫머리 부분에서 다소 언급한 바 있다.

제우스께서는 사멸하는 자들로 하여금 슬기롭도록 인도하시는 분으로
당함(겪음: pathos)에 의해 배움(mathos) 갖도록
그렇게 단호히 정하셨도다. (176~8)

디케 여신은 고통을 겪는 자들이 배우게끔 하시니라. (250)

《아가멤논》에 대한 이제까지의 언급으로도 그러하지만, 앞서 인용

했던 《페르시아인들》의 내용을 보더라도, 아이스킬로스는 노골적으로 종교적이며 교훈적인 자신의 창작 의도를 드러내 보이고 있다. 그러나 이번에는 그의 다른 이야기를 들어보기로 하자. 아트레우스 가문은 그 위로 펠롭스-탄탈로스로 거슬러오르고, 아래로는 아가멤논-오레스테스 및 엘렉트라로 이어진다. 그리고 펠롭스로부터 아트레우스 가와 티에스테스 가로 나뉘고, 티에스테스는 아이기스토스로 이어진다. 이 집안에선 오만과 저주 그리고 재앙이 떠날 줄을 모른다. 탄탈로스는 두 가지 잘못을 저지른다. 신들의 모임에 가서 신들의 음식을 먹는 것이 허용된 것을 기화로 이를 훔쳐서 인간들에게 갖다 준다. 또 한번은 신들이 짐승 고기와 인육을 구별하는지를 알아보기 위해 제 자식인 펠롭스를 죽여서 요리로 내놓았는데, 다른 신들은 모두 이를 알고서 먹지 않았으나, 데메테르 여신만이 어깨 쪽 한 부분을 먹는다. 신들은 이 아들을 되살린 다음, 없어진 부분을 상아로써 채운다. 그래서 탄탈로스는 그의 이름과 함께 전하는 그 유명한 영원한 형벌을 받는다. 펠롭스는 피사의 왕 오이노마우스의 딸 히포다메이아에게 구혼하나, 딸을 내놓지 않으려는 심사로, 결혼을 하겠으면, 전차를 몰며 던지는 자신의 창을 피할 수 있어야 한다는 조건을 단다. 이에 펠롭스는 마부 미르틸로스를 왕녀와 먼저 동침하게 해 주겠다는 둥 감언 이설로 꾀어, 전차의 바퀴비녀장을 빼놓게 함으로써 왕이 전차에서 떨어져 죽게 한다. 그러나 그는 이 마부와의 약속도 지키지 않고, 되려 그를 죽게 하다가 저주를 받게 된다. 이후로 이 집안엔 대대로 저주가 이어진다. 아트레우스의 아내 아에로페는 남편보다 티에스테스를 좋아해, 남편이 남몰래 상자 속에 숨겨 두고 있는 황금 양털을 넘겨준다. 마침 미케네의 왕위 계승 문제가 생겼으나 모두들 결정을 내리지 못하자, 황금 양털을 가진 자가 왕으로 되도록 하자는 제의를 티에스테스가 내고, 그것이 자기에게 있는 것으로 믿고 있는 아트레우스는 선뜻 동의한다. 그러나 황금 양털이 없어진 것을 안 그가 난감해 하자, 평소 그를 어여삐 본 제우스가 아트레우스로 하여금 엉뚱하게도 태양과 플레이아데스 성단(星團)의 운행 방향을 바꾸어 놓는 자가 왕으로 되도록 하자는 제안을 하게 만든다. 이 제안을 하자, 그가 미친 줄로 안 티에스테스는 좋아라 하고 동의하나, 기적은 일어나고 만다. 이렇게 해서 형제 중 한 사람은 왕으로 되고, 다른 한 사람은 국외로 추방된다. 왕으로 된 아트레우스는 황금 양털이 어떻게 해서 티에스테스에게로 넘어가게 되었는지를 알아내고, 그냥 그를 국외 추방시킨 것을 후회하며 계략을 꾸민다. 화해하는 척, 그를 불러 향응을 베푸나, 실은 그가 먹은 고기요리는 살해된 자식들의 고기였다. 할아버지가 신들한테 한 짓을 또 저질렀던 것이다. 이를 알게 된 티에스테스는 아트레우스에게 저주를 내린다. 티에스테스의 살아 남은 아들인 아이기스토스는 훗날 아트레우스의 아들인 아가멤논이 트로이아로 원정을 떠난 사이에 왕후 클리타이메스트라와 눈이 맞아, 원정에서 돌아온 그를 왕후로 하여금 살해케 한다. 그러나 왕후는 왕의 살해를 부끄러운 일로 여기기커녕 당연한 일을 했을 뿐만 아니라 아트레우스 가의 죄값 치름을 집행해 주었을 따름이라고 한다. 아트레우스 가의 죄값 치름(tisis)의 사연은 앞에서 충분히 밝힌 셈이나, 왕후가 당연하다고 여기는 앙갚음(timōria)의 사연은 따로 있다. 그건 트로이아 원정대가 아르테미스 여신의 분노 때문에 아울리스 항에 묶여 있게 되자, 여신을 달래기 위해 그들의 맏딸 이피게네이아를 제물로 바치게 한 짓 때문이다.

　　그대는 이것이 나의 소행이라고 외치는가요?
　　하지만 나를 아가멤논의 아내라 여기지 마세요.

몹쓸 잔치를 베푼 아트레우스에 대한
매정한 복수를 벼르는 오랜 유령이
여기 있는 이 시체의 아내로 나타나서
그에게 복수를 한 것입니다.
어린 것들에게 어른을 제물로 바친 겁니다.[16]

하지만 그에게서 얻은 내 새끼한테
많이도 비탄하던 이피게네이아한테
죄진 만큼 당하는 것이니까,
저승에서는 숫제 우쭐대지 못하게 해야죠.
자기가 시작한 짓 칼맞아 죽음으로써 갚게 된 걸요.[17]

그러나 오만이 오만을 낳고, 피가 피를 부르고, 재앙이 재앙을 몰고 오는 악순환은 이에서 끝날 리가 없다. 그런 어머니를 아들이 다시 살해하게 된다.

빚진 것은 받아내는 디케 여신은 크게 외친다.
"악담은 악담으로 갚아라.
또한 쳐서 죽임은 쳐서 죽임으로 갚아라."
"행한 자는 당하게 마련이라."
이는 조상 때부터 전해오는 이야기로세.[18]

이렇게 해서 아들 오레스테스는 모친 살해(mētroktonos) 및 아이

---

16) 《아가멤논》, 1497~1504.
17) 같은 책, 1525~1529.
18) 《코에포로이》, 309~314.

기스토스의 처치를 누이 엘렉트라의 도움을 받으며 수행한다. 이를 다룬 것이 이 3부작의 제2부인 《코에포로이》(제주를 나르는 여인들) 이다. 오레스테스는 천륜을 어기는 이 모험적인 살인을 아폴론 신탁의 지시에 따라 한 것임을 강조하고 있다.[19] 그러나 이곳에서 하고 있는 그의 주장대로, 이 모친 살해 행위는 "디케를 어기는 것이 아니며"(ouk aneu dikēs) 과연 "중죄의 죄목에서 벗어나 있음"(ektos aitias kakēs einai)이 가능할 것인가? 이 문제를 다루고 있는 것이 제3부에 해당하는 《에우메니데스》이다. 이 작품은 여러 가지로 문제를 제기케 하는 것이다. 그렇지만 이에 관한 논의는 다음 항으로 미루고, 여기에서는 이 항목의 취지대로 비극적 상황 전개의 계기들에 관한 언급을 더 계속하기로 한다.

앞서 2항에서도 잠깐 언급했지만, 오이디푸스는 오히려 그 나름의 진지함 때문에 부친 살해(patroktonos)와 모자(母子) 결합까지 저지르고, 또한 바로 그 진지함 때문에 모든 이의 만류를 무릅쓰고 스스로 그 사실을 밝혀내게도 된다. 그 나름으로는 기껏 잘하려다가 오히려 잘못을 저지르게 된 것이다. 이제껏 '과실', '과오', '잘못' 등으로 옮긴 '하마르티아'(hamartia)라는 말이 원래 '목표에 적중시키려다 빗맞음'을 의미하듯, 오이디푸스는 빗맞는 짓들을 되풀이한다. 그의 집안의 불행과 온 나라에 내린 재앙이 다름 아닌 자신의 빗맞는 짓들 탓이다. 그러나 이 결과야말로 개인, 가정, 나라, 자연이 온통 맞물려 디케가 실현된 경우일 것이다. 그래서 그 앞에 끌려온 눈먼 예언자 테이레시아스는 이렇게 예언한다.

죽게 마련인 자들 중에서는, 언젠가 송두리째 망가질 자라 할지라도 그 누구도 그대보다 더 비참해질 이는 없을 것이기 때문입니다.[20]

19) 같은 책, 269~73, 1026~32.

소포클레스의 《트라키스 처녀들》에서는 헤라클레스의 아내 데이아네이라가 남편의 애정이 이올레에게 쏠려 있는 것을 눈치채고서 사랑의 미약을 쓴다는 것이 그만 남편을 독살한 꼴이 된다. 그런데 이 독은 그 아내를 겁탈하려던 켄타우로스인 네소스가 헤라클레스의 독 묻은 활촉에 맞아 죽으면서 거짓으로 뉘우치는 표정을 하고선 미약으로 쓰도록 지시한 것이다. 그리고 또 이 독은 원래 헤라클레스가 치른 열두 가지 고역들 중의 하나인 히드라 처치 때 그의 활촉에 묻힌 것이다. 결코 크게 탓할 일이 아닌 것이 탓이 되어 이 여인 자신은 물론 그도 죽게 된다. '땅 위에 사는 모든 이 중에서 가장 훌륭한 사람이'(811) 그야말로 무력하게 죽어간다. 하기야 그의 애욕이 탓이었다면, 결국은 이게 큰 탓이겠다.[21]

그런데 이렇게 해서 죽게 된 헤라클레스는 엉뚱한 문제에 부딪친다. 그의 썩어 가는 주검을 화장하기 위해 쌓아놓은 장작더미에 아무도 불을 지피려 하지 않는다. 때마침 우연히도 그곳을 지나던 필록테테스가 그들의 고민을 해결해 준다. 그는 불을 지펴준 데 대한 사례로 헤라클레스의 활과 활촉들을 선물로 받는데, 이 일이 또한 그에게는 엉뚱한 화근이 되고 만다. 그는 그 시신에 불을 지펴 준 벌로 헤라 여신의 미움을 사서 트로이아 원정 길에 뱀에 물려 혼자 고도에 남아 고통에 시달린다. 이 이야기를 다룬 것이 소포클레스의 《필록테테스》이다. 이런 일들은 기껏해야 Kitto가 말하는[22] 이른바 기여 과실 (contributory negligence)들에 불과하겠으나, 비극적 상황의 계기가 된 것만은 분명하다.

---

20) 《오이디푸스 왕》, 427~8.

21) *The Cambridge History of Classical Literature*, vol. 1, part 2, Greek Drama, 1989, 58면 참조.

22) H.D.F. Kitto, *Greek Tragedy*(London, 1976), 148면.

4. 필연과 인간의 선택

　이제까지의 논술을 통해서도 밝혀졌듯, 비극적 상황 전개는 어떤 계기가 있어서이고, 이 계기는 누군가의 과오 내지 실수(hamartia)로 나타나며, 이때부터 비극은 벌어진다. 그러나 따지고 보면, 이 "하마르티아"는 근원적으로는 인간 조건에서 비롯된다. 앞서도 말했지만, 이 인간 조건은 고삐나 굴레로 상징되는 제약이다. 그래서 그건 필연의 성격을 갖는다. 이 필연 또는 제약은 인간 생존의 기본 틀이다. 이는 인간의 가능성 및 자유 행사의 측면에서 보면, 인간의 한계이다. 그러나 이는 인간을 어쩔 수 없이 인간이게끔 만드는 한계인 동시에 가능성의 조건이요 발판이다. 이 조건, 이 발판이 없다면, 그는 설 수도 뛸 수도 없을 것이기 때문이다. 그것은 인간의 자유의 한계이다. 원래 자유란 제약을 전제로 한 것이다. 헬라스 비극은 다름 아닌 이런 제약 내지 한계 내에서의 인간의 선택적 행위의 문제를 다루고 있다. 제약이 없으면 선택도 없다. 상대가 없으면 힘을 쓸 수가 없고, 대상이 없으면 힘이 미칠 데가 없다. 상대나 대상은 제약이고, 제약은 힘의 한계와 함께 힘의 가능성을 말해 준다. 헬라스 비극에 아름다움이 있다면, 그것은 비장미(悲壯美)다. 비장미는 바로 필연성을 갖는 한계 내지 제약 때문에 가능한 아름다움이다. 그건 마치 로댕의 조각들의 조형미가 청동이나 대리석이라는 한계 때문에 가능한 것과 같은 이치이다. 밀로의 비너스 상도, 파르테논 신전도 대리석이 갖는 한계 내지 제약을 바탕으로 이루어진 아름다움이다. 석굴암의 불상이 풍기는 신비감도 화강암이라는 제약이 있어서 가능한 것일 것이다. 헬라스 비극의 아름다움이나 위대함도 인간과 관련되는 필연성, 한계, 제약을 바탕으로 해서 구현된다. 환경도, 유전적 기질도, 운명도 그런 제약 내지 필연의 일부이다. 헬라스인들은 이 모두를 '주어진

424

것'(to paron)으로 이해했던 것 같다. 남은 문제는 이 '주어진 것'에
우리가 어떻게 대처하느냐 하는 것인 것 같다. 이때 인간으로서 취할
수 있는 가장 바람직한 태도는 이를 선용하는 것일 것이다. 헬라스인
들이 "주어진 것을 선용할지니"(to paron eu poiein)라는 격언을 남
긴 것은 이런 사고 방식에서 연유했을 것이다. 이 격언은 헬라스인들
의 휴머니즘적 사상을 단적으로 대변해 주는 것이다. 그러나 주어진
것의 선용이 가능하려면, 주어진 것을 선용하려는 마음가짐 못지 않
게 그것이 어떤 것인지에 대한 이해 내지 인식이 요구된다. 이에 대
한 학문적 접근이 무엇보다도 헬라스 철학으로 결실되지만, 헬라스
비극도 그것 나름으로 주어진 것을 이해하고 선용하는 문제와 관련
되는 정신적 작업에 관여했다고 말할 수 있을 것 같다. 이런 관점에
서 몇몇 비극 작품들을 생각해 보기로 하자.

　앞서 2항에서 인용했던 《아이아스》의 구절을 먼저 상기할 필요가
있다. 분별을 잃은 아이아스를 보고서, 오디세우스는 자신도 언제 저
런 꼴이 될지 모른다고 하면서, 인생을 환영과 공허한 그림자에다 비
유한다. 아이아스는 전사한 아킬레우스의 시체를 적들의 공격을 무릅
쓰고 아카이아(헬라스)군 진영으로 옮겨 온 공로로 보나 또는 자신
의 전공으로 보나, 아킬레우스의 무장은 의당 자기 차지가 되어야 한
다고 확신했다. 그러나 그것이 오디세우스의 차지가 되어버리자 분노
와 모멸감으로 인해 그는 실성하다시피 되어, 가축들을 마구 도살해
놓고서, 아카이아군의 동료 장수들을 해치운 것으로 착각했던 장면이
목격된다. 제정신으로 돌아온 그 자신도 그 사실을 알고, 자신이 모
두의 웃음거리로 된 것이 더할 수 없이 창피스럽게 여겨진다. 누군가
미운 자를 몇몇쯤은 다시 정식으로 해치울 수도 있을 법하다. 그러나
그는 이제 누구도 원망하지 않고 영원한 시간 속에서 인생사를 생각
하며, 조용히 자결을 결심한다.

오래 살기를 갈망하는 자 창피스러울 것이니,

불행을 조금도 바꾸어 놓지도 못할 사람일진대.

죽음을 당겼다 미루었다 한대서

내일이고 모래고 무슨 즐거움 누릴 수 있을 것인가 ?

누구든 공허한 희망으로 들떠 있는 자라면,

그런 사람 하찮게 보리라.

훌륭하게 살거나 훌륭하게 죽는 것이

고귀한 인간이 해야 할 일이로다. (473~480)

실로 많은 것을 보게 된 자들에게 슬기로움 생기나니,

보기 전에는 그 누구도 자신이 어떻게 될지를,

스스로 겪을 일들 점칠 수 없느니라. (1419~21)

《오이디푸스 왕》의 경우에도 이런 태도는 비슷하다. 주변 사람들의 권유를 무릅쓴 자기 확인의 성실성과 눈뜬 자가 눈먼 자보다 내다볼 줄 모르는 역설적인 인간의 무지에 대한 회한. 그러기는 했으나 드러난 진실을 자신의 운명으로서 당당히 받아들이는 어엿함 등이 이 작품을 감명으로 대하게 한다. 《콜로노스의 오이디푸스》에서나, 《필록테테스》, 《안티고네》 등에서도 운명을 수용하는 경건한 자세들은 비슷하다.

그의 훌륭한 두 딸이여,

신이 가져다주는 것 견디어 내야 할지니,

무엇이나 지나치게 안달하지 말라.[23]

---

23) 《콜로노스의 오이디푸스》, 1691~3. 오이디푸스를 돌보는 두 딸을 향한 토로스의 말이다.

그런가 하면 아이스킬로스의 《에우메니데스》나 에우리피데스의 작품들에서 우리는 좀 다른 분위기에 접하게 된다. 《에우메니데스》에서는 오레스테스의 친모 살해 행위가 면책이냐 아니냐는 문제로 아폴론과 에리니에스(복수의 여신들) 사이에 긴장이 고조된다. 이 미케네왕가의 문제가 아테네로 옮겨져, 아테나 여신의 중재를 받게 된다. 이 작품에서 제기됨직한 다른 문제들은 다 제쳐두고 하고싶은 말만하기로 하겠다. 아테나 여신은 이 문제의 해결을 위해 아레이오스 파고스(아레스의 언덕)에 아테네 시민들로 구성된 시민 법정을 열고, 투표를 하게 하나, 결과는 찬반 동수가 된다. 이에 아테나 여신은 설득의 여신(Peithō)을 동원하여 복수의 여신들을 달랜다. 그들의 권능이 손상되지 않는 범위 내에서, 분노(mēnis)만 고집할 것이 아니라자비(eumeneia)도 수용하도록 힘들게 힘들게 납득시키려 한다. 마침내 여신들은 설득되어 자비를 수용하고 '자비의 여신들'(Eumenides)로 불리게 되고, 제우스 또한 '아고라를 수호하는 신'(Zeus Agoraios)[24]의 면모를 갖게 된다. 이런 것은 인간적이고 민주적인 새로운 가치관의 수용을 상징하는 사상이다.[25]

> 일체를 보시는 제우스와 운명의 여신이
> 이처럼 돕기 위해 내려 오셨도다. (1045~6)

그러나 무턱대고 필연이나 운명으로 치부해버린 그리고 모든 것을신들의 탓으로 돌려버린 종래의 신관이 에우리피데스에 이르면, 놀라운 모습으로 바뀌고 있는 것을 우리는 발견할 수 있을 것이다. 아리

---

24) 《에우메니데스》, 973. 그 뜻은 아고라에서 열리는 민중의 집회와 숙의(熟議)를 보호해 주는 제우스라는 것이다.
25) 앞에서 인용된 Kitto의 책, 93~95면 참조.

스토텔레스에 의해서 '가장 비극적인 시인'[26]으로 지칭된 그는 인간의 불행의 근원적인 탓이 신들한테 있는 것이 아니라 인간 자신에게 있음을 신랄하게 고발하고 있는 것 같다. 그가 곧잘 아리스토파네스의 풍자의 대상이 되었기는 하나, 아리스토파네스와 마찬가지로 그도 시대 비판의 기수였다. 이를테면 《트로이아의 여인들》은 트로이아 전쟁이 아프로디테 여신의 사주나 파리스의 못된 짓에 연유한다는 그런 이야기를 하자는 것이 아니다. 전쟁을 일으키는 것은 인간이고 따라서 그 탓은 전적으로 인간에게 있다. 그리고 전쟁의 결과는 얼마나 비참한가! 트로이아의 여인들이 겪는 처절한 고통들이 우리를 고통스럽게 만들며 가슴을 짓누른다. 그건 옛날의 트로이아 여인들이 겪었던 전설 같은 이야기가 아니라, 자기 시대의 헬라스인들이 겪고 있고, 아테네 제국이 지금도 곳곳에서 저지르고 있는 현실이다. 그런 이야기를 그는 하고 있다.[27]

《히폴리토스》의 경우도 마찬가지다. 아프로디테를 탓할 것이 아니다. 파이드라, 아니 한 인간의 무분별한 애욕이 탓이다. 《박코스 여신도들》의 경우에 있어서도 이는 마찬가지다. 펜테우스의 육신이 갈기갈기 찢기는 참상은 디오니소스에 의하여 저질러진 것이 아니라, 인간의 광기가 탓이다.

결국 인간의 불행의 탓은 다름 아닌 인간들 자신에 있다. 주어진 것을 선용하는 길만이 인간이 갈 길로 남는다.

---

26) 《시학》 제13장.
27) 앞에서 인용된 Greek Drama, 82~83면 참조.

참고 문헌

Adam, J., *The Republic of Plato*, 2 vols., Cambridge, 1969.

Alderink, L. J., *Creation and Salvation in Ancient Orphism*, Michigan, 1981.

Alexander Aphrodisiensis, *In Aristotelis Metaphysica Commentaria*, TLG.

Allen, R. E. (ed.), *Studies in Plato's Metaphysics*, R. K. P., 1965.

Annas, J., *Aristotle's Metaphysics: Books M and N*, Oxford, 1976.

Archer-Hind, R. D., *The Phaedo of Plato*, New York, 1973.

Aristophanēs, *Thesmophoriazousai*.

Aristotelēs, *Physika problēmata*, Loeb Classical Library.

Athēnaios, *Deipnosophistai*, I, Loeb Classical Library, 1951.

Barker, E., *Greek Political Theory*, London, 1957.

Barnes, J.(ed), *The Cambridge Companion to Aristotle*, Cambridge, 1995.

Barnes, J.(ed.), *The Complete Works of Aristotle*, 2 vols., Princeton U.P., 1984.

Barnes, J., *Aristotle*, Oxford, 1982.

Bluck, R. S., *Plato's Phaedo*, London, 1955.

Bluck, R. S., *Plato's Meno*, Cambridge, 1961.

Bonitz, H., *Aristoteles Metaphysik*, Rowohlt, 1966.

Brandwood, L., *A Word Index to Plato*, Leeds, 1976.

Burkert, W., *Greek Religion*, Oxford, 1985.

Burnet, J., *Greek Philosophy: Thales to Plato*, London, 1968.

Burnet, J., *Plato's Phaedo*, Oxford, 1931.

Burnet, J.(ed.), *Platonis Opera*, 1~5, OCT, 1900~1907. (New edn. Book 1, 1995)

Bywater, I., *Aristotelis De Arte Poetica Liber*, Oxford, 1911.

Bywater, I., *Aristotelis Ethica Nichomachea*, Oxford, 1894.

Cherniss, H., *Aristotle's Criticism of Plato and the Academy*, New York, 1962.

Cherniss, H., *The Riddle of the Early Academy*, Berkeley, 1945.

Cornford, F. M., *Plato's Theory of Knowledge*, R.K.P., 1960.

Cornford, F. M., *Before and After Socrates*, Cambridge, 1972.

Cornford, F. M., *The Republic of Plato*, Oxford, 1945

Crombie, I. M., *An Examination of Plato's Doctrines,* II, London, 1963.

Campbell, D. A., *Greek Lyric* I, Loeb Classical Library, 1990,

De Vogel, C. J., *Rethinking Plato and Platonism*, Brill, 1988.

Diels-Kranz, *Die Fragmente der Vorsokratiker*, I, II, Weidmann, 1954.

Diogenes Laertius, I, II, Loeb Classical Library, 1925.

Euripides, *Trōiades, Bakkhai, Hippolytos* (in Loeb Classical Library).

Field, G. C., *Plato and his Cotemporaries*(3rd ed.), Methuen, 1967.

Forster, E. S., *Aristotelis Topica*, Loeb C. L., 1960.

Frede, D., *Plato: Philebus*, Hackett, 1993.

Frede, M. & Patzig, G., *Aristoteles, Metaphysik Z'*, Bde. I, II, Muenchen, 1988.

Gaiser, K., *Platons Ungeschriebene Lehre*, Stuttgart, 1968.

Gallop, D., *Plato: Phaedo*, Oxford, 1990.

Gosling, J. C., *Plato*, R.K.P, London, 1973.

Guthrie, W. K. C., *A History of Greek Philosophy*, Vol. V, Cambridge, 1978.

Guthrie, W. K. C., *A History of Greek Philosophy*, Vol. VI, Cambridge. 1981.

Guthrie, W. K. C., *The Greek Philosophers*, New York, 1960.

Hackforth, R., *Plato's Philebus*, Cambridge, 1972.

Hackforth, R., *Plato's Phaedo*, Cambridge, 1972.

Hammond, N. G. L. & Scullard, H. H.(edd), *The Oxford Classical Dictionary*, Oxford, 1973.

Hardie, W. F. R., *Aristotle's Ethical Theory*, Oxford, 1980.

Hērodotos, *Historiai*, Loeb C. L.

Hornblower, S. & Spawforth, A.(edd), *The Oxford Classical Dictionary*,

Oxford, 1999.

Jaeger, W., *Aristotelis Metaphysica*, Oxford, 1957.

Kahn, C. H., *Plato and the Socratic Dialogue*, Cambridge, 1996.

Kerferd, G. B., *The Sophistic Movement*, Cambridge, 1984.

Kirk, Raven & Schofield, *The Presocratic Philosophers*(2nd ed.), Cambridge, 1983,

Kirwan, C., *Aristotle's Metaphysics*, Books Γ, Δ, and E, Oxford, 1971.

Kitto, H .D. F., *Greek Tragedy*, London, 1976.

Klosko, G., *The Development of Plato's Political Theory*, Methuen, 1986.

Kraemer, H. J., *Plato and the Foundations of Metaphysics*, New York, 1990.

Whibley, L., *A Companion to Greek Studies*, Cambridge, 1905.

Lawson-Tancred, H., *Aristotle: Metaphysics*, Penguin Books, 1998.

Liddel, H. G. & Scott, R., *A Greek-English Lexicon*, Oxford, 1968.

Liddel, H. G. & Scott, R., *A Greek-English Lexicon*, Revised Supplement, Oxford, 1996.

Lucas, D. W., *Aristotle Poetics*, Oxford, 1968.

Macran, H. S.(ed.), *The Harmonics of Aristoxenus*, Oxford, 1902.

Minio-Paluello, L., *Aristotelis Categoriae et Liber de Interpretatione*, Oxford, 1956.

Morrow, G. R., The Demiurge in Politics: The *Timaeus* and the *Laws,* (in *Proceedings of the American Philosophical Association* 27(1953-4): 5-23)

Murray, G., *Aeschyli Tragoediae*, Oxford, 1955.

Nettleship, R. L., *Lectures on the Republic of Plato*, London, 1958.

Olympiodorus, *In Platonis Alcibiadem Commentaria.* TLG.

P. Aubenque, *Le problème de l'être chez Aristote*, Paris, 1997

Pearson, A. C., *Sophoklis Fabvlae*, Oxford, 1928.

Plutarch's *Moralia, Adversus Colotem.* Loeb C.L.

Porritt, J., *Save the Earth*, London, 1992.

Robinson, R., *Plato's Earlier Dialectic*, Oxford, 1984.

Ross, D., *Aristotelis Fragmenta Selecta*, Oxford, 1955.

Ross, D., *Aristotle: De Anima*, Oxford, 1961.

Ross, D., *Plato's Theory of Ideas*, Oxford, 1953.

Ross, D., *Aristotle's Metaphysics*, 2 vols., Oxford, 1953.

Ross, D., *Aristotle's Physics*, Oxford, 1955.

Ross, D., *Aristotle's Prior and Posterior Analytics*, Oxford, 1957.

Rowe, C. J., *Plato: Phaedo*, Cambridge, 1993.

Schwarz, F. F., *Aristoteles Metaphysik*, Reclam, 1981.

Simplicius, *In Aristotelis Physica Commentaria*, TLG.

Stalley, R. F., *An Introduction to Plato's Law*, Oxford, 1983.

Stanford, W. B., *Homerou Odysseia*, 2 vols., London, 1965.

Strauss, L., *Studies in Platonic Political Philosophy*, Chicago, 1983.

Thayer, H. S. Plato: *The Theory and Language of Function, Philosophical Quarterly*, 1964 (303~318).

The Cambridge History of Classical Literature, vol. 1, part 2, Greek Drama, 1989.

Theodorakopoulos, J., *Die Hauptprobleme der Platonischen Philosophie* (Heidellberger Vorlesungen, 1969), Martinus Nijhoff, The Hague, 1972.

Thoukididēs, *Historiai*, I, Loeb C. L.

Tigerstedt, E. N., *Interpreting Plato*, Upsala, 1977.

Tricot, J., *Aristote: La Métaphysique*, I, II, Paris, 1953.

Versenyi, L., *Man's Measure*, Albany, 1974.

Wild, J., *Plato's Modern Enemies and the Theory of Natural Law*, Chicago, 1971.

Willcock, M. M.(ed.), *The Iliad of Homer*, I-XII, XIII-XXIV, London, 1978, 1984.

《老子 道德經》

《論語》

《大學》

《中庸》

趙明基 外 33人著,《韓國思想의 深層研究》, 우석, 1990.

박종현 역주, 플라톤의 《국가(정체)》, 서광사, 1997.

박종현 · 김영균 공동 역주, 플라톤의 《티마이오스》, 서광사, 2000.

박종현 편저,《플라톤》, 서울대 출판부, 1987.

천병희 옮김, 호메로스 《일리아스》, 단국대 출판부, 1996.

찾아보기

소크라테스의 방법 132

《소크라테스의 변론》 28, 75, 76, 157, 162

소포클레스(Sophoklēs) 405, 409, 422

소피스테스(sophistēs) 104, 124, 128, 129, 131, 132, 136, 137, 158, 162, 175, 197, 206, 208, 210, 211, 215, 216, 223, 225, 228, 285, 286, 309, 345, 356

소피스테스 술(術)(sophistikē) 209

《소피스테스》 54, 104, 115, 125, 127, 141, 164, 174, 187, 201, 210~203, 206, 208

속성 145, 149, 265

솔론(Solōn) 39, 40, 128

수(arithmos) 27, 45, 54, 56, 98, 106, 108, 346, 396

수련(meletē) 93, 290, 291, 304, 402

수를 개입시킴으로써(entheisa arithmon) 391

수사술(변론술: rhētorikē) 128, 129, 225, 284, 285

수용자(受容者: hypodochē) 230, 336

수적인 것 106, 107, 372

수치화(數値化) 193, 351

수학적인 것(들)(ta mathēmatika) 106~108, 193, 315, 316, 322, 328, 330, 332, 343~347, 366, 368, 385

수학적인 것들의 존재론적 지위 345

수호자들(phylakes) 86, 92

숙고(bouleusis) 91

순수 사유(noēsis) 132, 137, 139, 151, 175, 179, 192, 192, 205, 288, 327

순수하게 그리고 올바르게 철학하는 것 174

순수화(인식 주관의 순수화: katharsis) 29, 132, 136~139, 175, 287~289, 309, 327, 361

술어 145

슈바르츠(Schwarz) 33, 148

스탤리(Stalley) 248, 260, 261

스토아(Stoa) 철학 259

스토아 학파 260

습관(ethos) 61, 62, 93, 123, 158, 350

습득된 성격(ēthikē) 61

습성(hexis) 15, 62~65, 67, 90, 250, 358

습속 61

시가(詩歌: mousikē) 54, 86

시민 공동체(to koinon tēs poleōs) 157

시민들의 나라(시민 정체: politeia) 264, 269

시민의 의무 246

시중(時中: to kairion) 193, 232 ☞ 때맞음

시찰관(theōros) 274, 275

시치미떼는 모방자(ho eirōnikos mimētēs) 218

《시학》 405, 406, 427

식물적 기능의 측면(to phytikon) 60

신념 88, 93, 260

신들과 거인족 간의 싸움(Gigantomachia, Gigantia) 115

신은 언제나 측정하고 있다(theos aei geō-metrei) 107

신의 활동(hē tou theou energeia) 38, 112, 178

신적인 것(to theion) 25, 26, 37, 151, 164, 171, 178, 217, 262, 263, 378, 379

신적인 기술(theia technē) 164, 217

신학(theologia) 147, 179

신화 시대 16, 115, 221, 263

신화(mythos) 7, 26, 39, 40, 113~117, 120, 139, 221, 248, 263, 408, 415

신화를 사랑하는 사람(ho philomythos) 114

실재(實在: to on) 119, 124, 139, 145, 191, 201, 204, 342, 372

실재성(존재: ousia) 145, 203, 212, 215

실재하는 것(ho esti) 212

실정법 253

실천 이론 176, 182, 183, 186

실천적 지혜(phronēsis) 57, 58, 60, 63, 65~67

심기가 편한 상태(hileōn) 271

심사 숙고(bouleusis) 64, 66, 67, 82 ☞ 숙고

심플리키오스(Simplikios, Simplicius) 372, 386~388

쎄이어(Thayer) 105

쓰임새(chreia) 42, 83, 99, 100, 192, 341, 386

씨들(spermata) 124

씨실(krokē) 100, 222, 227

ㅇ

아가멤논(Agamemnon) 408, 411, 418, 419

《아가멤논》 408, 409, 414, 415, 417, 420

아고라(agora) 129, 149, 209, 279, 426

아낙사고라스(Anaxagoras) 124, 165

아는 자(知者: ho eidōs) 65, 75, 217, 218

442